토마스 아퀴나스의 철학

토마스 아퀴나스의 철학

교회인가 2025년 10월 10일(원주교구)
제1판 1쇄 펴낸날 2025년 10월 20일

엮은이 | 한국성토마스연구소
펴낸이 | 이재룡
펴낸곳 | 한국성토마스연구소

우편주소 | 25244 강원도 횡성군 우천면 경강로산전7길 28-53
전화번호 | 033) 344-1238
전자우편 | stik2019@naver.com
홈페이지 | http://www.stik.or.kr
출판등록 | 제2018-000003호 2018년 6월 19일
인쇄제작 | 오엘북스

ⓒ 한국성토마스연구소

보급 | 한국출판협동조합_가톨릭출판사, 교보문고, 알라딘, 예스24

값 32,000원

ISBN 979-11-995381-0-8 03160

이 책은 저작권법에 따라 보호를 받는 저작물이므로 무단전재와 복제를 금지하며, 이 책의 내용 전부 또는 일부를 이용하려면 반드시 저작권자인 한국성토마스연구소의 서면 동의를 받아야 합니다.

성 토마스 탄생 800주년 기념총서 802

토마스 아퀴나스의 철학

한국성토마스연구소 엮음

한국성토마스연구소

His Holiness Pope Francis
cordially imparts his Blessing to
The Reverend Simon Jae-Ryong Lee and the members of the
Saint Thomas Institute in Korea on the happy occasion of the
Jubilee of Saint Thomas Aquinas.

The Holy Father prays that the work of the Institute
in seeking to convey the richness of Thomas' teachings
in the Korean language will open the hearts and minds
of many to the beauty and truth of the Catholic faith,
and bear abundant fruit by creating disciples
that can joyfully bear witness to the salvific message of the Gospel.

Pope Francis entrusts all associated with
the Institute to the loving intercession of
Mary, Mother of the Church.

From the Vatican, 4 January 2025

Edgar Peña Parra
Substitute

프란치스코 교황 강복장

교황 프란치스코 성하께서는
친애하는 이재룡 시몬 신부님과
한국성토마스연구소의 모든 구성원들께
성 토마스 아퀴나스의 탄생 800주년 대희년에
마음에서 우러나오는 축복을 드리는 바입니다.

교황 성하께서는
토마스의 풍부한 가르침을 한글로 옮겨 전하려는
연구소의 값진 사업으로, 많은 이들의 마음과 정신이
가톨릭 신앙의 아름다움과 진리를 향해 활짝 열려,
복음의 기쁜 소식을 전할 수 있는 제자들이 많이 나오고
또 풍성한 열매를 맺게 되기를 기도하십니다.

교황 성하께서는
연구소와 연결되어 있는 모든 사업을
교회의 어머니이신 성모 마리아님의 사랑 가득한 전구에 맡겨 드립니다.

2025년 1월 4일

바티칸시국 국무성 장관
에드가 페냐 파라 대주교

성 토마스 탄생 800주년 기념총서 발간사

1. 금년에 우리는 스콜라학의 완성자이자 그리스도교 2000년 역사상 가장 위대한 신학자로 추앙받는 성 토마스 아퀴나스의 탄생 800주년(1225-2025)을 경축하고 있습니다.

　토마스는 역사상 드문 문명사적 격변기에 한 귀족 가문의 막내아들로 태어났습니다. 다섯 살 때 그는, 전통 깊은 베네딕토회의 몬테카시노 대수도원에 헌납되어 기초 교육과 전통적인 수도 생활을 습득했습니다. 나폴리대학에서는 도미니코회 소속 교수신부들을 만나 그들의 소명과 생활과 전례에 매료되었고, 또 당시 막 소개되기 시작한 아리스토텔레스의 자연학과 윤리학 교육을 받을 수 있었습니다. 그는 대수도원장이 되고 고위성직자가 되어 교회의 중책을 맡기를 바라던 가족들의 기대를 저버리고, 초기 교회 공동체가 살던 것처럼, 자신의 소유를 완전히 포기하고 진리 탐구와 진리 전수에 평생을 바치는 '탁발수도회'(托鉢修道會)에 몸바치기로 결단하였습니다.

　진리에 대한 전폭적인 신뢰와 용기, 지적 정직성으로 무장한 성 토마스는 당시 젊은이들을 최적으로 양성하는 획기적인 제도인 대학(大學)을 중심으로 활약하며, 교부들을 통해 전해진 그리스도교의 초자연적 진리와 고대 그리스 철학, 스토아 윤리, 로마 법철학, 이슬람 종교와 선진 과학 등 당대 유럽에 알려진 인류 문화 전체를 체계적으로 종합하여 독창적인 인식론적-존재론적 실재주의를 확립하였습니다. 이를 두고 학자들은 '역사상 가장 위대한 혁명'(G. 체스터튼)으로 새로운 문명(J. 피퍼)을 연 것이라고 찬사를 보냅니다.

2. 성 토마스가 스콜라학을 완성한 13세기로부터 800년의 세월이 흘렀습니다. 그 사이 엄청난 변화들이 있었습니다. 신대륙이 발견되고 인쇄술이 발명되었으며, 천문학이 지동설(地動說)을 밝혀냈고, 인류의 삶의 질을 획기적으로 바꾸어놓은 산업혁명이 일어났습니다. 19-20세기에는 동양과 서양이 만나 그야말로 지구촌의 시대가 개막되었고, 과학 혁명은 속도를 따라잡기 어려울 정도로 진화를 거듭하였습니다. 하지만 20세기 전반에 겪게 된 두 차례의 세계 대전의 참상은 근대 이래 인간 이성과 절대적 자유의 기치를 내걸고 꿈꾸어오던 낙관주의적 진보주의가 한낱 일장춘몽에 지나지 않는다는 사실을 일깨워주었습니다.

　교회는 800년의 세월을 지내오면서 종교개혁, 인본주의, 자유주의, 세속화, 과학주의, 무신주의, 허무주의 등 위협적인 거친 파도를 겪을 때마다 성 토마스의 가르침으로 되돌아가 그 영속적 가치를 재발견했고(『교회의 빛』 14항), 그의 가르침이 바로 자신의 가르침이라고 선언하고 그것으로 위기의 파고를 헤쳐나오며, 토마스에게 '진리의 사도', '교회의 빛', '인류의 스승', '학문 연구의 인도자' 등 영광스런 칭호를 부여하였습니다.

3. 국제 정세가 급변하던 근대에 우리나라는 문명 발전과정에서 여러모로 뒤처졌을 뿐만 아니라, 일본 제국주의의 식민 지배에 이어 남북 전쟁이라는 심각한 위기마저 겪었습니다. 동족상잔의 비극적 전쟁으로 폐허가 된 땅에서 가난과 절망을 극복하려 안간힘을 쓰며 비로소 선진 문명을 따라잡으려 정신없이 달려온 지난 시간에 우리의 학술 기반은 허약하다는 말조차 부족할 만큼 형편없는 실정이었습니다. 그야말로 바늘허리에 실 매

어 쓰듯이 그때그때 필요한 것을 찾아 메꿔왔다고 해도 과언이 아닐 정도입니다.

이제 성 토마스 탄생 800주년을 맞이하여 우리는 우선 중세철학회 회원들과 긴밀히 협력하여 유럽 근대 문명의 공통 토대 역할을 했던 중세 스콜라 문명의 체계적 완성자에 대한 이 땅에서의 관심과 연구가 어느 정도인지 처음으로 그 실태를 조사하고 분석할 것입니다. 그리고 성인의 웅장하고 균형 잡힌 방대한 저작들 가운데 아쉬웠던 몇몇 작품들과 성 토마스 사상 전반을 해설하는 요긴한 작품들을 '기념총서'로 발간하는 것을 시작으로, 계속해서 성인의 원전과 해설서를 발간하는 일에 박차를 가함으로써, 토미즘 자체의 연구 기반은 물론 우리나라 전체의 허약한 인문학적 학술 기반을 강화하는 데 최선을 다할 것입니다.

한국성토마스연구소 소장 이재룡 신부

contents _ 차례

프란치스코 교황 강복장 • 005
성 토마스 탄생 800주년 기념총서 발간사 • 006

머리말 • 012
약어 목록 • 014
토마스 작품의 한국어 번역 목록 • 019

01. 성 토마스 사상의 원천_이재룡   023
   1. 스콜라학과 그 학문 방법 024 | 2. 성경: 스콜라학적 방법 탄생의 모태 028 | 3. 성 토마스의 신학 작업에서 성경의 권위 034 | 4. 교부들 038 | 5. 철학자들 047 | 6. 내면의 원천 055

02. 신학과 철학_박규희   063
   1. 신학의 예비학으로서의 철학 063 | 2. 철학과 신학의 관계 072 | 3. 철학과 신학의 학적 규정 078 | 4. 철학적 지식과 신학적 지식의 차이 084

03. 신의 속성_조동원   091
   1. 서론 091 | 2. 신의 존재 092 | 3. 신의 속성: 부정의 길과 탁월의 길 094 | 4. 신의 단순성 096 | 5. 신의 완전성 100 | 6. 신의 선성 102 | 7. 신의 무한성 104 | 8. 신의 편재성 105 | 9. 신의 불변성과 영원성 107 | 10. 신의 일성(一性) 109 | 11. 결론 114

04. 신에 대한 인식과 진술_박승찬   119
   1. 들어가는 말 119 | 2. 이성을 통한 인식과 계시를 통한 인식의 구별 120 | 3. 신의 존재와 속성에 관한 인식 123 | 4. 계시를 통한 신의 특별한 인식 129 | 5. 신에 대해 진술하는 세 가지 길 132 | 6. 신에 관한 명칭의 유비적 사용 138 | 7. 신 명칭에 대한 구분 144 | 8. 맺음말 148

05. 존재와 본질_앤드류 리 　　　　　　　　　　　　　　　　　153
　　1. 서론 153 ｜ 2. 가장 보편적이면서도 충만한 개념으로서의 존재 155

06. 존재자의 속성_이상섭 　　　　　　　　　　　　　　　　　185
　　1. 존재자 개념의 여러 의미와 존재자인 한에서 존재자 186 ｜ 2. 존재자인 한에서 존재자에 속하는 특성으로서 초월범주 192 ｜ 3. 공통존재자의 원인으로서 신적 속성과 초월범주 206 ｜ 4. 요약 212

07. 질료형상론_이재경 　　　　　　　　　　　　　　　　　215
　　1. 들어가는 말 215 ｜ 2. 변화와 질료형상론 216 ｜ 3. 변화의 종류와 범위 222 ｜ 4. 실체와 실체적 변화 227

08. 섭리와 자연적 작용_서병창 　　　　　　　　　　　　　　　　　237
　　1. 서론 237 ｜ 2. 자연적 작용에 대한 이해 239 ｜ 3. 자연적 작용과 신의 섭리와 통치 251 ｜ 4. 결론 259

09. 영혼과 육체_정현석 　　　　　　　　　　　　　　　　　263
　　1. 영혼의 보편 정의: 육체의 실체적 형상 263 ｜ 2. 보편 정의와 아리스토텔레스 방법론의 정당화: 생명 활동의 물질적 환원 거부 267 ｜ 3. 지성혼, 자립하는 형상 270 ｜ 4. 지성혼의 실체적 온전성과 자립성 274

10. 인식_최필립 　　　　　　　　　　　　　　　　　283
　　1. 인식의 가능성과 한계 284 ｜ 2. 감각의 인식 289 ｜ 3. 지성의 인식 295 ｜ 4. 자기 인식 301 ｜ 5. 결론 305

11. 지성과 의지_김율 　　　　　　　　　　　　　　　　　309
　　1. 존재자의 질서에서 본 지성과 의지 310 ｜ 2. 지성과 의지의 가치 관계 312 ｜ 3. 지성과 의지의 운동 관계 316 ｜ 4. 인간 행위의 구조 319 ｜ 5. 의지와 자유결단 320

| 6. 의지의 자유 323

12. 행복_손은실   329
1. 서론: 행복 개념의 철학사적 맥락과 토마스 아퀴나스의 행복주의 윤리학 329 | 2. 13세기 지성사의 맥락: 아리스토텔레스 철학과 그리스도교 신앙의 만남 331 | 3. 행복론 관련 주요 저작과 용어 번역 문제 333 | 4. 모든 것의 궁극적 목적: 성서의 창조론과 아리스토텔레스의 목적론적 세계관의 결합 335 | 5. 토마스 아퀴나스의 이중적 행복론: 철학적 행복론과 신학적 행복론의 종합 337 | 6. 결론: 토마스 아퀴나스 행복론의 시사점 354

13. 덕과 악덕_임경헌   359
1. 토마스 윤리학의 일반적 특징 359 | 2. 토마스 윤리학의 구조 내에서 덕론의 위치 361 | 3. 본성적 목적과 초본성적 목적 364 | 4. 덕과 악덕, 그리고 도덕적 선 366 | 5. 덕의 구분: 획득된 덕 369 | 6. 덕의 구분: 주입된 덕, 그리고 선물, 참행복, 열매 380 | 7. 초본성적 목적이 토마스 덕론에 미친 영향 384

14. 법_이진남   389
1. 토마스에게 법의 위치, 중요성, 역할 389 | 2. 법의 정의(定義) 392 | 3. 법의 체계와 종류 396 | 4. 법의 효력, 적용, 개정 401 | 5. 도전과 과제: 자연주의적 오류와 법실증주의 407

찾아보기 • 415
집필자 소개 • 425

머리말

성 토마스 아퀴나스(St. Thomas Aquinas, 1225-1274)는 지나간 시대의 사상가가 아니다. 그는 당대의 다양한 지적 전통을 창조적으로 통합하여 신앙과 이성, 계시와 자연, 신학과 철학의 관계를 재정립함으로써 13세기의 스콜라학을 완성했을 뿐만 아니라, 현대에도 신앙의 반석 위에서 빛나는 철학적 이성의 모범으로 여전히 존경받고 있다. 인간 이성의 가능성을 최대한 신뢰하면서도 그 한계를 정확히 인식하고 초월적 질서에 대한 개방성을 유지하는 성인의 균형 잡힌 사유는 앞으로도 계속 유효할 것이다. 성 토마스 아퀴나스 탄생 800주년을 기념하여 세계 각지에서 그에 대한 재조명 작업이 활발히 이루어지는 것은, 단순한 복고 취향의 표현이 아니라 현대 정신문명의 상황을 진지하게 반성하는 철학적 고투의 일환일 것이다.

이 책 『토마스 아퀴나스의 철학』 역시, 성인의 사상을 오늘에 되새기기 위한 작업으로 한국성토마스연구소에 의해 몇 년 전 기획되었다. 성 토마스 아퀴나스 철학의 진면모를 보여줄 수 있도록 핵심적인 주제를 선별하였고, 각 주제에 정통한 연구자를 섭외하여 각 저자가 1년여의 집필 기간을 가지고 원고를 생산하였다. 성 토마스 아퀴나스를 연구하는 우리나라의 모든 연구자가 마음을 모아 기존 연구를 체계적으로 집대성했다는 점에서 이 책의 의미를 찾을 수 있을 것이다.

생각해보면, 몇몇 선구자에 의해 외롭게 개척된 국내의 성 토마스 아퀴나스 연구는 지난 한 세대를 지나며 괄목할 발전을 이루었다고 해도 과언이 아니다. 철학계의 타 분야에 비하면 여전히 소수일지 모르지만, 평생을 성 토마스 아퀴나스 및 중세철학 연구에 오롯이 투신하는 연구자들이 여럿 생겨났으며, 연구물들도 착실히 축적되었다. 무엇보다 『신학대전』(Summa Theologiae)과 『대이교도대전』(Summa contra Gentiles)이 완역을 바라보고 있으며, 그 외의 저작들도 번역되고 있다. 그러나 이러한 연구의 진전에도 불구하고, 성 토마스 아퀴나스의 사상을 주제별로 일목요연하게 들여다볼 수 있는 체계적 논문집이 없었다는 점은 큰 아쉬움이었다. 이러한 상황을 타개했다는 점에서, 우리의 『토마스 아퀴나스의 철학』은 국내 성 토마스 아퀴나스 연구사에 기록될 의미있는 일보(一步)로 평가될 수 있지 않을까 한다.

이 책은 성 토마스 아퀴나스 철학에 진지하게 입문하려는 대학 고학년 및 대학원생이 참고도서로 사용할 수 있도록 만들어졌다. 주요 주제를 요령 있게, 동시에 깊이 있게 조망할 수 있다는 점에서, 기존의 개념 사전이나 단행본 입문서 또는 연구서들이 담보하지 못한 역할을 하리라 기대한다. 물론 미비한 부분도 있을 터이나, 착실한 후속 작업을 통해 계속해서 함께 채워나갈 것이다. 원로, 중견, 소장 연구자를 아우르는 한 세대 연구 역량의 총집결이라고 할 수 있는 이 책을 디딤돌 삼아, 성 토마스 아퀴나스를 연구하는 학문 후속세대가 더 두텁게 자라나기를 바란다.

이 책 『토마스 아퀴나스의 철학』 발간으로 성인 탄생 800주년을 더 풍성히 기념할 수 있게 된 기쁨을 나누며, 옥고를 보내주신 집필자들의 노고에 진심으로 감사드린다. 이 모든 작업을 지켜보시며 격려해주셨을 성인께, 앞으로도 우리가 진리 탐구에 더욱 매진할 수 있도록 전구의 기도를 바친다.

2025년 9월
집필자들을 대표하여, 김율

약어 목록

1. 성 토마스 작품 약어

In Sent.	『명제집 주해』
ScG, I, II, III···	『대이교도대전』 제1권, 제2권, 제3권 등
ST(*생략)	『신학대전』
I, q.1, a.1, ad2	『신학대전』 제1부 제1문 제1절 제2답
I-II	『신학대전』 제2부 제1편
II-II	『신학대전』 제2부 제2편
III	『신학대전』 제3부
Sup.	『신학대전』 보충부
Catena Aurea	『황금사슬』 또는 『4복음서 연속주석』
Comp. Theol.	『신학 요강』
Contra doct. retrah.	『소년의 수도회 입회를 비난하는 전염병과도 같은 가르침 논박』
Contra err. Graec.	『그리스인들의 오류 논박』
Contra impugn.	『전례와 수도회를 거스르는 자들 논박』
De aetern. mundi	『세상영원성』
De anima	『영혼에 관한 토론문제』 또는 『영혼론』
De caritate	『참사랑』 또는 『참사랑에 관한 토론문제』
De correct. frat.	『형제적 교정』 또는 『형제적 교정에 관한 토론문제』
De duo. praecept. char.	『참사랑의 두 계명 강해설교』

De empt. et vend.	『신용거래』 또는 『매매론』
De ente et ess.	『존재자와 본질』 또는 『유(有)와 본질(本質)에 대하여』
De fallaciis	『오류론』
De fato	『운명론』
De instantibus	『순간론』
De intellectu et intell.	『지성과 가지상』
De magistro	『교사론』 또는 『교사에 관한 토론문제』
De malo	『악론』 또는 『악에 관한 토론문제』
De mixt. element.	『요소들의 혼합』
De motu cordis	『심장 운동』
De nat. acc.	『우유의 본성』
De nat. mat.	『질료의 본성』
De nat. verbi intell.	『지성의 말의 본성』
De natura syllog.	『삼단논법의 본성』
De perf. vitae spir.	『영성생활의 완성』
De potentia	『권능론』 또는 『권능에 관한 토론문제』
De potentiis animae	『영혼의 능력들』
De princ. indiv.	『개체화의 원리』
De princ. nat.	『자연의 원리들』
De quo est et quod est	『'그것에 의해 있는 것'(존재)과 '있는 것'(본질)』
De rationibus fidei	『신앙의 근거들』
De reg. princ.	『군주통치론』
De secreto	『비밀』
De sortibus	『제비뽑기』
De spe	『희망론』 또는 『희망에 관한 토론문제』
De spir. creat.	『영적 피조물』 또는 『영적 피조물에 관한 토론문제』
De sub. sep.	『분리된 실체』
De unione Verbi Incarn.	『육화하신 말씀의 결합』 또는 『육화하신 말씀의 결합에 관한 토론문제』

De unit. intell.	『지성단일성』
De usuris in com.	『고리대금』
De veritate	『진리론』 또는 『진리에 관한 토론문제』
De virt. card.	『사추덕』 또는 『사추덕에 관한 토론문제』
De virtutibus	『덕론』 또는 『덕에 관한 토론문제』
Ep. ad duciss. Bravant.	『브라방의 백작부인 서신』
Epistola de modo stud.	『학업 방식에 관한 권고서한』
Expos. in Is.	『이사야서 주해』
Hymn.: Adoro Te	『찬미가: 엎드려 흠숭하나이다』
In Anal. Post.	『분석론 후편 주해』
In Cant. Canticor.	『아가 강해』
In De anima	『영혼론 주해』
In De cael.	『천지론 주해』
In De causis	『원인론 주해』
In De div. nom.	『신명론 주해』
In De gen. et corrupt.	『생성소멸론 주해』
In De hebd.	『주간론 주해』
In De mem. et remin.	『기억과 회상 주해』
In De meteora	『기상학 주해』
In De sensu et sensato	『감각과 감각대상 주해』
In De Trin.	『삼위일체론 주해』
In decem praecept.	『십계명 강해설교』
In Decretal.	『교령 해설』
In Ep. ad Col.	『콜로새서 강해』
In Ep. ad Eph.	『에페소서 강해』
In Ep. ad Heb.	『히브리서 강해』
In Ep. ad Pauli	『바오로 서간 강해』
In Ep. ad Philem.	『필레몬서 강해』
In Ep. ad Philipp.	『필리피서 강해』

In Ep. ad Rom.	『로마서 강해』
In Ep. I ad Cor.	『코린토 1서 강해』
In Ep. I ad Thess.	『테살로니카 1서 강해』
In Ep. II ad Cor.	『코린토 2서 강해』
In Ep. II ad Tim.	『티모테오 2서 강해』
In Ethic.	『니코마코스 윤리학 주해』
In I Decr.	『제1교령 해설』
In II Decr.	『제2교령 해설』
In Ioan.	『요한복음서 강해』
In Iob	『욥기 주해』
In Isaiam	『이사야서 강해』
In Matth.	『마태오복음서 강해』
In Met.	『형이상학 주해』
In orat. Dominicam	『주님의 기도 강해설교』
In Periherm.	『명제론 주해』
In Phys.	『자연학 주해』
In Pol.	『정치학 주해』
In Psalm.	『시편 주해』
In salut. angelicam	『성모송 강해설교』
In Symb.	『사도신경 강해설교』
In Threnos	『애가 주해』
Off. de festo Corp. Chr.	『성체축일 성무일도』
Principium	『취임강연』
Quaestiones Disputatae	『토론문제집』
Quodlibet. I, II…	『자유토론문제집』 제1 자유토론, 제2 자유토론 등

2. 일반 약어

a.	절(articulum)
ad1, ad2	제1답, 제2답

c.	장(capitulum)
Can.	카논(Canon: 어떤 공의회의 장엄 결정문)
cf.	참조(conferire)
d.	분(divisio)
DH	덴칭거(혹은 『덴칭거-휘너만』 혹은 『규정-선언 편람』)
DS	덴칭거(혹은 『덴칭거-쇤메처』 혹은 『규정-선언 편람』)
l.	권(liber)
lect.	강(lectio)
n.	번(numerum)
ob.	반론(objectio)
Proem.	머리말(Proemium)
Prol.	머리글(Prologus)
q.	문(quaestio)
qc.	소문제(quaestiuncula)
resp.	답변(respondeo)
sc	그러나 반대로(sed contra)
sol.	해답(solutio)

토마스 작품의 한국어 번역 목록

『대이교도대전 I』, 신창석 옮김, 분도출판사, 2015.

『대이교도대전 II』, 박승찬 옮김, 분도출판사, 2015.

『대이교도대전 III-1』, 김율 옮김, 분도출판사, 2019.

『대이교도대전 III-2』, 이재경 옮김, 분도출판사, 2025.

「사도신경 강해설교」, 『토마스 아퀴나스의 가톨릭 교리서』, 정종휴 옮김, 가톨릭출판사, 2025, 36-157쪽.

「사도신경 강해설교」, 손은실 역주, 새물결플러스, 2015.

『성 토마스 아퀴나스의 욥기의 자구적 주해』, 안소근 옮김[앤서니 다미코 영역, 마틴 D. 야페 해석 논문 및 각주], 수원가톨릭대학교출판부, 2024.

「성모송 강해설교」, 『토마스 아퀴나스의 가톨릭 교리서』, 정종휴 옮김, 가톨릭출판사, 2025, 228-241쪽.

「세상 영원성론」, 방 스텐베르겐, F., 『토마스 아퀴나스와 급진적 아리스토텔레스주의』, 이재룡 옮김, 2000, 127-147쪽(부록).

『신앙의 근거들』, 김율 옮김, 철학과 현실사, 2005.

『신학대전 1(I, 1-12): 하느님의 존재』, 정의채 옮김, 바오로딸, 3쇄, 2004.

『신학대전 2(I, 13-19): 하느님의 생명』, 정의채 옮김, 바오로딸, 2쇄, 2014.

『신학대전 3(I, 20-30): 하느님의 작용과 위격』, 정의채 옮김, 바오로딸, 2쇄, 2000.

『신학대전 4(I, 31-38): 위격들의 구별』, 정의채 옮김, 바오로딸, 1997.

『신학대전 5(I, 39-43): 위격들의 관계』, 정의채 옮김, 바오로딸, 1998.

『신학대전 6(I, 44-49): 창조』, 정의채 옮김, 바오로딸, 1999.

『신학대전 7(I, 50-57): 천사』, 윤종국 옮김, 바오로딸, 2010.

『신학대전 8(I, 58-64): 천사의 활동』, 강윤희 옮김, 바오로딸, 2020.

『신학대전 9(I, 65-74): 우주 창조』, 김춘오 옮김, 바오로딸, 2010.

『신학대전 10(I, 75-78): 인간』, 정의채 옮김, 바오로딸, 2003.

『신학대전 11(I, 79-83): 인간 영혼의 능력』, 정의채 옮김, 바오로딸, 2003.

『신학대전 12(I, 84-89): 인간의 지성』, 정의채 옮김, 바오로딸, 2013.

『신학대전 13(I, 90-102): 하느님의 모상으로 창조된 인간』, 김율 옮김, 바오로딸, 2008.

『신학대전 14(I, 103-114): 하느님의 통치』, 이상섭 옮김, 바오로딸, 2009.

『신학대전 15(I, 115-119): 우주의 질서』, 김정국 옮김, 바오로딸, 2010.

『신학대전 16(I-II, 1-5): 참행복』, 정의채 옮김, 바오로딸, 2000.

『신학대전 17(I-II, 6-17): 인간적 행위』, 이상섭 옮김, 바오로딸, 2019.

『신학대전 18(I-II, 18-21): 도덕성의 원리』, 이재룡 옮김, 바오로딸, 2019.

『신학대전 19(I-II, 22-30): 정념』, 김정국 옮김, 바오로딸, 2020.

『신학대전 20(I-II, 31-39): 쾌락』, 이재룡 옮김, 바오로딸, 2020.

『신학대전 21(I-II, 40-48): 두려움과 분노』, 채이병 옮김, 바오로딸, 2020.

『신학대전 22(I-II, 49-54): 습성』, 이재룡 옮김, 한국성토마스연구소, 2020.

『신학대전 23(I-II, 55-67): 덕』, 이재룡 옮김, 한국성토마스연구소, 2020.

『신학대전 24(I-II, 68-70): 성령의 선물』, 채이병 옮김, 한국성토마스연구소, 2020.

『신학대전 25(I-II, 71-80): 죄』, 안소근 옮김, 한국성토마스연구소, 2020.

『신학대전 26(I-II, 81-85): 원죄』, 정현석 옮김, 한국성토마스연구소, 2021.

『신학대전 27(I-II, 86-89): 죄의 결과』, 윤주현 옮김, 한국성토마스연구소, 2021.

『신학대전 28(I-II, 90-97): 법』, 이진남 옮김, 바오로딸, 2020.

『신학대전 29(I-II, 98-105): 옛 법』, 이경상 옮김, 한국성토마스연구소, 2021.

『신학대전 30(I-II, 106-114): 새 법과 은총』, 이재룡 옮김, 한국성토마스연구소, 2021.

『신학대전 31(II-II, 1-7): 신앙』, 박승찬 옮김, 한국성토마스연구소, 2022.

『신학대전 32(II-II, 8-16): 신앙(II)』, 박승찬 옮김, 한국성토마스연구소, 2022.

『신학대전 33(II-II, 17-22): 희망』, 이재룡 옮김, 한국성토마스연구소, 2022.

『신학대전 34(II-II, 23-33): 참사랑』, 안소근 옮김, 한국성토마스연구소, 2022.

『신학대전 35(II-II, 34-44): 참사랑(II)』, 안소근 옮김, 한국성토마스연구소, 2022.

『신학대전 36(II-II, 45-56): 지혜와 현명』, 이상섭 옮김, 한국성토마스연구소, 2023.

『신학대전 37(II-II, 57-62): 정의』, 이재룡 옮김, 한국성토마스연구소, 2023.

『신학대전 38(II-II, 63-79): 불의』, 박동호 옮김, 한국성토마스연구소, 2023.

『신학대전 39(II-II, 80-91): 종교와 경신』, 윤주현 옮김, 한국성토마스연구소, 2023.

『신학대전 40(II-II, 92-100): 종교와 경신(II)』, 윤주현 옮김, 한국성토마스연구소, 2024.

『신학대전 41(II-II, 101-122): 사회적 덕』, 김성수 옮김, 한국성토마스연구소, 2024.

『신학대전 42(II-II, 123-140): 용기』, 임경헌 옮김, 한국성토마스연구소, 2024.

『신학대전 43(II-II, 141-154): 절제』, 이재룡 옮김, 한국성토마스연구소, 2024.

『신학대전 44(II-II, 155-170): 절제(II)』, 이재룡 옮김, 한국성토마스연구소, 2025.(근간)

『신학대전 45(II-II, 171-178): 예언과 은사』, 안소근 옮김, 한국성토마스연구소, 2025.

『신학대전 46(II-II, 179-182): 활동과 관상』, 안소근 옮김, 한국성토마스연구소, 2025.

『신학대전: 자연과 은총에 관한 주요 문제들』, 손은실·박형국 옮김, 두란노 아카데미, 2011.

『신학요강』, 박승찬 옮김, 나남, 2008.

『신학요강』, 박승찬 옮김, 길(개정판), 2022.

「십계명 강해설교」, 『토마스 아퀴나스의 가톨릭 교리서』, 정종휴 옮김, 가톨릭출판사, 2025, 285-381쪽.

「연구방법에 관한 권고서한」, 에티엔 질송, 『성 토마스의 지혜와 사랑』, 이재룡 옮김, 한국성토마스연구소, 2022, 131-132쪽(부록2).

『영혼에 관한 토론문제』, 이경재·이재룡 옮김, 나남, 2013.
「자연의 원리들」, 이재룡 옮김, 『가톨릭 신학과 사상』, 17, 219-237쪽, 1996/가을.
『자연의 원리들』, 김율 옮김, 철학과 현실사, 2005.
『존재자와 본질에 대하여』, 김진·정달용 옮김, 서광사, 1995.
『존재자와 본질에 대하여: 有와 本質에 대하여』, 정의채 옮김, 바오로딸, 2004.
『존재자와 본질』, 박승찬 옮김, 길, 2021.
「주님의 기도 강해설교」, 『토마스 아퀴나스의 가톨릭 교리서』, 정종휴 옮김, 가톨릭출판사, 2025, 163-227쪽.
『지성단일성』, 이재경 옮김, 분도출판사, 2007.
『진리론』, 이명곤 옮김, 책세상, 2012.(발췌 번역)
「참사랑의 두 계명 강해설교」, 『토마스 아퀴나스의 가톨릭 교리서』, 정종휴 옮김, 가톨릭출판사, 2025, 247-284쪽.

01. 성 토마스 사상의 원천

이재룡 | 한국성토마스연구소

토마스의 사상에서 '원천 문제'는 대단히 중요하고, 그의 사상 형성을 이해하는 첫 번째 열쇠가 된다.[1] 스콜라학자들은 '원천'(fontes), 곧 고전적인 권위자들의 인용구들을 '신학 작업의 출발점'이라는 뜻으로 '신학적 자리'(locus theologicus)라고 불렀다.[2] '레오위원회'(Commissio Leonina) 회원으로 성 토마스의 『신학대전』과 『대이교도대전』에서 명시적인 인용구들을 인내롭게 헤아린 마틴 후버트(Martin Hubert)라는 고마운 학자에 따르면, 명시적인 인용구는 모두 38,000개인데, 그 가운데 거의 2/3에 해당하는 25,000개가 성경으로부터의 인용이고, 그다음 8,000개는 교부와 교회 교도권으로부터의 인용이며, 철학자들로부터의 인용은 5,000개 정도라고 한다.[3] 이하에서는 역량 있는 학자들의 최근 연구 결실들에 의존해서,[4] 성 토마스의 철학과 신학 연구의 기본 전제가 된다고 할 수 있는 '성 토마스 사상의 원천'의 기본 얼개를 성경, 교부, 철학으로 나눠 개관해볼 것이다. 하지만 본론에 들어가기에 앞서 스콜라학과 그 학문 방법, 그리고 이 학문

---

1. Fabro(1983), p.68.
2. Pera(1979), pp.9-10. Cf. Grabmann(1989), pp.84-90; Gardeil(1908).
3. 장 피에르 토렐(2024), 91쪽.
4. 특히 Torrell(2023)을 주로 따랐다.

방법이 생겨나게 된 모태를 간략하게나마 살펴보는 것이 좋을 것이다.

1. 스콜라학과 그 학문 방법

스콜라학(Scholastica)은 중세의 교육과 학문을 특징짓기 위해, 그것이 펼쳐지던 학교(schola)와의 밀접함을 강조하기 위해 붙여진 이름이다. "'중세'(Media Aetas, sive Medium Aevum)라는 말은 원래 욕설 같은 것이었다."[5] 이 말은 중요한 일이 하나도 벌어지지 않는 일종의 대기 시간 같은 '중간 시기'라는 것으로, '본래의 의미에서' 시대(Aetas)라 할만한 두 시대, 곧 그리스-로마 시대와 '새 시대'(Aetas Moderna) 사이에 낀 중간 시기, 다시 말해 본래의 의미로는 시대라고 할 수도 없는 시대라는 뜻이다. "새로운 시대, 곧 근대 초에 인본주의와 프로테스탄티즘은 서로 합세하여 '중세'에 대해 대단히 부정적인 평결을 내렸다. 즉 인본주의자들에 비해서는 야만적이고, 개신교도들에 비해서는 미신적이고 교황주의자들이라는 것이다."[6]

서로마제국이 5세기 중엽 북방 야만족의 침략으로 멸망하고 400년간의 문명 파괴라는 오랜 암흑기를 거친 다음, 마침내 카롤루스 대제가 문예 부흥의 신호탄을 쏘아올렸는데, 그 핵심 동력은 수도원과 주교좌성당에 '학교'(schola)를 세우고 교육을 혁신하는 것이었다. 하지만 중세 초기에 교사들이 활용할 수 있었던 자료는 극히 한정적이었다.[7]

거의 폐허 위에서 시작된 교육 혁신 작업은 10세기에 카롤루스 제국이 해체되고 봉건주의가 확립되면서 지지부진하다가 11세기부터 다시 활기를 띠기 시작하는데, 이때부터 16세기 근대가 시작되기 전까지 번창했던

---

5. 요셉 피퍼(2003), 17쪽. 참조: 정의채·박승찬(2001), Cf. Chenu(1964), pp.58-69.
6. 바티스타 몬딘(2017), 23-24쪽.
7. 그래서 파브로는 '13세기 도서관의 혁명적 새로움'이라고까지 말한다. Fabro(1983), p.69.

학문을 좁은 의미의 스콜라학이라고 부른다. 르클레르는 중세 신학을 9세기부터 12세기까지 수도원 학교에서 수도승들을 길러내던 수도승적 신학(theologia monastica)과, 13세기 이후에 도시를 중심으로 주교좌 학교와 대학에서 성직자들을 길러내던 스콜라학적 신학(theologia scolastica)으로 구분한다.[8]

이 두 시기를 결정적으로 가르는 것은 십자군 운동을 통해 유입된 아랍 세계의 대단히 풍부한 교부들의 유산과 아랍 문명의 그리스적(특히 아리스토텔레스적) 유산들, 그리고 그 덕분에 발전된 이슬람 사상의 유입이다.[9] 특히 아리스토텔레스의 『새 논리학』(Logica nova), 곧 『분석론』(Analytica) 등의 유입으로 "신학 작업을 위한 근본 도구인 변증법은 …그 특징적 형식으로 범주적 삼단논법을 갖춘 엄밀한 전개, 과학적 증명이 되었는데, 이것은 참으로 신학을 위한 결정적인 한걸음이 되었다."[10] 12세기까지 수도승 신학에서 보편적으로 통용되던 신학 방법은 '강독'(lectio) 또는 '강화'(collatio)였다. 그것은 아우구스티누스가 초석을 놓은 4중적(축자적, 우의적, 도덕적, 신비교육적) 의미의 규칙에 따라 수행하는 주석 방법이었다.[11] 하지만 13세기부터는 더 이상 주석 작업이 아니라 변증법적 과정, 곧 질문(quaestio)과 토론(disputatio)을 통해 규정(determinatio)해 나가는 엄정한 추론 작업이 되었다.

---

8. 몬딘(2017), 20-21쪽, 152쪽.
9. 참조: 브라이언 타이어니 외(1995), 418-421쪽; 자크 르 고프(1992), 87-96쪽; 같은 저자(1999), 46-48쪽.
10. 바티스타 몬딘(2017), 158쪽. Cf. Novikoff(2013), pp.106-132.
11. "따라서 구약이라 불리는 성경의 모든 부분은 그것을 철저하게 알고 싶어하는 이들에게 다음과 같은 네 가지 방식으로, 곧 역사적(secundum historiam), 원인론적(secundum aetiologiam), 유비적(secundum analigiam), 우의적으로(secundum allgoriam) 전달된다. … '원인론적'인 방식은 그것이 말해지거나 행해지는 이유가 알려질 때 발생하고, '유비적' 방식은 구약과 신약의 두 계약이 서로 대립되지 않을 때 발생하며, '우의적' 방식은 기록된 어떤 텍스트가 문자적으로 받아들여지는 것이 아니라 비유적으로(figurate) 이해될 때 발생한다"(Augustinus, De utilitate credendi, c.3, nn.5-6: PL 42, 68). Cf. De Lubac(1998), pp.123-132; van Liere(2014), pp.113-125.

스콜라학의 방법은 본질적으로 받아들여지는 권위, 알려진 사실들, 인간의 이성, 그리고 그리스도교 신앙과 일관성을 유지할 수 있는 가지적이고 과학적인 해결책에 이르기 위해서, 대립적인 관점들로부터 검토되는 자유학예, 철학, 신학, 의학, 법 등에 관련되는 모든 문제에 대한 합리적 탐구를 가리킨다.[12] 그 궁극적인 목적은 '검증된 지식' 획득이었지만, 스콜라학자들은 자주 개연적인 견해들과 변증법적 해결책들로 만족해야 했다.

확립된 진리를 배우는 최선의 길은 본래의 발견 과정을 그대로 답습하는 것이라고 확신한 12-13세기의 스콜라학자들은 교수 방법(modus docendi)이 발견의 유형(modus inveniendi)을 따라야 한다고 가르쳤다. 따라서 교육의 질서는 가급적 밀접하게 발견의 질서를 따랐다. 이런 교육학적 확신은 '새로운 아리스토텔레스'가 라틴 세계에 들어오기 이전의 초기 스콜라학에 있었다. 그 이른 초기의 어두운 시작 때부터 스콜라학의 방법에는 강독과 토론이라는 두 가지 본질적 특성이 있었다. 의심의 여지 없이 더 독창적이고 특색 있는 특징은 토론이었지만, 그 토대는 강독이었다.[13] 라틴 문법학자들과 아리스토텔레스의 논리학을 채택하는 것이 보에티우스에 의해서 보존되었고, 초창기의 변증론자들, 곧 라옹, 샤르트르, 파리 같은 12세기의 대성당 부속학교 교수들에 의해서 영감을 받아, 차츰 스콜라학

---

12. Cf. Weisheipl(2003), pp.747-748; Vansteenkiste(1979), pp.161-196.
13. "성서 훈련(excercitium sacrae scripturae)에는 강독(lectio), 토론(disputatio), 설교(praedicatio)라는 세 가지 요소가 요구된다. …'강독'은 말하자면 뒤따르는 것을 위한 토대이자 기초이다. 왜냐하면 그것을 통해 나머지가 성취되기 때문이다. '토론'은 연구라는 이 건물의 벽이다. 그 어떤 것도, 그것이 먼저 토론이라는 이빨에 의해 분쇄되지 않고서는 충분히 이해되고 충실하게 설교되지 않기 때문이다. 앞의 두 가지로부터 지원을 받는 '설교'는 신앙인을 유혹의 열기와 바람으로부터 보호해주는 지붕이다. 그래서 우리는 성경을 읽기 전이 아니라 읽은 다음에, 그리고 토론에 의해서 의심스러운 문제들을 검토한 이후에, 설교에 임해야 한다"(Petrus Cantor, *Verbum abbreviatum*, I: PL 205, 25). Cf. Smalley(1978), p.208.

적 방법의 기본 요소들을 발전시켰다.[14]

'권위'(auctoritas)[15]는 자기 경험의 한계와 자기 자신의 노작을, 전통 전체의 무게 및 상급 지식의 무게 전체로 보완하기 때문에, 토마스의 방법에서 가장 중요한 자리를 차지한다. 여기서 핵심은 지성적 탐구에서의 이론적 의미, 그 범주, 그 용법이다. 권위란 엄밀히 어떤 행위나 가르침에 부과되는 성격이다. 그런 속성은 어떤 '저자'(auctor) 또는 '진정한'(authentica) 인물에 속한다. 하지만 그런 어떤 규범, 기록, 명제에서의 권위의 표현도 같은 성격 규정을 얻게 된다. 권위의 범주들은 매우 다양하다. 인문학을 다룬다면, 다양한 척도들이 있는 셈이다. '권위의 자리'에 관심을 기울이는 논리학자들은 권위가 '지혜로운 이가 자신의 학문 분야에서 내리는 판단'이라고 말했다. 이어서 어떤 저자와 전통의 명성, 일반 대중의 사용과 승인을 가리킨다. 그래서 유클리데스는 수학에서의 권위이고, 갈레노스와 아비첸나와 다른 이들은 의학에서 권위이며, 아리스토텔레스는 철학에서의 권위가 될 수 있다. 저자들이 아니라 명제들에 타당한 척도는 모두가 오류에 빠졌다는 것은 상상하기 어렵다는 확신에 기초한 '공통의 견해'(communis opinio)이고,[16] 이것은 '이상한'(extraneae) 견해와 입장들에 대한 배격도 설명해준다.[17] 이런 척도들은 특정 텍스트들이 교육을 위해 승

---

14. Cf. Vansteenkiste(1979), pp.161-198.
15. 참조: 르 고프(1992), 389-393쪽. Cf. Chenu(1964), pp.126-149; Martin(2006), pp.1-19; Minnis(2010), pp.40-72.
16. "모든 이들이 공통적으로 말하는 것이 전적으로 거짓일 수는 없다. 감각 성질들에 대한 거짓된 판단도 바로 감각의 허약함에서 발생하듯이, 거짓된 견해는 지성의 허약함에서 오는 것이기 때문이다"(Quod enim ab omnibus communiter dicitur, impossibile est totaliter esse falsum. Falsa enim opinio infirmitas quaedam intellectus est: sicut et falsum judicium de sensibili proprio ex infirmitate sensus accidit)(ScG, II, c.34, n.1106[=국역본: 박승찬 역, 분도출판사, 2015, 323쪽]). 제37장의 답변에서 성 토마스는 그 원리를 부정하지 않는다.
17. "철학의 어떤 분야의 원리들을 파괴하는 견해는 '이상한' 견해라고 불린다"(Opiniones quae destruunt principia alicuius partis philosophiae, dicuntur positiones extraneae)(De malo, q.6, a.1).

인될 때 연구들의 체계화로 확증된다. 그러나 이 모든 것은 인문학에서의 권위가 상대적이라는 것과, 그 사용이 특히 어떤 경우에는 '가장 약한 자리'일 수 있다는 것을 입증한다.[18] 근본적으로 인간적 권위는 언제나 이성이다.[19]

2. 성경: 스콜라학적 방법 탄생의 모태[20]

중세 학교들이 그 품에서 자라난 대학들에 넘겨준 기본적 교육 방법은 권위 있는 텍스트들에 대한 해설이었다. 그리고 학교에서 사용된 모든 텍스트들 가운데 성경이 차지하는 권위의 등급과 영향력에 대등하다고 주장할 수 있는 것은 아무것도 없었다. 그런데 교부시대 때부터 지적되어 온 사실이지만, 성경 자체 안에도 외양상 명백히 모순적인 언명들이 많이 있다. 스콜라학의 작업 방식은 이런 상황에 대해 그것들을 조화시키는 방법들을 찾아내는 것이었고, 이런저런 종류의 텍스트들이 온갖 주제에 대한 거의 모든 지식의 개요들을 제공하였기 때문에, 조화시키는 방법들은 체계적인 지식 더미 전체를 위한 토대를 놓는 작업이었다.

이 방법들은 먼저, 권위 있는 텍스트들 사이의 명백한 모순을 찾아내고, 그다음에 그것들을 명료화하기 위해 핵심 단어들과 구성들을 분석했다.[21] 그 결과, 모순되는 것처럼 보였던 언명들이 서로 보완적인 방식으로 이해

---

18. 알베르투스 마뉴스의 것으로 간주되는 『대전』에서는 이렇게 말한다: "신학 이외의 다른 학문들에서는 권위의 자리가 가장 낮고, 다른 것들보다 더 낮다"(In aliis scientiis [a theologia] locus ab auctoritate infirmus est et infirmior ceteris)(Albertus Magnus, *Summa Theologiae*, ed. Borgnet, 31, p.24).
19. Cf. Vansteenkiste(1979), pp.168-170.
20. 본 절은 리처드 서던 교수의 주저인 『스콜라학적 휴머니즘과 유럽의 통합, 제1권: 토대』의 제3장 「성경: 스콜라학 최고 권위의 교재」를 요약한 것이다: Southern(1995), pp.102-133.
21. Chenu(1964), pp.59-62.

될 수 있는, 의미의 정교화를 낳았다. 이 정교화 과정은 체계적인 진리에 대한 더 정교한 조직을 산출해냈다. 텍스트의 이런 의미 정교화 과정에서 스콜라학의 탐구 방법은 다양한 기술들을 채택했다. 예컨대 문자적 언명과 비유적 언명 사이, 일반적 언명과 특수한 언명 사이에 주의를 기울이는 식이다. 이런 전개법은 지식의 모든 영역의 텍스트에 적용될 수 있었다.

그리고 비록 성경처럼 절대적 무류성은 아니지만, 다른 텍스트들도 높은 등급으로 무류성을 지니고 있다고 인정되었고, 바로 그렇기 때문에 대학 교재로 선정되었다. 그런데 유독 성경만큼은 원칙적으로 오류에서 벗어나 있다. 성 토마스에 따르면, 그것은 "성경의 저자가 하느님"이기 때문이다.[22] 다른 교재들은 자기 고유의 인식 영역에서만 권위가 있었지만, 성경의 무류성은 지식의 모든 영역으로 확장되었다.[23]

외양적 모순들을 화해시키고 성경 텍스트의 충만한 의미를 도출해내는 데는 세 가지 방법이 있다. 첫 번째는 상이한 보고들의 관점을 구별해내는 것이고, 두 번째는 자구적이고 논리적인 분석을 통해 모호성과 외양적 모순을 해명하는 것이다. 마지막으로 성경에만 전용되던 방식은, 역사적 사실로서의 사건들과 영속적인 진리의 상징으로 간주된 동일한 사건들을 구별하는 것이다. 이 방법들에 대한 연구는 성경 해석의 방법을 보다 더 잘 이해할 수 있게 해주었고, 더 나아가 스콜라학적 사상의 일반적 기술과 그 결실들에 대한 입문을 제공하였다.[24]

먼저 성경에 고유한 방법을 살펴보자. 방금 지적한 것처럼, 토마스는 하느님이 거룩한 기록의 저자임을 명시한다. 이로부터 따라나오는 것은, 하느님은 만물의 창조주로서 사물들을, 객관적 실재들이면서 동시에 메시지를 전달할 수 있는 능력도 지니게 하실 수 있는 분이라는 것이다. 따라

---

22. "auctor Sacrae Scripturae est Deus"(*ST*, I, 1, 10).
23. Southern(1995), pp.102-107.
24. Southern(1995), pp.112-113.

서 하느님 말씀의 기록자들이 사건이나 대상을 기록할 때, 학생(연구자)은 이 사건과 대상들을 통해서 그것들이 전해주는 메시지들을 추적할 수 있을 것이다. 우의적으로 기술하는 인간 저자들은 실존 사물들에 의해서 드러나는 특성들을 의미하게 만들 수도 있고, 또 일반 명제들로 잘 전달될 수 있는 어떤 의미를 지니고 있는 인간적 이야기들을 지어낼 수도 있다. 이 경우에, 우리 인간은 그 이야기를 믿도록 만들지만, 그 메시지는 실재적이라는 것을 알고 있다. 이에 반해, 하느님은 사물들과 사건들의 제작자(auctor)일 뿐만 아니라 그것들의 의미의 원천이기도 하다. 그러므로 사건들은 일차적으로 역사의 사건들 속에 구현된 하느님의 언어의 일부이다.

초창기 그리스도교 공동체 내에서는 유다교 율법을 지키는 일과 관련해 유다인 출신과 비유다인 출신 사이에 논쟁이 끊이지 않았다. 그에 대한 그리스도교의 답변은 구약의 대상들(돼지고기 금식이나 홍해를 마른 발로 건넘 등)은 때가 무르익었을 때, 그 충만하고 불가해한 의미(하느님의 육화) 속에서만 계시될 진리들을 위한 상징이라는 것이다.[25]

말을 통해서만이 아니라 '사물'을 통해서도 진리를 표현할 수 있는 하느님의 능력에 대한 인정은 신적 영감을 받은 기록들의 충만한 메시지를 이해하기 위한 중요한 도구가 되었다. 구약에 관한 이 진리의 충만한 귀결들이 포착되었을 때, 그리스도교적 학자들은 성경 텍스트 전반에 걸쳐 광범위한 재검토작업에 착수하여, 12세기쯤에는 상징적 해석이라는 무거운 짐을 달고 있지 않은 구약의 장이 거의 없게 되었다. 하느님은 왜 이처럼 인류에게 평범한 일상 언어가 아닌 상징들로 말씀하시는가? 말은 변하

---

25. 참으로 주님의 말씀은 변하지 않는다. 그것은 결코 폐지되지 않고 변하지 않는다. 돼지고기 식용 금지는 그 동물로 표상되는 불결함과 방탕을 배격하는 좀 더 심층적인 명령을 상징하기 위해 유다인들에게 주어진 것이다. 이 상징적 교훈은 진리 자체가 몸소 세상에 온 그리스도의 육화(肉化) 사건 이후에는 더 이상 필요하지 않았다. 그 후에는 그 상징이 더 이상 필요하지 않다. 이리하여 상징은 지나가고 진리만 남는다. Cf. *The Works of Gilbert Crispin, abbot of Westminster*, ed. A.S. Abulafia & G.R. Evans, London, 1986, pp.17-23.

지만, 사건들의 언어는 영원히 남기 때문이다. 만물을 창조한 하느님은 당신이 명하는 언어를 가지고 계시는데, 그것은 언어 장벽을 가지고 있지 않고 우주가 존속하는 한 없어지지 않을 것이다. 학교의 기능은, 그리스도교 교리 전체를 수집하고 분류하고 정리하고 인간의 처신을 위한 결론들을 해명하는 것이었던 것처럼, 과거의 성경 해석들을 수집하고 분류하고 정리하는 것이다.[26]

명백한 모순들을 화해시키고 성서적 진리의 충만성을 드러내는 두 번째 방법은 이본융합(異本融合, conflatio)이라고 불리는 방법이다. 증거를 명백하게 대조하는 이 방법은 적어도 19세기 중반까지는 역사적 작업에서 일반적인 관행이었다. 그것은 역사가들에게 원천에 담겨있는 모순들을 모든 자료 가운데 가장 가능한 용법과 화해시키는 방법을 제공했다.[27] 그

---

26. Southern(1995), pp.114-121.
27. 서던 교수가 제시하는 한 가지 구체적인 예를 살펴보자. 모든 복음서에서는 베드로가 세 번 모른다고 부정할 것이라는 그리스도의 예언과 그 실현을 전해준다. 하지만 루카와 요한은 그 예언이 최후만찬 '동안에' 이루어진 것으로 배치하는 데 반해, 마태오와 마르코는 그것을 최후만찬 '이후'에 올리브 동산에 배치하고 있다. 그리고 부정 자체와 관련해서도 마태오, 루카, 요한은 세 차례의 부정을 모두 첫 번째 닭울음 이전에 배치하는 데 반해, 마르코는 첫 번째 부정만 첫 번째 울음 '이전'에 배치하고 나머지 부정은 그 '이후'에 배치한다. 이 차이는 그리 대단한 것이 아니기 때문에 더 이상 분석할 가치가 없다고 말할 수 있고, 중세 비판가들도 그 점을 잘 깨닫고 있었다. 하지만 만일 아무리 사소한 것이라 하더라도 어떤 오류가 확인될 수 있다면, 그 기반 위에 엄청나게 쌓아올린 '성경 무류성'이라는 제방 전체가 무너지게 된다. 따라서 아무리 사소한 불일치도 화해되어야 한다. 이것을 도표로 정리하면 다음과 같다.

원 천	예 언	실현(D=부정, C=닭울음)
마태오복음서	만찬 이후	D D D C
마르코복음서	만찬 이후	D C D D C
루카복음서	만찬 중	D D D C
요한복음서	만찬 중	D D C

이 도표로부터 한 명 이상의 복음사가가 예언과 그 실현과 관련해서 옳을 수 없다는 것이 드러난다. 결국 적어도 세 명은 어느 부분에서는 틀렸다. 그런데 만일 그들이 어떤 작은 부분에서 틀릴 수 있다면, 중요한 요점들에 대해서 누가 그들이 옳다고 믿을 수 있단 말인가?

렇다면 우리는 여기서, 천 년 이상 동안, 성경의 무류성 교리를 지지하기 위해 점증하는 정교화가 도입되고 있는 것을 본다. 그래서 우리는 학자들이 그것을 옹호하기 위해 들인 준비의 길이에 의해서 그 원리의 중요성을 판단할 수 있을 것이다. 성경의 무류성은 중세 학교들에서 가장 충만하고 가장 정교한 노작을 가졌던 사상 체계의 안정성을 위해 아주 단적으로 본

그러므로 성경의 무류성을 전제할 때, 이 외양적 모순들은 화해될 수 있어야 하고 천 년 이상 동안 학자들은 그것들이 어떻게 화해될 수 있는지를 보여주어야 할 과제를 스스로 떠안았다. 먼저 아우구스티누스가 해결의 원리를 제시했다. 그는 그리스도의 예언에 대한 상이한 설명들의 온전성이 두 가지 전제를 할 때 보존될 수 있다고 지적하였다. 첫째는 그리스도가 최후만찬에서 자신의 예언을 반복했다는 것이고, 둘째는 각 복음사가가 예언들과 그 실현들 양측에 대해 오직 단편적인 설명들만 제시했다는 것이다 (Augustinus, *De consensu Evangelistarum*, iii, 2; iii, 6: PL 34, 1059-63; 1068-73). 아우구스티누스의 해결 방안은 16세기에 이르기까지 후대의 논의를 지배하였다. 그의 해결책의 힘은 문제 전체를 대가적인 포괄성으로 해결한 것이었다. 하지만 그의 약점은 그 해결책이 전혀 그럴싸하지 못하다는 점이었다. 성경의 역사적 무류성을 보존하기 위한 이 불행한 투쟁의 역사를 세세하게 추적할 수는 없지만, 그 원리의 중요성마저 놓쳐서는 안 된다. 아리스토텔레스처럼 타고난 자연철학자이기도 하였던 알베르투스 마뉴스는 이를 수탉의 울음이 기온 변화와 긴밀히 연관되어 있다는 관찰을 통해 해명하는 새로운 정교화를 제안했다. "동물들은 태양의 각도 변화로 초래되는 기온 변화에 대한 날카로운 감각을 가지고 있다. 수탉은 특히 이 점에 타고났다. 그래서 수탉은 [매일] 세 차례 중요한 순간에 운다: 태양의 천상 지평이 자정에 서쪽에서 동쪽으로 변할 때, 그리고 해가 수평선 위로 떠오르기 직전 새벽에, 그리고 다시 일몰 때에 운다. 자정의 첫 번째 울음은 일반적으로 숙면 중인 대부분의 사람에게는 감지되지 않는데, 바로 이 때문에 그것이 오직 마르코에 의해서만 언급되고 있는 것이다. 두 번째 일출 직전의 새벽녘 울음은 가장 일반적으로 감지되고, 그렇기 때문에 모든 복음사가들이 언급하고 있는 것이다"(Albertus Magnus, *Notulae super Matheum*, xxvi, 34). 알베르투스 마뉴스는 순수한 자연 관찰자로, 명백히 닭울음이라는 복잡한 현상과 그 해설에 대해 많은 생각을 했고, 그것을 여러 기회와 여러 맥락 속에서 논했다: Cf. *Postilla super Marcum*, xiv, 30; *Postilla super Lucam*, xxii, 34; *De animalibus*, xxiii, 24. 이 텍스트들을 보기 위해서는: *Opera Omnia*, ed. A. Borgnet, Paris, 1890-1899, vol. xii, 488; xiv, 30; xxi, 170, 706, 721-2; xxiii, 686, 700; xxiv, 523-4.

그 후 200년쯤 뒤에, 종교개혁자 칼뱅은 새로운 관찰을 제시했다. 그는 새벽의 닭울음이 단 한 번이 아니라 여러 차례의 울음으로 구성되어 있다는 점과, 모든 울음이 합쳐져서 '첫 번째 닭울음'(gallicinium)이라고 알려져 있다는 점을 지적했다: "(복음사가들이) '닭이 울기 전에'라고 기록할 때, 그들은 '첫 번째 닭울음이 끝나기 전에'를 의미했다. 하지만 오로지 마르코만이 그것을 특수화하였다. 만일 우리가 어떤 세속 역사가 안에서 이와 유사한 구별을 발견했더라면, 그것들이 서로 모순된다고 말하지 않았을 것이고, 우리도 복음사가들이 그렇게 한다고 말해서는 안 될 것이다"(Jean Calvin, *Harmonia ex Evangelistis tribus composita*, Geneve, 1595, pp.338-339).

질적이고, 하느님이 성경의 저자라는 교리를 포기하지 않는 한 기각될 수 없다.

마지막으로, 언어적-논리적 분석 방법을 살펴보자. 성경에 대한 상징적 해석은 보편역사의 넓은 영역을 활짝 열었고, 역사적인 이본융합의 방법은 성경을 사실상의 오류라는 혐의로부터 변호하였다. 그런데 권위 있는 텍스트들의 가르침을 화해시키는 스콜라학의 본질적 방법은 언어 분석과 논리 분석이다. 이 방법은 모순들을 해소하고 원천들 안에 있는 모호성을 제거할 뿐만 아니라, 또한 진리의 영역을 확장한다. 분석이 해결할 수 있는 문제는 이론적인 것이었다. 이 넓은 범주의 테두리 안에서 먼저 12세기 학교들에 진지하게 도전장을 내민 것은 정치-사회적인 것이었고, 다른 것들은 개인적 수양에 관한 것이었지만, 가장 중요한 것은 그리스도교의 중심 교리와 연관된 것들이었다.

여기서 우리는 그 가장 개별적인 것과 가장 일반적인 것에 대한 스콜라학적 논쟁들을 만나게 되는데,[28] 그 문제를 풀기 위해 채택된 과정은 모든 스콜라학적 과정 가운데 가장 기초적인 것, 곧 문자적 분석이다. 이 분석 작업은 일찍이 안셀무스 데 라옹이 착수했고,[29] 거의 50년 뒤에 페트루스 롬바르두스에 의해서 마지막 걸음이 종결되었다. 말씀 분석에서 단어들을 실제적 경험들과 연결시키고 발전의 한 단계로부터 다른 단계로의 발전을 조정하며 결합하는 작업은 하나의 완벽한 스콜라학적 실천을 제공했다. 그 모든 측면이 밀접하게 분석되고 한 단일한 체계로 통합될 때, 스콜라학적 과제는 완성되고 텍스트들은 사목 현장에서 사용될 수 있도록 준비되었다.

따로 떼어놓고 보면, 이 성취는 그에 대해 쏟은 모든 수고에 대한 한 작

---

28. Cf. Chenu(1964), pp.149-155.
29. Cf. Smalley(1978), pp.49-51; 61-63.

은 보상처럼 보일지 모른다. 하지만 한걸음씩 누적된 이 진보는 성경 텍스트들과 그것들이, 한 사람 한 사람이 하느님을 향한 상승과 맺고 있는 관계에 대한 충만한 이해를 향한 점증하는 용어들의 명료화와 이해의 정교화 단계들을 통해 전진하는 스콜라학 방식의 특성이다.

3. 성 토마스의 신학 작업에서 성경의 권위

스콜라학자들에게 성경(Sacra Scriptura)은 절대적 가치를 지니고 있는 유일한 원천이다. 왜냐하면 그것은 계시의 도구로서 우리가 인간의 용어로 표현된 신적인 진리를 발견하는 자리이기 때문이다. 하느님의 자유재량에 달려 있는 것(예컨대 하느님 말씀의 육화 신비)은 본성에 고유한 것을 능가한다. 이런 종류의 사정들은 오로지 성경에 의해서 우리에게 전해지는 한에서만 알려질 수 있다.[30] 토마스에게 "성경은 …신앙의 기준(regula fidei)이다."[31] 신앙의 신조 요약들도 이런 무게를 지니고 있지만, 이것은 그것들이 거의 배타적으로 성경으로부터 도출된 구절들로 이루어졌다는 사실에 기인하는 것이다. 성경은 우리에게 탁월한 신앙 기준으로 주어졌고, 그래서 우리는 그것에 무엇을 덧붙여서도 안 되고, 무엇을 생략하여 감해서도 안 되며, 그릇된 해석으로 더럽혀서도 안 된다.[32] 하지만 그렇다고 성경의 권위가 일의적(一義的)으로 받아들여져서도 안 된다. 가르치는 스승의 과

---

30. *ST*, III, q.1, a.3.
31. *ST*, II-II, q.1, a.9, obj.1. Cf. *In Sent.*, III, d.25, q.1, a.1, qc.3, arg.2; *In Ioan*, 21,24. 질송은 1965년 이탈리아 피렌체에서 개최된 단테 탄생 700주년 기념 초청강연에서 "성 토마스의 신학 전체는 성서에 대한 주해이다"라고 말했다. Gilson(2021), p.31.
32. *ST*, II-II, q.1, a.9, ad1. 우리가 조심스럽게 거룩한 말씀들을 지킬 때, 그 말씀들이 복종하는 우리를 보존하고 강화한다: "거룩한 성경 안에서 우리에게 전해진 진리들을 보존할 뿐만 아니라, 우리를 위해 성경을 온전히 보존한 거룩한 박사들을 통해 우리를 가르치는 것도 필요하다"(*In De div. nom.*, c.2, lect.1, n.125). 이 '거룩한 박사들'은 그리스도가 자신의 부활의 밤에 행한 것과 동일한 직분을 수행한다. "우리는 사도들과 예언자들의 계승자들이 오로지 사도와 예언자들이 자신의 저술들 안에서 우리에게 남겨준 것들을 우리에게 말해주는 한에서 그들을 믿는다"(*De veritate*, q.14, a.10, ad11).

업은 말씀의 근거를 해명함으로써 제자들을 납득시키는 것이다.³³

우리는 토마스의 주요 활동이 '거룩한 기록(성경) 교수'(Magister in Sacra Pagina)라는 자신의 직분에 걸맞게 성경을 설명하는 것임을 잘 알고 있다.³⁴ 여러 설명들은 우리에게 토마스가 자신의 주요 원천에 대해 주석가이자 해설가로서 처신하는 방식을 보여준다. 첫째, 그는 성경의 의미들의 다수성을 조명한다: "거룩한 기록[성경]의 저자는 자신의 의미를 (인간이 하듯이) 말들을 통해서만이 아니라 사물들 자체를 통해서도 표시하는 권한을 지니고 있는 하느님이다. 그래서 다른 모든 학문에서는 말들이 사물들을 가리키는 데 반해, 이 학문에서는 말들을 통해 표시되는 사물들이 그 자체로 의미화를 가지고 있다."³⁵

여기서 성경이 여러 의미를 가지고 있다면, 그것은 다른 어떤 책과도 다른 책이라는 결론이 도출된다. 주된 저자의 의도가 그 도구 역할을 하는 인간 저자의 의식을 넘어갈 수 있다. 이로부터 근본적 구별이 뒤따른다:

> 그러므로 그것에 의해서 말이 사물을 의미하는 최초의 의미화는 첫 번째 의미, 곧 역사적 또는 '문자적' 의미에 속한다. 사물들이 말들에 의해서 의미(표시)되는 두 번째 의미화는 그 자체로 이번에는 문자적인 의미에 기초를 두고 있고, 그것을 전제하는 영적 의미라고 불리는 또 다른 의미화를 가지고 있다.³⁶

---

33. "만일 그가 자기 청중을 가르쳐 그들이 문제의 진리를 이해하도록 이끌기를 원한다면… 교사는 그 진리의 뿌리로 인도하여 단언되는 것이 어떻게 참된지(quomodo sit verum)를 알 수 있게 해주는 근거들에 의존해야 한다. 그렇지 않고, 만일 그 교수가 순전히 권위들을 통해서만 문제를 규정하려 든다면, 그는 분명 그것이 그러하다고 자신의 상대방을 설득하려 들겠지만, 상대방은 지식도 이해도 얻지 못한 채 텅 빈 머리로 돌아가게 될 것이다"(*Quodlibet*. IV, q.9, a.3[18]).
34. Cf. Chenu(1964), pp.242-263.
35. *ST*, I, q.1, a.10. Cf. *In Sent.*, I, Prol. a.5; *De pot.*, q.4, a.1; *Quodlibet*. III, q.14, a.1[30]; VII, q.6, aa.1-3[14-16]; *In Ep. ad Gal.*, c.4, lect.7. Cf. Smalley(1978), pp.281-291; Dahan(2015), pp.45-70.
36. *ST*, I, q.1, a.10.

이 장소에 있어서의 근본적인 구별과 더불어 우리는 영적인 의미의 구분들을 분절화할 수 있다:[37] 첫째, 구약의 실재들이 신약의 실재들을 의미하는 것을 '우의적'(寓意的, allegorica) 의미라고 부른다. 둘째, 머리이신 그리스도에 의해서 수행된 신약의 실재들이 그 지체인 교회가 성취해야 하는 것의 표지라는 것을 '도덕적'(moralis) 의미라고 부른다. 셋째, 신약의 실재들이 그 자체로 미래 영광의 실재들을 의미하는 것을 '신비교육적'(anagogica) 의미라고 부른다. 그때 토마스는 『신학대전』 제1문 제10절에서 제기된 질문에 긍정적으로 답할 수 있다. 왜냐하면 하느님이 이 책의 저자이시기 때문에, 아무것도 그 동일한 구절이 여러 가지 문자적 의미를 가지는 것을 막지 못할 것이기 때문이다. 토마스는 문자적 의미에 우리가 오늘날 일반적으로 주려고 하는 것보다 훨씬 광범한 범위를 주고 있다.[38]

여기서 문자적 의미 속에 포함되어 있는 비유적 또는 은유적 의미를, 방금 언급된 세 가지 영적 의미에서 성립되는 우의적 의미와 혼동해서는 안 된다.[39] 그러므로 성경의 네 가지 의미를 말하는 것은 하나의 근접화이다. 실제에 있어서는 문자적 의미와 영적인 의미라는 단 두 가지만 있는데, 후자가 세 가지 방식으로 세분되는 것이다. 문자적 의미는 참으로 광범위해서 대한이 영적 의미로 넘어가기 위한 '해석학적 도약대'(hermeneutical leap)라고 부르는 것을 만들 필요를 거의 느끼지 못하고 있다.[40]

---

37. *ST*, I, q.1, a.10; *Quodlibet*. VII, q.6, a.2[15], resp. et ad2. Cf. De Lubac(1998), pp.124-125.
38. "비유적 의미는 문자적 의미 속에 포함된다. 왜냐하면 사물들은 말들로 고유하게 의미되기도 하고 또 상징적으로(figurative) 의미되기도 하기 때문이다. 그런데 이때 문자적 의미는 형상(figura) 자체가 아니라 형상화된 것이다. 예컨대 성경에서 하느님의 팔이라고 말할 때, 문자적 의미는 하느님 안에 그런 신체적 지체가 있다는 뜻이 아니라, 오히려 그 지체를 통해 의미되는 것, 곧 작용력이 있다는 것이다. 여기서 성경의 문자적 의미는 결코 거짓을 내포할 수 없다는 것이 명백히 드러난다"(*ST*, I, q.12, a.10, ad3). Cf. Smalley(1978), pp.281-292; Minnis(2003), pp.204-205.
39. *In Job*, c.1; Chardonnens(1997), pp.21-34(=국역본: 안소근 역, 『성 토마스 아퀴나스의 욥기의 자구적 주석』, 수원가톨릭대학교출판부, 2024, 122쪽).
40. Dahan(2002), pp.xxxii-xxxv; Venard(2015), pp.199-228.

대학 성경 강독들은 텍스트를 좀 더 잘 이해할 수 있게 해준다고 추정되는 세 가지 규칙을 따라야 했다: 첫째, '구분'(divisio)이 주요 역할을 하고, 그 성서적 텍스트를 논리적 범주들의 주형에 적응시키는 것을 도와준다. 둘째, 텍스트에 대한 '해설'(expositio) 또는 해명의 역할은 문제의 텍스트가 이해 가능하다는 것을 도출하는 것이다. 셋째, '질문'은 때때로 어떤 내적이거나 외적인 모순으로부터 결과되기도 하고 또 가끔은 강독의 보다 심층적인 파악이 가능할 수 있도록 '해설' 안에서 발생하기도 한다.[41] 이런 요구하는 교육 방식은 성경 텍스트의 바로 심층부로 인도한다. 그는 분명 관념들과 신학적 교육에 주의를 기울이지만 동시에 단어, 문법, 문체, 그리고 히브리어로부터 그리스어로 또는 그리스어에서 라틴어로 옮겨진 번역의 차이에도 관심을 기울인다. 학자들은 토마스가 어떤 라틴어 텍스트를 사용했고 그의 우연한 수정 요구 등을 특정하지만, '단어들의 적절한 의미에 대한 탐구에 주어지는 세심한 염려'와 역사적 세부 사항들을 규정하려는 그의 관심에서 드러나는 문법과 문체, 역사 감각에 대한 주목을 힘주어 강조한다.[42]

성경 텍스트에 대한 토마스의 존중을 보여주는 또 다른 표지는 순전히 학문적인 접근법을 넘어간다. 토마스의 주석은 '고백적' 주석이다. 다시 말해, "성경이 하느님의 말씀인 성경 자체에 의해서 설명되는" 한 신앙인의 주석인 것이다. 텍스트에 이런 방식으로 접근하는 것이 토마스가 최초이거나 유일한 경우는 아니지만, 그의 성경 인용구들은 그 수가 상당히 많고, 사도 바오로를 조명하기 위해 활용하는 경우는 더욱 그러하다. 이 인용구들은 조명, 해설, 심화라는 세 가지 목적을 추구한다. '조명적' 인용구들은 사도 바오로의 어떤 텍스트에 대한 상세한 해설을 연장하고 보완한다.

---

41. Cf. Chenu(1964), pp.160-177; Dahan(2002), pp.i-xxxvii.
42. Chenu(1964), pp.100-123.

4. 교부들

성경 다음으로, 토마스의 두 번째 커다란 원천은 성경에 대해 해설한 박사들로 이루어져 있다. 주해자 토마스는 처음부터 자신을 긴 주해자들의 전통 속에 편입시킨다.[43] 토마스는 자신의 선임자들에게 진 빚을 기꺼이 인정하고, 가끔 그들에게 호소한다. 우리가 그들을 모두 열거할 수는 없다: 아우구스티누스, 그레고리우스, 암브로시우스, 히에로니무스, 힐라리우스, 크리소스토무스, 위-크리소스토무스, 오리게네스, 위-디오니시우스 등을 들 수 있고, 보에티우스, 카시오도루스, 세비야의 이시도루스와 같은 '중세 저자들'에게도 자주 호소한다. 다양한 형식의 '주석'과 페트루스 롬바르두스의 『명제집』은 다른 수많은 인용구들을 전해주는 근본 원천들이다. 토마스는 교부들을 끊임없이 인용하지만, 이것이 그가 이방인 저자들에게 호소하는 것을 막지 않는다. 이들 가운데 아리스토텔레스는 심지어 모든 교부들보다 우세하기까지 하다. 유일한 예외가 있다면, 제일 앞자리에 오는 아우구스티누스뿐이다.[44] 성경의 중요성과 (그 권위가 오로지 개연적일 뿐인) '다른 박사들'의 중요성 사이에 토마스가 처음부터 설정하고 있는 차이는 부인할 수 없는 토대에 있다.[45]

---

43. Roszak & Vijgen(2015); Dauphinais(2012); Levering(2014); Weinandy et al.(2006); Dauphinais & Levering(2005); Blankenhorn(2012). 몬딘(2021), 105-106쪽 참조.
44. 몬딘(2021), 424-425쪽 참조. 엘더스에 따르면 "성 토마스의 『신학대전』은 아우구스티누스와의 중단없는 대화로 쓰였다." Elders(2018), p.125. Cf. Smalley(1978), pp.292-308; Vijgen(2015).
45. "왜냐하면 우리의 신앙은 정경들을 집필한 사도들과 예언자들에게 전해진 계시에 근거하고 있지, (설령 그런 것들이 있다고 하더라도) 다른 박사들에게 전해진 계시에 근거하고 있지 않기 때문이다. 이리하여 아우구스티누스는 이렇게 말한다: '저는 오직 정경이라고 일컬어지는 거룩한 책들에 대해서만, 그 저자들이 그것을 쓰는 데 있어서 어떤 식으로도 오류를 범하지 않았다고 믿을 수 있는 영예를 지니고 있다고 배웠습니다. 하지만 다른 저자들에 대해서는 아무리 그들이 성덕과 가르침(학식)에 있어서 출중하다고 하더라도 그들이 그렇게 생각하고 썼다고 해서 그것이 참되다고 여길 수는 없습니다'"(ST, I, q.1, a.8, ad2; Augustinus, *Epist.* 82.1).

토마스는 '아버지'라는 호칭보다는 '성인'(sancti)이라는 호칭을 더 즐겨 사용한다.[46] 그가 이 용어들에 주고 있는 함의는 그들이 성경을 고스란히 보존했고 그 후 신앙조목들 안에 포함되어 있는 것을 정확히 배정할 수 있었다는 사실로부터 흘러나온다.[47] 그럼에도 불구하고 우리는 교부들에게 복음서와 같은 비중을 둘 수 없다. 토마스는 언제나 "성경이 그들에게 영감을 준 동일한 성령의 빛 속에서 설명된다"는 것을 온 마음으로 강조한다.[48]

토마스는 『그리스인들의 오류 논박』(Contra errores graecorum)에서 교부들의 권위가 어떻게 취급되어야 하는지를 규정하는 데 매우 중요한 몇 가지 방법론적 지침을 제공하고 있다.[49]

고대 그리스 교부들의 몇몇 명제가 우리 현대인들에게 의심스러운 것으로 간주되는 데에는 두 가지 이유가 있는 것으로 보인다. 첫째, 일단 신앙에 관한 오류가 발생하게 되면, 거룩한 교부들은 이 오류들을 배제하기 위해 신앙의

---

46. 하지만 그것으로 그가 '신앙의 아버지들'(patres fidei)을 뜻하는 것은 아니었다. 왜냐하면 그 칭호는 오로지 그리스도에게만 적합하기 때문이다: 다른 이들에 대해서는 '박사들'(doctores)이나 신앙의 '해설자들'이라고는 말할 수 있어도 '아버지들'이라 할 수는 없기 때문이다. '아버지'(patres) 칭호는 공의회의 교부들에게 유보되기 때문에 니케아 신경은 '교부들의 신경'이라고 불린다(참조: 토마스 아퀴나스, 『사도신경 강해설교』 제2조와 제3조, 손은실 역주, 87-123쪽; 정종휴 번역, 58-77쪽).
47. In Sent., III, d.25, q.2, a.2, qc.1, ad5.
48. 신앙에 속하지 않은 것들에 관해서는, 해설자들(expositores)이 그들 자신의 배경으로부터 오는 것들로부터 많은 것을 말했는데, 이에 대해서는 그들이 오류를 범할 수도 있다. 그들의 가르침은 [성경과] 동일한 권위(necessitas)를 지니고 있지 못하기에, 우리가 그들을 반드시 믿어야 하는 것은 아니다. 우리는 오로지 구약과 신약의 정경들에 대해서만 믿을 의무가 있다.
49. 우르바노 4세 교황의 요청으로 작성된 이 책에서는 그리스 정교회에서 유래된 어떤 『삼위일체 신앙』(Liber de Trinitate) 안에 포함되어 있는 '필리오퀘'(Filioque), 로마 수위권, '누룩 없는 빵'(azymes), 연옥 등 네 가지 쟁점에 관해 27명의 교부들로부터 도출된 112개 텍스트를 조사한 다음, 주저 없이 자신이 '우리의 신앙을 해명하는 데 유익한 명제들을 상당히 많이' 발견하였다고 말한다. Cf. Chenu(1964), pp.343-344; Bertrand(2013), pp.755-759.

요점들을 해설하는 방식에서 좀 더 신중하게 된다. 예컨대 아리우스 이단 이전에 살았던 교부들은 그 이후에 온 교부들보다 신적 본질의 단일성에 관해 명시적으로 말하지 않았다는 것이 분명하다.[50]

아리우스 이단의 위기라는 맥락에서 따온 이 첫 번째 사례는, 그것이 그리스도와 삼위일체에 이르게 될 때 특히 유의미하게 된다. 우리는 니케아나 칼케돈 공의회 이전 작가들의 정통성 [여부]를 단지 후대의 공의회들에 비추어서 평가해서는 안 된다. 만일 아우구스티누스가 펠라기우스 이단 이후에 출간한 책에서 그가 이전에 가지고 있던 자유재량이라는 주제에 관해 스스로 좀 더 신중하게 표현했다는 사실을 알지 못한다면, 아우구스티누스의 은총에 관한 작품들을 날카롭게 읽어내지 못할 것이다.

이리하여 설령 고대 교부들의 명제들 안에서 (근대인들이 준수하는 것이 적절하다고 보는) 조심스럽게 표현된 것이 아닌 요점들이 발견된다고 하더라도, 그들의 명제들이 과도하게 하자가 있다고 배격되어야 하는 것이 아니다. 다른 한편으로 그것들이 지나치게 확장되어서는 안 되지만, '존중하는 마음으로 해석되어야' 한다.[51]

우리는 가끔 이런 화법을 조롱하지만, 그렇게 하는 것은 잘못이다. 역사적 맥락에 호소하는 것은 저자들이 단지 어떤 것을 말하도록 만들기 위한

---

50. *Contra errores Graecorum*, "Proemium". Cf. Torrell(2005), pp.400-404.
51. Ibid. 이 '존중하는 해석'(reverenter exponere)이라는 정식은 여러 군데에서 다소 유사한 형식으로 발견된다. 또다시 다만 조심스럽게 받아들일 수밖에 없는 어떤 견해들을 지적하면서, 토마스는 또 다른 구절에서 이렇게 말한다: "이런 식으로 말하는 것을 지나치게 글자 그대로 받아들여서는 안 되지만, 경건하게 해설되어야(pie exponenda) 한다." 또한 "이 구절들은 지나치게 글자 그대로 받아들여서는 안 되지만, 거룩한 박사들에 의해 사용되는 곳에서는 충실하게 설명되어야 한다(pie sunt exponenda)." Cf. *ST*, III, q.4, a.3, ad1. Cf. Berceville(2007), p.141.

어떤 전개과정이 아니라는 것을 잘 입증해준다. 토마스에게는 이것이야 말로 진정한 해석학이다.⁵²

토마스는 두 번째 규칙을 제시한다: "그러므로 가톨릭 신앙을 다루는 소재를 번역할 때 의미는 보존하지만, 그것이 번역되고 있는 언어의 특질과 조화를 이룰 수 있는 표현방식을 채택하는 것은 훌륭한 번역자의 과제이다. 왜냐하면 명백히 라틴어에서 문자적인 모양으로 말해지고 있는 어떤 것이 상식적인 어법으로 설명될 때, 그 설명이 만일 단순히 단어 대 단어의 대응일 뿐이라면 부적절할 것이기 때문이다. 더욱이 어느 한 언어로 표현된 어떤 것이 단지 단어 대 단어의 상응으로 다른 언어로 번역된다면, 종종 본래적인 것의 의미에 혼란이 발생한다고 해도 놀랍지 않을 것이다."⁵³

세 번째 규칙은 저자의 사상이라는 맥락에 대한 호소에서 성립된다. 어떤 구절이 까다로운 경우에 그것의 거친 글자 그대로의 차원에 머무는 것은 현명하지 못할 것이다. '저자의 의도'(intentio auctoris)를 발견하는 것이 필요하다. 때로는 그 목적이 교정적일 수도 있다.⁵⁴ 그것은 또한 그가 의도하는 것이 그의 말이 글자 그대로 시사하는 것보다 덜 비난받을 만하다는 것을 보여줌으로써 어떤 저자를 무죄방면하는 길이기도 하다.⁵⁵ 또한 그것은 해답이 '아우구스티누스의 의도'에 호소하고 있는 『신학대전』의 한 절에서 반론에 대해 응수하는 길이기도 하다.⁵⁶ 이런 진행은 토마스 안에서 아우구스티누스의 의도(19회), 아리스토텔레스의 의도(51회), 디오니

---

52. Cf. Chenu(1964), pp.126-155; Geenen(1975), pp.7-17; Principe(1976), pp.111-121; Jordan(1987), pp.445-456.
53. *Contra errores Graecorum*, "Proemium."
54. *ScG*, II, c.61.
55. *ST*, III, q.50, a.4.
56. *ST*, I, q.79, a.7, ad1.

시우스의 의도(10회) 등 100회 이상 확인된다.[57]

이 텍스트들에 대한 독서로부터 확인할 수 있는 것은 '저자의 의도' 탐색이 진리 탐구와 밀접히 묶여 있다는 점이다. "그런데 아우구스티누스의 의미와 이 점에 관한 진리가 무엇인지를 좀 더 깊이 탐색하기 위해서는 특정 고대 철학자들에 주목해야 한다." 토마스는 계속해서 이 영역에서의 철학 사상, 특히 플라톤과 아리스토텔레스의 선택들에 대한 개관을 제공한다. 그리고 이 개관의 끄트머리에서 그는 오랜 철학적 탐색의 확장으로서 자리 잡고 있는, 자기 자신의 관점을 제시한다.[58] 어떤 저자가 말하고자 하는 것을 이해하기 위해서는, 문제의 저자가 착수하였고 그의 지성적 유산을 전제할 때 다소간의 성공 등급으로 표현하려고 하는 탐구의 진리에 유념해야 한다. 바로 이것이 정확히 토마스 자신이 아우구스티누스의 사상을 해석하거나 확장시킬 권한을 위임받은 것으로 간주한 이유다.[59]

교부들을 향한 토마스의 존경심은 필요한 만큼 그들로부터 거리를 두는 것을 중단하지 않는다. 예컨대 크리소스토무스를 향한 토마스의 태도는 아주 잘 알려져 있고, 꼭 유보된 것과 같다.

더욱이 크리소스토무스는 [마태오복음서 설교 제45에서] "보십시오. 스승님의 어머님과 형제들이 스승님을 보려고 밖에 서 계십니다"라는 마태오복음서 12장 47절의 텍스트를 해설한다. 그는 그들이 이렇게 한 것은 단순히 허영심에서라는 것이 분명하다고 말한다. 그리고 "포도주가 떨어졌다"는 요한복음서 2장 3절에 대해서도 크리소스토무스는 그녀가 그들에게 호의를 베풀어 그들이 당신의 아들을 통해 자신을 높이 평가하게 하려고 하였다고 말한다. 또한 우연히 그녀는 그분의 형제들이 "세상이 당신을 알게 하십시오"라고 말

---

57. Torrell(2005), pp.403-405.
58. De spir. creat., a.10, ad8.
59. In Met., I, lect.12; Resp. de 43 artic., Prol.

할 때 그러했던 것처럼, 인간적 나약함에 굴복하였다. 그는 조금 뒤에 가서 또 이렇게 말한다: "왜냐하면 그녀는 아직 그분을 완전히 믿지 못했기 때문이다." 그런데 이 모든 것이 죄스럽다는 것은 아주 분명하다. 그러므로 복되신 동정녀는 모든 죄로부터 벗어나 있었던 것이 아니다.[60]

하지만 토마스는 이런 암시를 허용하지 않는다. 처음에는 자신의 『마태오복음서 강해』(XII, lect.4)에서 크리소스토무스가 예수의 형제들과 관련해서 부분적으로는 옳다고 양보한다. 하지만 이 감정들이 마리아의 것일 수 있는지를 따져본 다음에, 그녀는 죄가 없었다고 단언한다. 그리고 4년 뒤에 그의 태도는 좀 더 단호하다: '크리소스토무스는 너무 멀리까지 나아간다[Chrysostomus excessit].'[61] 이것은 강한 어조이다. 하지만 그것이 교부들의 권위가 토마스에게 무조건적인 것은 아니라는 점을 보여준다.[62]

우리가 여기서 토마스가 자신의 원천을 비판하는 행위에 가담하는 것으로 보이는 모든 경우를 다 살필 수는 없다. 하지만 매우 분명한 두 가지 사례만큼은 언급할 필요가 있다. 물론 우리는 위-디오니시우스가 토마스의 가르침의 신플라톤적 요소들을 전수하는 데 있어서 주도적인 역할을 하고 있다는 것을 알고 있다.[63] 하지만 그는 또한 디오니시우스의 말들을 간직하면서도 그의 사상을 깊이 조정할 수도 있다. 아주 명시적으로 말하는 것은 아니면서도 토마스는 '선은 스스로 확산적이다'(Bonum diffusivum sui)라는 격언에 대한 자연적 해석을 교정한다: 선은 어떤 필연적 유출의 방식으로 확산되는 것이 아니라 지성적이고 자유로운 행위자의 의도적인 전달에 의해서 확산되는 것이다. 선으로서의 선은 능동인(causa efficiens)

---

60. *ST*, III, q.27, a.4, ob.3.
61. *ST*, III, q.27, a.4, ad3.
62. Torrell(2005), pp.183-4.
63. Torrell(2005), pp.215-19. 몬딘(2021), 208-209쪽 참조.

의 방식으로 작용하는 것이 아니라, 다른 것들을 그것이 유발하는 매력에 의해서 잡아당기는 목적인으로서 작용한다(bonum dicitur diffusivum per modum finis).[64]

보에티우스는 디오니시우스와 동일한 권위를 누리지는 못하지만, 토마스는 그에게도 크게 의존하고 있다. 그럼에도 불구하고 토마스는 보에티우스가 자신의 삼위일체 이론에서 다수성의 원리로서 타자성에 대해 말하고 있는 모든 것을 다 받아들이기는커녕 그것을 바로잡으며 비판하고 있고, 그것을 새로운 출발점으로 삼고 있다. 그는 '다름'(alietas)을 보에티우스가 했던 것보다 더 간명하게 표현함으로써 보완하고 있다.[65]

위에서 언급한 세 가지 규칙이 자신의 원천들에 대한 토마스의 일반적 태도를 규정한다. 우리는 그것들을 교부들뿐만 아니라 고대 철학자들과 (아랍이나 유다 전통의) 다른 저자들, 그리고 심지어 중세 신학자들과의 관계 속에서도 유비적으로 발견한다. 이 규칙들은 대단히 중요하다. 왜냐하면 그것들은 10여 명의 저자들에게 적용되기 때문이다(Elders, 2018). 하지만 우리가 염두에 두어야 할 두 가지 보충 사항이 있다. 한편으로 토마스의 원천들은 이 출중한 인물들로 한정되지 않는다. 그것은 또한 그가 자신의 『황금 사슬』(Catena aurea)에서 모아놓고 있는 다소 잘 알려진 저자들(그리스 교부 57명과 라틴 교부 22명)을 모두 언급할 필요가 있다. 아직 비판본을 기다리고 있는 이 작품은 아퀴나스의 작품들 가운데 특별한 위치를 차지하고 있다. 그것은 무엇보다 먼저 자신의 문헌적 근거 제시를 끊임없이 확장하려는 토마스의 관심을 증언하고 있고, 동시에 자기 작품의 품질을 보증하기도 한다. 토마스는 자신이 따르고 있는 방법론, 약어와 생략법 등

---

64. *In Sent.*, I, d.34, q.2, ad4. Cf. Nicolas(1955), pp.363-376; O'Rourke(1992), pp.213-274; Blankenhorn(2002), pp.803-837.
65. *In De Trin.*, Expos. cap. prim., q.4, aa.1-4. Cf. Cornelio Fabro(1983), pp.76-77; McInerny (1990); Elders(2018), pp.178-192. 몬딘(2021), 253-256쪽 참조.

을 설명했다. 그리고 특수한 사례들을 통해 그의 엄정성과 정직성을 검증할 수 있다. 그는 요약은 하지만 변경하지는 않는다. 인용문들은 글자 그대로이고, 따라서 원전에 대한 실체적 충실성이 보존된다. 토마스가 이 수집을 자기 자신의 작업을 위한 광맥으로 사용했고 그것이 이후 그의 신학 작업에서 결정적인 역할을 했다는 것은 잘 알려진 사실이다.[66]

다른 한편, 우리는 토마스가 공의회의 역사를 놀랄 정도로 잘 알고 있었다는 점을 강조해야 한다. 이것이 중요한 이유는 공의회로써 권위는 이 또는 저 교부들로부터 전체로서의 교회의 권위로 옮아가고, 그래서 더 큰 권위를 드러내는 것이기 때문이다. 토마스 아퀴나스가 26개 작품에 걸쳐서 (니케아 공의회로부터 제4차 라테란 공의회에 이르기까지) 27개의 공의회로부터 241개 구절을 인용하고 있다는 사실이 확인되었다. 이 가운데 184개 구절은 최초의 여섯 보편 공의회와 관련되는데, 그 가운데 93개는 공의회 결정문을 글자 그대로 직접 인용하고 있고, 나머지는 원천들로부터의 재인용이다. 우리의 탐구와 매우 밀접히 연관되는 여러 결론들 가운데에서 적어도 다음 사실만큼은 주목해야 한다.[67]

교부들과 공의회 다음으로는 마지막 유형의 원천인 중세 신학자들에 대해 짧게라도 훑어보아야 한다. 이들은 이름을 대는 경우는 거의 없고, 대부분은 단순히 '어떤 이들'(quidam)이라고 지칭되는 것으로 그친다. 이 저자들은 분명 고대의 저자들과 동일한 무게를 지니고 있지 못하다. 그들은 동료 교수들이고, 가끔은 토마스와 동시대 동료들인 경우도 있다. 우리

---

66. Cf. Chenu(1964), pp.248-249; Torrell(2015), pp.181-187.
67. "고대 공의회들에 대한 독서는 토마스 아퀴나스의 신학 기획에서 한결같다. 그것은 점점 더 강화되는 것이 특징이다. [우리는 제3부에서만도] 75개의 서로 다른 인용문들을 만나게 되는데, 그 가운데 2/3는 그리스도론을 다루는 고대 공의회들로부터 따온 것들이다. …토마스는 13세기의 위대한 신학자들 가운데서는 유일하게 최초의 다섯 개 공의회 교부들의 기록문들과 교의적 결론들을 활용했던 것으로 보인다." Morard(2005), pp.351-352; 몬딘(2021), 94쪽 참조.

가 중세 신학자들이 서로에게 허용하던 권위의 수준을 납득하기 위해서는 토마스 자신의 작품들 안에서 발생할 순위다툼을 언급하는 것으로 충분하다.[68] 신학자들의 '말'(dicta)은 '권위가 있는'(authentica) 것이 아니라 단순히 '기품이 있을'(magistralia) 뿐이었고, 그래서 토마스는 주저 없이 "이 주석은 기품은 있지만 가치는 적다"고 말한다.[69] 가장 잘 알려져 있는 경우는 『영과 영혼』(De spiritu et anima)에 관한 주석이다. 이 작은 익명의 작품은 13세기에 널리 활용되었는데, 종종 아우구스티누스의 것으로 돌려지기도 하였다. 하지만 토마스는 정당하게도 그것이 시토회에 뿌리를 두고 있다고 의심하여, "그 책은 아우구스티누스의 작품이 아니고," "그 안에는 거짓이거나 부정확하게 언급된 것들이 많이 들어 있으며,"[70] "권위가 없고 그래서 거기에 쓰여 있는 것들은 그것이 말해지던 때와 똑같이 손쉽게 무시될 수 있다"[71]고 점점 확고하게 그 진본성을 부정하였다. 이 판단들은 종종 좀 더 상세하게 정식화되기도 하지만, 페트루스 롬바르두스도 예외가 아닐 정도로 보편적으로 적용된다. 토마스는 참사랑의 창조되지 않은 성격에 관한 롬바르두스의 명제를 길게 논하며 그것에 반대되는 명제를 논란의 여지 없이 확립한다.[72]

우리 목적을 위해서는 이런 몇 가지 실례로도 충분할 것이다. 그것들은 원천에 대한 토마스의 존중이 상당한 자유를 동반하고 있다는 것을 보여준다. 계시된 원천과 직접적으로 접촉하고 있지 않은 모든 것은 진리 판단

---

68. Torrell(2015), pp.377-403.
69. In Ep. ad 1 Tim., 5:9.
70. De spir. creat., a.3, ad6; a.11, ad 2; Quaest. Disp. De anima, a.9, ad11.
71. ST, I, q.77, a.8, ad1.
72. In Sent., I, d.17, q.1, a.12. Cf. Torrell(2017), pp.240-246. 토마스는 자신의 평가에서 엄격하지만, 그는 또한 어떻게 하면 공정할 수 있는지, 그리고 이성적 논증의 무게를 어떻게 평가할 수 있는지를 알고 있다. 후고 드 생빅토르에 대해 그는 "비록 후고 드 생빅토르의 말들은 교수의 말이고, 그래서 어떤 권위의 힘을 지니고 있지 못하지만, 그래도 다음과 같이 말할 수 있을 것이다…"라고 적고 있다(ST, II-II, q.5, a.1, ad1).

이외의 그 어떤 다른 판단에도 예속되어 있지 않다. 곧 보겠지만, 존경심을 품고 받아들이는 수용과 비판적 경계심을 동시에 유지하는 토마스의 이런 태도는 철학자들에게도 동일하게 적용된다.

5. 철학자들

토마스에 따르면 '거룩한 가르침'(sacra doctrina)에 철학자들의 '권위'를 활용하는 것이 정당하지만, 다만 '외부적이고 개연적인 논거들로서'일 뿐이다.[73] 이 경고는 명백한 방법론적 공감을 품고 자연적 이성의 이 출중한 증인들에게 접근하는 것을 막지 않는다.

철학자들에 대한 토마스의 관심은 특히 그가 다루어야 했던 커다란 문제들에 대한 검토에 선행하는 '문제의 실태'(status quaestionis)에서 명백하다. 이리하여 예컨대 세상 영원성과 관련해서[74] 그는 먼저 이 문제에 관한 고대 철학자들의 견해의 현황을 조심스럽게 점검한다. 그는 신학적 시인들인 오르페우스(Orpheus)와 헤시오도스(Hesiodos)로부터 시작해서 플라톤, 데모크리투스와 소크라테스, 그다음으로는 엠페도클레스와 헤라클레이토스를 다룬 후 아리스토텔레스와 플라톤으로 돌아가고, 계속해서 (플라톤주의자인) 심플리키우스와 (아리스토텔레스주의자인) 아프로디시아스의 알렉산드로스로 나아간다. 아리스토텔레스 자신이 이 논의를 시작했지만, 토마스는 이 논의를 두려움 없이 후대의 사상가들로 연장한다.[75]

토마스의 작품 안에 들어 있는 철학적이고 신학적인 모든 문제는 이처럼 다른 이들의 주요 입장들을 실질적이고 생생한 선택지로 소환함으로

---

73. *ST*, I, q.1, a.8, ad2.
74. *De caelo et mundo*, I, lect.22.
75. *De potentia*, q.3, a.17.

써 연결된다.[76] 특정 주제에 관한 철학사의 성취들에 의해서 이렇게 활성화된 논의의 가장 놀라운 실례가 『분리된 실체』에서 발견된다. 여기서 이 탐구는 무려 17개 장(레오판본으로 30쪽)에 달한다. 이 탐구는 소크라테스 이전 사상가들로부터 (오리게네스와 같은 그리스도교 사상가들은 언급하지 않는다 하더라도) 플라톤과 다양한 플라톤주의자들, 아리스토텔레스와 유다 사상가 이븐 가비롤(아비체브론)을 거쳐 마니교도들에 이른다.[77] 질송은 이 책을 "철학 전통이 제공할 수 있는 모든 것에 주의를 기울이는, 토마스의 가장 전형적인 작품들 가운데 하나"로 간주한다. 그것은 특히 "그것이 탐색하고 있는 정보" 때문에 놀랍고 "충만한 성숙도와 그 방법에 대한 충분한 장악력을 보여주는 탐구"이다.[78] 영혼의 본성과 그것이 운동과 가지는 관계에 관한 『영혼론 주해』의 실례도 못지않게 웅변적이다. 아리스토텔레스는 자기보다 앞선 철학자들의 몇몇 견해를 짧게 언급했다. 토마스는 그것들을 다시 취급하지만, 그의 주해서는 두 개의 강독 전체에 걸쳐 전개된다.[79]

토마스의 관심은 그리스 저자들로 그치지 않는다. 그는 또한 아랍어권 철학자들과도 연루된다. 그는 아비첸나를 405회, 아베로에스를 503회, 그리고 이들 이외의 아랍이나 유다인 저자들을 (마이모니데스를 포함해서) 205회 명시적으로 인용한다.[80] 마이모니데스는 섭리와 예언에 관한 그의 성찰로 토마스에게 매우 친숙했다.[81] 이것은 더욱이 일부 번역들이 아주

---

76. Cf. *ST*, III, q.1, a.3; q.2, a.6; q.18, a.1; q.19, a.1.
77. *De subst. sep.*, 119; *De spir. creat.*, a.5. Cf. Francis J. Lescoe(1962), pp.1-34.
78. Gilson(1986), p.217.
79. *In De anima*, I, lect.3-4[403b24-404b30], ed. Leonina, vol.45(1), pp.13-21. 이 텍스트를 편찬한 고티에는 이 책의 원천을 살피기 위해 80쪽 이상을 할애하고, 성 토마스가 『영혼론』을 주해하기 위해 풍부한 소재를 수중에 지니고 있었고, 그의 선배들의 작업으로부터 큰 도움을 받았다는 것을 보여준다. 더욱이 어떤 요점들에 대해서 성 토마스는 독자들에게 '그 간결함과 날카로움이 놀라운 정보'를 제공하고 있다(R.A. Gauthier, 1984, pp.201*-282*).
80. Vansteenkiste(1960), pp.336-401.
81. *De veritate*, qq.5&12. Cf. Elders(2018), pp.332-350.

최근에 이루어졌기 때문에 주목할 만하다.

  토마스가 이 저자들을 읽는 방식과 관련해서 우리는 한 가지 사례로 그가 인간의 궁극 목적을 어떻게 개념하는지를 살펴볼 수 있을 것이다. 그는 그것을 매우 자주 말했지만, 한 초창기 작품에서만큼 명시적으로 언급한 적은 없다.[82] 그는 철학자들과 신학자들이 이 점에서 의견을 달리한다고 관찰한다. 철학자들은 참행복을 분리된 실체들의 봄(환시) 속에 배치하는데 반해, 신학자들은 그것을 하느님 자신의 봄 안에 배치한다. 그럼에도 불구하고 철학자들의 해결책이 우리로 하여금 그 진리를 더 잘 이해할 수 있도록 도와줄 수 있다. 그때 토마스는 알파라비의 입장과 다른 이름을 대지 않는 저자들을 소환한다. 그는 계속 아뱀파체(Avempace=Ibn Bajja)와 아비첸나, 아프로디시아스의 알렉산드로스, 아베로에스에 이르기까지 계속하고, 마침내 자기 자신의 해결책을 제시한다. 이 논의와 연관되는 자료는 엄청나지만[83] 우리 목적과 연관된 것은 토마스의 방법이다: 토마스는 초기 저자들을 어떻게 조사해야 하는지를 알고 있다. 그는 모든 것을 다 간직하는 것이 아니라, 철학적 성찰의 진보적 성격에 대한 명료한 자각과 더불어 그들의 성찰을 자기 자신의 해결책을 위해 활용한다: "고대 철학자들은 점진적으로, 그리고 한걸음 한걸음씩(paulatim, et quasi pedentim) 진리에 관한 지식을 향상시켰다."[84]

  철학자들을 향한 자신의 선의의 전제에 인도되어 토마스는 어떤 이들에 따르면, 심지어 신의 섭리 개념을 아리스토텔레스에게까지 전가할 정도로, 그들로부터 가톨릭 신앙과 양립 불가능하지 않은 모든 것을 받아들였다.[85] 사실상 아리스토텔레스의 경우는 상징적이다. 토마스가 그리

---

82. Cf. *In Sent.*, IV, d.49, q.2, a.1; *ScG*, III, 51.
83. 참조: 에티엔 질송, 『중세철학사』, 김기찬 역, 중쇄, 2013, 263-321쪽.
84. *ST*, I, q.44, a.2. Cf. *In Job*, Prol.
85. Vijgen(2007), pp.53-76.

스 스승의 사상에 대한 충실한 해석자로 간주된 과거 이래로 시간이 오래 되었다. 역사가들은 점진적으로 비판적이 되어 왔다. 물론 우리는 토마스의 주해서들이 가치가 없는 것이 아니라는 점을 인정한다. 하지만 그는 여러 가지 결정적인 점에서 아리스토텔레스의 가르침에 영향을 미쳤다. 예컨대 우리는 이러한 점을 한 분 하느님에 대한 직관에서 발견되는 그리스도교적인 참행복 개념에 의해서 인도되는 그의 『윤리학 주해』에서나, 아니면 그의 『형이상학』에 관한 주해가 아리스토텔레스에게는 전적으로 낯설었을 존재자의 형이상학으로 정위되어 있다는 사실에서 확인한다. 토마스의 창조주의와 단일신주의도 아리스토텔레스에게는 못지않게 낯설다. 우리는 오래도록 '토마스가 아리스토텔레스에게 세례를 주었다'고 알아왔다. 하지만 다른 저자들에 따르면, 그의 정치학 관념은 '아리스토텔레스주의에 대한 진정한 부정'이었다. "오늘날 아리스토텔레스에 대한 토마스의 실체적 충실성을 옹호하고자 하는 이들조차도 그것이 아리스토텔레스의 텍스트에 대한 심화와 극복을 통해서 발생한다는 것을 인정해야 한다."[86]

---

86. 토마스의 사상은 단순히 "세례받은 아리스토텔레스주의"가 아니다. 왜냐하면 토마스의 기본 사상에는 아리스토텔레스의 형이상학적 근본 요소들 외에도 아우구스티누스와 위-디오니시우스 등을 통해 전수된 신플라톤주의의 근본 통찰들이 큰 몫을 차지하고 있기 때문이다. 더욱이 아리스토텔레스의 모든 철학적 요소들이 토마스의 독창적인 새로운 생명 원리인 '모든 현실들의 현실'이고 '모든 완전성들의 완전성'인 농축된 존재(esse intensivum) 개념에 의해서 통합되고 활성화되기 때문이다(몬딘, 2021, 421쪽). 아리스토텔레스는 토마스의 심층적인 신학적 논고들 안에서조차도 중요한 기여를 한다. 그는 분명 삼위일체 논고를 위한 원천이 아님에도 불구하고 그가 그 안에 편재(遍在)하고 있다는 것을 그의 방법론, 그의 존재와 행위의 형이상학, 자연철학과 인식론, 그리고 논리학을 통해 보여줄 수 있었다. 그로써 그는 토마스의 삼위일체 신학의 독창성에 광범위하게 기여하였다. Cf. G. Emery(2015). 보니노도 토마스와 다른 중세 학자들에 대한 아리스토텔레스의 주요 기여가 그의 철학이 말하자면 하나의 '공공재'(koine)라는 사실, 곧 그것이 어떤 공통의 언어와 준거틀을 제공한다는 사실에 의존하고 있다는 유사한 평가를 내린다. 그리스도와 관련해서 이것에 대한 훌륭한 사례가 있다. Cf. Bonino(2015). 반즈는 심각한 영향을 미친 적합성 논증, 은총 및 부활과 연관된 '최대한 그러한'(maxime tale)의 원리, '행위는 기체들의 것이다'(actiones sunt suppositorum)라는 공리, 그리고 그리스도의 인성에 직결된 도구성 관념 등 여러 요점들을 규명하였다. Cf. Barnes(2015). 이 기여들은 그

토마스가 동시에 그를 그가 보는 대로 활용하면서, 아리스토텔레스로부터 멀어져 간 모든 요점을 다 평가하자면 너무 오래 걸릴 것이다.[87] 가장 잘 알려져 있는 것들 가운데 하나는, 신학을 하느님과 복된 이들의 지식에 예속시킨 자신의 이론에서 토마스가 아리스토텔레스의 '학문'(scientia) 개념까지도 복속시킨 의미심장한 발전이다.[88] 그가 너무 공개적으로 모순되는 것을 피하는 교부들과는 달리, 토마스는 때때로 아리스토텔레스를 거칠게 기각한다. 이리하여 그는 두 가지 극단적 정념이 동시에 동일한 주체 안에 공존할 수 없다는 아리스토텔레스의 심리학 이론을 따르기를 거부한다. 만일 우리가 토마스에게 아리스토텔레스의 이론을 상기시킨다면, 지복직관의 끝없는 기쁨과 철저한 버려짐이 그리스도가 수난하던 순간에 공존할 수 있었다고 그가 주장하고 있기 때문에, 그는 그것이 그리스도의 경우에 해당되지 않는다고 퉁명스럽게 응답한다.[89] 신앙의 실재에의 예속이 아리스토텔레스의 권위보다 우세를 점한다. 동일한 방식으로, 성체(聖體)의 우유(偶有)들의 '주체 없는'(sine subjecto) 자립성에 관한 가르침은 토마스의 손에서 아리스토텔레스의 개념과는 상당히 다른, 우유들에 대한 재정의로 이끈다.[90]

이런 차용의 자유는, 필요한 경우의 거부나 조정과 마찬가지로, 이미 우리가 교부들의 경우에 만나본 것처럼, 다른 철학자들의 경우에도 어렵지 않게 발견할 수 있다. 토마스는 선(善)을 어디에서 발견하든, 그것을 견지한다. 소크라테스와 마찬가지로 그도 자신의 상대방과 대담한다. 그리고

리스도 인성의 온전성을 칼케돈 교의와 일치되게 펼치고 보호할 그의 과업에서 토마스에게 크게 도움이 되었다.
87. G. Emery & M. Levering(2015).
88. 몬딘(2021), 809-812쪽.
89. ST, III, q.46, a.8, ad2. Cf. Levering(2002), pp.51-82.
90. ST, III, q.77, a.1, ad4. Cf. Adams(2010), pp.85-110; Vijgen(2013); Feingold(2018), pp.259-292.

그는 자신의 해결책을 제시하기에 앞서, 그들의 불찬성 논거들로부터 이점을 취하는 데 있어서 탁월하다. 그들이 죽은 이들이든 산 이들이든 이 과정에서 달라지는 것은 아무것도 없다. 그의 접근법은 동일하고 그의 결론은 유사하다: 진리 탐구는 계속된다. 이것은 어떤 이들이 주장하듯이 토마스 측의 절충주의인가? 만일 우리가 이것들이 다소 인위적으로 한데 모은 다양한 차용들이라는 인상을 품어야 한다면, 그 고발은 정당화될 수 있을지 모른다. 하지만 실상 토마스는 자신이 차용하는 것을 고스란히 내버려두지 않는다. 질송이 아주 잘 말해주고 있다: "만일 우리가 철학이 차용하는 요소들로부터 정의되어서는 안 되고 오로지 그것에 영감을 주는 정신에 의해서만 정의되어야 한다고 양보한다면, 우리는 이 가르침 안에서 플라톤주의도 아리스토텔레스주의도 보지 못할 것이고, 오직 그리스도교 성만 볼 수 있을 것이다."[91] 토마스의 차용들은 경절도죄가 아니다. 오히려 그것들은 그가 선배 저자들에게 바치는 일종의 예찬(禮讚, homage)일 것이다.

참으로 토마스는 이 탐구에서 (4세기의) 암브로시아스터(Ambrosiaster)에게까지 소급해 올라가는 오랜 전통으로부터 물려받았고, 그 자신이 가끔 소환한 깊은 확신에 의해 안내되었다: '참된 것은 누가 말했든, 성령으로부터 오는 것이다'(Quicquid enim verum a quocumque dicitur, a sancto dicitur spiritu). 이 맥락에서 성령의 현존 및 작용의 보편성은 정확히 만물 속에 말씀의 능동적 현존의 보편성에 상응한다. 말씀이 자신의 육화를 통해 빛을 비추는 이 세상의 어두움이 어떠하든지 간에 (토마스는 다른 곳에서 설명한다) 우리는 "인간이 신적인 빛을 완전히 박탈당할 정도로 어둠 속에 있다"고 말할 수는 없다. "왜냐하면 진리가 누구에게서 알려지든 그것은 어둠 속에서 빛나는 저 빛에 참여한 덕분이기 때문이다. 모든 진리는 누가

---

91. Gilson(1940), pp.403-426.

발설했든, 성령에게서 오는 것이기 때문이다."[92]

토마스가 자기보다 앞선 비그리스도교적 저자들을 향해 돌아설 때, 그의 접근법에 영감을 주는 정신을 이해할 수 있는 것은 바로 이 확신에 비추어서이다. 그가 그들 가운데 누군가에게서 발설된 진리를 마주할 때, 그는 그것이 어디에서 오는지를 알았고 주저 없이 그것을 채택했다. 이런 태도는 자신이 사심 없는 상부상조가 근본 법칙인, 진리 추구자들의 공동체의 일원이라는 깨달음을 표현한다:

> 그는 사람들이 어떻게 다른 사람이 진리를 인식하는 것을 도울 수 있는지를 보여준다. 다른 사람이 진리를 숙고할 수 있도록 도와주는 데는 직접적으로와 간접적으로라는 두 가지 방식이 있다. 사람은 진리를 발견한 이들로부터 직접적인 도움을 받을 수 있다. 왜냐하면 이미 지적된 것처럼, 우리의 선배들이 각각 하나의 전체로 수렴되는 진리에 관해 어떤 것을 발견했을 때, 그는 또한 그를 따르는 사람들을 좀 더 확장적인 진리 인식으로 안내하는 것이기 때문이다. 그리고 사람이 간접적으로 도움을 받을 수 있는 것은 그의 선배들과 진리에 관해 그릇된 판단을 내린 자들이 그 후예들에게 자신들의 정신 능력을 단련할 기회를 물려주어 열띤 논의를 통해 진리가 좀 더 명료하게 보일 수 있도록 해주었기 때문이다.[93]

이리하여 토마스가 자신의 선배들의 특정 입장들을 배격하거나 조정하고 그것들에 관해 유보를 표명하였을 때, 이것은 언제나 그의 그들에 대한 감사라는 배경을 염두에 두어야 한다. 아리스토텔레스는 길을 냈고, 토마스는 그로부터 주저 없이 차용했으며 철학에서 자기 스승에 대한 칭송을 증폭시킨다:

---

92. *In Ioan.*, 1, 5. Cf. Bonino(2006), pp.101-147.
93. *In Met.*, II, lect.1, n.287.

그런데 진리에 대한 인식처럼 큰 선을 획득할 수 있도록 우리를 도와준 이들에게 마땅히 감사해야 한다. 단지 진리를 발견했다고 생각되고 그들을 따름으로써 그들의 견해에 동의하는 이들에게뿐만 아니라, 또한 (비록 우리가 그들의 관점들을 따르지 않는다고 하더라도) 진리 탐구 과정에서 단지 피상적인 언급들만 한 이들에게도 말이다. 왜냐하면 이들도 우리에게 진리를 발견하려는 실제적 시도들의 계기를 보여주었기에 어떤 것을 준 셈이기 때문이다. …사물들의 진리에 관한 보편적 범위의 진술들을 한 철학자들에 대해서도 똑같은 말을 해야 한다. 왜냐하면 우리는 우리의 선배 가운데 일부로부터 우리가 참되다고 생각하는 사물들의 진리에 관해서는 그 어떤 견해도 받아들이고, 나머지는 무시하기 때문이다. 또한 우리가 어떤 관점들을 받아들이는 그들은 그들 자신도 어떤 관점들을 받아들이기에 그들의 정보의 원천이 되는 선배들을 두고 있었다.[94]

철학 전통에 대한 이 칭송은 자기의 원천들을 대하는 토마스의 태도에 관한 이 탐구의 결론 역할을 할 수 있을 것이다. (그것이 없이는 자신이 물려받은 지적 유산을 즐길 수 없었을) 긴 시간의 연쇄 속에 탐구자의 연루됨에 대한 분명한 깨우침을 전해준다. 자신의 논거들을 과거의 권위들에 정초하려는 관심은 안전한 접근법을 표현하지 못하고, 전거제시에 대한 무절제한 악습도 아니다. 그것은 오히려 인간 사고의 역사성에 대한 깊이 뿌리박고 이론적 근거를 지닌 확신이다. 토마스와 그 원천들 사이의 관계는 너무 오래도록 오해되어온 그의 인격의 한 측면이다. 현대 탐구의 범상찮은 활력은 이 접근법의 비옥함을 보여준다. 토마스는 당연히 그의 위대한 철

---

94. *In Met.*, II, lect.1, n.288. 이리하여 양측을, 곧 우리가 그 견해를 따르는 자들과 그 견해를 배격하는 자들을 다 존중해야 한다. 왜냐하면 그들은 둘 다 열심히 진리를 추구했고 이 점에서 우리를 도와주었기 때문이다. 하지만 우리는 '좀 더 확실한 것에 의해서 설득되어야 한다.' 다시 말해, 우리는 더 큰 확실성을 가지고 진리를 획득한 이들의 견해를 따라야 한다(*In Met.*, XII, lect.9, n.1256).

학적 통찰들과 사변적 천재성으로 유명하지만, 이 모든 것을 역사 속에 삽입한 방식도 그 못지않게 주목할 만하다.

6. 내면의 원천

하지만 성 토마스의 원천들에 관한 논의가 이제껏 살펴본 문헌적 원천들로 마무리되어서는 안 된다. 이 외부적 원천들은 전제되고 있는 것, 곧 토마스 자신의 신학 형성에 주도적 역할을 한 내면적이고 영적인 원천들이 없이는 효과를 발휘할 수 없었을 것이기 때문이다.[95] 바로 이런 이유로 방스텐키스트는 성 토마스의 방법론에 관한 연구논문을 발표하면서 먼저 영혼과 육신으로 합성되어 있다고 보는 그의 인간학과 반드시 내적-외적 감각의 도움을 받아서 지성적 인식에 이르는 것이라는 실재주의적 인식론의 개요가 전제되어 있다는 점을 강조하고 있고,[96] 핑케어스는 성 토마스 윤리신학의 원천에 관한 자신의 탁월한 논문을 바로 이 내면적 원천에 관한 지적으로 마무리하는 것이다. 핑케어스의 몇몇 빛나는 통찰들을 살펴보는 것으로 우리의 어설픈 관찰의 마무리로 삼기로 하자.

성 토마스가 인용하고 있는 권위들은 신학적 지식 취득과 논의 중인 모든 문제에서의 진리 발견에 도움을 주는 스승들이다. 그들의 중요성에도 불구하고 우리는 이 저자들이 각 사람 안의 내면적 원천, 진리와 선에 관한 판단을 지배하고 특히 남들의 가르침과 의견에 대한 수용성을 통괄하는 정신의 정점과 마음의 심층에서 빛나는 진리의 빛을 역설하고 있다는 사실을 잊어서는 안 된다. 성 토마스는 자기 자신을 그들의 가르침 안에 포함되어 있는 진리의 편린들을 모두 수용하려는, 스승의 학교에서의 제

---

95. 세르베 핑케어스(2022), 35-38쪽.
96. Cf. Vansteenkiste(1979), pp.161-167.

자들 및 독자들과 나란히 위치시킨다. 한편 "그의 내면의 원천, 그의 개인적 천품은 수집한 자료들을 가지고 새로운 종합, 독창적이고 값진 당대의 위대한 영적 건축물을 형성하기 위해 그것들을 조직하고 배열하는 방식에서 뚜렷이 드러난다." 우리는 토마스가 아리스토텔레스와 아우구스티누스 등 위대한 스승들과의 대화를 통해서 그 정신적 스승들과 동시대인이 되었다고, 아니 차라리 그 위대한 스승들을 파리대학의 동료들과 제자들에게 생생히 소개하였다고 말할 수 있을 것이다.

그러나 토마스에게는 이보다 더 높고 더 내밀한 원천이 있다. 곧 성령의 은총을 수반하는 하느님의 말씀이다. 그는 참된 것과 선한 것에 대한 우리의 즉발적 감각인 양지(良知, synderesis)를 표현하는 "자연법보다 더 높은 곳에 더욱 높고 매우 내밀한 어떤 빛과 어떤 경향의 원천이 실존한다는 것을 인정하며, 그것을 신앙을 통해 우리를 관통하고 참사랑을 통해 작용하는 성령의 은총이라고 규정한다."[97] 이 은총 덕분에 토마스는 진리 사랑과 진리 탐구에서 그가 참조하는 모든 저자들과 깊은 친교에 들어간다. 곧 교회의 이름으로 말씀을 해석하는 교부들과, 그리고 하느님이 당신 모상대로 창조하시고, 죄에도 불구하고 하느님 섭리의 지혜에 예속되어 있는 채로 남아 있는 인류와 자연에 대해 증언하는 철학자들과 깊은 친교를 맺은 것이다.

이런 성 토마스 사상의 핵심을 관통하는 데 불가결한 조건은 그의 가르침의 압도적 제1 원천인 성경 안에서 그리고 우리의 마음 안에서 성령의 영감으로 떠오르는 주님의 말씀에 우리 자신을 개방하는 것으로 시작하는 것이다. 그리고 그렇게 전달되는 내용들에 대한 살아있는 지식을 얻을 수 있도록 실천에 옮기는 것을 잊지 말아야 할 것이다. 그때 비로소 우리도 동일한 영적 원천에 의해 양육되어 천사적 박사와 정신과 마음으로부

---

97. Cf. Porter(2005).

터의 친교에 들어가 그에게 말을 건넸던 원천들과의 결실 풍부한 대화에 들어갈 수 있을 것이다.

참고문헌

르 고프, 자크, 『서양 중세 문명』, 유희수 역, 문학과지성사, 1992.

____, 『중세의 지식인들』, 최애리 역, 동문선, 1999.

몬딘, 바티스타, CMX, 『신학사, II: 스콜라학 시대』, 이재룡 역, 가톨릭출판사, 2017.

____, 『성 토마스 개념사전』, 이재룡·안소근·윤주현 옮김, 한국성토마스연구소, 2021.

정의채·박승찬, 「스콜라학」, 『한국가톨릭대사전 8』, 2001년, 5239-5250쪽.

타이어니, 브라이언 외, 『서양중세사: 유럽의 형성과 발전』, 이연규 역, 집문당, 1995.

토렐, 장 피에르, OP, 『아퀴나스의 신학대전: 배경, 구조, 영향』, 이재룡 역, 한국성토마스연구소, 2024.

피퍼, 요셉, 『중세 스콜라 철학: 신앙과 이성 사이의 조화와 갈등』, 김진태 역, 가톨릭대학교출판부, 2003.

핑케어스, 세르베, OP, 「성 토마스 아퀴나스 윤리학의 원천들」, 스테픈 포프(편), 『아퀴나스의 윤리학』, 이재룡 외 역, 한국성토마스연구소, 2022, 35-38쪽.

Adams, M.M., *Some Later Medieval Theories of the Eucharist*, Oxford: Oxford University Press, 2010, pp.85-110.

Barnes, C., "Aristotle in the *Summa Theologiae*'s Christology", in *Aristotle in Aquinas's Theology*, ed. G. Emery et al., Oxford: Oxford University Press, 2015, pp.186-204.

Bertrand, D., "La familiarite de Thomas d'Aquin avec les Peres. Evaluation litteraire, historique et tehologique", in *Les receptions des Peres de l'Eglise au*

Moyen Age, Le devenir de la tradition ecclesiale, eds. N. Beriou et al., Münster: Aschendorff, 2013, pp.755-759.

Blankenhorn, B., OP, "Aquinas on Paul's Flesh/Spirit Anthropology", in *Reading Romans with St. Thomas Aquinas*, eds. M. Levering & M. Dauphinais, Washington D.C.: The Catholic University of America Press, 2012, pp.1-38.

──, "The Good as Self-Diffusive in Thomas Aquinas", in *Angelicum* 79(2002), pp.803-837.

Bonino, S.-T., OP, "Aristotelianism and Angelology According to Aquinas", in *Aristotle in Aquinas's Theology*, ed. G. Emery et al., Oxford: Oxford University Press 2015, pp.29-47.

──, "'Toute verite quel que soit celui qui la dit, vient de l'Esprit-Saint'. Autour d'une citation de l'Ambrosiaster dans le corpus thomasien", in *Revue thomiste* 106(2006), pp.101-147.

Chenu, M.D., OP, *Toward Understanding Saint Thomas*, Chicago: Regnery, 1964.

Dahan, G., "Thomas Aquinas: Exegesis and Hermeneutics", in *Reading Sacred Scripture with Thomas Aquinas: Hermeneutic Tools, Theological Questions and New Perspectives*, eds. P. Roszak & J. Vijgen, Turnhout: Brepols, 2015, pp.45-70.

──, "Introduction: Thomas d'Aquin commentateur de la premiere epitre aux Corinthiens" in *Thomas Aquinas, Commentaire de la premiere epitre aux Corinthiens*, trans. Jean-Eric Stroobsant de Saint-Eloy, Paris: Cerf, 2002, pp.i-xxxvii.

De Lubac, H., SJ, *Medieval Exegesis, vol.I, The Four Senses of Scripture*, Grand Rapids (MI): Eerdmans, 1998.

Elders, L.J., SVD, *Thomas Aquinas and his Predecessors. The Philosophers and the Church Fathers in his Works*, Washington D.C.: The Catholic University of America Press, 2018.

Emery, G., OP, "General Aristotelian Themes in Aquinas's Trinitarian Theology", in *Aristotle in Aquinas's Theology*, ID. et al.(eds), Oxford University Press, 2015, pp.1-28

Emery, G. & Levering, M.(eds.), *Aristotle in Aquinas's Theology*, Oxford: Oxford University Press, 2015.

Fabro, C., CSS, *Introduzione a san Tommaso: La metafisica e il pensiero moderno*, Milano: Ares, 1983.

Feingold, L., *The Eucharist. Mystery of Presence, Sacrifice, and Communion*, Steubenville(Ohio): Emmaus Academic, 2018, pp.259-292.

Gardeil, A., OP, *La notion du lieu theologique*, Paris, 1908.

Geenen, C.G., "Le fonti patristiche come 'autorita' nella teologia di san Tommaso", in *Sacra Doctrina* 77(1975), pp.7-17.

Gilson, E., *The Spirit of Medieval Philosophy*, New York: Scribner's, 1940.

_____, *Le thomisme*, Paris: Vrin, 1986.

_____, *The Tribulations of Sophia*, South Bend(IN): St. Augustine's Press, 2021.

Grabmann, M., *Introduzione alla 'Summa Theologiae' di S. Tommaso d'Aquino*, Ed. Vatinana, 1989.

Jordan, M.D., "Theological Exegesis and Aquinas' Treatise 'Against the Greeks'", in *Church History* 56(1987), pp.445-456.

Lescoe, F., "Introduction", in St. Thomas Aquinas, *Tractatus de substantiis separatis*, West Hartford(Conn.): Saint Joseph College, 1962, pp.1-34.

Levering, M., *Christ's Fulfillment of Torah and Temple. Salvation According to Thomas Aquinas*, South Bend: Universty of Notre Dame Press, 2002.

_____, *Paul in the 'Summa Theologiae'*, Washington D.C.: The Catholic University of America Press, 2014.

Levering, M. & Dauphinais, M.(eds.), *Reading Romans with St. Thomas Aquinas*, Washington D.C.: The Catholic University of America Press, 2012.

_____, *Reading John with St. Thomas Aquinas: Theological Exegesis and Speculative Theology*, Washington D.C.: The Catholic University of America Press, 2005.

McInerny, R., *Boethius and Aquinas*, Washington D.C.: The Catholic University of America Press, 1990.

Minnis, A., *Medieval Theories of Authorship: Scholastic Literary Attitudes in the Later Middle Ages*, Philadelphia: University of Pennsylvania Press, 2010.

Minnis et al., *Medieval Literary Theory and Criticism c.1100-c.1375: The Commentary Tradition*, Oxford: Clarendon Press, 2003.

Nicolas, M.-J., "Bonum diffusivum sui", in *Revue thomiste* 55(1955), pp.363-376.

Novikoff, A.J., *The Medieval Culture of Disputation*, Philadelphia: University of Pennsylvania Press, 2013.

O'Rourke, F., *Pseudo-Dionysius and the Metaphysics of Aquinas*, Leiden: Brill, 1992, pp.213-274.

Porter, J., *Nature as Reason. A Thomistic Theory of the Natural Law*, Grand Rapids (MI): Eerdmens, 2005.

Principe, W.H., OP, "Thomas Aquinas' Principles for Interpretation of Patristic Texts", in *Studies in Medieval Culture* 89(1976), pp.111-121.

Roszak, P. & Vijgen, J.(eds.), *Reading Sacred Scripture with Thomas Aquinas: Hermeneutic Tools, Theological Questions and New Perspectives*, Turnhout: Brepols, 2015.

Smalley, B., *The Study of the Bible in the Middle Ages*, Notre Dame: University of Notre Dame Press, 1978.

Southern, R., "ch.3: The Sovereign Textbook of the Schools: the Bible", in *Scholastic Humanism and the Unification of Europe*, vol.1: Foundations(ch.3), Oxford: Blackwell, 1995, pp.102-133.

Torrell, J.-P., OP, *Saint Thomas Aquinas, vol.1: The Person and his Work*, Washington D.C.: The Catholic University of America Press, 2005.

―――, *Initiation a san Thomas d'Aquin. Sa personne et son oevre*, nouvelle edition profondement remaniee, Paris: Cerf, 2015.

―――, "Saint Thomas and His Sources", in M. Levering et al.(eds.), *The Oxford*

Handbook of the Reception of Aquinas, Oxford, Oxford University Press, 2023, pp.1-20.

Van Liere, F., *Introduction to the Medieval Bible*, New York: Cambridge University Press, 2014.

Vansteenkiste, C.M.J., OP, "Il metodo di san Tommaso", in *Le ragioni del tomismo: Dopo il centenario dell'enciclica 'Aeterni Patris'*, eds. A. Livi et al., Milano: Ares, 1979, pp.161-196.

_____, "Autori arabi e giudei nell'opera di San Tommaso", in *Angelicum* 37 (1960), pp.336-401.

Venard, O.-T., "Metaphor Between Necessitas and Delectatio", in *Reading Sacred Scripture with Thomas Aquinas: Hermeneutic Tools, Theological Questions and New Perspectives*, eds. P. Roszak & J. Vijgen, Turnhout: Brepols, 2015, pp.199-228.

Vijgen, J., "Did St. Thomas Attribute a Doctrine of Divine Providence to Aristotle?", in *Doctor Angelicus* 7(2007), pp.53-76.

_____, *The Status of Eucharistic Accidents 'sine subiecto'*, Berlin: Akademie Verlag, 2013.

Weinandy, T.G., Keating, D.A. & Yocum J.P.(eds.), *Aquinas on Scripture: An Introduction to his Biblical Commentary*, London: T&T Clark, 2006.

Weisheipl, J., OP, "Scholastic Method", in *New Catholic Encyclopedia*, vol.12, 2003, pp.747-748.

02. 철학과 신학

박규희 | 경희대학교

토마스 아퀴나스는 직업이나 본인의 소명에 대한 확신으로 볼 때 신학자였다.[1] 그리고 철학과 신학의 관계 문제는 토마스와 같은 13세기 신학자에게는 무엇보다도 학문론적인 관점에서 제기되고 해명되어야 했다. 다시 말해, 지식 자체나 지식의 근거지음의 측면에서 다른 학문 분야의 진술과 비교할 때 신학적인 진술이 어떤 지위를 차지하는지 명확히 제시해야 했다. 이성과 신앙의 관계는 "신앙"이 신학에 속한 주제이므로 신학의 문제이며, 따라서 철학의 문제는 아니다. 그리고 신앙과의 조화가 문제시되는 이 관계에서 "이성"이 자연적 이성을 의미한다는 점에서 신학은 철학을 포함한다.

1. 신학의 예비학으로서의 철학

1.1. 신학의 예비학(propaedeutica)으로서의 철학

이성과 계시진리의 조화와 관련해서 토마스가 주목한 문제는 여기서 주

---

1. 예를 들면 *ScG*, II, c.2, "그러므로 우리의 고유한 능력을 넘어설지라도 지혜로운 자는 신의 자비를 믿고 자신있게 의무를 수행해야 한다. 우리의 의도는 할 수 있는 한 가톨릭 신앙이 고백하는 진리를 선포하고 이에 상반되는 오류를 제거하는 일이다. 힐라리우스의 말을 빌리자면, '나는 내 삶의 과업을 하느님에게서 받았다고 고백한다. 그러므로 내 모든 말과 생각은 하느님에 대해서만 말해야 한다.'"

제가 되는 "이성"이 새롭게 이해된다는 사정에 있다. 이성은 그리스도교 신앙을 위한 일종의 필요조건과 같다. 지식으로서의 철학은 인식의 순서에서 그리스도교 진리 인식에 선행한다. 성경 텍스트 자체, 그리고 성경에서 도출하고 성경으로 정당화한 믿을 교리는 언어로 표현되었다. 따라서 계시사실은 성경을 읽는 사람이 언어로 표현된 것을 읽거나 듣고 이해할 능력을 가지고 있다는 사실을 전제한다. 인간에게 독해하거나 이해할 이성 능력이 없다면 언어와 추상적 형식에 의한 신의 자기계시는 청자 없는 계시가 되고 말 것이다. 그런데 혹시 글만 깨치면 성경을 읽을 수 있는가? 문장을 파악하려면 문법을 알아야 하고 여러 명제들 간의 의미관계를 통찰하려면 논리를 알아야 한다. 따라서 계시진리를 이해할 수 있기 위해서는 그 전에 문법과 개념의 논리적 구조, 논증 형식과 해석의 원리를 반드시 습득해야 한다.

　이러한 교육학적 기획으로서 철학과 신학의 중세적인 관계의 배경을 형성한 인물은 아우구스티누스다. 아우구스티누스는 『그리스도교 교양』(De doctrina christiana, 396-397)에서 정신적인 측면에서의 참된 그리스도인의 성장을 위해, 즉 자율적이면서도 보편적인 성경 독해 능력을 함양하기 위해 "자유학예"(artes liberales) 교육이 필수적임을 주장한 바 있다. 물론 그리스도교 입문을 위한 "예비 학문"은 교회 밖에(extra ecclesiam) 있기 때문에 우리가 분별력을 가지고 주의해서 사용해야 한다.[2] 기초학문에 관한 아우구스티누스의 성찰은 보에티우스의 자유학예 체계화 작업과 카시오도루스의 "세속학문 입문"(Institutiones saecularium litterarum)을 거쳐 13세기 대학 인문학부 교과과정의 배경을 형성한다. 한편 아우구스티누스는 세속 "인문학"의 효용은 이와 같은 맥락에서 부차적이고 조건부의 효용일

---

2. 아우구스티누스, 『그리스도교 교양』 제2권 39,58.

뿐이며 참된 영적 유익은 성경에서만 찾을 수 있다고 분명히 말한다.[3] 교육을 통해 인간 정신의 여러 인식능력의 후천적 계발을 중세적인 의미에서의 계시사실 인식 가능성의 조건이라 부를 수 있다면, 중세에는 이 교육의 내용이 철학이라는 점에서 신학에 대한 철학의 선행성이 존재한다.

토마스에게서 철학의 예비적 성격은 반드시 신학이 철학을 필요로 한다는 의미로만 이해되지 않는다. 『신학대전』 제1부 제1문 5절에서 토마스는 "거룩한 가르침", 곧 신학이 가장 탁월한 학문이라는 점을 논할 때 철학이 신학의 시녀(ancilla)라는 문구를 신학에 의한 철학의 초월적 완성이라는 의미로 사용한다.

반론: 그런데 다른 학문들은 신학의 시녀라 불린다. '[지혜]는 자기의 시녀들을 보내어 높은 곳으로 오르게 했다'는 「잠언」의 말씀처럼 말이다.[4]

거룩한 가르침은 다른 학문을 시녀처럼 부리는데 이는 건축술[5]이 건축 자재를 마련하는 활동을 부리는 것과 같으며 또한 정치술이 전쟁술을 사용하는 관계와 같다. 그러므로 다른 학문의 사용은 신학의 결함이나 불충분함 때문이 아니라 우리 지성의 결함 때문이다. 요컨대 우리의 지성은 …자연적 이성으로 인식되는 것을 가지고 이성을 넘어서는 것, 즉 거룩한 가르침 안에 주어진 것을 향해 쉽게 인도될 수 있다.[6]

---

3. 아우구스티누스, 『그리스도교 교양』 제2권 42,63.
4. *ST*, I, q.1, a.5, sc, "sed contra est quod aliae scientiae dicuntur ancillae huius, Prov. IX, misit ancillas suas vocare ad arcem."
5. "건축술적인 학문"(scientia architectonica)은 또한 "총기획적인 학문"(강상진, 김재홍, 이창우의 번역).
6. *ST*, I, q.1, a.5, ad2, "[sacra doctrina] utitur eis tanquam inferioribus et ancillis; sicut architectonicae utuntur subministrantibus, ut civilis militari. Et hoc ipsum quod sic utitur eis, non est propter defectum vel insufficientiam eius, sed propter defectum intellectus nostri; qui ex his quae per naturalem rationem (ex qua procedunt aliae scientiae) cognoscuntur, facilius manuducitur in ea quae sunt supra rationem, quae in hac scientia traduntur."

토마스는, 그가 제시한 비유를 가지고 『니코마코스 윤리학』 제1권에서 아리스토텔레스가 의도한 바에 따르면, 신학을 자족적인 학문으로 이해한다. 여기서 "다른 학문들"에서의 일반적인 학적 활동을 지칭하는 인간의 자연적인 지성은 자기의 능력을 넘어서는 어떤 것을 달성해야 하는 본성을 가진다.[7] 인간 지성의 결함, 철학의 결함이란 더 선한 것을 성취할 수 있는 본성이 실현되기 위해 자연적인 것 이상의 도움을 필요로 하는 상태를 의미한다. 즉 철학은 완전하지만 불충분하고, 결함이 있지만 그렇다고 완전하지 않은 것은 아니다. 다시 말해, 시녀들은 여주인이 명령하는 것을 이행할 수밖에 없다는 점에서 여주인에게 종속적이지만, 여주인은 사실 시녀들이 시녀의 한계를 벗어나 더 큰 완전함을 얻기 위해 해야 하는 것들을 명령하고 있다. 여주인은 시녀들이 더 "높은 곳으로"(ad arcem) 고양되기를 바란다. 우리는 토마스 아퀴나스의 사상에서 "철학은 신학의 시녀"라는 비유가 신학의 탁월함과 자족성, 그리고 무엇보다도 철학의 자율성과 철학이 본래의 완전함 이상으로 완전해질 수 있는 가능성을 의미하기 위해 사용된다는 점을 잊어서는 안 된다.

1.2. 아리스토텔레스의 작품과 세속학문의 구성

토마스에게 철학은 다른 학문처럼 인간 이성(ratio)의 활동의 결과물이다. 그런데 이성적 활동의 본질은 질서를 인식하고 질서를 구현하는 데에 있으므로(cuius proprium est cognoscere ordinem) 철학은 사물의 질서를 이해하거나 질서 짓는 행위 자체(ordinatio)와 관계한다.[8] 모든 학문이 나름대로 질서를 구현하지만 질서를 부여하는 데에도 질서가 필요하다. 그리고 다른 학문에 질서를 세우는 학문이 학문 가운데 가장 중요한 위치를 차지한

---

7. Porro(2016), p.32.
8. *In Ethic.*, I, lect.1, n.1.

다.[9] 그래서 철학은 인간의 지식 전체를 가리키는 말이면서 동시에 학문 안의 다양한 질서의 원인이 되는 특정한 학문을 가리키는 말이기도 하다.

토마스는 아리스토텔레스의 『니코마코스 윤리학』에 대해 쓴 주석서의 서문에서 인간 이성이 질서와 관계하는 방식 네 가지를 구별한다.[10] 첫째, 이성이 질서를 산출하지 않고 단지 탐구하기만 하는 경우가 있는데 자연학과 수학, 형이상학이 여기에 해당한다. 둘째, 개념이나 개념의 기호들 사이에 질서를 설정할 때처럼 자기의 고유한 탐구활동 안에 질서를 산출하는 경우가 있는데 논리학이 여기에 해당한다. 셋째, 의지의 활동 안에서 탐구함으로써 질서를 산출하는 경우가 있는데 도덕철학이 여기에 해당한다. 마지막으로 질서를 탐구하고 그것을 외부 사물 속에 구현하는 경우가 있는데 공예 및 기계 제작에 관계하는 지식이 여기에 해당한다.[11] 여기서 처음 두 구별은 순수 이성의 능력의 활동 안에서만 질서를 산출하거나 관조하는 경우로, 마지막 두 개의 구별은 이성의 고유한 활동과 구별되는 다른 활동과의 관계 속에서 질서를 산출 내지는 관조하는 경우로 각각 묶을 수 있다.

토마스는 "철학"을 구분할 때 스토아학파의 구분(논리학, 자연학, 윤리학)과 아리스토텔레스의 지식 구분(사변학문과 실천학문)을 결합한 구별을 사용한다. 사변학문은 질서와 관계하는 첫 번째 방식에서 언급했다시피 자연학, 수학, 형이상학으로 나뉘고, 실천학문은 윤리학과 경제학과 정치학으로 나뉜다. 세 개의 사변학문과 세 개의 실천학문은 스토아의 학문 구분에서 각각 자연학과 윤리학에 상응한다. 그래서 논리학은 사변학문과 실천학문 어디에도 속하지 않는다(scientia rationalis). 토마스는 논리학을 학문 활동을 수행하기 위한 인식의 도구(Organon)로 간주한다. 지식을 형성

---

9. *In Met.*, prooemium.
10. *In Ethic.*, I, lect.1, n.1.
11. *In Ethic.*, I, lect.1, n.2.

하는 방법은 각 학문에서 지식을 형성하기 이전에 배워야 하므로 논리학은 모든 철학에 앞서 습득해야 한다. 토마스에 따르면 논리학뿐 아니라 다른 모든 학문을 배울 때도 순서가 있다(ordo addiscendi).[12] 철학 학습의 질서를 따르면 인간은 모든 지식을 습득하고 난 뒤 학문적 질서의 원인이 되는 학문, 즉 형이상학을 마지막에 배우게 된다. 토마스는 각 학문에 부합하는 아리스토텔레스의 작품을 마치 교과서처럼 일일이 언급하며 철학 공부의 질서에 아리스토텔레스 저작들을 일대일 대응시킨다. 이러한 맥락에서 토마스에게 아리스토텔레스 철학은 인간 이성의 지식을 모두 모아놓은 것과 같다.

먼저 논리학은 이성(intellectus)과 보다 좁은 의미에서의 오성(ratio)의 고유한 활동을 분석함으로써 이 둘의 본성을 드러내는 학문이다. 아리스토텔레스의 『명제론』에 대해 쓴 주석서의 서문에서 토마스는 이성의 기능을 세 가지로 구분하고 있다.[13] 이성에는 첫째, 개념을 직관적으로 파악함으로써 사물의 본질을 이해하는 기능이 있다. 토마스는 아리스토텔레스가 이러한 활동의 구조를 『범주론』에서 분석했다고 말한다. 둘째, 이성은 결합과 분리, 즉 문장의 주어에 대해 어떤 것을 긍정하거나 부정하는 진술을 만들어내는데, 이 기능은 『명제론』에서 중점적으로 다루어진다. 셋째, 알려진 것의 인식에서 알려지지 않은 것의 인식으로 나아가는 활동이 있다. 토마스가 오성의 활동이라고도 부르는 이 마지막 기능은 『분석론』의 주제다. 확실한 판단의 생성에 관계하는 이 세 개의 논리학 분과를 언급한 순서대로 먼저 학습하고,[14] 확실한 판단에 미치지 못하는 사유 형식들은 그 다음에 배운다(『변증론』, 『수사학』, 『시학』, 『소피스트적 논박』).[15]

---

12. *In Ethic.*, I, lect.7, n.1208-1211; *In De causis*, prooemium.
13. *In Periherm.*, I, lect.1, n.1-2.
14. *In Periherm.*, I, lect.1, n.1; *In Anal. post.*, I, lect.1, n.6.
15. *In Anal. post.*, I, lect.1, n.6.

자연철학의 학습 방식도 논리학처럼 분과 학문의 체계적인 질서에 따른다. 토마스는 자연철학을 "존재와 개념이 모두 질료에 종속된 것"을 연구하는 학문으로 정의한다.[16] 그런데 질료를 가진 것은 무엇이든 생성과 소멸을 겪으므로 자연철학의 연구대상은 "운동하는[=가변적인] 존재자"(ens mobile)라고 바꿔 말할 수 있다.[17] "자연철학은 자연적인 것을 다루는데 자연적인 것이란 자연을 원리로 가지는 사물을 말한다."[18] 토마스는 자연철학을 변화의 구체적인 종류에 따라 구별한다. 그에 따르면 먼저 운동의 개념과 운동의 현상을 일반적으로 고찰해야 하며 이것을 우리는 아리스토텔레스의 『자연학』을 가지고 배운다. 토마스는 이어서 운동을 구체적인 형태에 따라 살펴보는데 먼저 『천계론』에서 장소운동을 공부하고, 『생성소멸론』에서 원소의 운동을 일반적인 관점에서 고찰한 다음 『기상학』과 『광물학』에서 개별적인 변화와 생명이 없는 혼합 물체의 운동을 탐구한다고 한다. 한편, 생명을 가진 존재자의 운동은 다수의 동물학 작품을 가지고 공부한다. 토마스는 생물의 신체 기관과 신체 구조를 이해하기 위해서는 자기운동의 원리 일반을 다루는 『영혼론』을 먼저 배워야 한다고 말한다.[19] 왜냐하면 영혼은 생명의 원리이고 생명은 자기 스스로 산출하는 운동을 뜻하는데 생명체의 다양한 활동은 다양한 신체능력의 발현이기 때문이다.[20] 자연철학은 보편적인 것에 관한 탐구에서 개별적인 것의 탐구로 나아가므로 특수한 운동의 구체적인 원인인 영혼을 가진 존재자의 연구에서 마무리된다.

자연철학이 마지막으로 영혼을 다루고 나면 실천철학과 형이상학을 공

---

16. *In Phys.*, I, lect.1, n.3, "de his vero quae dependent a materia non solum secundum esse sed etiam secundum rationem, est naturalis, quae physica dicitur."
17. *In Phys.*, I, lect.1, n.3.
18. *In Phys.*, I, lect.1, n.3.
19. *In De sensu et sensato*, prooemium, n.6.
20. *In De sensu et sensato*, prooemium, n.4.

부할 이론적 조건이 완성된다. 실천철학은 인간의 행위에 질서를 짓는 학문이다. 그런데 질서를 세우기 위해서는 무엇보다도 정립할 질서를 먼저 알아야 한다. 『정치학 주해』 서문에서 토마스는 아리스토텔레스가 『자연학』에서 "기술은 자연을 모방한다"고 했던 말을 인용함으로써 인간 행위 탐구에 자연 탐구가 선행해야 하는 이유를 제시한다.[21] 유사성의 측면에서 인간 지성의 기원인 신적인 지성은 자연 사물의 원리이기도 하다. 토마스는 자연에 내재한 질서를 파악하여 그것을 인간 행위의 영역에 그대로 옮겨담아야 한다고 주장한다.[22] 부분과 개별적인 것은 전체와 보편적인 것에 의해서 완성된다. 따라서 부분의 목적과 전체의 목적은 단일한 학문 안에서 연구되어야 한다.[23] 그래서 토마스는 행해지는 행위의 근접 목적인(proxima causa finalis)의 보편성에 따라 실천철학을 목적적으로 질서 지어진 인간 행위를 연구하는 개인윤리학(monastica), 각 개인이 속한 가정공동체의 행위를 연구하는 가정경제학(oeconomica), 도시국가의 활동을 연구하는 정치학(politica)으로 구별한다.[24] 토마스는 각각의 분과에 맞게 저술된 아리스토텔레스의 저작을 지시하며(『니코마코스 윤리학』, 『경제학』, 『정치학』) 실천철학은 이 순서대로 학습해야 한다고 말한다.[25]

토마스는 철학이 『정치학』과 『형이상학』에서 각각 완성된다고(perficitur) 말한다. 여기서 주목할 점은 토마스가 『정치학』에서의 완성은 실천철학의 완성일 뿐이지만 『형이상학』(Metaphysica)에서의 완성은 사변철학과 실천철학 모두의 완성이라고 주장한 점이다.[26] 토마스는 『신학대전』에서 신

---

21. *In Pol.*, prooemium.
22. *In Ethic.*, prooemium.
23. *In Ethic.*, I, lect.1, n.5.
24. *In Ethic.*, I, lect.1, n.6.
25. *In Pol.*, prooemium.
26. *In Pol.*, prooemium, "necesse fuit ad complementum philosophiae de civitate doctrinam tradere quae politica nominatur, idest civilis scientia. ⋯Si igitur principalior scientia est quae est de nobiliori et perfectiori, necesse est politicam inter omnes scientias practicas

학을 실천학문인 동시에 사변학문으로 규정하고 그럼에도 사변적인 측면에 좀 더 무게를 두는데,[27] 지금 아리스토텔레스의 철학과 관련한 그의 입장은 이와 맥락이 비슷하다. 토마스는 형이상학을 두 가지 측면에서 철학의 완성이라 이해한다. 첫째, 논리학, 자연철학, 실천철학 등 모든 학문의 질서의 근거가 되는 보편적인 원리를 다루는 학문이 있다는 점에서다. 형이상학은 자연과 인간 지성의 사유 안에 들어 있는 모든 질서의 원리를 다루기 때문에 모든 학문 중에 으뜸이다. 자연의 질서와 더불어 인간 행위의 질서는 원리들의 질서를 유비적으로 이해하는 데에 유용하기 때문에 형이상학에 선행하여 학습해야 한다.[28] 둘째, 토마스는 모든 학문의 목적은 인간의 최종 목적인 관조적 행복이라고 이해한다. 그는 아리스토텔레스가 『니코마코스 윤리학』 제10권에서 말한 이 행복이 "신과 분리실체를 인식하는 데에" 있다고 말한다.[29] 그런데 신과 분리실체는 형이상학에서 탐구된다. 따라서 철학의 완성은 인간의 완성이라는 의미에서 형이상학에서 성취된다.[30]

이렇게 철학 공부를 끝마친 마지막 단계에서 세속의 인간은 신을 인식한다. 토마스는 아리스토텔레스를 따라 형이상학을 존재자를 연구하는 학문이라고 이해하는데 형이상학에서는 존재자의 원인도 함께 연구되기 때문이다. 토마스는 아리스토텔레스가 『형이상학』에서 신을 존재자의 원인으로서 탐구한다고 해석하며, 아리스토텔레스의 "신론"이 위-디오니

---

esse principaliorem et architectonicam omnium aliarum, utpote considerans ultimum et perfectum bonum in rebus humanis"; *In Metaph.*, prooemium, "Omnes autem scientiae et artes ordinantur in unum, scilicet ad hominis perfectionem, quae est eius beatitudo. Unde necesse est, quod una earum sit aliarum omnium rectrix, quae nomen sapientiae recte vindicat."

27. *ST*, I, q.1, a.4, resp.
28. Imbach(2017), p.369.
29. *In Ethic.*, X, lect.12, n.2125; *In De causis*, prooemium.
30. *In Met.*, prooemium; *In De causis*, prooemium.

시우스의 『신명론』, 아랍 『원인론』, 보에티우스의 『데헵도마디부스』 같은 플라톤주의 전통 작품에서 논구하는 신 인식의 내용과 근본적으로 일치한다고 주장한다. 아리스토텔레스의 『형이상학』과 언급한 세 개의 비-아리스토텔레스적인 작품을 통해 신을 인식하고, 그리스도교 계시신학의 주제와 접점을 형성하는 것으로 철학 교육의 질서는 끝이 난다.

2. 철학과 신학의 관계

2.1. 원리의 질서에 따른 신학의 우위

토마스는 『명제집 주해』와 『신학대전』의 논의를 "철학 학문 이외에(praeter philosophicas disciplinas) 다른 학문이 필요한가?"라는 문제로 시작한다.[31] 대학이 성장하고 각 학부의 급격한 발전으로 말미암은 13세기의 새로운 상황을 고려할 때 이 질문은 인문학부 교수들이 신학부 교수들에게 제기한 문제로 볼 수 있다. 토마스는 직업상 신학자였으므로 신학부의 입장을 변호해야 했다. 신학을 학문으로서 정립하지 못하면 신학부는 대학 내에서 존재 이유를 상실하게 된다. 그래서 철학과 신학을 학문으로서 엄밀하게 구분하는 일은 신학자에게는 사회적으로 긴급한 과제였다. 토마스는 이 문제를 다음과 같이 해결한다. 그는 인간의 최종 목적은 신을 관조하는 데에 있는데 신을 관조하는 활동은 인간의 자연적 능력을 초월한다고 주장한다. 그런데 인간 이성은 이 목적을 계시진리의 도움을 받음으로써 비로소 성취할 수 있다. 그러므로 신의 계시 내용을 다루는 또 다른 학문이 요청되지 않을 수 없는데 이 학문이 바로 "신학"(sacra doctrina)이라고 불린다.[32] 이 "신학"은 여타 학문들을 통솔하고(imperat omnibus aliis scientiis

---

31. *In Sent.*, I, q.1, a.1; *ST*, I, q.1, a.1.
32. Weisheipl(1974), pp.49-80.

tamquam principalis)³³ 다른 학문을 도구처럼 사용하기 때문에 학문의 우두머리이다.³⁴

  토마스는 다른 학문을 학문으로서 규정하는 형식들을 신학에 동일하게 적용함으로써 신학도 엄밀한 하나의 학문임을 주장했다. 당시에 통용된 학문론적인 형식은 『분석론 후서』에서 아리스토텔레스가 제시한 기준에 따른다. 학문에서 지식은 논증의 결론을 뜻하므로, 모든 학문은 제각기 거대한 논증 체계다. 그런데 결론은 전제에서 도출된다. 그래서 각 학문에서 최후의 전제로 설정된 명제들은 각 학문의 고유성을 결정하는 원리가 된다. 어떤 학문이 다른 학문과 구별된다면, 두 학문은 탐구에 필요한 원리들을 제각기 고유하게 가진다. 예를 들어 기하학은 이성에 자명한 원리(principia per se nota)에 기초하여 성립되는 학문이다. 탐구 원리를 다른 학문에서 빌려오는 경우도 있는데 이를테면 광학은 기하학에서 생성된 원리를 사용하고 음악은 산술의 원리를 가져다가 사용한다.³⁵ 토마스는 신학이 후자에, 즉 자기의 탐구 원리를 광학이나 음악처럼 다른 학문에서 차용하는 경우에 해당한다고 주장한다. 그렇다면 신학은 어디에서 원리를 가져다 쓰는가? 신학 원리의 원천이 되는 학문(scientia)은 다름아닌 하느님 자신이 보유한 앎(scientia)이다. 즉 신적인 앎 안에 있는 절대적으로 자명한 신앙의 진리들(articuli fidei)이 신학적 연구의 전제나 원리다.³⁶

  다만 광학과 음악, 그리고 기하학과 산술의 관계에서의 원리 정초의 관계, 즉 다른 모든 학문에서의 관계와 신학의 원리의 원천 관계는 서로 다른 질서에 속한다. 신학이 논리학과 수학처럼 자명한 원리에 기초하지만 이 학문들의 원리의 원천은 동일하지 않다. 토마스는 학문들을 관통하는

---

33. *In Sent.*, I, q.1, a.1, sol.
34. *ST*, I, q.1, a.5, ad2.
35. *In Sent.*, I, q.1, a.3, sol.2; *ST*, I, q.1, a.2.
36. *In De Trin.*, q.2, a.2, ad5.

두 개의 질서의 구조를 『삼위일체론 주해』에서 다음과 같이 서술한다.

> 하지만 제일철학이 다른 학문에서 사용되는 원리를 증명하면서 그 자신이 다른 학문에서 증명된 결과를 또 전제한다고 하여 학문의 관계가 순환적일 필요는 없다. 어떤 다른 학문이 수용하는 원리들, 예를 들어 자연철학이 제일철학에서 수용하는 원리들은 제일철학자가 자연철학에서 수용하는 원리를 증명하는 데에 쓰이지 않는다. 요컨대 후자는 [자연철학 내에서] 어떤 다른 자명한 원리들에 의해 증명된다. 같은 방식으로 제일철학자는 그가 자연철학자에게 전달하는 원리들을 자연철학에서 받는 원리를 가지고 증명하지 않고 다른 자명한 원리들을 가지고 증명한다.[37]

제일철학, 즉 형이상학이 자연학에 전달해주는 원리를 자체적으로 증명할 때 의존하는 원리의 원천이 바로 신학이다. 신학을 제외하면 모든 학문의 질서가 형이상학으로부터 정해지므로 형이상학이 질서의 원인이다. 질서 짓는 일은 현자의 본성이므로, 이런 의미에서는 형이상학이 지혜 자체다.[38] 그런데 형이상학이 속한 상위 질서까지 고려하면 신학이야말로 모든 학문에 설정된 질서의 최종 원인이다. 이러한 맥락에서 토마스는 신학이 형이상학보다 더 탁월한 지혜, 모든 세속적 지식을 능가하는 지혜이며 신학의 원천인 하느님 자신의 앎은 절대적으로(simpliciter) 지혜 자체라고 말한다.[39] 또한 신학은 하느님 빛의 조명을 기초로 성립하므로 가장 높

---

37. *In De Trin.*, q.5, a.1, ad9, "Nec tamen oportet quod sit circulus quia ipsa supponit ea quae in aliis probantur cum ipsa aliarum principia probet, quia principia quae accipit alia scientia, scilicet naturalis, a prima philosophia, non probant ea quae item philosophus primus accipit a naturali, sed probantur per alia principia per se nota; et similiter philosophus primus non probat principia quae tradit naturali per principia quae ab eo accipit, sed per alia principia per se nota."
38. *In Met.*, prooemium.
39. *ST*, I, q.1, a.6, resp.

은 확실성을 가진 학문이다.[40]

2.2. 신학의 우위와 이성과 신앙의 조화

토마스는 철학과 철학적으로 성찰된 신학 사이에서 적절한 균형을 찾고자 한다. 둘의 균형을 구하는 작업은 그의 모든 작품에서 나타나는데 특히 『신학대전』과 『대이교도대전』의 경우에는 토마스의 근본의도가 작품의 구조와 서술방식에 반영되어 있다. 두 작품에서 토마스는 신에 대한 철학적 해석과 신학적 해석을 방법적으로 대결시킨다. 그가 각각의 작품에서, 특히 신론의 세부영역에서 동일한 주제를 다루는 방식을 비교하면 독자는 철학과 신학의 차이를 감지할 수 있다. 예를 들어 토마스는 아리스토텔레스의 형이상학, 모세 마이모니데스, 스토아철학 등 다양한 세속 철학의 논증적 직관들을 활용하여 신 존재를 다섯 가지 방법으로 증명한다.[41] 신이 존재한다는 사실을 합리적으로 파악할 수 있다는 사실은 이성과 철학에서 획득할 수 있는 고유한 지식이다. 반면 이렇게 찾아낸 신이 세 개의 위격을 가진 단일한 신이라는 사실은 철학으로는 파악할 수 없다. 토마스는 철학의 한계를 『삼위일체론 주해』와 『대이교도대전』에서 분명하게 주장한다.[42]

철학의 제한적인 기능을 이야기할 적마다 토마스는 아리스토텔레스의 『형이상학』 제2권에 실린 "태양과 올빼미의 비유"를 빠짐없이 언급한다.[43] 토마스와 아리스토텔레스는 모두 이 비유를 통해 인간이 비록 진리를 파악하고자 하나 이성의 이해력이 진리에 온전히 미치지 못한다는 점을 전달하고자 한다. 요컨대 인간의 지성과 진리의 관계는 올빼미의 눈과

---

40. *ST*, I, q.1, a.5, resp.
41. *ScG*, I, c.13; *ST*, I, q.2, a.3, resp.
42. *In De Trin.*, q.1, a.4; *ScG*, I, c.3.
43. *In Met.*, II, lect.1, n.279-286.

눈부신 태양빛과 같다는 것이다. 태양을 있는 그대로 바라보고 싶어도 올빼미의 시각능력은 강렬한 태양의 빛을 감당할 수 없다. 그래서 올빼미가 세상을 희미하게 보는 시각적 지각으로 살아가듯이 이승에서의 인간도 진리에 대한 불완전한 인식으로 만족해야 한다. 이 비유가 그의 초기 작품인 『명제집 주해』(1254/55)에서 말기 작품인 『원인론 주해』(1272)에 이르기까지 꾸준히 인용된 점으로 볼 때 토마스는 자연이성의 한계에 관한 보수적인 입장을 일생 고수한 듯하다.[44]

그래서 토마스는 주제 영역을 한정할 경우 철학이 계시진리를 동반하는 신학과 모순되지 않는다는 입장을 취한다.

> 앞서 말한 그리스도교 신앙의 진리가 인간 이성의 능력을 넘어선다 할지라도, 자연적으로 주어져 있는 이성이 지니는 진리는 이 그리스도교 신앙의 진리와 상반될 수 없다.[45]

여기에는 신을 완전히 인식하기 위해서는 신앙이 필요하다는 생각이 담겨있다. 순수하게 이성적인, 즉 신앙의 전제를 하나도 사용하지 않고 오직 이성에 자명한 원리에만 기초하여 신을 인식하는 일은 일종의 예비과정이며, 이 지식은 신앙을 통해서만 비로소 완성되고 성취된다. 신을 아는 것이 최고의 행복이라는 관점에서 토마스는 이러한 신념을 인간학과 윤리학에서도 동일하게 드러낸다. 신앙의 진리는 이성이 아닌 다른 자명한 원리에도 기초한다. 따라서 이성과 신앙의 진리는 이성적으로 자명한 원

---

44. *In Sent.*, I, d.2, expositio textus; *In De Trin.*, q.5, a.4, resp.; *ScG*, III, c.45; *ST*, I, q.1, a.5, ad1; *De spiritualibus creaturis*, a.10, ad.7; *De veritate*, q.8, a.3, ad.5; *In De causis expositio*, prooemium.
45. *ScG*, I, c.7, "Quamvis autem praedicta veritas fidei Christianae humanae rationis capacitatem excedat, haec tamen quae ratio naturaliter indita habet, huic veritati contraria esse non possunt"(신창석의 번역).

리를 동일하게 공유한다는 점에서는 서로 대립할 수 없다. 그리고 신앙은 이성과는 다른 원리를 사용하지만, 이 원리는 자연이성적 인식을 완성하기 때문에 이것 역시 이성의 진리에 대립하지 않는다.

> 따라서 신앙의 교리와 대립하는 어떤 논증이든, 자연 안에 주어진 자명한 제일 원리에서 부정확하게 추론된 것이라는 명백한 결론이 나온다. 그렇다면 이런 논증은 어떤 논증력을 가진 것이 아니라 개연적이거나 궤변적이므로, 해결할 여지가 남아 있다.[46]

다만 토마스는 모순될 수 없다는 당위 때문에 모순을 결코 접할 수 없다고는 말하지 않는다. 인간의 지성은 오류를 일으킬 수 있고 이 때문에 자명한 원리에서 신앙에 부합하지 않는 결론이 도출될 수 있다. 여기서 엿볼 수 있는 이성과 신앙의 관계에 대한 토마스의 입장은 매우 독특하다. 이성과 신앙의 모든 대립은 현상적인 대립이라는 토마스의 주장은 독단적일 수 있다. 하지만 신앙의 전제 덕분에 두 개의 대립이 종합될 수 있는 상위 관점이 생겨난다. 따라서 이성이 파악하는 진리와 신앙의 진리가 상반되지 않는다는 토마스의 주장은, 사태 판단의 심급이 같은 수준에 위치하지 않는다는 의미에서 신학이 철학보다 우위에 있다는 주장이다. 토마스의 입장은 대립이 실재한다는 점에 대한 부정이 아니라, 오히려 대립이 실재적이라는 이유로 신학자가 절망하는 일이 있어서는 안 된다는 입장으로 이해해야 한다. 토마스는 둘의 대립이 필연적인 대립이 아니라는 믿음을 가지고 이성과 신앙을 조화하는 학적 노력을 기울일 것을 우리에게 요청

---

46. *ScG*, I, c.7, "Ex quo evidenter colligitur, quaecumque argumenta contra fidei documenta ponantur, haec ex principiis primis naturae inditis per se notis non recte procedere. Unde nec demonstrationis vim habent, sed vel sunt rationes probabiles vel sophisticae. Et sic ad ea solvenda locus relinquitur"(신창석의 번역). 같은 내용으로 『삼위일체론 주해』 제2문 3절도 참고.

한다. 이성과 신앙의 조화는 본질적으로 분리된 두 개를 결합하는 작업이 아니라 인식 내용을 조리 있게 해명하거나 정리하고 질서 짓는 작업이다. 따라서 이중 진리를 통합하는 과제 해결의 다양성이 열려 있고 일치를 지향하는 태도가 신학자의 태도라면, 토마스에게서 신학은 고정불변의 학문이 아니라 어느 정도는 세속철학처럼[47] 열려 있고 발전하는 학문이다.

3. 철학과 신학의 학적 규정

토마스는 『삼위일체론 주해』에서 학문 활동을 수행하는 인간 지성의 태도(habitus)에 따라 신학을 규정한 다음, 학문의 고유한 연구대상(subiectum genus)에 따라 신학을 다시 두 가지로 구별한다. 이때 순수 이성의 학문인 철학과 계시신학이 서로 엄격하게 구별된다.

3.1. 지성의 고유한 습성에 따른 구별

토마스는 아리스토텔레스를 따라 학문[=논증적 지식]을 습성 상태로서의 지성(habitus)으로 이해한다. 예를 들어 색깔은 시각능력의 고유한 대상이고 냄새는 후각 능력의 고유한 대상이다. 마찬가지로 지성도 하나의 능력이라는 점에서 고유한 대상을 가지는데, 토마스의 경우 습성은 주제화되는 지식의 종류에 따라 세분화되는 지성의 능력에 해당한다. 하나의 습성 상태의 지성은 사물의 정의(definitio)를 전제로 공유하는 모든 논증에서 산출된 지식 전체다.[48] 그래서 학문이 서로 구별된다면 학문은 각 학문을 탐

---

47. *In De cael.*, II, lect.17, n.451, "licet enim, talibus suppositionibus factis, apparentia salvarentur, non tamen oportet dicere has suppositiones esse veras; quia forte secundum aliquem alium modum, nondum ab hominibus comprehensum, apparentia circa stellas salvantur."
48. *In Phys.*, I, lect.1, n.1, "cum omnis scientia per demonstrationem habeatur, demonstrationis autem medium sit definitio; necesse est secundum diversum definitionis modum scien-

구할 때 고유하게 설정되는 지성의 습성상태로 구별된다. 이러한 배경에서 토마스는 『삼위일체론 주해』 제5문 제1절에서 습성으로서의 세 개의 사변학문 구별을 지성능력에 고유한 인식대상(obiectum)의 일반적인 특성을 가지고 구별한다. 이에 따르면 자연학을 탐구할 때 인간 지성은 개념과 존재 모두 질료와 결합된 것에 대한 습성 상태를 가진다. 그리고 지성은 수학을 탐구할 때는 존재로는 질료와 결합하고 개념으로는 분리된 대상을 인식한다. 마지막으로, 신적인 학문에서 인간 지성은 개념과 존재 모두 질료에서 분리된 것을 다룬다.[49]

지성의 습성의 다양성은 지성이 인식대상을 가공할 때 사용하는 두 가지 방식에서 기인한다. 인식 대상을 가공하는 첫 번째 방식은 보편적인 것을 개별적인 것에서 분리하는 활동이다.[50] 지성이 이 절차를 통해 정신에 표상한 것에 관한 의미내용들이 자연학적 지식이다. 다음으로 형상을 감각적 질료에서 분리하는 활동이 있는데, 이 방식으로 표상된 것은 수학적 대상에 해당한다.[51] 마지막으로 종속 관계에 있지 않은 것을 분리해내는 활동, 분리되어 있기 때문에 단지 분리 사실을 포착할 뿐인 활동이 있는데, 신적인 학문 또는 형이상학이 이러한 과정을 통해 나타난 것을 다룬다.[52] 토마스는 대상을 가공하는 세 개의 방식 중 마지막 것만을 엄밀한 의미에서 "분리작용"(separatio)이라 이름하고 처음 두 가지 방식은 불완전한 분리이므로 분리라고 하지 않고 "추상작용"(abstractio)이라고 부른다.[53]

토마스는 이와 같이 질료와 분리된 것을 다루는 학문이 "신학"(theologia, id est scientia divina)이라고 말한다. 이 학문에서 탁월하게 인식되는 것이

---

tias diversificari."
49. *In De Trin.*, q.5, a.1, co.3.
50. *In De Trin.*, q.5, a.3, resp.
51. *In De Trin.*, q.5, a.3, resp.
52. *In De Trin.*, q.5, a.3, resp.
53. *In De Trin.*, q.5, a.3, resp.; Geiger(1947), pp.3-40.

바로 신이기 때문이다. 다른 한편 질료에서 분리된 것은 질료에 결합된 것을 연구한 다음에 학습한다는 의미에서 "형이상학, 자연학에 뒤따르는 학문"(metaphysica, id est trans physicam)이라 불리고, 탐구의 최종 원리들을 다룬다는 점에서 "제일철학"(philosophia prima)이라 불린다.[54] 『형이상학 주해』의 서문에서 토마스는 형이상학이 "가장 가지적인 것"(maxime intelligibilia)을 다루는 학문이라고 쓰는데 바로 이 "가지성"(intelligibilitas)이 위에서 말한 인식대상 형성 과정에서 나타나는 "분리"의 정도를 설명하는 일반적인 개념이다. "가지적"이란 토마스에 따르면, 보편적이거나 물질적이지 않거나 또는 원인이라는 의미로 쓰이는 표현이다. 먼저 보편적인 것은, 감각에서의 분리라는 의미에서 특수한 것에서 떨어져 있다. 이러한 의미에서 형이상학은 가장 보편적인 것인 실체와 공통존재자 개념을 가장 가지적이라는 맥락에서 다룬다. 다음으로 사물의 최종적인 원인은 결과를 인식할 때 가장 멀리 있기 때문에 사물에서 가장 많이 분리되어 있다. 이러한 의미에서 가장 가지적인 사물의 제일원인(causa prima)을 탐구할 때 이 학문은 제일철학이라 불린다. 마지막으로 앞서 말한 질료와의 분리 정도에 따라 대상을 고찰할 때 이 학문은 신학이라 불리는데, 이때에는 실체와 신과 천사가 자연학과 수학의 인식대상과 비교해서 가장 가지적인 것으로 취급된다.[55]

여기서 토마스는 신학 또는 신적인 학문에서의 가지적인 인식대상을 질료와의 종속의 정도에 따라 다시 두 가지로 구별한다. 그리고 이 구별이 습성상태로서의 철학과 신학을 가르는 중요한 구별이다. 먼저 실재적으로는 질료 안에 들어 있지만 질료에서 분리 가능한 것들이 있다. 실체, 질, 존재, 가능태, 현실태, 하나와 다수 같은 것이 여기에 해당한다. 다시

---

54. *In De Trin.*, q.5, a.1, co.3.
55. *In Met.*, prooemium.

말해, 이들은 "질료에서 분리될 수 있기 때문에 질료에서 분리되었다"고 말해진다. 이와는 달리 질료 안에 있지 않은 것들이 있는데 토마스는 신과 천사가 여기에 해당한다고 말한다. 즉 신과 천사는 "질료 안에 없기 때문에 질료에서 분리되었다"고 말한다.[56] 이처럼 토마스는 지성의 "분리작용"(separatio)을 재차 약한 분리와 강한 분리로 나눈 다음, 전자가 실체를 연구할 때의, 그리고 후자가 신과 천사를 연구할 때의 지성의 활동이라 이해한다. 다시 말해, 가장 가지적인 학문은 분리의 강도에 따라 둘로 나뉜다. 신학은 신과 천사처럼 질료에서 절대적으로 분리된 것을 연구한다는 점에서 실체를 연구하는 학문보다 더 가지적이며, 따라서 더 탁월하다.

3.2. 학문의 고유한 연구대상에 따른 구별

토마스가 수학하고 활동한 13세기의 중세인들은 아비첸나의 형이상학 전래와 아리스토텔레스의 학문 개념의 영향을 받아 각 학문의 정체성을 확립하는 작업에 많은 관심을 기울였다. 특히 아리스토텔레스가 『형이상학』 제12권에서 신을 다룬다는 점, 형이상학에 대한 아비첸나와 아베로에스의 해석, 『원인론』의 수용으로 말미암아 철학과 신학의 공통된 주제영역이 드러났다. 이 때문에 모든 세속학문 중에서 유독 형이상학의 정체성에 관한 문제가 철학자와 신학자 모두의 관심을 끌었다. 모든 학문은 제각기 하나의 유개념(subiectum genus)을 탐구한다는 점에서 서로 구별된다. 학문에서 고유하게 생성하는 지식들은 이 유개념을 서술하는 방식으로 나타난다. 토마스는 학문의 주제와도 같은 이 유개념을 각 학문의 고유한 연구대상으로 간주한다.[57] 예를 들어, 인간학의 연구대상이 인간이라면 인간

---

56. *In De Trin.*, q.5, a.1, co.3, "Quaedem vero speculabilia sunt quae non dependent a materia secundum esse, quia sine materia esse possunt, sive numquam sint in materia, sicut Deus et angelus, sive in quibusdam sint in materia et in quibusdam non, ut substantia, qualitas, ens, potentia, actus, unum et multa, et huiusmodi."
57. *In Anal. post.*, I, lect.41, "Dicit ergo primo quod scientia dicitur una, ex hoc quod est

에 대한 인간학의 고유한 학적 인식들은 "인간"을 주어로 하는 적절한 진술들의 집합이다. 앞 절에서 언급했던 원리에 따른 학문 구별, 지성의 습성 상태 구별은 인식 내용의 통일성에 근거한 "연구대상" 구별과 함께 통합적으로 학문의 정체성을 확립한다.[58]

토마스는 사물에 관한 지식은 사물의 원인을 알 때 비로소 완성된다고 한 아리스토텔레스의 이론을 그의 학문론에 적용한다.[59] 그래서 그는 모든 학문이 제각기 연구대상(subiectum genus)을 고찰할 뿐 아니라 연구대상의 원리(principia generis subiecti) 또는 원인도 다룬다고 주장한다. 연구대상에 관한 앎을 완성하는 "원리"에는 두 종류가 있다. 먼저 사물의 관념적인 원리 자체이며 오직 지성이 인식하는 관계 속에서의 원리이기만 할 뿐인 것이 있는데, 점과 선과 면과 형상과 질료와 같은 원리가 여기에 해당한다.[60] 이와는 달리 사물의 원리인 동시에 그 자신이 실재하는 사물이기도 한 원리가 있다. 예를 들어 원소나 천체는 자연적 사물의 원인인 한에서 자연학에서 다루어지지만, 자연철학의 다른 분과에서 독립적인 연구대상으로서 재차 탐구된다.[61]

토마스의 형이상학과 신학 구별은 이상과 같은 지식론적인 전제에서 이루어진다. 토마스는 형이상학을 존재하는 한에서의 존재자 자체(ens in-quantum ens), 그의 고유한 표현으로는 공통존재자(ens commune)를 "연구대상"으로 다루고 신과 천사 또는 지성체(intelligentia)와 같이 질료에서 분리

---

unius generis subiecti. Cuius ratio est, quia processus scientiae cuiuslibet est quasi quidam motus rationis ⋯Unde relinquitur quod cuiuslibet scientiae unitas secundum unitatem subiecti est attendenda ⋯quaecumque ex primis componuntur; ista scilicet sunt quorum unius generis una scientia est."

58. *ST*, I, q.1, a.7, resp., "Sic enim se habet subiectum ad scientiam, sicut obiectum ad potentiam vel habitum."
59. *In De Trin.*, q.5, a.4, resp.; *In Phys.*, I, lect.1, n.5.
60. *In De Trin.*, q.5, a.4, resp.
61. *In De Trin.*, q.5, a.4, resp.

된 실체를 "연구대상의 원인"으로 다루는 학문으로 정의한다.[62] 그런데 신과 천사 같은 분리실체는 공통존재자의 원인이면서 동시에 독립적인 실재이기도 하다. 그래서 이들을 고유한 연구대상으로 취급하여 연구하는 학문이 있기 마련인데 그런 학문이 바로 고유한 의미에서의 신학, 성경의 계시진리에 근거한 신학(theologia, quae in sacra scriptura traditur)이다. 하지만 다른 관점이기는 하나 형이상학도 나름대로 신을 탐구하기 때문에 토마스는 형이상학도 "신학", "신적인 학문"(scientia divina)이라는 이름으로 부르는 것이 정당하다고 본다. 그래서 토마스는 계시신학과 구별하기 위해 형이상학에 "철학적 신학"(theologia philosophica)이라는 명칭을 부여한다.[63]

아비첸나를 수용하며 다른 동시대인들처럼 토마스가 중요하게 여긴 학문 이론 중 하나는 어떠한 학문도 자기의 연구대상의 존재 사실을 증명하지 않는다는 규정이다.[64] 토마스는 이 규정에 부합하는 방식으로 아리스토텔레스의 형이상학을 이해함으로써 철학과 신학의 구별이 그의 학문론과 조화를 이루게 했다. 형이상학에서 신의 존재는 실체의 원인으로 증명됨으로써 지식이 되어야 한다. 그래서 토마스는 형이상학의 완성이자 정점이 신 인식에 있지만 그럼에도 신을 형이상학의 연구대상으로 설정하지 않음으로써 이 학문이 신을 취급하는 방식을 정당화한다. 형이상학의 연구대상은 존재자 자체다. 한편 토마스는 신학을 신 자체(deus) 또는 신 안에 들어 있거나 인식상 "신과 같이" 표상되는 "신적인 것들"(res divina)을 연구대상으로 취급하는 학문으로 이해한다. 이들은 신앙에 의해서 수용되는 원리들이므로 존재 사실을 증명할 필요가 없으며, 더욱이 계시사건에 대한 그리스도교적인 이해에 따르면 증명할 수 없다. 이처럼 토마스는

---

62. *In Met.*, prooemium.
63. *In De Trin.*, q.5, a.4, resp.
64. *In Phys.*, I, lect.1, n.4, "Nulla autem scientia probat suum subiectum."

형이상학과 신학에 제각기 실존 사실을 증명할 필요가 없는 것을 연구대상으로 부여하고, 마찬가지로 논증의 결과인 신 인식과 논증의 원리인 신 인식을 연구대상의 "무전제 원칙"에 따라 각 학문에 배정하여 두 학문을 형식적으로 적절하게 구별한다. 어차피 신학의 연구대상과 연구대상의 원인은 모두 신이 아닌 다른 것일 수가 없으므로, 토마스의 구별은 형이상학이 신학에 흡수되는 일을 방지하는 역할을 한다. 따라서 학문의 고유한 연구대상에 따른 구별로 말미암아 토마스에게서 형이상학은, 신을 탐구하는 두 번째의 자율적인 학문이다.

4. 철학적 지식과 신학적 지식의 차이

4.1. 피조물을 고찰하는 방식

모든 학문이 자기의 고유한 연구대상을 가진다고 말할 때 이는 연구대상이 아닌 것은 어떠한 의미에서도 일절 취급하지 않는다는 뜻이 아니다. 형이상학은 공통존재자에 본질적으로 속하는 여러 개념과 공통존재자를 원인으로 가지는 모든 것을 함께 다룬다. 계시신학도 자기의 고유한 연구대상인 신에 대해 인과관계에 있는 모든 것을 고찰한다. 그래서 신학은 신의 작용으로 나타나는 모든 존재자, 즉 피조물을 고찰하는데, 신학적 탐구에서 신과 피조물의 관계는 형이상학에서 실체와 우유의 관계와 동일하지 않다. 형이상학에서 우유와 생성과 소멸과 질료 등 실체가 아닌 것을 연구하는 이유는, 존재 자체를 연구한다는 목적에서, 고유한 연구대상인 실체를 연구하는 이유와 근본적으로 동일하다. 그러나 신학이 피조물을 고찰하는 이유는 오직 신을 이해하기 위해서다. 토마스는 두 가지 이유를 제시한다. 첫째, 피조물 안에 신과의 어떤 유사성이 결과로 존재하고 둘째, 피조물과 관련된 오류가 신적인 것에 관한 오류로 번지기 때문이다.[65] 그래서 토마스는 철학과 신학이 피조물을 고찰하는 방식에 따라서도 서로 구별된다고(alia ratione subiciuntur) 주장한다.

  토마스에 따르면 세속 학문(philosophia humana)은 피조물을 탐구할 때 피조물의 고유한 본성에 속하는 것을 고찰한다. 피조물의 본성을 구별하는 유개념의 다양성에 따라 철학은 여러 개의 분과학문을 가진다.[66] 이와는 달리 신앙을 전제로 탐구를 시작하는 신학자는 피조물을 취급할 때, 피조물이 신에게서 창조되었다는 측면에서 피조물이 신과 관계하는 것들을 고찰한다. 예를 들어 불을 불인 한에서가 아니라, 그것이 이를테면 정결하지 못한 모든 것을 태워버리는 하느님의 어떤 의로움을 표상한다든지 또는 올바른 마음이나 거룩함 등 어떤 방식으로든 하느님과 연결 짓는 한에서 고찰한다.[67] 따라서 신학자는 형태나 변화의 양식과 같은 사물의 여러 가지 자연-물리적인 특성들을 중요하게 다루지 않을 수도 있다. 하지만 토마스는 그렇다고 이것을 신학이 학문으로서 가지는 어떤 불완전함이라 탓해서는 안 된다고 주장한다. 기하학자와 자연철학자는 모두 선분을 고찰하지만 자연철학자는 기하학에서 주목하는 선분의 특성이 아니라 그것이 자연 물체의 경계라는 관점에서 선분에 덧붙여지는 것만 고찰한다.[68] 토마스의 해명에서 자연학이 신학에, 기하학이 철학에 각각 비유된다.

  철학과 신학이 설령 피조물에서 동일한 어떤 것을 공통적으로 고찰할지라도 철학적 탐구와 신학적 탐구는 탐구원리가 다르기 때문에 각각 구별된다. 철학자는 사물의 고유한 원리를 가지고 피조물에 관한 지식을 형성하지만 신학자는 하느님 자체에서 원리를 가져온다.[69] 물론 신학은 논증할 때 때때로 세속철학의 원리를 사용하기도 한다. 하지만 토마스에 따르면 이 또한 충분히 자립적이지 못하다 하여 신학을 비난할 이유가 되지

---

65. *ScG*, II, c.4.
66. *ScG*, II, c.4.
67. *ScG*, II, c.4.
68. *ScG*, II, c.4.
69. *ST*, I, q.1, a.2, resp., a.7, resp.; *ScG*, II, c.4; *In De Trin.*, q.2, a.2, resp.

못한다. 왜냐하면 철학도 형이상학적 원리나 인식의 제일원리를 규명할 때 다른 학문에서 산출한 원리를 이용하기 때문이다.[70]

그래서 철학은 철학의 정점인 형이상학에서 신을 발견함으로써 완성되므로, 철학이 피조물을 고찰하는 질서와 신학이 피조물을 고찰하는 질서는 서로 역대칭이다. 철학은 피조물을 먼저 고찰하고 마지막에 신을 다루지만, 신학은 인식의 원리가 신 안에 있으므로 먼저 신을 고찰하고 그다음에 피조물을 연구한다.[71] 그런데 신은 본질상 자기 자신을 먼저 인식하고, 자기를 자기가 창조한 만물의 원인으로서 인식하기 때문에, 자기 자신을 알 때 창조된 모든 것을 안다. 그래서 토마스는 신학이 피조물을 파악하는 인식의 질서가 하느님 자신의 인식 질서를 닮았기 때문에 신학이 철학보다 완전하다고 말한다.[72]

4.2. 신 인식의 차이

토마스에게 철학과 신학의 학문론적인 구별은 그가 철학을 특별히 아리스토텔레스의 형이상학으로서 수용한 데에 기인한다. 철학과 신학은 지성의 완전한 활동에 대한 개념을 공통적으로 가진다는 점에서는 서로 차이가 없다.

신은 존재하는 모든 것의 실재하는 원리다. 신은 존재하는 한에서의 만물의 기초(principium)일 뿐 아니라 목적이기도 하다. 특히 신은 인간의 행복(felicitas, beatitudo)이 실현되는 대상인데, 신의 본질을 인식하는 것이 인간의 최종 목적이기 때문이다. 신 본질의 온전한 관조는 내세에서만 가능하며 인간이 이 세상을 사는 동안에는 불완전하게 실현된다. 토마스에 따르면 철학에서 이루어지는 신 인식의 불완전한 위상은 아리스토텔레스

---

70. *ScG*, II, c.4
71. *ST*, I, q.1, a.7, resp.; *ScG*, II, c.4.
72. *ScG*, II, c.4; *In De Trin.*, q.2, a.2, resp.

도 말하고 있다. 인간이 이성적 본성에서 정당하게 욕구하는 대상으로서의 신은, 또는 최종 목적에 도달한 사유활동은 이 세상에서 성취되지 못한다.[73] 다시 말해, 토마스에 의하면, (아리스토텔레스의) 철학을 공부하는 사람은 인간 완성의 개념을 철학에서 파악하지만 그것을 정작 철학 안에서는 성취하지 못한다는 점을 깨닫는다는 것이다. 형이상학은 가장 자족적인 사변학문이다. 하지만 아무리 사변학문이라 해도 감각적 지각에서 기원하는 인식 원리를 사용하여 사유 활동을 전개할 수밖에 없다. 따라서 사변학문에서의 신 인식은 매개적인 앎이다.[74] 그런데 토마스에 의하면 신 인식이 직접적으로 일어나지 않는다는 점에서는 신학 역시 인간에게 완전한 행복을 선사하지 못한다.[75] 인식원리의 원천이 하느님이기는 하나 신학 또한 철학과 마찬가지로 결국에는 인간이 이 세상 삶을 사는 동안(in hac vita) 행하는 지성적 활동이기 때문이다. 인간 지성이 신체에서 완전히 분리될 수 없다면 관조활동의 행복은 완전할 수 없다. 이렇게 죽음 이후에 획득되는 지복직관에 대해 상대적으로 열등한 신 인식을 제공한다는 점에서 철학과 신학은 일치한다.

한편, 공통점 안에는 차이점이 있다. 앞 장에서 언급했던 철학과 신학의 학문론적인 차이를 상기하면 두 학문에서 성취되는 신 인식의 완성도를 구별할 수 있기 때문이다. 철학[=형이상학]과 신학이 각기 신을 취급하는 형식이 다르다는 사실은 두 학문에서 획득되는 지식의 성질 차이를 낳는다. 형이상학은 신을 공통존재자의 원인으로서 파악하고, 계시신학은 신을 신학이라는 학문의 고유한 연구대상으로서 취급한다. 공통존재자는 형이상학의 연구대상이므로 형이상학에서 신 인식의 본래적인 학적 가치

---

73. *In Ethic.*, X, lect.13, n.2126, "Humana enim natura non est per se sufficiens ad speculandum propter conditionem corporis…."
74. *ST*, I-II, q.3, a.6; *ScG*, III, c.39, c.41.
75. *ScG*, III, c.40.

는 형이상학의 고유한 연구과제를 완수하는 데에 있다. 그래서 형이상학에서 고찰하는 신의 내용은 신을 존재자의 원인으로서 찾아낸다는 사정에서 제한을 받는다. 첫째, 지성은 증명을 가지고 원인의 존재를 인지한다. 그래서 형이상학은 신이 존재한다는 사실을 안다. 둘째, 원인을 찾기 위해 형이상학이 사용하는 "인식분석"(resolutio)은 작용과 원인의 유비를 가지고 원인을 파악하는 방법, 존재 수용의 원리를 떼어내고 이 유비 관계에 의해 존재 수여의 원리만을 찾아 거슬러 올라가는 방법이다.[76] 그래서 형이상학은 신에게 도달하기 위해 채택한 피조물의 특징과 어떤 사변적인 관계를 설정함으로써만 신에 대한 내용을 구성할 수 있다. 예를 들어 토마스가 자주 인용하는 『형이상학』 제2권 제1장에서의 아리스토텔레스의 말처럼, 뜨거운 사물의 최종적인 원인은 뜨거움이라는 속성을 최대한으로 가진다. 형이상학은 대표적으로 존재(ens)와 통일성(unum), 진리(verum), 선(bonum)의 경우 위와 같은 방식으로 신에 대한 의미있는 진술을 산출한다.[77] 형이상학은 신을 존재자의 제일원인이라는 틀 안에서 고찰할 수밖에 없으므로 이 안에서의 모든 신 인식은 증명될 경우에만 유효하다.

이와는 달리 피조물의 다양한 속성에 의존하지 않고 신에 관한 어떤 사실들을 오직 신앙을 통해 받아들이는 경우가 있다. 신학은 신앙의 "방법"으로 승인한 원리에 근거하여 성부와 성자와 성령의 관계, 육화한 그리스도, 섭리와 구원역사, 부활과 심판 같은 내용들을 다룬다. 토마스는 인간이 신앙을 통해 신에 대해 갖게 되는 인식이 형이상학에서 증명을 통해 얻는 인식보다 훨씬 우월하다고 말한다.[78] 이 말은 "각 학문에서 연구대상

---

76. 토마스의 형이상학에서 "인식분석"의 기능성과, 이 방법으로 특징지어지는 한에서의 철학과 신학의 관계를 상세히 다룬 연구로 Aertsen(1988)을 참고.
77. 마찬가지로 "실체", "현실"(actus), "가지성"(intelligibilitas), "본질", "완전함", "사유"(intelligentia)처럼 형이상학에서 실체 분석에 사용하는 다양한 개념을 가지고 표현하는 신의 내용도 형이상학적인 신 인식에 속한다.
78. *ScG*, I, c.5; III, c.40.

의 원인이 연구대상보다 존재론적으로 우월하다"는 학문론적 관점에서는 해명되지 않는다. 토마스의 언명은 그보다는 어떤 학문에서 연구대상의 원인인 것이 상위의 학문에서 고유하고 직접적으로 취급된다는 관점에서 정당화된다. 앞 절에서 언급했다시피, 토마스는 학문의 "연구대상의 원리"를 두 가지로 구별함으로써 이 원리를 고찰하는 학문의 위계를 구성한다. 예를 들어 자연철학자는 운동하는 존재자를 탐구한 다음, 운동하는 한에서의 운동하는 존재자의 원인을 해명해야 한다. 그런데 월하세계의 운동의 원인은 천체이므로, 자연철학자는 천체를 연구함으로써 자연학의 과제를 완수한다. 여기서 형이상학과 신학의 관계가 자연학과 천체론의 관계와 같다. 천체는 천체론에서 더 깊이 있게 다루어지고 이승의 인간에게 신은 신학에서 더 깊이 있게 다루어진다.

참고문헌

강상진, 「서양 고중세의 인문정신과 인문학」, 『지식의 지평』, 한국학술협의회 엮음, 아카넷, 2007, 61-82쪽.
김율, 「13세기 이성의 자율성과 한계 의식」, 『대동철학』 61(2012), 99-125쪽.
_____, 「철학의 진리와 신앙의 진리」, 『중세철학』 17(2011), 272-325쪽.
박승찬, 「토마스 아퀴나스의 『신학대전』에 나타난 신앙과 이성: 제1부 제1문제 신학과 철학의 관계를 중심으로」, 『가톨릭 신학과 사상』 20(1999), 154-187쪽.
_____, 「형이상학의 대상에 대한 논쟁-철학적 신론 vs 보편적 존재론: 스콜라철학 융성기를 중심으로」, 『중세철학』 16(2010), 107-169쪽.
신창석, 「토마스 아퀴나스에 있어서 학문론의 철학적 근거: 추상과 분리」, 『중세철학』 1(1995), 199-203쪽.
아우구스티누스, 『그리스도교 교양』, 성염 역, 분도출판사, 2011.
이경재, 「이중진리론과 전제의 차이」, 『대동철학』, 61(2012), 147-168쪽.

이명곤, 「토마스 아퀴나스의 『신학대전』에서 '신학적인 것'과 '철학적인 것'의 구분과 통일성에 관한 고찰」, 『동서인문』 8(2017), 5-41쪽.

이상섭, 「보편학으로서의 '형이상학'과 '지성의 존재': 아리스토텔레스 형이상학의 대상규정을 둘러싼 논쟁의 한 사례」, 『중세철학』 9(2003), 107-141쪽.

이재경 · 정현석, 「거룩한 가르침(sacra doctrina)과 철학의 역할 - 토마스 아퀴나스의 삼위일체론 주해 제2문 제3절을 중심으로」, 『인격주의 생명윤리』 12(2022), 115-151쪽.

_____, 「물의 철학에서 신학의 포도주로 - 섞임과 바뀜에 대한 아퀴나스의 비유」, 『헤겔연구』 46(2019), 139-158쪽.

Aertsen, J., *Nature and Creature. Thomas Aquinas's Way of Thought*, Leiden: Brill, 1988.

Geiger, L.-B., "Abstraction et séparation d'après s.Thomas *In de Trinitate*, q.5, a.3", in *Revue des Sciences philosophiques et théologiques* 31(1947), pp.3-40.

Imbach, R., "§13. Thomas von Aquin", in *Grundriss der Geschichte der Philosophie. Die Philosophie des Mittelalters 4.1. 13. Jahrhundert*, eds. A. Brungs & V. Mudroch & P. Schulthess, Basel: Schwabe Verlag, 2017, pp.323-404.

Porro, P., *Thomas Aquinas. A historical and philosophical Profile*, trans. J.G. Trabbic & R.W. Nutt, Washington D.C.: The Catholic University of America Press, 2016.

Weisheipl, J., "The Meaning of Sacra doctrina in the Summa theologiae I, a.1", in *The Thomist* 38(1974), pp.49-80.

Zimmermann, A., *Ontologie oder Metaphysik?*, Leuven: Peeters, 1998.

03. 신의 속성

조동원 | 가톨릭대학교 성신교정

1. 서론

이 글은 성 토마스 아퀴나스가 제시하는 신의 속성을, 특히 그의 최고의 그리고 최후의 저작인 『신학대전』을 중심으로 다룬다. 『신학대전』 제1부는 신론(神論)과 창조론을 다루는데, "거룩한 학문"(sacra doctrina), 곧 신학(神學)의 가능성과 특징을 다루는 일종의 서론격인 제1문에 이어지는, 제2문부터 제43문까지는 신론에 해당한다. 후술하겠지만, 신은 최고로 단순하기에 신의 존재, 속성 혹은 본성, 작용(인식과 의지) 등은 실제로 구별되지 않는다. 그런 점에서는 신론에 해당하는 제2문부터 43문까지가 전부 '신의 속성'에 해당한다고 볼 수 있다.

하지만 본 글의 범위는 신의 단순성을 논증하는 제3문부터 신의 단일성을 논하는 제11문까지로 제한하겠다. 신론이라는 큰 주제로 묶인다고는 하나, 그 안에는 매우 다양하고도 심도 있는 내용들, 예컨대 신의 속성뿐 아니라 신에 대한 인식, 신의 이름, 신이 스스로 가지는 인식, 신의 영원한 이데아(형상), 참과 거짓, 신의 생명, 사랑, 정의와 자비, 신적 섭리와 예정, 신의 권능을 비롯하여, 그리스도교 신학에 있어 가장 오르기 어려운 산 중 하나인 삼위일체에 대한 논의까지 있다. 이 글이 일종의 개론적 소개의 성격을 갖고 있긴 하지만, 이 모든 주제를 담는 것은 물리적으로 불가능할 것이다. 그렇기에 이 글은 본격적으로 신의 속성을 논하는 『신학대전』 제3문부터, 신에 대한 인식을 논하는 제12문 전까지를 주요 범위로 삼되, 하나의 배경 혹은 전제로서 신의 존재를 논하는 제2문의 내용을 먼저 간략하게 소개할 것이다.

2. 신의 존재

흔히 '다섯 가지 길'(五道, quinque viae)로 불리는 토마스의 신 존재 증명은 후대에 그 유명세만큼이나 숱한 비판의 대상이 되곤 했다. 하지만 토마스 자신도 선대 학자들, 특히 안셀무스의 신 존재 증명에 대한 비판에서 시작하여 본인의 고유한 '길'을 찾아나간다.[1] 신 혹은 절대자에 대한 관념, 곧 "그보다 더 큰 것을 개념할 수 없는 어떤 것"(id quod maius significari non potest)에서 시작한 안셀무스와는 정반대로, 토마스는 경험세계, 곧 결과에서 출발하여 원인을 찾아 거슬러 올라간다.[2]

첫째 길은 운동변화에 근거한 논증이다. 토마스에 따르면 자기운동은 불가능하며, 운동변화하는 것은 다른 어떤 것에 의해 움직여진다. 그런데 이러한 운동변화의 능동적 작용과 피동(被動)의 계열은 무한히 소급될 수 없고, 첫 번째로 운동을 일으키는 존재가 있을 수밖에 없다. 만약 첫 번째 운동자가 없다면 그 이후의 운동도 있을 수 없고, 결과적으로 모든 운동변화가 불가능하기 때문이다.[3] 결국 첫 번째로 운동변화를 일으키지만 그

---

1. *ST*, I, q.2, aa.1-2.
2. *ST*, I, q.2, a.3.
3. 언뜻 이는 운동변화 작용-피동 계열이 무한히 소급될 수 없다는 전제를 일종의 순환논리로 되풀이한 것처럼 보이기도 한다. 만약 무한소급이 가능하다면, 곧 분명한 첫째 운동자가 없이 그야말로 밑도 끝도 없는 운동변화의 작용-피동의 무한한 연쇄가 가능하다면, 전제 자체가 부정되는 것이고 그에 따라 해당 논증도 간단하게 부인될 수 있다. 실제로 다른

자신은 움직여지지 않는 제일운동자(primum movens)가 존재할 수밖에 없고, 이를 우리는 신이라 부른다.

둘째 길은 원인(능동인 혹은 작용인, causa efficiens)과 결과의 계열에 따른 논증이다. 이 세상에서 우리는 다양한 종류의 원인과 결과의 사슬을 경험한다. 앞의 첫째 길과 유사하게, 토마스는 이 원인 결과의 사슬이 무한히 소급될 수 없고 제일원인이 존재해야 한다고 말한다. 그 제일원인을 우리는 신이라 부른다.

셋째 길은 우연적(contingens) 혹은 가능적(possibilis) 존재와 필연적(necessaris) 존재의 구분으로부터 취해진다. 우리가 세상에서 경험하는 모든 사물은 존재할 수도 있고 그렇지 않을 수도 있다. 즉 그들은 생멸(生滅)의 사슬 안에 놓여 있다. 하지만 그런 가능적 혹은 우연적 존재들이 존재하려면, 반드시 생멸을 넘어선 필연적 존재가 있어야 한다. 이 필연적 존재를 우리는 신이라 부른다.

넷째 길은 완전성의 단계(gradus)에 근거한다. 이 세상에서 경험되는 모든 종류의 완전성들, 예컨대 참됨(眞), 선함(善), 고귀함 등은 각기 그 완전성의 정도에 따라 서로 다른 단계 혹은 등급을 갖고 있고, 이때 각 완전성

곳에서 토마스는 우연적 운동변화의 사슬은 무한히 지속될 수 있다고 말한다. 즉 여기서 토마스가 겨냥하는 것은 '우연적' 운동변화의 사슬, 혹은 우연적 차원에서 이론적으로는 무한히 지속될 수 있는 운동변화의 계열이 아니다. 천사적 박사는 암묵적으로 아리스토텔레스가 제시하는 자연관, 곧 지상의 운동변화는 천상의 물체(천체)에 의해 일어나고, 천체의 움직임은 순수형상이자 순수사고인 부동의 원동자에 의해 일어난다는 관점을 전제하고 있다. 그렇다면 여기서 운동변화의 계열 혹은 사슬이라는 말을 '운동변화의 근거'라는 더 적절한 표현으로 바꿀 수 있겠다. 우리가 지상에서 흔히 경험하는 우연적 운동변화, 작용과 피동의 사슬은, 신이라 불리는 제일운동자를 찾아가기 위한 하나의 경험적 촉매제일 따름이다. 토마스에 따르면 모든 종류의 운동변화에서 자기 운동이란 불가능하고, 그렇다면 언제나 모든 운동변화는 그보다 앞선 근거를 전제로 한다. 그리고 이 근거를 거슬러 올라가면 반드시 제일근거 혹은 궁극적 근거에 도달하게 된다는 것이 토마스의 확신이다. 무한히 근거를 찾아갈 수 있다는 말은, 사실상 궁극적 근거가 없다는 의미가 될 수밖에 없고, 이 경우 결과적으로 모든 근거들이 무너지며, 따라서 우리가 경험하는 이 세계의 운동변화도 존재할 수 없다. 우리는 토마스의 다섯 길[五道] 모두를 우연적인 이 세상에 대한 형이상학적 근거지음으로 이해할 수 있다. 참조: 장욱(2003), 75-81쪽.

의 정도는, 최고의 완전성에 얼마나 닮아 있는지에 따라 결정된다. 따라서 우리는 최고로 참되고, 선하고, 고귀한 어떤 존재를 생각해볼 수 있으며, 이 존재야말로 모든 완전성의 원인이 된다고 이야기할 수 있다. 그 최고의 완전한 존재가 바로 신이다.[4]

다섯째 길은 이 세상의 목적론적 질서와 관련된 논증이다. 세상의 사물들은, 심지어 지성이 결여된 사물일지라도 어떤 특정한 목적을 향하여 움직인다. 그러므로 모든 사물에 목적과 질서를 부여하는 어떤 지성적 존재가 있어야 하며, 그 존재를 우리는 신이라 부른다.

3. 신의 속성: 부정의 길과 탁월의 길

신의 존재 증명(an sit) 이후에 토마스는 본격적으로 신의 속성(quid sit)에 대해 논한다. 제1부 제3문의 서론에서 토마스는 신에 대한 인간 인식의 근본적 한계를 지적한다.[5] 우리는 신이 무엇인지(quid sit) 알 수 없으며 단지 무엇이 아닌지(quid non sit) 알 수 있을 뿐이다.

다분히 부정신학적 색채를 띠고 있는 이 명제는, 그러나 신에 대해 우리가 어떠한 것도 알 수 없다거나 진술할 수 없다는 불가지론을 의미하지는 않는다.[6] 인간의 인식은 감각과 추론에 의지하여 이루어진다. 앞서 토마스는 순전히 그러한 감각 경험에 기반한 추론으로 세상 만물의 제일운동자, 제일원인, 필연적 존재, 최고의 완전성, 하나의 목적이 있음을 보였

---

4. 여기서 토마스의 논증에는 참됨, 선함, 고귀함 등의 완전성은 사실상 존재와 동일하다는 전제가 암묵적으로 들어가 있다. 존재야말로 모든 완전성의 실현이며, 완전성 중의 완전성이다. 이 명제는 신의 완전성에 대한 논증에서 다시 나타난다.
5. 신에 대한 인식과 진술에 대한 자세한 내용은 이 책의 제4장 「신에 대한 인식과 진술」을 참조하라.
6. 불가지론 혹은 극단적 형태의 부정신학은 토마스 자신에 의해 부정된다(*ST*, I, q.13, a.2). 다음을 참조하라. Anscombe & Geach(1973), p.117; Davies(1992), p.41; Stump(2003), pp.93-96.

으며, 이를 신이라 불렀다. 하지만 토마스는 그러한 개념이 신의 본질(quid est)을 온전히 드러낸다고 생각하지 않는다. 우리는 오직 신의 흔적 혹은 '발자국'(vestigium Dei)인 피조물에 대한 경험에서 출발하여, 잘 정제된 형이상학적 추론으로 가까스로 그의 존재를 알게 되었을 뿐, 그가 무엇인지 혹은 누구인지 아직 알지 못한다. 피조물을 통하여 거슬러 올라가는 방법을 통해 신의 존재를 알게 된 우리는, 인간 인식의 본원적 특성으로 인해 여전히 피조물을 통하여 신의 속성을 파악할 수밖에 없다. 그런데 신과 피조물은 다르며, 신은 피조물이 아니다(non est). 그러므로 우리는 신이 무엇인지 알 수 없고 다만 무엇이 아닌지(quid non est) 알 수 있을 따름이다.

토마스에 따르면, 모든 피조물은 물질적 부분, 혹은 질료와 형상, 혹은 존재와 본질의 합성으로 되어 있다. 하지만 신은 합성으로 되어 있지 않다. 여기서 신의 단순성이란 명제가 도출된다. 피조물에게 있어 '단순함'은 어떤 불완전함이나 부분성을 내포한다. 그러나 신은 단순하면서도 불완전하지 않다. 곧 신은 완전하다. 또한 피조물은 유한하고 변화하지만, 신은 무한하고 불변한다. 피조물은 수적으로 언제나 다수(多數)이지만 신은 유일하다. 즉 우리는 피조물의 속성을 분석함으로써, 이에 대한 부정을 통해(via negativa) 신의 속성에 대해 진술할 수 있다는 것이다.

그러나 토마스가 부정의 길에만 머물지는 않는다. 신은 피조물처럼 불완전하지 않기에 완전하다고 진술할 수도 있지만, 다른 한편 피조물의 근본적인 불완전성 속에서도 드러나는 나름의 완전성을 봄으로써 우리는 신이 모든 완전성의 완전성이라 말할 수 있다. 어떤 존재자의 완전성은 그것의 선성과 연결되어 있다. 따라서 우리는 피조물의 부분적이고 불완전한 선성을 통해 신의 완전한 선성을 이야기해볼 수 있다. 나아가 유한하고 우연적인 피조물의 존재(esse)를 통해 무한하고 필연적인 존재 자체(Esse Ipsum)를 생각해볼 수 있다. 이처럼 토마스는 부정의 길에서 출발하여 탁월의 길(via eminente)로 나아간다. 그리고 이 탁월의 길의 근간은 신과 피조물 사이의 관계이다. 신은 피조물과 다르고 전자는 후자를 아득히 초월하지만, 동시에 신은 창조주로서 피조물을 자신과 닮게 창조하였다. 그렇기에 우리는 피조물을 통해 신의 속성을 파악할 수 있다.

단 이 탁월의 길을 통해서도 온전히 신이 무엇인지 진술된다고 보기는 힘든데, 첫째로는 인간의 인식과 언어의 한계 때문이며, 둘째로 신과 피조물 사이의 닮음(analogia)은 그보다 더 큰 차이를 전제하기 때문이다. 예컨대 후술할 신의 선성(善性)은 피조물의 선성에서 출발하여 탁월의 길을 통해 진술된 것이지만, 신의 선함과 피조물의 선함은 비슷하면서도 여전히 다르다. 그런 점에서 여전히 이 진술은 신이 무엇인지에 대해서라기보다 무엇이 아닌지에 대한 진술에 가깝다.[7]

4. 신의 단순성

토마스가 가장 먼저 제시하는 신의 속성은 단순함(simplicitas)이다. 이미 언급한 바와 같이, 토마스가 신의 단순성을 논증하는 방식은 부정신학의 색채를 띤다. 즉 모든 명제는 신이 무엇이 아님의 형태로 제시되며, 토마스는 이를 통해 최종적으로 신은 단순하다는 명제를 끌어낸다. 또한 그는 앞에서 논증한 신의 존재에서 끌어낸 몇몇 개념, 특히 신이 모든 운동변화의 첫 원인이지만 그 자신은 운동변화하지 않는다는, 소위 부동의 원동자 개념을 일종의 기본 전제로 많이 사용한다.

우선 신은 물체(corpus)가 아니다. 물체는 끊임없이 운동변화하는데 신은 모든 운동변화의 제일운동자이지만 자신은 운동변화하지 않는다. 둘째, 운동변화하는 모든 물체는 (현실태로 이행될 수 있는) 가능태를 갖고 있

---

7. 탁월의 길을 통한 신에 대한 유비적 진술에 대해서는 이 책의 제4장 「신에 대한 인식과 진술」을 참조하라.

는데 첫 원인, 곧 부동의 원동자인 신에게는 가능태가 존재하지 않는다. 셋째, 신은 가장 고귀한 존재인데, 물체가 그렇게 가장 고귀한 존재가 될 수는 없다.[8]

다음으로 신은 질료와 형상의 합성이 아니며, 순수형상이다. 신 안에는 질료가 존재할 수 없다. 첫째, 질료는 형상에 대해 가능태로서 기능하는데, 신에게는 가능태가 없다. 둘째, 질료와 형상의 합성체의 선함(bonum)과 완전함(perfectum)은 그 형상에 있는데, 이때 형상이 갖는 선함은 질료가 형상에 참여하는 그만큼, 참여로서의 선함(bonum per participationem)일 뿐이다. 하지만 신은 참여로서의 선함이 아니라 그 본질 자체로 선함(bonum per essentiam)이다.[9] 셋째, 신은 모든 운동변화의 첫 능동인(causa efficiens)으로서 본질적으로 형상이다. 다시 말해, 신은 본질적으로 질료를 갖지 않는다.[10]

신은 자신의 본질(essentia) 혹은 본성(natura)과 동일하다. 질료와 형상의 합성으로 이루어진 존재자의 기체(suppositum) 혹은 질료에 의해 개별화된 개체는 그 본성과 동일시될 수 없다. 예를 들어 소크라테스의 본성은 인간인데, 그렇다고 소크라테스라는 개체가 (보편적) 인간 본성과 동일시될 수는 없다. 다만 인간 본성이 질료와 결합하여 소크라테스라는 개체로 실재하는 것이며, 소크라테스만이 가지고 있는 고유한 우유적 특징들, 예컨대 그의 피부색이나 키 등은 인간의 종적 본성, 곧 형상의 정의(definitio)에 포함될 수 없다. 이에 비해, 개체화의 원리인 질료를 갖지 않는 신은 형상만으로 존재하며, 그런 점에서 신과 신의 본성(형상)은 일치한다.[11]

다음으로, 토마스는 신의 단순성에 있어, 나아가 신의 속성 전체에 있

---

8. *ST*, I, q.3, a.1.
9. 사실 이는 『신학대전』에서 순서로만 보면 뒤에 나오는 명제이다. Cf. *ST*, I, q.6, a.3.
10. *ST*, I, q.3, a.2.
11. *ST*, I, q.3, a.3.

어 가장 중요한 원리를 제시한다. 신의 본질과 존재는 일치한다. 신 이외의 존재자(ens) 안에서 본질과 존재의 실제적 구분은 실재에 대한 성 토마스의 고유하면서도 가장 강력한 통찰 중 하나다. 신 외의 모든 존재자는 자기 안에 존재의 이유를 갖지 못한다. 본질, 즉 무엇임은 그저 현실화되지 못한 가능성(가능태)에 불과할 뿐, 그 자체로는 존재의 이유도 힘도 갖지 않는다. 토마스에 따르면, 본질이 아니라 존재야말로 존재론적으로 가장 먼저 있는 것일 뿐 아니라, 인식론적으로도 우리에게 가장 먼저 알려지는 것이다.[12] 현실적으로 가장 먼저 '있고' '알려지는' 존재는 그러나 본질에 의해 제한된다. 그리하여 존재는 '무엇임'이 되는 동시에 '다른 무엇이 아님'으로 제한된다. 그런데 신은, 그리고 오직 신만이 이 '무엇인 동시에 다른 무엇이 아님'의 제한을 받지 않는다. 신은 본질에 의해 제한받지 않는 존재 그 자체다. 혹은 다른 말로 신은 본질적으로 존재(esse per essentiam)이다. 다른 모든 존재(자)는 오직 존재 자체인 신에 참여함으로써 존재(esse per participationem)한다.[13]

여기서 다음과 같은 의문이 제기될 수 있다. 신 안에서는 '무엇이고 다른 무엇이 아님'이란 제한이 완전히 극복되는데, 다른 한편으로 신은 피조물이 아니다. 앞서 첫째 논변으로 소개된 '신은 물체가 아니다'라는 명제도, 같은 맥락에서 '무엇이 아님'의 제한을 말하는 듯 보인다. 앞서 제시했듯 토마스 본인이 신의 속성을 논하기 전에, 우리는 오직 신이 무엇이 아님만을 알 수 있다고 못박은 바 있다. 이에 대해서는 크게 두 가지 차원, 곧 인식론적 측면과 존재론적 측면으로 설명할 수 있다. 첫째, 인식론적 차원에서 신이 무엇이 아님에 대한 진술은 근본적으로 인간의 감각과 지성을 넘어서는 신적 본질(속성)에 대한 인간 인식의 한계에 기인한다. 둘

---

12. 참조: 장욱(2003), 48-92쪽.
13. *ST*, I, q.3, a.4.

째, 존재론적 차원에서 '신이 무엇이 아님'은 결과적으로 그의 완전함과 창조주임(피조물이 아님)에 대한 진술로 귀결되는데, 이에 대해서는 후술할 것이다. 다만 여기서는 존재의 차원에서 신은 제한이 없는 존재이고, 그 본질 자체가 존재라는 것, 그리하여 '무엇임'이든 '무엇이 아님'이든 어떤 것도 신의 존재 혹은 존재 현실력(actus essendi)을 제한할 수 없다는 점만 언급하고 넘어가겠다.

앞서 전개한 내용을 발판 삼아, 신은 어떤 유(genus)에도 속하지 않는다는 것이 자연스레 증명된다. 왜냐하면 신에게는 종차('무엇이 아님'의 제약)가 있을 수 없기 때문이다. 또한 신 안에는 우유(accidentia)도 있을 수 없다. 주체(subiectum)는 우유에 의해 현실화되는데, 이는 가능태에서 현실태로의 이행이다. 신에게는 가능태가 존재하지 않으므로 우유가 있을 수 없다. 또한 신은 존재 그 자체이며 존재의 충만이기에, 어떤 것도 신을 제한하거나 그에게 더해질 수 없다. 따라서 어떠한 우유도 신에게 덧붙여질 수 없다.[14]

앞의 논의들을 바탕으로 토마스는 신이 완전히, 절대적으로 단순하다고 말한다. 신은 물체가 아니기에 부분의 합성으로 존재하지 않는다. 질료와 형상의 합성도 아니다. 또한 신은 그 본성과 동일하며, 신의 기체(suppositum)는 그 본성과 다르지 않다. 신에게는 존재와 본질이 구별되지 않고, 존재함이 곧 신의 본질이다. 신은 유와 종차의 합성도 아니고, 주체와 우유의 합성도 아니다. 신은 그 어떤 합성도 존재하지 않으며, 그 점에서 신은 절대적으로 단순하다. 토마스는 이 최고도의 신적 단순성을 "신은 절대적 형상, 혹은 오히려 절대적 존재"라는 말로 표현한다.[15] 즉 신의 단순성은 질료의 제한을 받지 않는 신의 순수한 형상성, 혹은 더 적절하게

---

14. *ST*, I, q.3, aa.5-6.
15. *ST*, I, q.3, a.7.

는 본질의 제한을 받지 않은 신의 절대적으로 충만한 존재 현실력을 드러낸다.

5. 신의 완전성

일단 신의 존재를 인정한다면, 그가 완전하다는 명제는 어느 정도 쉽게 받아들일 수 있을 것이다. 다만 여기서 완전함(perfectio)의 의미가 무엇인지 물을 수 있다. 토마스는 고대 그리스 철학자들의 아르케에 대한 탐구를 상기하며, 그들은 아르케, 곧 제일원리(primum principium)에 가장 큰 정도의 완전성을 부여하지 않았다고 말한다.[16] 왜냐하면 그들은 질료적인 혹은 물질적인 어떤 것을 제일원리로 보았기 때문이다. 토마스에게 있어 질료란 순전히 가능성에 불과하며, 그런 점에서 가장 불완전하다. 오히려 물질적(질료적)이지 않는 신이야말로 제일원리, 제일 능동인으로서 가장 현실적이고, 따라서 가장 완전하다. 즉 토마스에게 있어 완전성은 현실성 혹은 현실력에 비례한다. 최고로 현실화된 것이 바로 최고로 완전한 것이다.[17]

신에 의해 창조된 피조물에게도 완전성은 존재한다.[18] 존재의 질서에서는 신의 완전성이 먼저 오지만 인식의 순서에서는 피조물의 완전성이 먼저 알려진다. 그런데 피조물에 적용되는 혹은 피조물로부터 인식되는 모든 종류의 완전성은 신 안에 가장 탁월한 방식으로 존재한다. 토마스는 이를 두 가지로 설명한다. 첫째는 원인 결과의 질서에서 그러하다. 아리스토텔레스에 따르면 결과의 완전성은 원인 안에 더 탁월한 방식으로 선재한다(praeexistere). 그러므로 제일원인인 신 안에는 그 결과인 피조물에서 발견되는 모든 종류의 완전성이 가장 탁월한 정도로 선재한다. 둘째, 신은

---

16. *ST*, I, q.4, a.1.
17. *ST*, I, q.4, a.1.
18. *ST*, I, q.4, a.2.

존재 그 자체이며 본질에 의해 제한 받지 않는 충만한 존재이다. 신에게는 어떠한 결핍도 존재하지 않는다. 피조물의 부분적이고 제한적인 완전성은 바로 그것이 지닌 제한적인 존재의 완전성이며, 따라서 피조물의 완전성은 신 안에 가장 충만하고 탁월한 방식으로, 그 어떤 결핍이나 제한 없이 존재한다. 그러므로 피조물의 완전성은 신의 완전성을 제한적으로 닮는다고 할 수 있는데, 이 닮음은 "어떤 유비에 따른 참여적 닮음"(participent similitudinem ···secundum aliqualem analogiam)이다.[19]

　신 안에 모든 피조물의 완전성이 더 탁월하게 제한없이 존재한다는 점에서 신은 본질, 즉 '무엇임'이나 '무엇이 아님'의 제한을 받지 않는다. 단, 앞서 보았듯 논리적으로는 신에게도 '무엇이 아님'이 진술된다. 예컨대 신은 질료나 물체가 아니다. 그러나 질료나 물체는 불완전하다. 즉 신이 질료나 물체가 아니라는 것, 혹은 다른 종류의 불완전한 이것이나 저것이 아니라는 것, 나아가 신이 피조물이 아니라는 것은 다음의 명제로 귀결된다. "신은 불완전하지 않다." 이는 신은 완전하다는 명제와 동등한 의미를 갖는 명제일 뿐, 신이 '무엇이 아님'의 제한을 받는다는 의미가 될 수 없다. 파르메니데스의 역설, 곧 존재에는 언제나 '있음(무엇임)'만 있을 뿐 '없음(무엇이 아님)'은 없고, 그리하여 존재는 불변하고 오직 하나일 뿐이라는 명제는, 토마스의 존재 철학 안에서 '가장 탁월한 완전성'이자 '존재 자체'인 신이라는 개념으로 극복된다. 신은 존재 자체이지만, 피조물 역시 그에 의존하고 참여함으로써 존재한다. 신은 모든 완전함의 완전성이지만, 피조물 역시 제한적이고 참여적인 의미에서 나름의 완전성을 소유한다. 이로써 존재의 일성(一性)과 다수성(多數性)이 함께 보존된다.[20]

---

19. *ST*, I, q.4, a.3.
20. 위펠에 따르면, 토마스는 존재(esse)의 유비성을 통해, 존재 자체인 신을 상정하기 앞서 이미 피조물 안에서 존재 혹은 존재자(ens)의 일(一)과 다수(多數)를 성공적으로 규명해 내고 있다(Wippel, 2000, pp.65-93). 신에 대한 언급을 최소로 제한하고 오직 창조된 혹은 제한된 존재만을 대상으로 하는 '순수 형이상학'의 토대 위에서 창조되지 않은 존재인

6. 신의 선성

토마스는 신의 선함을 논하기에 앞서 일반적인 의미에서의 선을 다룬다.[21] 아퀴나스의 존재 형이상학에서 존재는 가장 탁월한 완전성이고, 그런 점에서 실질적으로 선과 동일하다. 다만 선은 만물에 내재된 어떤 욕구, 특히 완전함을 향한 욕구와 상응한다는 점에서("ratio appetibilis") 개념적으로 존재와 구분될 뿐이다.[22]

이러한 선 개념에서 자연스레 신은 선하고, 가장 탁월한 선이며, 선 자체이고, 다른 모든 것은 신의 선에 참여함으로써 선하다는 결론이 도출된다. 그럼에도 『신학대전』 제1부 제6문에서 토마스는 이러한 간단한 논증 대신, 존재와 개념적으로 구분되는 선 자체의 의미, 곧 만물에게 욕구의 대상이 되는 완전성이란 정의를 기초로 하여 일일이 앞의 명제들을 도출한다.

우선 신은 선하고, 가장 탁월한 선이다. 세상만물은 운동변화를 통해 각기 나름의 완전성을 향해 나아가는데, 이 모든 완전성은 궁극적으로 순수한 현실태인 제일원인, 곧 신에 의해 실현된다. 왜냐하면 앞에서 보았듯 신 안에 모든 완전성이 가장 탁월한 형태로 존재하기 때문이다. 그러므로 신은 만물에게 욕구의 대상이 되는 완전성, 곧 선일 뿐만 아니라, 가장 탁

신으로 나아가는 위펠의 시도는 자못 흥미롭고, 감각경험의 대상이 되는 이 세상에서 출발하여 신의 존재와 속성을 파악하려는 토마스의 노선에 비출 때 정당하기까지 하지만, 『신학대전』에서 토마스는 위펠과는 정반대의 구조, 곧 '신학적' 체계를 취한다. 토마스는 먼저 존재 자체이자 모든 존재의 원천인 신에 대해 서술하고 그 토대 위에 창조된 존재에 관한 내용을 제시한다. 이런 구도 하에서 존재의 일성과 다수성은 창조주와 피조물 사이에 성립하는 유비 혹은 참여의 개념으로 간단히 해명된다.

21. *ST*, I, q.4, a.1.
22. *ST*, I, q.5. a.1. 토마스의 사상에서 욕구(appetitus)는 인간이나 생물에 국한되지 않은, 각자의 목적이나 완전성을 향해 움직이는 만물의 경향성을 의미한다. 이처럼 토마스는 아리스토텔레스의 목적론적 사고방식을 수용하고, 이를 창조주에 의한 세상 창조와 보존, 완성이라는 그리스도교의 관점과 조화시킨다.

월한 선이기도 하다. 다만 여기서 만물에게 욕구의 대상이 되는 신의 완전성이 피조물에게 동일한 방식으로(modo univoco) 실현되는 것은 아니다. 신의 완전성은 피조물의 그것과 다르게(modo equivoco), 그리고 가장 탁월한 방식으로(modo excellentissimo) 존재한다.²³

나아가 신은 본질적으로 선이며, 선 자체이다. 토마스는 어떤 것이 욕구하고 획득하는 완전성을 세 차원으로 구분한다. 첫째는 존재의 구성에서, 둘째는 그 완전한 작용을 위해 우유가 필요한지의 여부에 따라, 셋째는 다른 어떤 것에 도달함으로써 완전성이 획득되는지에 따라 우리는 그 완전성을 가늠할 수 있다. 존재는 완전성의 가장 핵심 원리로서, 오직 신만이 존재 자체이고, 그런 점에서 다른 사물이 욕구하는 선 그 자체이다. 또한 신적 작용은 신적 본질과 일치한다는 점에서, 신은 그 작용을 위해 어떤 종류의 우유도 필요로 하지 않는다. 곧 신은 다른 우유적 선을 욕구하지 않으며, 그런 점에서 선 자체이다. 마지막으로 신은 만물의 목적이기에, 다른 어떤 것에 도달할 필요가 없는, 선 자체이다.²⁴

그러므로 신만이 선 자체이다. 신은 다른 모든 선의 제일원리, 곧 능동인(causa efficiens), 범형인(causa exemplaris), 목적인(causa finalis)이다. 다시 말해, 신은 다른 모든 선을 일으키며, 모든 선의 모범이자 목적이다. 다만, 이렇게 선 자체에 참여함으로써 선한 피조물 역시 자신의 고유한 선을 가지고 있다 할 수 있는데, 피조물의 선성은 신의 선성과의 닮음에 그 근거가 있다.²⁵

---

23. *ST*, I, q.6. aa.1-2.
24. *ST*, I, q.6. a.3.
25. *ST*, I, q.6. a.4.

7. 신의 무한성

신은 무한하다. 몇몇 고대 그리스 철학자는 질료에 무한성을 부여하며, 특히 아낙시만드로스는 어떤 무한한 물체(aliquid corpus infinitum)를 제일원리로 파악했지만, 토마스는 이를 오류라고 잘라 말한다. 질료, 특히 제일 질료는 형상에 의해 규정지어지기 전에는 어떤 점에서 무한하다고 할 수 있지만, 형상을 수용하는 순간 제한된다(유한하게 된다). 형상 역시 그 자체로는 많은 개별자에 적용(공유)되지만, 질료와 결합하는 순간 특정한, 즉 유한한 개별자가 된다. 그런데 '무한한' 질료는 형상에 의해 더 완전해지는 동시에 유한해지는 데 비해, 형상은 질료와의 결합에 의해 더 완전하게 되지 않는다. 왜냐하면 형상은 그 자체로 완전성의 원리이고, 질료는 형상에 비해 불완전하기에 형상의 완전성에 어떠한 것도 더할 수 없기 때문이다.[26]

그러므로 질료에 의해 제한되지 않은 형상이야말로 완전한 의미에서의 무한성을 갖는다고 말할 수 있다. 그런데 존재야말로 형상 중의 형상이며, 가장 탁월한 의미에서의 형상이다.[27] 따라서 (본질에 의해) 제한받지 않는 존재인 신이야말로 무한하고 완전하다.

토마스는 신 외에도 특정 측면에서 무한성을 갖고 있는 것들을 말한다. 하나는 앞서 언급한 (제일)질료이고, 다른 하나는 순수형상인 천사이다. 그러나 질료는 불완전성의 원리라는 점에서, 천사는 본질에 의해 제한된 존재라는 점에서, 오직 상대적으로만 무한할 뿐이다. 인간과 천사의 지성적 능력도 이에 해당하는데, 지성의 능력, 곧 지성이 파악하려고 하는 대상의 범위는 사실상 무한할 수 있기에, 어떤 점에서 지성의 능력이 미치는

---

26. *ST*, I, q.7, a.1.
27. 참조: *ST*, I, q.7, a.1.

범위는 무한하다. 그러나 신과 달리 피조물은 그 무한한 것들을 온전히 파악할 수 없고 오직 제한된 지성적 능력 안에서만 파악할 수 있으므로, 피조물의 지성적 능력은 절대적으로 무한할 수 없다. 그러므로 오직 신만이 절대적이고 본질적으로 무한하며, 다른 모든 '무한함'은 특정 측면에서 상대적으로만 그러할 뿐이다.[28]

다른 한편으로 토마스는 유형한(물질적인) 사물의 무한성을 부인한다. 크기나 양에 있어서든 수에 있어서든 실제 물체는 무한할 수 없다. 다만 물체에 대한 수학적 개념 혹은 적용으로서의 무한은 인정한다. 예컨대 특정한 길이는 무한히 잘게 쪼개질 수 있다는 점에서, '무한한 쪼개짐'을 정당하게 이야기할 수 있다. 물론 이런 종류의 무한은 실재하지 않는 일종의 가상적 혹은 수리논리적 무한이므로 진정한 의미에서의 무한이라 할 수 없음은 불문가지다.[29]

8. 신의 편재성

사도 바오로는 저 유명한 아레오파고스 설교에서 다음과 같이 말한다. "우리는 하느님 안에서 살고 움직이며 존재합니다"(사도 17,28). 또한 시편에는 다음과 같은 말씀이 등장한다. "당신 얼을 피해 어디로 가겠습니까?

---

28. *ST*, I, q.7, a.2.
29. 현대 과학의 입장에서도 무한에 대한 토마스의 통찰은 참으로 흥미롭다. 실재하지 않아도 가상의 상황을 상정할 수 있는 수학에서는 무한의 개념을 자유자재로 사용하며, 이는 특히 칸토어(G. Cantor)에 의해 체계적으로 정리된 바 있다. 그러나 실재 혹은 '측정가능한 실재'를 다루는 과학에서는 무한을 다룰 수가 없는데, 무한이란 개념 자체가 바로 측정 불가능함을 포함하고 있기 때문이다. 여러 논란과 도전에도 불구하고 여전히 우주 생성과 진화의 표준 이론으로 간주되는 빅뱅 이론에서는 어쩔 수 없이 물질(에너지) 밀도가 무한대로 발산하는 지점(빅뱅 특이점)이 나타나는데, 이는 현대 과학이 봉착하고 있는 여러 난점 중 하나이다. 이를 설명하기 위한 몇몇 이론적 제안은 (다중우주와 거품우주, 가짜진공과 양자요동, 초끈이론 등) 아직 실험이나 관측으로 검증할 수 없어 매우 약한 단계의 가설에 머물 따름이다.

당신 얼굴 피해 어디로 달아나겠습니까? 제가 하늘로 올라가도 거기에 당신 계시고 저승에 잠자리를 펴도 거기에 또한 계십니다"(시편 139,7-8).

이처럼 성경에는 만물이 신 안에 있고, 또한 신은 만물 안에 있다는 신의 편재성이 나타나는데, 토마스는 이를 무엇보다 존재와 창조 개념으로 설명한다. 신은 만물 안에 있지만, 이는 범신론이 아니다. 즉 신은 그들의 한 부분이나 본질이나 우유로 있는 것이 아니라, 모든 존재자들을 창조함으로써 그 안에 현존하며 일한다. 신은 창조를 통해 만물에 존재를 부여할 뿐 아니라, 그것이 존재하는 한 그 존재를 지탱하고 보존한다. 그러므로 어떤 존재자가 존재하는 한, 그 안에는 그것의 존재 방식에 따라(secundum modum quo esse habet) 존재의 근원인 신이 현존한다. 존재야말로 모든 것의 가장 근원적인 원리이며 가장 탁월한 형상이라는 점에서, 신은 만물 안에 가장 깊숙이 현존한다.[30] 이는 아우구스티누스의 유명한 고백을 연상케 한다. "당신은 나의 가장 내밀한 마음보다 더 내게 가까이 계시나이다"(tu autem eras interior intimo meo).[31]

신은 모든 존재자의 가장 깊숙한 곳에 있으며, 모든 장소에 현존한다.[32] 신은 만물 안에 깊이 현존하는데, 공간도 신에 의해 창조되었기에 모든 공간 안에 신은 현존한다. 다만 신의 공간적 현존 혹은 편재성은 물체가 존재하는 방식과는 완전히 다르다. 특정 공간 안에 한 물체의 존재는 다른 물체의 존재를 배제할 수밖에 없지만, 신은 다른 물체들이나 존재자들을 배제하지 않는 방식으로 모든 공간을 채우며 그 안에 있는 존재자들에 존재를 불어넣는다.[33]

---

30. *ST*, I, q.8, a.1.
31. *Confess.* 3, 6, 11.
32. 사실 이러한 종류의 장소적 편재성이야말로 흔히 우리가 생각하는 편재성이며, 앞에서 모든 존재자 안에 그 자신보다 더 깊이 신이 계신다는 편재성 개념은 좀 더 생소하고도 심오한 개념이라 하겠다.
33. *ST*, I, q.8, a.2.

나아가 토마스는 신의 '편재적 작용과 인식'에 대해서도 말한다. 신은 만물과 모든 공간을 채우고 현존하며 존재의 근원이 될 뿐 아니라, 그 안에서 실제로 작용하고, 그 모두를 온전히 당신 안에 인식한다.[34] 신은 최고로 단순하기에 그 존재, 본질, 작용, 인식이 실제적으로 구별되지 않는다는 점에서 우리는 이를 자명하게 받아들일 수 있을 것이다.

여기서 앞서 우리가 제기했던 역설, 과연 신이 '무엇임'과 '무엇이 아님'의 제한을 받지 않느냐는 질문에 또 다른 측면에서 답할 수 있다. 신은 존재 그 자체로서, 모든 존재의 근원으로서 만물 안에 현존하므로, 사실상 "모든 것의 모든 것"이 된다. 이는 만물이 신이라는 범신론(汎神論)과는 다르며, 굳이 표현하자면 범재신론(汎在神論)에 가깝다 하겠다. 신은 만물 안에, 만물은 신 안에 존재하지만, 이는 세상만물과 신을 동일시하는 것이 아니며, 존재의 근원으로서의 창조주와 그에 대한 피조물의 의존을 가리키는 뜻으로 이해해야 할 것이다.

9. 신의 불변성과 영원성

신이 영원불변하다는 개념은 이미 성경과 교부들 안에서 숱하게 나타난다. 토마스는 불변성과 영원성을 구분하여, 신의 불변성을 먼저 아리스토텔레스의 현실태-가능태 개념을 통해 논증한다. 신에게는 가능태가 존재하지 않기에, 신은 변화할 수 없다. 또한 변화하는 모든 것은 합성되어(부분의 합, 질료와 형상의 합성, 존재와 본질의 결합) 있는데, 신에게는 어떠한 합성도 존재하지 않으므로 신은 불변한다. 셋째, (운동변화하는) 모든 것은 그 변화로써 어떤 새로운 완전성에 도달하게 된다. 그런데 신은 무한하고 신 안에 모든 종류의 완전성이 가장 탁월한 형태로 존재하기에, 신이 새

---

34. *ST*, I, q.8, a.3.

로이 도달하거나 획득할 완전성은 존재하지 않는다. 따라서 신은 불변한다.[35]

신 외에 다른 모든 존재는 근본적으로 불변성을 갖고 있지 못하는데, 이는 특히 창조와 보존이라는 측면에서 그렇다. 모든 피조물은 신의 의지에 의해 무(無)로부터 그 존재가 창조되었고, 신에 의해 그 존재가 보존되며, 신이 원하면 언제든 무(無)로 돌아갈 수 있다는 점에서, 신 외의 다른 모든 존재는 불변하지 않다.[36]

토마스는 신의 영원성을 신의 불변성에서 나오는 자명한 결과로 본다. 신은 불변하기에 당연히 영원할 뿐 아니라, 영원성 그 자체이다. 왜냐하면 신은 그 자신과 본질이 일치하는데, 신의 본질이 영원성이므로 신은 영원함 그 자체라 할 수 있다.[37]

한편, 토마스는 영원성(aeternitas)의 개념을 두 가지 차원에서 정의한다. 첫째, 영원이란 시작도 마침도 없는 것이다. 둘째, 시간이 일종의 '흘러감' 혹은 '이어짐'(successio)이라면, 그에 비해 영원은 (앞 순간과 그다음 순간이) 차례차례 이어짐이 아니라 온전히 동시에 존재하는 것(tota simul existens)이다.[38] 신은 존재의 시작도 마침도 없으며, 신에게는 모든 것이 온전히 동시에 혹은 '현재로서' 존재한다.[39] "그러므로 드높은 영원으로부터 모든

---

35. *ST*, I, q.9, a.1.
36. 다만 무로부터의 창조와 (존재의) 보존은 아리스토텔레스적인 운동변화로 간주될 수 없다. 토마스는 창조는 선재하는 가능태 없이('무로부터') 이루어지는 작용이므로 운동변화로 볼 수 없으며, 오직 능동(창조함)과 수동(창조됨)의 관계만이 남는다고 말한다(*ST*, I, q.45, a.3.).
37. *ST*, I, q.10, a.2.
38. *ST*, I, q.10, a.1.
39. 아퀴나스의 신적 영원성 개념을 어떻게 바라볼 것인가? 이에 대해 기존에는 토마스의 영원성 개념을 일종의 무시간성으로, 곧 신은 시간의 질서에 매이지 않으며 그것을 넘어 있다고 이해하는 견해가 지배적이었다. 하지만 이런 무시간성 이론은 성경에 나타나는 세상에 대한 신의 역동적 역사(役事)와 개입을 제대로 드러내지 못할 뿐 아니라 아퀴나스의 영원 개념과도 일치하지 않는다는 비판이 제기되었고, 그 대안으로 신은 영원히 지속한다거나('영속성') 모든 시간 안에 현존한다는('내재적 영원성') 개념이 제시되

것을 바라보고 있는 하느님은 언제나 시간의 경과 전체를, 그리고 시간 안에서 일어나는 모든 것을 현재적으로 응시하고 있다."[40]

영원성은 참으로 그리고 고유하게 신에게만 속한다. 그러나 어떤 점에서 일부 피조물은 신의 영원성에 참여하는데, 특히 천사들과 구원된 인간들이 그러하다.[41]

10. 신의 일성(一性)

하나(unum) 곧 일성(unitas)은 존재자에 어떤 새로운 것을 추가하지 않는다. '하나임'은 '나뉘지 않음'(negatio divisionis)을 의미하며, 따라서 하나는 나뉘지 않은 존재자(ens indivisum)를 의미한다. 그 점에서 존재와 일성(一性)은 동일하다.[42]

었다(Kneale, 1960; Pike, 1970; Wolterstorff, 1975; Davies, 1992). 이에 대해 스텀프(E. Stump)와 크레츠만(N. Kretzmann)은 두 입장을 절충한 '무시간적 지속'(atemporal duration) 혹은 영원과 시간의 동시성(ET-simultaneity) 개념을 제안하기도 하였지만(Stump & Kretzmann, 1981 & 1992; Stump, 2003), 이에 대해서도 역시 비판이 제기되었다(Fitzgerald, 1985; Leftow, 1991). 특히 피츠제럴드의 비판과 이에 대한 재비판은 다음을 참조함: 문선혜(2023). 필자가 보기에, 영속성은 영원성과 모순되지는 않지만 신적 영원성을 담기에 불충분한 개념인데, 후술하듯 이는 천사나 인간 영혼에게도 적용될 수 있기 때문이다. 한편, 데이비스(Davies)가 주장한 '내재적 영원성' 개념은, 신의 근본적 초월성을 드러내는 무시간성 개념과 양립불가능하지 않다. 시간은 근본적으로 피조물로서, 신은 피조물의 질서에 매이지 않는다. 그러나 동시에 신은 창조와 보존 작용을 통하여 피조물 안에 깊숙이 현존하며, 그런 점에서 매순간 신은 현존한다. 이는 신이 공간의 질서를 뛰어넘는 동시에 모든 공간 안에 현존한다는 것과 동일한 논리이다.

40. *De rationibus fidei*, 94(번역은 다음을 참조: 토마스 아퀴나스, 『신앙의 근거들』, 김율 역, 2005).
41. 토마스는 신의 영원성과, 이에 참여하는 혹은 그것을 불완전하게 닮은 천사들의 '유구함' 혹은 '영속함'(aevum)을 말한다(*ST*, I, q.10, a.5-6). 영원성이 시작도 끝도 없는 것이고, 이전과 이후가 없는 완전한 동시의 차원이라면, 영속성(aevum)은 시작은 있되 끝은 없고, 현세의 시간에서 이전과 이후로 측정될 수는 없지만, 그와 어느 정도는 연관되어 있다. 즉 천사나 (구원된) 인간이 누리는 영원한 생명은, 진정한 의미에서 오직 신에게만 유보된 영원성과는 다른 것이다. 토마스는 이를, 영속(aevum)은 영원과 시간의 사이에 있는 개념이라 설명한다.
42. 아리스토텔레스에 따르면 존재(ens), 일성(unum), 참됨(verum), 선성(bonum)은 어떠한

신은 존재 자체이다. 그러므로 신은 (단)일성 그 자체이고, 당연히 신은 수적으로 하나일 수밖에 없다. 하지만 『신학대전』에서 토마스는 이 간결한 증명 대신 다른 세 가지 논변을 제시하는데,[43] 이를 꼼꼼히 따라가다 보면 왜 천사적 박사가 존재와 일성의 실질적 동일함이라는 간결한 논증 대신에 조금 더 길고 복잡한 과정을 택했는지 밝혀진다.

첫째, 신은 단순하다. 신의 단순성은 여러 측면에서 설명할 수 있는데, 먼저 질료와 형상의 합성으로 이루어지지 않았다는 점을 들 수 있다. 소크라테스의 (종적 형상과 우유적 형상을 모두 포함하는) 개별적 형상과 그의 종적 형상, 곧 인간 본성이 동일시될 수 없듯 질료와 형상의 결합으로 이루어진 모든 존재자들은, 하나의 종적 형상(본질)이 개별자(개체) 안에 각기 특수한 방식으로 실현된 것이다. 질료 형상의 결합으로 이루어진 개체, 즉 개별적 존재자는 그 자체로는 하나이지만(一性) 본질, 곧 종적 형상이 다수에 의해 공유된다는 측면에서는 다수성을 갖는다. 이에 비해 신은 당신의 존재 자체가 그 본질이기에, 신은 오직 하나일 수밖에 없다.[44]

둘째는 신의 완전성의 무한함에 근거한 논증이다. 앞서(q.4 a.2) 언급했

유(genus) 혹은 범주(categoria)에도 포함되지 않는 초월주(transcendentales)이며, 서로 개념적으로만 구분될 뿐 실제적으로는 동일하다. 토마스는 아리스토텔레스의 초월주 개념을 수용하여 이를 신에게 가장 탁월한 방식으로 적용한다. 곧 신은 가장 충만한 존재 혹은 존재 자체이며, 단일성 자체, 참됨 자체, 선 그 자체이다. 초월주와 신의 속성에 대한 내용은 다음을 참조하라. Aertsen(1996), pp.360-415.

43. *ST*, I, q.11, a.3.
44. 개체가 각기 고유한 종적 형상(본질)을 갖는 천사의 경우에도, 어떤 점에선 하나의 본질이 오직 한 개체에 의해서만 구현된다는 점에서 오직 일성만 갖고 다수성을 갖지 않는다고 할 수 있다. 하지만 여기서 토마스의 논리의 핵심은 '단순성'에 있다. 각각의 천사는 순수형상이라는 점에서 단순하고 단일한 존재이지만, 스스로 존재하지 않는다는 점에서 존재와 본질이 같지 않기에, 신과 같은 정도의 단순성을 지니지 못한다. 만일 토마스의 의도가 단순성에서 단일성을 끌어내는 것이라면, 천사는 나름의 단일성을 지니긴 하지만, "한 분인 신"과 같은 수준의 일성을 갖지는 못한다는 결론이 충분히 정당화될 수 있다. 다만, 토마스가 『신학대전』의 해당 텍스트에서 질료와 형상의 결합이 아니라 존재와 본질의 실제적 구별에 따른 단순성으로 설명했다면, 조금 더 깔끔하고 이론(異論)의 여지가 없는 논증이 되지 않았을까 하는 아쉬움은 남는다.

듯 신은 자신 안에서 존재의 총체적 완전성을 인식한다(Deus in se totam perfectionem essendi). 그런데 만약 여러 신(神)이 있다면, 각각의 신은 다른 신과 어떤 점에서 구별되어야 한다. 즉 하나의 신 안에 존재하는 어떤 것이 다른 신에겐 존재하지 않을 수밖에 없다. 이는 하나의 진정한 결여(privatio)이며,[45] 이 경우 신이라 불리는 그 다수의 존재들은 자신 안에 존재의 총체적 완성을 지니거나 인식하지 못한다. 다시 말해 다신교적 구도 하에서 신이라 불리는 것들은 완전한 존재가 아니다. 만약 우리가 더할나위없이 완전하고 충만한 존재를 신이라 부른다면, 신은 오직 하나일 수밖에 없다. 토마스에 따르면, 다신교를 배경으로 갖고 있던 고대 철학자들도, 이러한 이성의 요구에 따라, 무한한 원리 혹은 최고 원리는 오직 하나일 수밖에 없다고 보았다.[46]

셋째는 세상 질서의 단일성에 근거한 목적론적 논증이다. 이는 신 존재 증명의 다섯 번째 길과 닮아 있다. 세상의 다양한 사물들은 어떤 하나의 질서에 의해서가 아니라면 서로 조화를 이룰 수 없다. 그리고 이 하나의 질서는 당연히 여러 근거 혹은 목적이 아니라, 하나에 의해 근거지어지고, 하나의 목적으로 수렴하게 되어 있다. 겉보기에는 다수의 사물이 다수의 질서에 의해 복잡하게 얽혀 있는 것처럼 보일지라도, 결국 그 다수는 하나의 어떤 것으로 수렴될 수밖에 없다는 것이 토마스의 견해이다. 왜냐하면 '다수(의 질서)'는 결국 그 뒤에 있는 '하나(의 질서)', 곧 제일원인이 우유적으로 실현된 것에 불과하기 때문이다. 결국 그 자체로 존재하는 것은 '하

---

45. 실제적으로는 결여가 아니지만 논리적으로는 '결여'로 볼 수 있는 것과 구분하기 위하여 '진정한 결여'라는 표현을 사용했다. 예컨대 신은 물체가 아니다, 질료와 형상의 결합이 아니다, 혹은 신은 악하지 않다, 무능하지 않다. …이러한 종류의 '결여'는 완전성의 결여가 아니라 불완전성의 결여이고, 따라서 진정한 의미에서의 결여가 아니라 단순히 논리적 혹은 언어적 표현으로서의 결여에 불과하다.
46. 십중팔구 토마스는 여기서 만물의 제일원리(arche)에 대한 고대 그리스 철학자들의 가르침을 언급하는 것으로 보인다.

나'일 수밖에 없고, '다수'는 그 하나에 의해 우유적으로, 그러나 동시에 어떤 하나의 질서와 조화 안에 존재할 따름이다.

신의 단일성에 대한 토마스의 논증에서 우리는 몇 가지 흥미로운 통찰과 사색거리를 발견할 수 있다. 첫째, 토마스는 질료와 형상이라는 아리스토텔레스의 용어를 사용하고 있지만, 아리스토텔레스 자신도 스승으로부터 물려받은 통찰, 곧 '눈에 보이는 것'(질료와 형상의 합성체)보다 '눈에 보이지 않는 것'(순수형상 혹은 이데아)이 더 참되고 근본적이라는 사고를 유다-그리스도교 전통과 접목한다. 성경, 특히 구약성경에서 지치지 않고 강조하는 것 중 하나가 바로 신의 불가시성이다. "주님께서 호렙 산 불 속에서 너희에게 말씀하시던 날, 너희는 어떤 형상도 보지 못하였으니 매우 조심하여, 남자의 모습이든 여자의 모습이든, 어떤 형상으로도 우상을 만들어 타락하지 않도록 하여라."(신명 4,15-16) 이때의 불가시성은 단순히 시각의 측면만이 아니라 모든 감각에 대한 초월성을 의미함은 불문가지다.

둘째, 이처럼 보이는 것보다 보이지 않는 것이 우위에 있는데, 그 최고봉에는 단 하나의 제일원리가 존재한다. 플라톤에 따르면 이는 선의 이데아이고, 아리스토텔레스 철학에서 이는 부동의 원동자로 제시된다. 토마스는 그의 철학적 신론에서 이를 어느 정도 수용하면서도, 질료 혹은 자연(physis)의 영원성을 넘어서지 못했던 그리스 철학을 뛰어넘는데, 그 주요 동력은 유다-그리스도교의 창조 사상과 이를 바탕으로 제시하는 그의 존재 현실력 개념이다. 질송에 따르면 플라톤과 아리스토텔레스는 형상(이데아)을 최고원리로 제시하되, 형상의 핵심을 사물의 본질에서 찾았다. 플라톤-아리스토텔레스 철학에서 사물의 완전성은 결국 본질로서의 형상에 있다. 하지만 토마스가 볼 때, 가장 최고의 원리는 본질적 형상이 아니라 존재 현실력(actus essendi)이며, 존재야말로 형상 중의 형상, 완전성 중의 완전성이다. 스스로 존재하는 그 무엇, 존재 자체인 그 무엇이야말로 제일원리이며 완전성의 최고 실현이다. 토마스는 "그 무엇"을 바로 인격적인 존재, 곧 성경의 신으로 제시한다. "나는 곧 있는 나다."(Ego sum qui sum. 탈출 3,15)[47] 그리고 이 "있는 나"는, 존재의 총체적 완성이란 측면에서 오직 한 분일 수밖에 없다.

셋째, 세상의 조화와 질서는 하나로 수렴된다는 토마스의 논증은, 엄격한 의미에서 전제들의 논리적 조합 혹은 귀결이라기보다 하나의 직관적 통찰로 보인다. 세상에서 발견되는 다수성과 우연성의 원인 역시 다수성과 우연성일 수 없다는 것이다. 이는 하나의 필연적인 원리가 그 뒤에 숨어 있지 않는 한, 이처럼 다수성과 우연성이 난무하는 세상이 그럼에도 불구하고 질서있고 조화롭게 유지되기 힘들다는 통찰이다. 세상을 움직이는 (하나 혹은 다수의) 근본원리에 대한 관심은 본래 철학자들의 전유물이었다. 하지만 철학의 품에서 자연과학이 탄생하고, 이 새로운 종류의 '학문'(scientia, science)이 수학 및 공학과 결합하여 단호하게 철학과 결별한 이후, 과학(science)이야말로 세상의 원리를 이해하고 설명하는 가장 믿을 만한 학문(scientia)으로 간주되어 왔다. 오늘날 자연과학은, 철저한 실용학문인 공학과의 결합으로 인한 외적 요인과 더불어 그 방법론 자체가 지닌 내적 역동성으로 극도로 세분화·전문화되었고, 그런 점에서 다수성과 우연성이 빚어내는 질서에 대한 탐구로 스스로를 제한하는 것처럼 보인다. 그러나 다른 한편으로 과학자들, 특히 물리학자들은 하나의 근본원리에 대한 관심을 한번도 놓아본 적이 없다. 대통일장 이론이나 초끈이론 등 세세한 시도들을 열거하지 않더라도, 세상에 질서와 조화를 부여하는 물리법칙의 단순성과 궁극적 일성에 대한 확신은 과학자들 사이에 언제나 있어 왔으며 앞으로도 그러할 것이다. 그 점에서 다수성과 우연성 뒤에 있는 단일성과 필연성에 대한 토마스의 확신은 유일신 사상을 정당화하고자 하는 그리스도교 중세의 '낡은' 유물만은 아닌 것이다.

---

47. 영향사적 측면에서 이는 정확히 아우구스티누스의 통찰을 계승하는 것이다.

11. 결론

지금까지 토마스가 제시하는 신의 속성을 특별히 『신학대전』을 중심으로 정리해 보았다. 신은 단순하고, 완전하며, 선하고, 무한하며, 무소부재하고, 영원불변하며, 유일하다. 굳이 표현하자면 이는 일종의 철학적 신론에 가깝다. 토마스는 아리스토텔레스 철학, 참여나 형상 개념과 같은 일부 플라톤 철학, 그리고 무엇보다 자신만의 독특하고 고유한 존재 현실력 개념을 통해 신의 속성을 논증하고 진술한다. 신은 존재 그 자체이다. 토마스의 사상 안에서 이 짧은 명제가 담고 있는 의미는 대단히 깊고 풍부하다. 존재는 그 자체로 완전하고 선하며 단일하다. 신은, 제한의 원리인 본질에 의해 '갇히지 않은' 무한한 존재 현실력으로서, 이 단순하고도 무한히 충만한 힘에 의해 창조라는 역사(役事)가 이루어졌고 현재도 이루어지고 있다. 신 외의 모든 존재는 오직 신의 존재에 참여함으로써, 혹은 신에 의해 그 존재가 지탱됨으로써 존재할 따름이고, 그런 점에서 신은 절대자로서 피조물을 무한히 초월하는 동시에 모든 피조물 깊숙이 현존한다. 신만이 존재 자체로서, 필연적 존재로서 영원불변하고, 다른 피조물은 생멸의 사슬에 놓여 있거나, 기껏해야 제한적이고 부분적인 형태로 신의 영원성에 참여할 따름이다.

물론 서론에서 언급했듯, 신의 속성에 대한 진술이 여기에서 그치는 것은 아니다. 신은 참되고 진리 그 자체이며, 사랑이고, 생명이며, 정의로우신 동시에 자비롭다. 나아가 신은 유일한 본체인 동시에 세 위격으로 존재한다. 곧 신 안에는 단일성과 다수성이 함께 있다.

신은 존재 그 자체일 뿐 아니라 위격(Persona)이라는 점, 그리고 자신 안에 단일성과 다수성(혹은 공동체성)을 함께 가지고 있다는 점은 철학적 신론을 뛰어넘어 그리스도교 계시로 주어진 바이다. 장욱이 지적하듯 "철학적 신의 규정은 그리스도교의 신의 속성들의 의미와 동일하지 않으며 그것에 못 미친다. 따라서 그리스도교의 계시에 비추어볼 때 철학적 신의 이해는 소극적이며 지엽적일 뿐이다."[48] 철학적 신론이라는 이름으로, 혹은 신의 속성이라는 주제로 제시한 이 글의 본론은 그렇기에 그리스도교에서 말하는 신의 '속성' 혹은 본질을 온전히 드러내지 못한다. 신의 '속성'을 어느 정도까지 이해하려면 신의 속성만이 아니라 작용까지 들여다보아야 하며, 나아가 위격에 대한 이해까지 도달해야 한다. 하지만 이 모든 노력에도 불구하고 토마스에 따르면 우리는 이 세상에서는 신의 본질을 그 자체로 알 수 없다. 신의 본질을 그 자체로 바라보고 아는 것은 내세에서 지복직관(visio Dei)을 통해서만 가능하다.[49]

그럼에도 토마스의 고유한 존재 현실력 개념을 신의 위격적 다수성 혹은 공동체성과 엮어 이해해 봄으로써, 신의 속성에 대한 토마스의 철학적 신론이 단순히 "소극적이고 지엽적인" 담론에만 그치지 않고, 계시를 통해 주어진 풍요로운 신론으로 나아가는 단초가 될 수 있다는 점을 보이는 것으로 이 글을 마무리하고자 한다.[50]

토마스에 따르면, 존재란 단순히 본질에 부가된 '있음'이 아니다. 오히려 존재야말로 존재론적으로 인식론적으로 가장 우위에 있는 것이며, 존재에서 모든 완전성과 힘이 흘러나온다. 그런데 신은 존재 자체인 동시에 위격이기도 하다. 정확히 말하면 성부, 성자, 성령의 세 위격으로, 세 위격 안에 있다. 일반적인 위격 혹은 인격(persona) 개념의 정의는 보에티우스에게서 유래한 "이성적 본성을 지닌 개별적 실체"(substantia individua rationalis

---

48. 장욱(2003), 81쪽.
49. *ST*, I, q.13, a.1. 이는 신의 속성을 논하며 제시했던 토마스의 대전제, 곧 우리는 신이 무엇인지(quid est) 알지 못한다는 명제와 일맥상통한다. 신이 무엇인지 아는, 곧 그의 속성 혹은 본성을 그 자체로 직관하는 것은 오직 내세에, 그것도 구원된 이들에게만 유보되어 있을 따름이다.
50. 이에 대해서는 주로 노리스 클라크의 통찰, 특히 그의 저서 『인격과 존재』(정현석 외 역)를 많이 참조하였다. 또한 Clarke(1994, 2007) 참조.

naturae)이다.[51] 토마스는 보에티우스의 이 정의를 수용하면서도, 이를 "더 탁월한 방식으로"(excellentiori modo) 신에게 적용한다.[52] 토마스는 신의 위격을 "자존적 관계" 혹은 "자존함으로서의 관계"(relatio ut subsistens)로 정의한다. 즉 신의 위격의 본질은 관계에 있는 것이다! 단, 이때의 "관계"는 아리스토텔레스의 아홉 가지 범주에 속하는 그러한 우유적 관계가 아니며 어디까지나 자존적인 관계이다. 신에게 있어서 삼위의 "관계"는 우유가 아니며, 오히려 신의 본성 혹은 본체(substantia)와 동일하다. 이를 철학적으로 풀이한다면 신은 본질적으로, 영원으로부터 영원까지, 관계이다. 그리하여 성부와 성자와 성령은 한 분 하느님이면서, 곧 본체와 본성으로 하나이면서도 위격, 곧 관계로서는 셋이다. 곧 신은 단순하고 단일하지만, 동시에 관계이고 공동체이다.

즉 신은 스스로 충만한 존재일 뿐 아니라, 그 존재를 온전히 '너'에게 내어주는 관계(위격)이기도 하다. 신의 존재 현실력은 무한히 충만하기에, 이를 온전히 '너'에게 내어주어도 그 충만성을 조금도 잃지 않는다. 이것이 바로 성부가 영원으로부터 성자를 낳았다는(generare) 것의 의미이며, 또한 성부와 성자가 성령을 발한다는(procedere 혹은 spirare) 말의 의미다.

그러므로 모든 완전성의 완전성인 존재 현실력은 위격성에서, 곧 완전히 일치를 이루는 관계성과 공동체성에서 그 신비로운 모습을 온전히 드러낸다. 그리고 피조물은, 특히 신과 닮게 창조된 인간은 그러한 존재 현실력의 충만에, 곧 삼위가 이루는 그 완전한 일치의 관계에 참여하도록 불리움 받았다. 그리하여 신론은 단지 신에 대한 추상적인 담론으로만 끝나지 않는다. 여기서 신론(theo-logia)은 인간학(anthropo-logia)이 된다.

---

51. *ST*, I, q.29, a.1.
52. *ST*, I, q.29, a.3.

참고문헌

문선혜, 『신의 영원성과 무시간적 지속』, 연세대학교 대학원, 2023.

장욱, 『토마스 아퀴나스의 철학』, 동과서, 2003.

클라크, 노리스(Clarke, W. Norris.), 『인격과 존재』, 정현석 외 역, 가톨릭대학교출판부, 2023.

토마스 아퀴나스, 『신앙의 근거들』, 김율 역, 철학과 현실사, 2005.

Anscombe, G.E.M. & Geach, P.T., *Three Philosophers*, Oxford: Basil Blackwell, 1961.

Aertsen, J.A., *Medieval Philosophy and the Transcendentals: The Case of Thomas Aquinas*, Leiden: E.J. Brill, 1996.

Brower, J.E., "Making Sense of Divine Simplicity", in *Faith and Philosophy* 25(2008), pp.3-30.

Clarke, W.N., *Explorations in Metaphysics*, Notre Dame: University of Notre Dame Press, 1994.

_____, *The Philosophical Appoach to God: A New Thomistic Perspective*, New York: Fordham University Press, 2007.

Davies, B., *The Thoughtof Thomas Aquinas*, Oxford: Clarendon Press, 1992.

Davies, B. & Stump, E.(eds.), *The Oxford Handbook of Aquinas*, Oxford: Oxford Univ. Press, 2012.

Fitzgerald, P., "Stump and Kretzmann on Time and Eternity", in *Journal of Philosophy* 82(1985), pp.260-269.

Freddoso, A.J., *The Existence and Nature of God*, Notre Dame: University of Notre Dame Press, 1983.

Garrigou-Lagrange, R., *De Deo Uno*, Paris: Desclée de Brouwer, 1938.

Kneale, W., "Time and Eternity in Theology", in *Proceedings of the Aristotelian Society* 61(1960), pp.87-108.

Kretzmann, N., *The Metaphysics of Theism*, Oxford: Clarendon Press, 1997.

Leftow, B., *Time and Eternity*, Ithaca, New York: Cornell University Press, 1991.

_____, "Divine Simplicity", in *Faith and Philosophy* 23(2006), pp.365-380.

Pike, N., *God and Timelessness*, New York: Schocken Books, 1970.

Stump, E., *Aquinas*, London: Routledge, 2003.

Stump, E. & Kretzmann, N., "Eternity", in *The Journal of Philosophy* 78(1981), pp.429-458.

_____, "Atemporal Duration: A Reply to Fitzgerald", in *The Journal of Philosophy* 84(1987), pp.214-219.

_____, "Eternity, Awareness, and Action", in *Faith and Philosophy* 9(1992), pp.463-482.

Weigel, P., *Aquinas on Simplicity: An Investigation into the Foundations of his Philosophical Theology*, Bern: Peter Lang, 2008.

Wippel, J.F., *The Metaphysical Thought of Thomas Aquinas: From Finite Being to Uncreated Being*, Washington D.C.: The Catholic University of America Press, 2000.

Wolterstorff, N., "God Everlasting", in *God and the Good*, eds. C.J. Orlebeke & L.B. Smedes, Grand Rapids, MI: Eerdmans, 1975, pp.181-203.

04. 신에 대한 인식과 진술

박승찬 | 가톨릭대학교

1. 들어가는 말

근대 이후에 자연과학이 급속도로 발전하면서 모든 대상을 과학적인 방식으로 검증하려는 경향이 널리 퍼져 있다. 이런 흐름에 따라 과학적으로 증명될 수 없는 신에 관한 이성적 인식은 물론 신의 존재 자체까지도 의문에 처해지게 되었다. 만일 한 종교가 믿고 있는 신의 존재가 전혀 인식될 수 없다면, 이를 기초로 쌓아올린 그 종교의 모든 교리 체계와 조직은 무너져 내리고 말 것이다. 이런 분위기 안에서 현대인이 신앙으로 도망가지 않고 신과 그 존재에 관해 이성적으로 인식할 수 있는 길이 남아 있는가? 설령 인간이 신을 인식한다고 하더라도, 절대자인 신에 대해 유한한 인간이 제대로 진술할 수 있는가 하는 문제가 이어서 나타난다. 20세기 들어 획기적으로 발전한 분석 철학의 영향을 받아 "인간은 도대체 종교적 차원에 대해서 진술할 수 있는가?" 하는 문제가 제기되었다.

가톨릭교회는 전통적으로 인간의 언어가 창조주의 절대성을 표현하기에는 부적합한 면을 지닌다는 사실을 의식하고 있었다.[1] 따라서 스콜라

---

1. 1215년에 열린 제4차 라테란 공의회(DS 806): "창조자와 피조물 사이에 큰 상이성을 지

철학 융성기의 완성자 토마스 아퀴나스는 이성과 신앙이 신에 관한 인식에서 고유한 역할을 할 수 있음을 밝혔다. 그렇다면 우리가 신에 관한 인식과 그에게 적합한 진술방식에 관해 현대의 거친 도전에 답변하기 위해 토마스로부터 배울 내용은 무엇일까?

2. 이성을 통한 인식과 계시를 통한 인식의 구별

인간이 신을 인식하는 다양한 방법에 대한 논의는 『신학대전』 제1부 제12문에서 본격적으로 다루어진다. 그렇지만 신을 인식하는 방법에 대한 중요한 정보가 『신학대전』의 처음부터 제공되고 있기 때문에 보다 광범위한 내용을 검토해볼 필요가 있다. 토마스는 『신학대전』의 첫 절에서 '철학적 학문분야들 외에 또 다른 가르침, 즉 신학이 필요한가?'(I, q.1, a.1)라는 질문을 던진다. 그는 이 질문에 대답하는 과정에서 신학이 필요함을 논변하면서 계시에 의해 신을 인식하는 방법과 인간의 이성만으로 신을 인식하는 방법을 구분한다. 우선 토마스는 인간의 구원을 위해 인간의 이성을 넘어서는 인식이 필요함을 강조한다. 인간은 이성의 한계를 넘어가는 초자연적 목적으로 운명지어져 있기 때문에, 인간이 자신의 생각과 행위를 그리로 향하게 할 수 있기 위해서는 반드시 이 목적이 '신의 계시를 통해' 알려졌어야 한다. 『신학대전』의 첫 절에서 간단히 다루어진 이유에 대해 토마스는 신앙에 대해서 논하는 구절에서 더욱 상세하게 이를 설명하고 있다.

> 인간은 이성을 넘어서는 것들뿐만 아니라, 이성을 통해 인식될 수 있는 것들까지도 신앙의 방식을 통해 받아들이는 일이 필연적이다. 이는 세 가지 이유

적하는 것보다 더 큰 유사성을 지적할 수 없다."

때문이다.

첫째, 인간이 신적 진리에 관한 인식에 더 빨리 도달하도록 하기 위함이다. 왜냐하면 '신이 존재한다' 그리고 신에 대한 이런 종류의 다른 것들을 논증하는 일에 속하는 지식은, 다른 많은 지식을 전제한 다음에, 인간들에게 마지막으로 배우도록 제안된다. 그래서 오직 자기 삶의 엄청난 시간을 보낸 후에 인간은 신에 대한 지식에 도달하게 될 것이다.

둘째, 신에 관한 지식이 더 공통적이 되기 위함이다. 실제로 많은 사람은 재주의 박약함 때문에, 혹은 시간적 삶의 다른 업무와 필요들 때문에, 심지어 배우는 데 무성의하기 때문에 지식에 관한 연구에서 진전을 이룰 수 없다. 신적인 것들이 신앙의 방식을 통해 그들에게 제안되지 않는다면, 그들은 전적으로 신에 대한 인식을 빼앗길 것이다.

셋째, 확실성 때문이다. 왜냐하면 인간 이성은 신적인 것들에 매우 부족하기 때문이다. 이에 관한 표징은, 철학자들이 인간적인 것들에 대한 자연적 탐구에 몰두하면서 많은 오류에 빠졌고, 자기 자체에서 상반되는 것들을 느꼈다는 점이다.

그러므로 신에 대해서 사람들에게 의심 없고 확실한 인식이 존재하기 위해서는, 신적인 것들이, 거짓말을 할 수 없는 신에 의해 언급된 것처럼, 신앙의 방식으로 그들에게 전달되어야만 했다.[2]

그러나 토마스는 철학자들이 순전히 이성적인 차원에서도 신을 최종 목적으로 삼고 있다는 사실도 주목한다.[3] 그런데 여기서 "그렇다면 도대체 인간은 자신의 완성에 도달할 수 있는가?"라는 질문이 떠오른다. 1277년에 단죄된 철학적 경향들은 이에 대해 기꺼이 그렇다고 답하겠지만[4] 토

---

2. *ST*, II-II, q.2, a.4.
3. *ScG*, I, c.4, "대부분의 철학적 사유는 신에 대한 인식을 지향하기 때문이다."
4. 1277년의 단죄와 그 영향에 대해서는 박승찬(2010), 133-137쪽; 이상섭(2023), 197-198쪽 참조.

마스에 따르면, 철학이 자연적으로 지니고 있는 수단은 제일원인의 본성을 인식하기에 충분하지 못하다. 그 목표는 문자 그대로 초자연적, 즉 인간 이성의 힘으로 도달할 수 없는 것이기 때문이다.[5] 우리는 '인간 이성으로 도달 가능한 진리들조차 신앙의 대상으로 계시되는 것이 필요하다'는 토마스의 주장이 인간 지성 자체의 불완전성보다는 많은 사람이 구원에 관한 지식에 도달해야 한다는 실제적 요구 때문이라는 점을 주목해야 한다. 토마스는 인간 지성이 원죄 이후에도 완전히 타락하지는 않았지만 현재의 상태에서는 나약하다는 것을 이론적으로 인정하고 있다.

우리의 논의에서는 우선 토마스가 인간 이성으로 탐구할 수 있는 부분과 인간 이성의 한계를 넘어서는 부분을, 그리고 이에 따라 철학적 지식과 신학적 지식을 구분한다는 사실이 중요하다.

> 인간 이성을 완전히 초월하는 진리들이 있는데, 신이 유일하면서 동시에 삼위일체라는 것이 그러하다. 다른 진리들은 자연적 이성으로도 단언할 수 있는데, 철학자들도 자연적 이성의 빛만으로 입증하는 신의 존재, 그분의 단일성과 그와 유사한 진리들이 그러하다.[6]

그런데 신앙이 일방적으로 이성에게 도움을 주는 것은 아니다. 토마스에 따르면 이성은 자신의 고유한 방법으로 신앙에게 세 가지 기여를 할 수 있다. "신앙의 전제들을 보여주는 것, 신앙의 진리들을 비유를 통하여 설명하는 것, 신앙을 거슬러 제기되는 반론들을 물리치는 것"[7]이 그것이다. 실제로 토마스는 이러한 이성의 기여를 신의 존재에 대한 논의에서 활

---

5. *ScG*, I, c.4, "인류가 오직 이성적인 길만으로 신에 대한 인식에 도달해야 한다면, 가장 짙은 무지의 어둠으로 단죄받고 말 것이다."
6. *ScG*, I, c.3.
7. *In De Trin.*, q.2, a.3. 이 구절에 대한 상세한 분석은 박승찬(2010), 271-272쪽; 이상섭(2023), 208-209쪽 참조.

용하고 있다.

3. 신의 존재와 속성에 관한 인식

3.1. 신에 관한 인식의 출발점으로서의 신 존재 증명

토마스의 유명한 신 존재 증명 "다섯 가지 길"(Quinque viae)은 『신학대전』의 첫 문제 바로 다음에 등장한다. 토마스는 이후에 등장하는 주제들을 철저하게 아리스토텔레스의 『분석론 후편』에 나오는 학문이론에 따라 논하고 있다. 아리스토텔레스에 따르면, 어떤 사물에 대해서 탐구할 때는 먼저 탐구되고 있는 대상이 '존재하는가?'(an est)를 물어야 한다. 그리고 나서야 비로소 그 대상이 '무엇인가?'(quid est)라는 '본질'에 대한 물음이 이루어진다. 토마스도 바로 아리스토텔레스의 학문이론에 따라 신 존재 증명을 신의 본질과 속성에 관해 묻기 전에 위치시키고 있다.[8] 그런데 토마스는 인간 이성만으로 신에 관해 인식하는 일이 얼마나 어려운지에 대해서 초기부터 자각하고 있었다.

> 그 존재가 질료에 매여 있지 않은 사물들은 그 자체로 최고로 자명하지만 우리에게는 인식되기 가장 어렵다. 그래서 철학자는, 우리의 지성은 본성상 최고도로 드러나 있는 사물들에 대해 마치 태양 빛을 보는 올빼미의 눈처럼 작용한다고 말한다.[9]

그럼에도 토마스는 여기서 일단 신앙적인 요소를 논증을 위해 활용하지 않는다. 오히려 그는 "현세에 살고 있는 우리의 조건에 따라 감각으로

---

8. *ST*, I, q.2, 서론.
9. *In Sent.* I, d.17, q.1, a.4.

부터 개념으로, 결과로부터 원인으로, 나중 것에서 먼저 것으로 가는 것"이 자연스럽기 때문에 자연 세계에서 발견되는 현상으로부터 출발한다. "다섯 가지 길"에 대해서는 토마스 사상 중에서 가장 많은 연구가 이루어졌고 대부분의 입문서에서도 상세히 다루기 때문에 그 개요만을 요약해 보겠다.[10] 잘 알려져 있듯이 토마스의 '다섯 가지 길'은 모두 우선 인간이 경험할 수 있는 세계에서 발견되는 어떠한 특정 현상(운동, 인과질서, 우연유, 완전성의 등급, 목적론적 질서)에서 출발한다. 이어서 개별 현상이 지닌 의존적이고 우연적인 특성을 묘사한다(움직여진 것은 다른 것에 의해서 움직여진다; 제이원인들은 제일원인에 의존한다; 우연유는 필연유에 의해서 존재를 받는다; 완전성의 단계는 최고 완전자에 의존한다; 목적론은 언제나 지성을 요구하는데, 일부 자연 사물들은 그것을 결하고 있다). 그런데 이와 같이 어떤 우연적 현상이 왜 일어나는가 하는 원인을 궁극적으로 설명하기 위해서는 이어지는 우연적 현상들만을 계속해서 나열하는 것만으로 충분하지 않다. 따라서 우연적인 현상의 존재를 완벽하게 이해할 수 있도록 만드는 설명은 그 출발점으로 '부동의 원동자', '제일원인', '절대 필연유', '최고 완전자' 및 '질서를 부여하는 최고 지성' 등을 밝히고 이와의 연관성을 설명할 때만 가능하다. 토마스는 모든 사람이 이런 존재들을 신이라고 부르거나 이해한다고 마무리한다.[11] 이렇게 '다섯 가지 길'은 자연 세계에 대한 관찰에서 출발하고 있지만, 형이상학에 속하는 최고 원인에까지 도달하고 있다. 신 존재 증명에 대해 논의하면서 많은 학자가 그 중요성을 강조하기 위해 토마스 사상의 집약체인 것처럼 과장했음에도 불구하고, 그 증명 자체만으로 이 자연 세계의 원인이 그리스도교에서 믿고 있는 신, 즉 삼위일체 신의 존재가 증명되었는지는 아직까지 의문이다. 오히려 여기서는 우

---

10. 토마스의 신 존재 증명에 대해서는 이재룡(2004), 7-43쪽; 박승찬(2019), 101-138쪽과 그곳에 제시된 참고문헌 참조.
11. *ST*, I, q.2, a.3.

주 전체의 창시자인 신을 그분이 자연 세계와 인과 관계를 맺고 있는 한에서 고찰하고 있다. 심지어 토마스의 설명만으로는 다섯 가지 원인들이 모두 동일한 단 하나의 실재로 수렴된다고 단정할 필요도 없다.

이러한 사실로부터 토마스가 신 존재 증명을 통해서 신학의 주제인 '그리스도교에서 믿고 있는 신'의 존재를 증명하려 했다는 사실이 부정되는 것은 아니다. 오히려 많은 토미스트가 시도했듯이, '다섯 가지 길'을 『신학대전』의 맥락에서부터 분리해 철학적으로 독립된 완결된 '증명'으로 간주하려는 태도는 처음부터 토마스의 의도를 충분히 파악하지 못하는 셈이다. 오히려 그는 『신학대전』 전체의 논의에 앞서서 이후에 밝혀질 신에 관한 방대한 논의의 출발점으로 신 존재 증명을 시도하고 있다. 그 자신은 이러한 작업을 아직 본격적인 신학이 시작되기 이전에 먼저 이루어져야 하는 일, 즉 현관(praeambula)이라고 부른다. 토마스는 단숨에 '그리스도교에서 믿고 있는 신이 존재한다'라는 사실을 이성의 힘만으로 완벽하게 증명하려 시도하지 않고, 『신학대전』 제3부에서 완성될 신앙대상으로서의 신에 관한 내용을 담을 수 있는 틀로서의 신개념이 타당한지를 검토하고 있다. 이런 측면에서 '다섯 가지 길'은 그 자체만으로 아직 불완전한, 앞으로 더 명확히 밝혀져야 할 신 인식만을 제공할 뿐이다.

3.2. 신의 본질 인식 불가능성과 속성에 대한 인식

토마스는 계속해서 아리스토텔레스의 제안에 따라 신이 무엇인지 탐구하지만 여기서 근본적인 어려움에 부딪힌다. 우리는 이 지상에서 사는 동안 신이 무엇인지를 알 수 없기 때문이다.[12] 토마스는 우리의 인식이 원칙적으로 감각적인 경험에 매여 있고, 시공간적인 사물을 인식의 자연스러운 대상으로 삼고 있다는 점을 강조했다. 그리고 인간은 감각 사물들이 존재

---

12. Cf. *ST*, I, q.12, a.11; I, q.13, a.1.

하고 있는 방식을 통해서야 초감성적인 대상에 도달할 수 있다.[13] 감각적 표징에 매여 있는 우리는 신을 이 지상에서 사는 동안 본질적으로 직관할 수 없다. '영광의 빛'(lumen gloriae)에 의해 신이 자신을 아는 것처럼 신의 본질을 파악하는 일은 '천국'에 가서야 도달할 수 있다.[14] 따라서 토마스에게는 인간이 물체적인 사물의 본성을 통해서 신의 본질을 이해할 수 없다는 것이 아주 명백한 사실이다.

그러나 그는 신의 본질을 직관하지는 못할지라도 신에 대해 알 수 있는 다른 가능성을 찾아나선다. 토마스는 '무엇인가'라는 물음에 아무런 답을 할 수 없다면 그 대상이 '존재하는가'라고 묻는 일도 불가능한 것처럼 보인다는 점을 잘 알고 있기 때문이다.[15] 따라서 토마스는 신의 본질은 아니더라도 그에게 고유한 속성들은 무엇이 있는지를 하나하나 검토하는 방법을 택한다. 그는 『신학대전』 제1부 제3문부터 제11문까지 이어지는 매우 긴 통찰을 통해서 단순성, 완전성, 무한성, 편재, 불변성, 영원성, 단일성, 진리, 선성, 아름다움 등을 신의 속성이라고 규정한다.[16]

3.3. 신을 인식하는 세 단계 방법

토마스는 신 존재 증명부터 신의 속성에 대한 인식 과정을 요약하면서 구체적으로 세 단계의 인식 방법을 제시한다: "신은 이 세상에서 그 본질을 통해 우리한테 보여질 수는 없지만, 근원과의 관계를 따라 피조물로부터의 탁월성과 제거의 방법으로 우리에게 인식될 수 있다."[17] "우리는 피조물로부터 신을 인식한다"는 명제는 그가 종종 주장하고 있는 "피조물은

---

13. Cf. *De veritate*, q.9, a.4, ad4.
14. Cf. *ST*, I, q.12, a.2.
15. *In De Trin.*, q.1, a.2, ad1, "신과 다른 비물질적 실체들에 대하여 '그것이 무엇인지를' 동시에 알지 않는다면 우리는 '그것이 있음을' 알 수 없을 것이다."
16. 이에 대해서는 이 책의 제3장 「신의 속성」을 참조.
17. *ST*, I, q.13, a.1.

신을 제시한다"(creaturae repraesentant Deum)[18]라는 신학적이고 형이상학적인 주장을 전제하고 있다. 세 단계의 인식 방법 그 각각의 의미를 좀 더 자세히 살펴보자.

3.3.1. 원인성을 통한 방법(per modum causalitatis)

토마스는 우리가 피조물들로부터 신의 존재를 알 수 있다고 주장했는데, 이는 결과가 원인에 관련되듯이 피조물이 신과 관련되기 때문이라는 것이다.

> 그런데 결과는 원인에 종속되는 것이기 때문에 우리는 감각적인 것들에서 신에 대해, 그가 존재하는지의 인식에까지 인도될 수 있는 것이다. 또한 신은 그한테서 원인되어 온 모든 것을 초월하는 모든 것의 제일원인(prima omnium causa)이므로, 신에게 필연적으로 적합한 모든 것을 그에 대해 인식하게끔 우리가 인도될 수 있는 것이다.[19]

요약하자면 우리는 먼저 피조물이 신으로부터 받은 완전성들을 결과로서 알게 되고, 이것을 통해서 원인으로서의 신에 관한 인식에 이르게 된다.

3.3.2. 제거 또는 부정의 방법(per modum remotionis vel negationis)

신이 절대적으로 완전하기 때문에, 우리는 피조물들에서 발견되는 불완전성을 모두 신으로부터 배제할 수 있다. 그러므로 우리는 신과 피조물의 차이를, 즉 신이 다른 것에 의해서 창조된 사물들 중에 하나가 아니라는 사실을 인식할 수 있다. 이 내용은 종종 우리가 신에 대해 '그가 무엇이 아니다'라는 사실만을 알고 있다고 표현되었다. 토마스가 앞서 신에 관해 고

---

18. *ST*, I, q.13, a.2.
19. *ST*, I, q.12, a.12.

찰하면서 얻었던 단순성, 무한성, 영원성 등과 같은 속성도 주로 '신이 어떻게 존재하지 않는지'에 대한 성찰을 통해 도달했던 것이다.

그러나 우리는 토마스에게 있어서 신의 인식과 관련된 모든 부정이 항상 절대적인 부정이 아니라 언제나 제한된 부정이라는 사실을 주목해야 한다. 모든 부정은 하나의 긍정을 전제하고 있기 때문에,[20] 한편으로는 항상 어디로부터 그 부정이 취해졌는가를 주목해야만 한다. 다른 한편으로 각각의 부정이 연속적으로 이루어질 때, 보다 많은 내용이 신에 대해서 타당한 근거를 바탕으로 부정됨으로써 신을 점점 더 완전하게 알 수 있다. 그래서 이 방법은 신에 관한 인식방법의 하나일 수 있다.[21] 그러나 우리는 이 인식방법을 통해서 신을 단지 수렴적으로 도달할 수 있을 뿐이지 결코 완벽하게 파악할 수 없다는 사실을 기억해야 한다.

3.3.3. 탁월성의 방법(per modum excellentiae)

더 나아가 우리는 신에게 속한다고 인식되는 완전성이 우리가 인식한 것보다 훨씬 더 높고 넓은 방식으로 신에게 속한다는 것을 항상 주목해야만 한다. 토마스는 종종 이것을 일의적 원인과 다의적(또는 유비적) 원인들 사이에 존재하고 있는 차이를 통해서 설명한다.[22] 그의 설명에 따르면, "신은 단적이며 보편적 의미의 완전자로서 피조물들의 모든 완전성을 자체 안에 미리 갖고 있는 것이다."[23] 특히 계시 진리는 이를 더욱 분명하게 만들어준다: "인간에게 이성을 넘어서는 신에 대한 진리들이 제시된다면, 그에게서 신은 참으로 그에 대해 생각할 수 있는 모든 것보다 우위에 있다는 확신이 강화된다."[24] 이런 탁월성은 단순히 그 완전성의 정도가 점차적

---

20. Cf. *De potentia*, q.7, a.5.
21. Cf. *ScG*, I, c.14.
22. *De potentia*, q.7, a.5, c&ad8.
23. *ST*, I, q.13, aa.2-5.
24. *ScG*, I, c.5.

으로 상승하는 것이나 피조물에게 없던 다른 요소들이 신에게 추가되는 것으로 이해될 것이 아니라, '질적인 비약'으로서 이해되어야만 한다. 이렇게 이해될 때만 신에 관한 오해를 피할 수 있고, 신은 절대적으로 완전하면서 본질적으로 무한할 수 있다. 토마스에 따르면, 신은 인간이 그분에 대해 생각할 수 있는 모든 것을 능가하신다는 것을 믿을 때만 우리는 참으로 신을 알 수 있다.

4. 계시를 통한 신의 특별한 인식

4.1. 성경, 예언, 황홀, 기적 등을 통한 신에 관한 인식
앞에서 본 바와 같이 토마스는 종종 신앙과 이성이 서로 다른 인식 절차라는 점을 강조했다. 이를 분명히 하기 위해 그는 신으로부터 부여되는 은총의 빛(lumen gratiae)과 인간 본성에 속하는 지성의 빛(lumen intellectus)을 구분했다.[25] 이를 토대로 토마스는 은총의 빛을 통해서 신적인 일들에 대한 아주 높은 경지의 인식을 가질 수 있음을 강조했다. 인간 지성의 자연적 빛에 은총의 빛이 부여됨으로써 더욱 강화될 수 있기 때문이다. 예언자들이 본 환상이나 예수가 세례 때 들은 음성처럼, 인간의 상상력 안에 신이 부여한 표상들은 우리가 감각적 사물들로부터 받는 표상들보다 더욱 강력해서 신적인 일들을 표현하기에 더 적합하다.[26]

4.1.1. 신 인식의 근거로서의 성경
은총의 빛을 통해 신에 대한 특별한 계시가 내려지는 곳은 토마스에게도 물론 성경이다. 『신학대전』의 명성에 가려서 주목받지 못하고 있지만, 토

---

25. *ST*, I-II, q.109, a.1.
26. Cf. *ST*, I, q.12, a.13.

마스는 『황금사슬』이라는 4복음서 주해서를 비롯해 방대한 분량의 성경 주해를 남겼다. 토마스는 그리스도교의 오랜 전통에 따라 성경이 자구적 의미 외에도 우의적 의미, 도덕적 의미, 신비적 의미라는 네 가지 의미를 갖고 있다는 사실을 인정했다. 그러나 피오레의 요아킴에서 극단에 이른 우의적 해석의 주창자들에 맞서, 토마스는 자구적 혹은 역사적 의미는 영적이거나 우의적인 의미의 토대이자 전제라고 역설했다.[27] 이렇게 토마스는 성경에서 사용된 단어들의 의미가 다수일 수 있다고 인정했다. 그는 그 다수의 의미 중 가장 적합한 의미를 찾는 해석 작업에서 이성의 역할을 강조했으며 철학적 성찰에서 얻은 진리들을 소중히 여기는 가운데 그 작업을 수행했다.

4.1.2. 예언, 황홀, 기적

토마스는 성경 중에서도 특히 예언자들이 특별한 은총의 빛을 통해 신을 인식하게 된 것에 대해 관심을 가졌다. 그에 따르면, 예언자들이 다른 사람들의 교화를 위해 신으로부터 자신들에게 계시된 것들을 선포하는 한에서 예언은 진술과 관련이 있다. 그러나 예언자들은 인간적 인식에서 벗어나는 것들을 인식하기 때문에 예언의 본질적 요소는 지적 요소이다. 그런데 예언자의 인식은 인간이 지닌 본성적인 인식능력을 초월하며 미래에 일어날 사건들과 같이 신이 아니면 그 누구에게도 알려질 수 없는 것을 그 지성이 보게 해주는 특별한 신적인 빛을 통해 이루어진다.[28]

또한 토마스는 '무아지경'(extasis)이라는 특수한 현상에서 감각과 이성을 넘어서서 신과 일치하고 친교를 이룰 수 있는 가능성을 발견했다.[29] 더 나아가 그는 인간이 감각 가능한 것들에 대한 인식을 통해 신적인 것들을

---

27. *ST*, I, q.1, a.10, ad1.
28. *ST*, II-II, q.171, aa.1-3.
29. *ST*, I-II, q.28, a.3.

향하는 것은 자연스러운 일이지만, 감각들이 작용하지 않고 신적인 것들로 들어올려지는 '황홀'(raptus) 같은 현상이 일어날 수 있음도 인정했다.[30] 더욱이 토마스는 '기적'(miraculum)을 통해 신앙을 강화하는 '초자연적인 인식'에 도달할 수 있음에 주목했다.[31]

4.1.3. 관상생활

토마스는 『신학대전』에서 '관상생활'(vita contemplativa)의 고유한 가치를 강조한다. 물론 우리는 가시적 사물들로부터 눈에 보이지 않는 것들을 인식하기 때문에, 현세의 삶에서 신에 대한 관상은 신의 본질을 직관하는 데에는 이르지 못한다. 그럼에도 완전한 관상은 영혼의 모든 작용들을 진리의 관상에만 모아들임으로써, 또는 외부적인 감각적 사물로부터 지성적 사물로 올라감으로써, 또는 천상의 빛에 기초하여 추론함으로써 특별한 인식에 도달할 수 있다. 토마스는 관상생활이야말로 영혼의 최고 작용이고, 신의 사랑에 뿌리를 두고 있기 때문에 가장 즐거운 인식이라고 칭송했다.[32]

4.2. 신에 대한 완전한 파악 불가능성

인간이 신을 인식하는 문제에 대하여 토마스는 신의 인식 가능성을 강조하는 '긍정신학'과 그 인식 불가능성을 강조하거나 아예 침묵의 신학으로 이르는 '부정신학' 사이에서 두드러지게 변증법적인 태도를 취한다. 한편으로는 인간이 신의 존재를 알 수 있을 뿐만 아니라 부분적으로는 그분의 본성과 속성들도 알 수 있다고 주장한다. 그럼에도 신의 무한한 완전성들은 언제나 '거울을 통해 흐릿하게'(1 코린 13,12) 인간의 정신에 나타난다.

---

30. *ST*, II-II, q.175, a.1.
31. *ST*, II-II, q.178, a.1.
32. *ST*, II-II, q.180, aa.4-7.

그것은 수많은 작은 조각들로 나뉘어 단편적이기 때문이기도 하고, 우리의 파악 능력이 유한하고 제약이 있기 때문이기도 하다. 그러나 그의 입장은 극단적인 불가지론으로부터는 구별되어야 한다.

> 신은 우리 지성의 모든 형상을 초월하여 우리의 지성을 벗어나지만, 어떤 가지적 형상들을 통하여 알 수 없을 정도까지는 아니다.[33]

그럼에도 신에 대한 우리 인식의 마지막 단계는 그분을 알지 못함을 아는 데에 있다고 강조한다.

> 우리의 인식 끝에 이르러 우리는 신을 알려지지 않은 분으로 알게 되고 우리의 정신은 신의 본질이, 우리 정신이 현생의 상태에서 파악할 수 있는 것을 넘어선다는 것을 아는 바로 그 순간에 가장 완전하게 신에 대한 인식을 통찰한다.[34]

이렇게 우리는 마지막에 신이 무엇인지는 그분에 대해 우리가 파악할 수 있는 모든 것을 넘어선다는 것을 알게 되는 것이다.

5. 신에 대해 진술하는 세 가지 길

토마스의 신론에서 특별한 위치를 차지하고 있는 『신학대전』 제1부의 제13문, '신의 명칭에 대하여'는 신 인식을 다루는 제12문과 긴밀하게 연결되어 있다. 토마스는 그 이유를 첫 절부터 명쾌하게 밝히고 있다.

---

33. *De potentia*, q.7, a.5, ad13.
34. *In De Trin.*, q.1, a.2, ad1.

어떤 것이 우리에게 지성적으로 인식되느냐에 따라 그렇게 우리한테서 이름 붙여질 수 있다. 그러나 위에서 이미 제시된 바와 같이, 신은 이 세상에서 그 본질을 통해 우리한테 보여질 수는 없지만, 근원과의 관계를 따라 피조물로부터의 탁월성과 제거의 방법으로 우리에게 인식될 수 있다. 그러므로 신은 피조물에 근거하여 우리한테서 명명될 수 있다.[35]

여기서 토마스는 "말은 관념의 표시이며 관념은 사물의 유사(類似)다"라고 요약될 수 있는 아리스토텔레스의 표징이론을 전제하고 있다. 그는 신 체험의 놀라운 신비 앞에서 인간의 일상 언어를 무시하는 방향이 아니라, 아리스토텔레스의 이론을 바탕으로 인간 언어의 고유함과 제한성 안에서 신에 대해 진술할 수 있는 방도를 찾고 있다.

토마스에게 신에 관한 인식방식과 진술방식, 양자가 서로 매우 밀접한 관계에 있다는 것은 확실하다. 따라서 그는 원인의 방법·제거의 방법·탁월성의 방법이라는 세 가지 인식방식을 토대로 신에 관해 진술하는 세 가지 길(triplex via), 즉 긍정의 길, 부정의 길, 초월의 길을 제시한다.[36] 그렇지만 진술의 세 가지 길은 앞의 인식방식들과 완전히 일치하는 것이 아니라, 전자가 후자를 전제하고 있다. 더욱이 세 가지 길을 설명하는 곳에서 토마스는 당대에 급속히 발전하던 언어철학에 대한 여러 가지 통찰을 사용한다.

토마스가 사용하고 있는 여러 개념 중에서도 특히 '의미된 사물'(res significata), '명칭의 의미(내용)'(ratio nominis), 그리고 '의미의 양태'(modus significandi) 등은 중요하다. 매우 복잡한 형성과정을 거친 세 개념을 간략히 요약하자면, '의미된 사물'은 한 단어가 지칭하는 대상이나 그 대상을

---

35. *ST*, I, q.13, a.1.
36. 이 세 가지 길은 위(僞)디오니스우스의 『신명론』에서 명시적인 형태로 등장하나 이미 초대 교부들의 사상에 그 뿌리를 두고 있다.

지성이 포착함으로써 형성된 관념을 뜻하고, '명칭의 의미'는 그렇게 형성된 관념을 지시하기 위해 공동체의 약속에 의해 단어에 부여된 근본적인 의미를, '의미의 양태'란 단어의 문법적인 형태로 표현된 인간 인식의 다양한 측면들을 뜻한다.[37]

토마스가 『신학대전』에서도 전제하고 있는 위-디오니시우스의 세 가지 진술 방식에 관해서 『권능론』에서는 '지혜'라는 단어를 예로 들어 명쾌하게 요약한다.

> 그러므로 디오니시우스의 학설에 따르면 이 명칭들은 신에 대해서 세 가지 방식으로 기술된다. 1) 우리가 '신은 지혜롭다'라고 말할 때처럼 긍정적인 방식으로 기술된다. 신으로부터 흘러나오는 지혜의 유사성이 자신 안에 존재하기 때문에 사람들은 이렇게 말해야만 한다. 2) 하지만 신 안에는 우리가 인식하고 명명하는 것과 같은 그런 지혜는 존재하지 않는다. 따라서 사람들이 '신은 지혜롭지 않다'라고 말할 때처럼 이 명칭은 참으로 부정될 수 있다. 3) 지혜가 신에 대해 부정되는 것은 그에게 지혜가 부족하기 때문이 아니라, 지혜가 신 안에는 [일반적으로] 이해되고 기술되는 것보다 월등히 탁월한 방식으로 존재하기 때문이다. 따라서 사람들은 '신은 초-지혜이다'라고 말해야 한다. 그래서 디오니시우스는 '신은 지혜롭다'라는 문장을 설명하는 이 세 가지 진술방식을 통해서 어떻게 이런 명칭들이 신에게 부여되는지를 완벽하게 이해될 수 있게 해준다.[38]

이 세 가지 진술방식에는 교회의 전통 속에서 발견된 신 진술에 대한 지혜가 축약되어 있고, 또한 토마스가 이를 당대의 발전된 언어철학을 통해서 심화시키기 때문에 각각의 단계를 주목할 필요가 있다.

---

37. 세 개념의 자세한 설명은 박승찬(2011), 255-306쪽 참조.
38. *De potentia*, q.7, a.5, ad2.

5.1. 긍정의 길

맨 처음에 언급되는 긍정의 길은 세 길 중에서 가장 기초가 되는 출발점이다. 이 길은 피조물과 창조주의 유사성 및 그 모방의 불완전성을 전제하고 있다. 즉 신은 절대적 표준인 까닭에, 피조물은 신을 '불완전하게' 닮았을 뿐이다. 피조물이 신과 완전한 유사점을 가질 수 없다는 사실은 신에 대해 말할 때 언제나 주의해야 하는 또 하나의 중요한 전제이다.[39] 그런데 이 방식은 다른 두 방식과 달리 일상적인 언어 사용방식과 유사하기 때문에 특별히 주목할 필요가 없어 보인다.

5.2. 부정의 길

긍정의 길과는 대조적으로 두 번째 부정의 길에 대해서는 역사적으로 학자들 사이에 많은 의견 차이가 있었다. 토마스 자신도 이 길을 인정하면서도, 그는 이 길을 지나치게 강조하는 학자들의 의견을 반박하고 있다. 스콜라철학 융성기에도 다마스케누스 등의 권위에 의거해서 신에게 사용되는 모든 명칭이 비록 "신에 대해 긍정적으로 말해진다 할지라도 오히려 신 안에 어떤 것을 부과하기보다는 신에게서 어떤 것을 제거하는 것이라고"(I, q.13, a.2) 주장하는 사람들이 있었다.[40] 사실 이 견해들은 오랫동안 그리스도교 사상에, 즉 소위 '부정신학'(theologia negativa)이라 불리던 것을 좀 더 날카롭게 주장하고 있을 뿐이다. 그러나 토마스는 이런 의견을 명백히 거부한다.

토마스가 반대하는 이유는 우선 신에 대해 '말하는 사람들의 의도'(intentio loquentium)에 반대되기 때문이다.[41] 더 나아가 이런 주장들은 왜 어떤 명칭들이 다른 명칭들보다 신에게 더 적합하게 사용될 수 있는지 그 이

---

39. Cf. *ST*, I, q.4, a.3.
40. Cf. *ST*, I, q.13, a.2.
41. Ibid.

유를 제시해줄 수 없다.

이것은 신에 대해서 어떤 것은 인정하기도 하고 어떤 것은 배제하기도 하는 성인들과 예언자들의 입장을 거스르는 것이다. 왜냐하면 이들은 '신이 살아 있다 내지 지혜롭다' 등의 진술은 인정하고, '신은 물체다 내지 변화의 기체가 되는 것이다'라는 표현 같은 것은 배제하기 때문이다.[42]

여기서 토마스가 신에 대해 진술하기 위해 사용된 기존의 '언어 사용습관'(usus loquendi)을 존중하는 태도가 드러난다. 그러므로 그는 단순하게 일상적인 언어 사용습관을 저급한 것으로 판단하는 것이 아니라, 모든 수단을 동원해서 이 언어 사용방식을 보존하고 이해될 수 있게 만들려 한다. 또한 토마스에 의하면 모든 부정은 긍정을 근거로 증명되기 때문에 부정을 행하는 정신 작용은 적어도 어떤 한 긍정에 근거를 두고 있다.[43] 부정의 길은 이렇게 긍정의 길에 종속되지만 그것이 하는 고유한 역할 중의 하나는 피조물이 신을 불완전하게 묘사하고 있기 때문에 우리가 사용하는 모든 명칭에는 결함이 있다는 점을 자각시키는 것이다.

그런데 토마스가 이 부정의 길을 특히 '의미의 양태'에 제한해서 사용하고 있다는 점을 주목해야 한다.[44] 그는 '모든 명칭은 [단어가 지닌] 의미의 차원에서 신에게 적용되기에 불충분하다'라는 문장을 '의미의 양태'에만 제한하고 있다. "의미의 양태에 관한 한, 모든 명칭은 결함을 지니고 있다."[45] 인간의 불완전한 '인식의 양태'에 종속되는 '의미의 양태' 때문에, 모든 명칭은 신에게 사용될 때 결함을 지니게 되고, 신에 대해서 부정될

---

42. *De potentia*, q.7, a.5.
43. Ibid.
44. Cf. *De potentia*, q.7, a.5; I, q.41, a.1, ad3.
45. *ScG*, I, c.30; 참조: 박승찬(1999), 191쪽.

수 있다.[46]

5.3. 초월의 길과 신의 형언 불가능성(ineffabilitas)

그런데 이 부정의 길에는 '의미 양태'의 배제를 능가하는 형이상학적인 근거가 포함되어 있다. 이미 언급한 바 있는 "지혜가 신에 대해 부정되는 것은 그에게 지혜가 부족하기 때문이 아니라, 지혜가 신 안에는 [일반적으로] 이해되고 기술되는 것보다 탁월한 방식으로 존재하기 때문이다"[47]라는 구절은 바로 이 근거를 제시한다. 즉 인간의 언어가 신에 대해 말하고자 하는 모든 것을 신은 절대적으로 초월하기 때문에, 인간이 사용하는 모든 명칭은 그에게 부적합한 것이다. 토마스가 판단하기에 이 초월의 길이야말로 인간 언어의 가능성에 가장 잘 부합하는 것이다. 우리가 부과하는 이름들은 실상 사물들을 우리가 이해하는 고유한 방식에 따라 지칭하는데, 신의 존재는 이러한 방식을 전적으로 초월하기 때문이다. 부정의 길과 초월의 길을 통해 토마스는 우리의 언어적 표현과 신의 지고한 실재를 갈라놓는 '무한한 질적 차이'를 강조한다. 이 차이는 종종 신에 관한 '형언 불가능성'이라고 불리기도 했다.

5.4. 세 가지 길의 역동성

그런데 '초월의 길'이 지닌 참다운 의미는 '세 가지 진술방식'이 그 자체로 어떻게 연관되어 있는가를 밝혀주는 데 있다. 우선 긍정의 길과 부정의 길이 완전히 분리되어 있는 것은 아니라는 점을 주목해야 한다. 두 진술방식은 유기체적인 단일성을 구성한다. 몬딘은 이 단일성을 자전거의 두 바퀴에 비유하면서, 두 진술방식의 한 면만을 강조할 때 생길 수 있는 위험에

---

46. *ST*, I, q.13, a.12, ad1.
47. *De potentia*, q.7, a.5, ad2.

대해서 경고한다. "긍정적인 길만이 단독으로 사용될 때 신인동형설, 우상숭배, 독성죄에 빠질 수 있다. 부정적인 길만이 단독으로 사용될 때는 불가지론과 무신론으로 인도된다."[48] 따라서 세 번째 초월의 길은 다른 두 길의 기초 위에 건설되는 상부구조에 지나지 않는 것이 아니라 긍정과 부정이 수행될 수 있도록 해주는 근원적인 토대 역할을 하고 있다.

6. 신에 관한 명칭의 유비적 사용

6.1. 일의성과 다의성을 배제한 유비적 사용

토마스는 신에 대한 진술에 관해 다루는 『신학대전』 제1부 제13문을 시작하는 절들에서 앞서 언급한 세 가지 길에서 얻은 성찰을 적극적으로 활용하고 있다. 신에 대해 명칭을 부과하는 것은 사람들이 신을 피조물로부터 인식할 수 있기 때문에 가능하다. 그럼에도 인간에게 알려진 피조물의 완전성으로부터 취해진 모든 명칭은 피할 수 없이 결함을 지니고 있다(제1절). 계속해서 이 신에 대한 명칭 사용의 원칙적인 가능성과 피할 수 없는 결함을 상세하게 설명한 후, 어떤 명칭들은 신 자신을 의미할 수 있음을 밝힌다(제2절). 더 나아가 어떤 명칭들은 '의미의 양태'의 측면에서가 아니라, '의미된 사물'의 관점에서 신에 대해 고유한 의미로 사용될 수 있다(제3절). 그러나 의미된 사물이 일치되더라도 그 사용된 명칭들이 무조건 '동의어'가 되는 것은 아니다. 왜냐하면 명칭의 질서는 사물의 질서로부터 구별되어야만 하기 때문이다(제4절). 여기까지 신에 관한 근본적인 진술 가능성과 주의해야 할 점을 다룬 다음에 제5절에서야 비로소 토마스가 제시한 신 진술에 관한 이론에서 가장 중요한 요소로 알려진 '유비'(類比,

---

48. Mondin(1968), p.98.

analogia)에 대한 설명이 등장한다.[49] 제5절 자체에서는 그 용어를 알고 있는 것으로 전제하고 있지만 초기 작품인 『자연의 원리들』 안에 아주 구체적으로 이 개념을 설명하고 있다.

> 하나의 용어는 여러 가지 대상에 …일의적, 다의적, 그리고 유비적으로 적용될 수 있다. '일의적으로'는 어떤 용어가 같은 이름으로 같은 근거, 곧 정의(definitio)를 가리킬 때를 말한다. 바로 이렇게 '동물'이라는 용어는 사람과 당나귀에 적용된다. …'다의적으로'는 한 용어가 어떤 사물들에게 같은 이름으로 적용되지만 그 근거는 서로 다른 경우를 말한다. …'유비적으로'는 어떤 동일한 용어가 어떤 유일한 같은 것에 관련되어 근거가 서로 다른 여러 가지 대상에 적용될 때를 말한다.[50]

토마스는 수많은 텍스트에서 '선차적-내지-후차적(per prius et posterius)-의미지시'와 유비를 동일시하고 있다. 예를 들어 토마스는 유비를 긍정적으로 '어떤 유일한 것에 대한 질서나 관점에서', 또는 '어떤 유일한 것에 대해 맺고 있는 선차적-내지-후차적 관계들'이라고 규정한다. '선차적-내지-후차적 의미지시'는 아리스토텔레스의 '하나와 관련된(pros hen) 진술'을 바탕으로 아랍 철학자들과 라틴 논리학자들이 발전시킨 개념이다.[51] 이 개념의 요점은 다양한 의미에서 사용되고 있는 표현들을 위해서 어떤 '첫째 것'(하나[unum])이 동일한 하나로서 존재하고 있고, 이것은 항상 다양한 의미가 관련을 맺는 대상으로서 작용하고 있다는 것이다. 즉 한 명칭이 '첫째 것'을 지칭할 때 선차적으로 사용된 것이고, '첫째 것과 맺고 있

---

49. 유비 개념의 역사적 발전과정과 토마스의 사용방식에 대해서는 박승찬(1998, 139-165쪽; 1999)과 그곳에 제시된 참고문헌 참조.
50. *De princ. nat.*, c.6, n.366.
51. 박승찬(1998) 참조.

는 관계'를 지칭할 때 후차적으로 사용된 것이다. 이렇게 여러 관계가 수렴되는 동일한 하나가 존재하는 것을 통해서 이 개념은 엄격한 일의성뿐만 아니라 순수 다의성과도 구별된다.

제5절에서도 토마스는 유비개념을 사용하는 여러 경우에서와 마찬가지로 일의성(一義性)을 부정하는 것으로부터 시작한다.

> 신과 피조물에 대해서 어떤 것이 일의적으로 서술된다는 것은 불가능하다. 능동 원인의 능력과 동일하지 않은 모든 결과는 행위자의 유사성을 받는다. 그러나 동일한 근거에 따라서가 아니라 결여적으로 받는다. 그 결과에 있어서는 갈라지고 다수로 있는 것이 원인에 있어서는 단순하게 또 동일한 양태로 있는 것이다. …그러므로 '지혜'라는 명칭을 신과 사람에 대해 같은 근거, 같은 개념으로 말할 수 없다는 것이 명백하다. 이런 이유는 다른 명칭들에서도 마찬가지다. 따라서 어떠한 명칭도 신과 피조물에 대해 일의적으로 서술되지 않는다.[52]

이 설명의 가장 중요한 전제는 피조물들이 신을 단지 불완전한 방법으로만 묘사하고 있다는 것이다.[53] 이러한 이유로 신과 피조물에게 부과된 명칭들은 일의적 진술의 조건을 성취시킬 수 없기 때문에 두 대상에게 일의적으로 사용되지 않는다.

토마스는 계속해서 이 명칭들이 순수한 다의적 의미에서 두 대상에게 사용될 수 있다는 주장을 반박한다.

> 그렇다고 어떤 사람들이 주장하듯이 순전히 다의적으로 말하는 것도 아니다. 왜냐하면 이런 견해에 따르면 피조물로부터는 신에 대해 아무것도 인식될 수

---

52. *ST*, I, q.13, a.5.
53. *ScG*, I, cc.28&29&32.

없고 논증될 수도 없기 때문이다. 그러나 항상 다의의 속임수, 곧 다의의 오류추론이 생길 것이기 때문이다.[54]

토마스는 일의적 진술과 다의적 진술을 거부한 후에 유비적 진술에 동의하기 위하여 어떠한 새로운 형이상학적인 논증이나 신학적인 논증을 추가하지 않는다. '유비'란 개념이 엄격한 일의성과 순수 다의성에 의해 경계가 나뉘는 것으로 규정되었기 때문에 그는 더 이상의 논증을 부과하는 것을 불필요한 낭비로 여긴 것 같다. 유비가 도입됨으로써, 한 명칭을 신과 피조물에게 일의적으로나 다의적으로 사용할 때 생기는 이율배반을 피해 갈 수 있게 된다: "이런 유의 명칭들은 유비에 의해, 즉 비례에 의해 신과 피조물에 대해 말해진다."[55]

토마스는 이곳뿐만 아니라 여러 장소에서 유비적 진술이 신에 대해 말하는 데에 있어서 유일하게 신뢰할 수 있는 진술방식이라고 주장하고 있다.[56] 그런데 우리가 주목해야 할 것은 명칭들이 유비적으로 사용될 수밖에 없다는 사실이 신에 대해 진술할 때에 반드시 주의해야 할 필요조건이지만, 올바른 진술을 위한 충분조건은 아니며, 그 최종적인 완성점은 더욱 아니라는 것이다.[57] 토마스는 때때로 일의성과 다의성의 부정으로 자기의 토론을 끝맺기도 하지만, 여기서는 다른 병행구들과 마찬가지로 한 단계 더 나아가고 있다. 즉 유비적인 진술 방법을 또 다른 구분, 즉 (1) '많은 것의 하나에 대한 유비'(multorum ad unum)와 (2) '하나의 다른 것에 대한 유비'(unius ad alterum)로 세분하고 있다.[58] 토마스에 따르면 이 후자의 방식(2)에 의해서 신과 피조물에 대해 어떤 것이 유비적으로 진술될 수 있다. 여

---

54. *ST*, I, q.13, a.5.
55. Ibid.
56. Cf. *De veritate*, q.2, a.11; *ScG*, I, c.34; *Comp. Theol.*, 1, c.27.
57. 참조: 박승찬(1999), 205-206쪽.
58. *ST*, I, q.13, a.5.

기서 토마스가 첫 번째 방식의 유비를 거부하는 이유를 정확하게 명시하지 않았지만, 그의 의도를 다음과 같이 추정해볼 수 있다: 이럴 경우에는 신과 피조물보다 먼저의 것이 존재해야 하기 때문에 신이 모든 것의 제일원인이고 절대적으로 우월하다는 사실을 위협할 수 있다는 것이다.[59] 이와 같이 신에게 적합한 유비의 방식을 찾아낸 토마스는 계속해서 '선차적-내지-후차적-의미지시'의 질서를 이용해서 이 유비개념을 더욱 발전시켜 나간다.

6.2. '선차적-내지-후차적-의미지시'의 다양한 차원

토마스는 I, q.13, a.6의 본문에서 '선차적-내지-후차적-의미지시'의 다양한 질서에 대해서 주의를 환기시키려고 노력하고 있다. 유비란 '선차적-내지-후차적-의미지시'라는 개념규정이라고 요약한 다음, 비유적인 의미에서 신에게 부과된 모든 명칭은 신보다 피조물들에게 우선적으로 사용되어야 한다는 것을 밝힌다(P1). 계속해서 그는 비유적으로 신에게 부과되지 않는 다른 명칭들(P2)이 신에게 피조물 안에 있는 그의 원인성을 근거로 해서 부과되는지(P2.1), 또는 그의 본질을 나타내기 위해서 부과되는지(P2.2)를 구분한다. 토마스가 앞선 절(a.2)에서 반박했던 (P2.1)의 경우에 그 명칭들은 (P1)과 같은 순서, 즉 신보다 피조물에게 먼저 사용되게 된다. 토마스 자신이 받아들이는 (P2.2)의 경우에는 그 순서를 더 명확하게 규정하기 위해서 다시 '의미된 사물'과 '의미의 양태'의 구분을 도입한다. 신은 마침내 '의미된 사물'의 관점에서 피조물보다 우선적이다. 그러므로 다양한 기준과 질서는 다음 표 1과 같이 요약될 수 있다:

이와 같이 유비개념의 사용과정에서 사람들은 토마스의 전형적인 태도, 즉 극단적인 반대적 입장들을 피해서 중용의 길을 찾는 태도를 발견할

---

59. *De potentia*, q.7, a.7 참조.

(P1) 비유적인 명칭	(P2) 비유적이 아닌, 즉 본래적인 의미로 사용되는 명칭		
C 〉 D	(P2.1) 원인관계에만 근거한 경우	(P2.2) 원인관계와 본질적인 측면이 고려된 경우	
	C 〉 D	(P2.2.1) 의미된 사물의 관점에서	(P2.2.2) 의미의 양태의 관점에서
		D 〉 C	C 〉 D

표 1: I, q.13, a.6에 나타난 다양한 '선차적-내지-후차적-의미지시'[60]

수 있다. 또한 그는 신과 피조물 사이의 존재와 완전성의 차이를 고찰하는 형이상학적인 차원, 이를 인간의 지성이 파악하고 판단하는 인식론적 차원, 이를 토대로 신에 대해 진술하는 언어적인 차원을 뚜렷이 구분하며 필요에 따라 적절히 연결하여 설명하고 있다. 이러한 노력을 통해 토마스는 "한편으로는 신에 대한 (비록 최소한일지라도) 어떤 확실한 지식을 지키고, 다른 한편으로는 그분의 절대적 초월성, 그분이 자리 잡고 있는 '짙은 먹구름'을 고스란히 보존할 수 있다."[61] 제6절에서의 서술을 통해 신과 피조물에게 유비적으로 사용되는 명칭들에는 그 기준에 따라 다양한 질서가 확정될 수 있음이 밝혀졌다. 만일 우리가 어떤 질서를 그 기준에 대한 충분한 고려 없이 다른 차원이나 맥락으로 전이한다면, 우리는 쉽게 오류 추론에 빠져들게 된다. 그래서 우리는 항상 한 토론에서 얻어진 결론들을 다른 토론으로 전이할 때 두 토론이 같은 차원 내지 동일한 기준에 의해서 이루어지고 있는지를 주의해야만 한다.[62]

---

60. 'C 〉 D'는 그 명칭이 신(*Deus*)보다 피조물(*Creatura*)들에게 먼저 사용된다는 것을 의미한다.
61. 몬딘(2020), 520쪽.
62. 이렇게 다양한 차원을 충분히 구분하지 못해서 생겨난 토마스 아퀴나스 유비 개념의 해석사에 대한 비판은 박승찬(2005), 115-170쪽 참조.

7. 신 명칭에 대한 구분

토마스는 유비에 대해 논의하기에 앞서 제4절에서 '신에게 사용되는 명칭들이 모두 동의어가 아니냐'는 주장들에 대해서 명백하게 반대했다. 우리 인간은 피조물의 다양성에 근거해서만 신을 표현할 수 있다. 또한 신적인 본질들이 알려질 수 없기 때문에 신성의 완전한 충만함은 우리의 일회적인 사고에 의해서 포착될 수 없고, 따라서 또한 유일한 하나의 명칭을 통해서 표현될 수도 없다. 그러므로 신에 대해 다양한 의미를 지닌 다양한 관념이 존재해야 하고 다양한 명칭이 그 의미를 지시하기 위해 부여되어야 한다. 이 명칭들은 다양한 의미를 지니는 한 동의어들이 아니라는 것이다.[63] 여기서 신의 단일성과 단순성에 직면하여 우리의 언어가 부적합하다는 사실이 다시 한번 분명해진다. 토마스는 우리가 신의 본질을 이해할 수 있다면, 유일한 한 명칭을 통해서 신을 표현하는 것이 원칙적으로 불가능하지 않다고 말한다.[64] 그러나 우리는 신의 본질을 알 수 없기 때문에, 다양한 명칭을 통해서 유일하고 단순한 신에 대해 진술하려고 노력할 수밖에 없다.

토마스는 명칭의 다양성이 필수적임을 인정하면서도, 인간이 사용하는 모든 명칭이 똑같은 방식으로 신에게 적용될 수 없음을 여러 곳에서 밝히고 있다.[65] 토마스의 텍스트 안에서 언급된 내용을 요약하면 대략 다음과 같은 네 가지 종류의 명칭들을 구분할 수 있다.

7.1. 불완전성의 명칭 – 절대 사용 불가

단어들 중에는 그 근본의미가 전적으로 불완전함과 선의 결핍상태를 의미하고 있는 명칭들(죄, 악마, 추함, 비열함 등)이 있다. 이런 명칭들은 오직

---

63. *ST*, I, q.13, a.4. 이에 대한 상세한 논의는 박승찬(1999), 192-195쪽 참조.
64. Cf. *ScG*, I, c.31.
65. 이 주제에 대한 보다 상세한 논의는 박승찬(2000), 27-54쪽; Schoot(1993) 참조.

피조물에게만 사용할 수 있고 신에게는 결코 사용할 수 없다.

7.2. 혼합된 완전성의 명칭 – 비유적으로만 사용 가능

어떤 명칭들은 그 근본의미 안에 피조물들에게 고유한 완전성, 즉 물체적인 형상을 포함하고 있는 것들이 있다. 예를 들어 '감각'(sensus)이란 단어를 통해서 의미되는 대상은 항상 감각기관과 연결되어 있다. '보다', '사자', '바위' 등과 같이 그 의미내용 안에 물질적인 형상 또는 감각기관과의 연결 등을 포함하고 있는 명칭들은 의미 양태의 측면에서나, 의미된 사물의 측면에서나 모두 본래적인 의미로는 신에게 사용될 수 없다. 그러나 이 명칭들은 자신이 의미하는 부분적인 완전성을 근거로 신이 행하는 작용과 유사점을 지니고 있기 때문에, 단지 비유적인 의미에서만 신에게 사용될 수 있다.[66]

7.3. 단순한 완전성의 명칭

위의 두 부류와는 달리 신 안에 원형적으로 표현된 완전성들 자체를 의미하는 명칭들이 있다. 예를 들어 '인식'(cognitio)이라는 단어는 감각과는 달리 그 핵심 의미에 어떤 특정한 감각적 대상과의 연결을 포함하지 않는다. 몬딘은 이 명칭들을 '단순한 완전성의 명칭들'(names of simple perfections)이라고 부르며, 토마스가 이 명칭들을 신학에서 사용되는 언어 중에서 가장 중요한 것으로 여긴다고 주장한다.[67] 이 명칭들은 의미된 사물의 관점에서 아무런 불완전성도 포함하지 않기 때문에 신에 대해 본래적으로 사용될 수 있다.[68]

---

66. Cf. *De potentia*, q.7, a.5, ad8.
67. Mondin(1968), pp.97-98.
68. *ST*, I, q.13, a.3, ad1.

그 명칭들은 신 안에 원형적으로 포함된 완전성 자체를 의미하며, 의미된 사물의 측면에서 아무런 불완전성도 포함하지 않는다. …따라서 완전성을 절대적으로 묘사하기 위해서 부여된 모든 명칭은 신에 대해 본래적으로 사용될 수 있다고 말해야 한다. 그 명칭들은 의미 양태의 측면에서는 아니더라도 의미된 사물의 측면에서는 신에게 우선적으로 사용된다.[69]

우리는 토마스의 텍스트 안에서 상당히 많은 수의 이런 명칭들을 발견할 수 있다. 선함(bonus), 지혜로움(sapiens), 정의(iustum), 덕(virtus), 용감함(fortis), 위대함(magnus), 존재(esse), 살아있음(vivere), 이해함(intelligere), 참됨(verum), 아름다움(pulchrum), 위격(persona), 고상함(nobile), 사랑(amor), 기쁨(gaudium) 등이 그것이다.[70]

7.4. 신에게 고유하게 사용될 수 있는 명칭들

우리가 사용하고 있는 명칭 중에 어떤 것들, 즉 '신', '야훼', '창조주' 등은 신에게만 고유하게 사용될 수 있으며 피조물에게는 비유적으로 사용된다. 토마스는 '신'이란 명칭을 상세히 분석한 후,[71] 신에게 적용될 수 있는 가장 고유한 명칭은 출애굽기에서 신이 모세에게 계시하신 '있는 자'(Qui est; 야훼)라고 밝힌다. 토마스에 의하면 이 명칭은 어떤 특정한 형상을 의미하는 것이 아니라 '존재 자체'(ipsum esse)를 의미하고, 가장 큰 보편성을 지니고 있으며, 신의 고유특성인 영원성을 잘 표현하기 때문에 신에게 가장 고유한 명칭이다.[72]

---

69. *In Sent.*, d.22, q.1, a.2.
70. Cf. *ST*, I, q.2, a.3; q.13, a.3, ad1; q.19, a.11; q.20, a.1, ad2.
71. *ST*, I, q.13, aa.8-10.
72. *ST*, I, q.13, a.11.

존재인 것은, 어떤 피조물의 개념에도 완전히 포함되지 않는다. 어떤 피조물에서든지 존재는 그 본질과 구별된다. 이 때문에 어떤 피조물에 대해서도, 그 실존이 그 피조물 자체의 원리들로 인하여 필연적이고 명백한 것이라고 말할 수 없다. 그러나 신 안에서 존재는 그 본질의 개념 안에 포함되어 있다. …신 안에서는 존재와 본질이 일치하기 때문이다.[73]

따라서 토마스를 따르는 학자들은 이를 더욱 분명히 하기 위해 철학적으로 신을 지칭하는 '자립적 존재 자체'(ipsum esse per se subsistens)라는 개념을 사용해 왔다. 그럼에도 우리가 주목할 것은, 토마스가 이 명칭의 다양한 특성들을 강조한 것을 토대로 마치 자신이 완전하게, 즉 모든 관점에서 고유한 신의 명칭을 발견한 것처럼 토론을 끝내지 않았다는 점이다. 그에 따르면 다른 관점, 즉 명명 대상(id ad quod)의 측면에서는 '신'이나 '테트라그람마톤(=야훼)' 같은 다른 명칭들이 이 명칭보다 더 고유할 수 있다.[74] 따라서 신의 가장 고유한 이름인 '존재'라는 이름도 피조물들에 대해 일컬어질 때와 같이 직접적으로 그분께 적용될 수 없고, 그분의 형언 불가능성을 강조하는 부정의 길을 거쳐야 한다.[75]

신의 고유한 명칭들에 관한 토마스의 설명으로부터 우리는 설령 몇몇 명칭이 한 측면 내지 여러 측면에서 다른 것들보다 더 우월하다고 할 수 있을지라도, 신에게 부여된 명칭이 개별적으로는 모두 불완전하다는 결론을 내릴 수 있다. 그래서 올바르게 신에게 적용된 각각의 명칭은 다른 명칭들의 불완전성을 분명하게 드러낸다. 각 명칭 안에서 다양하게 고려된 측면들을 통해 헤아릴 수 없는 신의 완전성이 점차로 확정되어 가는 방식으로 표현될 수 있다. 그러나 아무리 다양한 명칭들이 사용된다고 하더

---

73. *De veritate*, q.10, a.12.
74. *ST*, I, q.13, a.11, ad1.
75. *In Sent.*, I, d.8, q.1, a.1, ad4.

라도 우리는 신의 완전성에 완벽하게 도달하지는 못하고 단지 수렴적으로만 접근할 수 있을 뿐이다. 그럼에도 신과 피조물에 대해서 동일한 명칭이 사용될 때는 일의적이나 다의적인 의미가 아니라 유비적으로 이해되어야 한다는 점을 잊지 않는다면 이러한 노력은 정당하고 올바른 것이라 할 수 있다.

8. 맺음말

토마스 아퀴나스가 『신학대전』에서 주로 '신 존재 증명'과 같이 이성적인 방식으로 신에 대해 논하는 '자연신학'(theologia naturalis)만을 강조한 것처럼 보이지만,[76] 그에게는 그것이 유일한 신 인식 방식이 아니다. 이론상으로도 『신학대전』 제2부 제2편에서 신앙, 희망, 사랑이라는 신학적 덕에 대해서 상세하게 논함으로써 그 중요성을 강조했고, 제3부에서 본격적으로 그리스도론, 교회론, 성사론을 통해 계시에 입각한 신에 관한 인식을 완성해 나갔다. 그는 성경에 대한 강조는 물론 예언, 기적, 황홀, 관상 등의 특수한 방식의 신 인식에 대해서도 숙고하고 있다. 더욱이 그는 스스로 신의 음성을 듣거나 놀라운 무아지경 상태를 체험했다. 대표적인 예만 들더라도 십자가의 예수님이 토마스에게 "어떠한 보상을 원하느냐"고 물으셨을 때, 토마스는 "당신 이외에는 다른 아무것도 원하지 않습니다."라고 답했다고 한다. 특히 토마스는 1273년 12월 6일에 나폴리의 성 니콜라오 경당에서 축일 미사를 봉헌하던 도중에, 갑자기 무엇엔가 얻어맞은 듯했다. 그 신비한 체험 이후 토마스는 완전히 딴사람이 되었으며 일체의 저술 활동을 중단해버렸다.[77]

---

76. 『신학대전』을 '자연신학' 또는 '철학적 신학'으로 환원시키려는 경향에 대해서는 이상섭 (2023), 204-206쪽의 설명 참조.
77. 참조: 박승찬(2024), 185쪽 & 247쪽.

이러한 강렬한 체험에도 불구하고 토마스는 인간이 지닌 조건과 근본적인 제약을 신에 관한 인식의 출발점으로 삼는 것을 포기하지 않았다. 인간의 이성적 본성을 통해서 또는 신의 계시를 통해서 신을 인식한다고 하더라도 그것을 표현하고 다른 이들에게 전달하려면 인간의 언어를 거칠 수밖에 없다. 토마스는 물론 인간이 절대적인 의미에서 언어의 창조자라고 생각하지 않았다. 그에 따르면, 인간이 언어를 통해 의사소통이 가능한 것은 모든 사물에 실재적 존재를 부여하는 분이자 논리적 존재의 가능 근거가 되는 '자립적 존재 자체'인 신이 계시기 때문이다.[78] 그에게는 인간 언어야말로 존재의 근거가 자신을 드러낼 수 있는 가장 훌륭한 현존의 장소였다.

그러나 인간이 사용하는 모든 명칭은 불완전하고, 이 불완전성은 그 표현의 불완전성뿐만 아니라 인간 인식 자체의 불완전성에 기인하고 있다. 따라서 토마스는 "인간이 사용하는 모든 명칭은 신을 진술하는 데 결함을 지닐 수밖에 없다"라고 주장했던 것이다. 그러면서도 다른 한편으로 단순히 경외감 때문에 신에 대한 일체의 진술을 거부했던 극단적 신비주의의 경향과도 거리를 취하고 있다. 그에게는 신에 관한 진술을 포기하는 것이란, 곧 살아계신 인격적인 신을 단순히 하나의 우주원리로 격하시켜 버리는 소극적 행동이었다. 따라서 토마스는 우리에게 맡겨진 이성과 인간 언어라는 수단을 신뢰하면서 신에게 가까이 가기에 가장 적합한 길을 추구했던 것이다.

8.1. 끊임없는 수정 노력의 중요성

인간 이성을 절대시하는 과학주의가 팽배한 시대에 특정 종교의 신앙만

---

[78] 더욱이 인간 언어의 근본적인 형태를 외적 언어보다 내적 언어(verbum interius) 안에서 찾았던 토마스는 말씀(verbum)이신 제2위격 성자 안에서 언어의 완성을 보았다. I, q.34, aa.1-3 참조.

을 강조하는 것으로는 믿지 않는 이들을 설득할 수도 없고, 신의 존재에 대한 거부에 답할 수도 없다. 토마스는 신의 인식에서 신앙이 중요함을 강조했지만, 신앙을 통한 신 인식에 안주할 수 없었다. 따라서 우리는 신을 인식하고 진술하는 과정에서 '세 가지 길'과 '유비'라는 과정을 통해 토마스가 강조했던 인간의 끊임없는 수정 노력에 귀를 기울여야 한다. 토마스는 우리가 위에서 살펴본 세 가지 길에 대한 논의의 결론으로서, 오류를 수정하려는 시도가 결코 끝날 수 없다는 것을 강조하고 있다.

> 우리 지성은 신적인 실체에 부합하지 못하기 때문에, 신의 실체는 우리의 지성을 초월한 채로 남아 있고, 따라서 우리에 의해서 알려질 수 없다. 그러므로 인간 지성이 신에 대해서 알 수 있는 최고의 것은 자신이 신을 알지 못한다는 사실이다.[79]

따라서 토마스는 세 가지 길을 폐쇄적인 과정으로 이해하지 않고, 이를 통해 인간의 진술방식을 역동적으로 수정하려고 했던 것이다.

토마스의 끊임없는 수정 노력은 '유비'와 관련해서도 분명하게 드러난다. 그는 신과 피조물에게 함께 사용되는 명칭들이 일의적이거나 다의적으로 사용된다는 주장을 배제하고 유비적으로 사용되어야 한다고 주장한다. 그러나 그는 유비에 도달하자마자 이 유비를 세분하고 '많은 것의 하나로의 유비'라는 부적합한 종류를 거부한다.[80] 그는 성급하게 그 명칭들이 모든 관점에서 신보다 피조물에게 먼저 사용된다고 주장하지 않는다. 오히려 토마스는 신의 초월성을 훼손하지 않기 위해서 다양한 기준을 검토하면서 신은 '의미된 사물'의 관점에서 피조물보다 먼저라는 사실을 확

---

79. *De potentia*, q.7, a.5, ad14.
80. *ST*, I, q.13, a.5.

정 짓는다. 그는 다양한 관계들에 대한 사려 깊은 구분을 통해서 신에 관한 시간적인 표현의 사용을 정당화한 후에, 우리가 위에서 본 바와 같이 각각의 이름들을 다양한 관점에서 시험하고 있다.[81]

따라서 본질을 파악할 수 없는 신에게 인간 본성에 어울리는 다양한 언어를 통해서 접근하려는 것은 정당하다. 그러나 우리는 한 단어가 지닌 결함을 자각하고 그 결함을 수정하기 위한 노력을 그치지 말아야 한다. 이 끊임없는 수정을 위한 노력이야말로 토마스가 신에 대한 세 가지 진술 방식과 유비 개념을 통해서 우리에게 강조하려 했던 점이다.

우리 인간은 이성과 언어의 사용을 포기한 채 단 한시도 살아갈 수 없다. 따라서 토마스가 인간 이성과 언어의 제한성을 자각하면서도 단순한 침묵으로 도피하지 않고, 그 불완전함을 끊임없이 수정함으로써 진리로 다가간 태도를 본받을 필요가 있다. 단 하나의 방식을 절대적인 것으로 고집하지 말고, 다른 입장에 귀를 기울이는 개방성을 지닌 채, '유일한 진리'인 신을 향해 나아가는 과정을 멈추지 말아야 한다. 이와 같은 부단한 수정 노력 안에서야 우리는 무한한 심연이신 신에 대해 올바로 진술할 수 있을 것이다.

참고문헌

몬딘, 바티스타, 『성 토마스 개념사전』, 이재룡 · 안소근 · 윤주현 역, 한국성토마스연구소. 2020.
박승찬, 「유비개념 발전에 관한 역사적 고찰-토마스 아퀴나스 유비이론 입문」, 『가톨릭 신학과 사상』 26(1998), 139-165쪽.
_____, 「유비개념의 신학적 적용-토마스 아퀴나스『신학대전』 I부 제13문제를

---

81. *ST*, I, q.13, aa.6-10.

중심으로」, 『가톨릭 신학과 사상』 28(1999a), 181-208쪽.

_____, 「하느님 명칭의 올바른 사용-'하느님의 이름을 함부로 부르지 마라'에 관한 철학적 성찰」, 『가톨릭 신학과 사상』 32(2000), 27-54쪽.

_____, 「유비개념의 다양한 분류에 대한 비판적 성찰-토마스 아퀴나스에 대한 카예타누스의 해석을 중심으로」, 『중세철학』 11(2005), 115-170쪽.

_____, 『서양 중세의 아리스토텔레스 수용사-토마스 아퀴나스를 중심으로』, 누멘, 2010.

_____, 「'의미된 대상과 의미 양태의 구분'과 '유비' 개념의 관계-토마스 아퀴나스의 작품을 중심으로」, 『철학사상』 41(2011), 서울대학교 철학사상연구소, 255-306쪽.

_____, 『토마스 아퀴나스』(클래식 클라우드 33), 아르테, 2024.

이상섭, 「신 존재 증명의 타당성에 관한 하나의 고찰」, 『중세철학』 14(2008), 107-137쪽.

_____, 「하나의 철학 체계로서 신학대전에 대한 연구-신학대전에서 철학과 신학의 관계와 경계에 대한 하나의 고찰」, 『중세철학』 29(2023), 191-235쪽.

이재룡, 「토마스 아퀴나스의 신 존재 증명에 관한 소고」, 『가톨릭 신학과 사상』 47(2004), 7-43쪽.

Elders, L.J., *The Philosophical Theology of St. Thomas Aquinas*, Leiden: Brill, 1990.

McInerny, R.M., *Aquinas and Analogy*, Washington D.C.: The Catholic University of America Press, 1996.

Mondin, B., *The Principle of Analogy in Protestant and Catholic Theology*(2nd Edition, Revised and enriched with a detailed bibliography), The Hague: Martinus Nijhoff, 1968.

Rocca, G.P., *Analogy as Judgement and Faith in God's Incomprehensibility: A Study in the Theological Epistemology of Thomas Aquinas*(PhD Thesis), The Catholic University of America, 1989.

Schoot, H.J.M., *Christ the 'name' of God. Thomas Aquinas on naming Christ*, Louvain: Peeters, 1993.

05. 존재와 본질

앤드류 리(Andrew Lee)

1. 서론

13세기의 스콜라 신학자이자 철학자인 토마스 아퀴나스의 사상은 전방위적 성격을 지닌다. 신-세계-인간이라는 전통적 사변의 세 축, 그리고 이들 사이의 관계—즉 신과 세계, 신과 인간, 세계와 인간, 인간과 인간—에서 비롯되는 문제의 전 영역을 다루고 있기 때문이다. 그런데도 그의 사상이 백화점식 나열이 아니라 유기적이고 위계적인 질서로 통합될 수 있는 이유는 그 모두를 관통하면서 지배하는 중심축이 있기 때문이다. 그만의 고유하고 독특한 존재자 이해가 바로 그것이다. 그에게 존재자(ens)는 모든 개념 가운데 가장 보편적인 개념일 뿐만 아니라, 부분이나 원리, 속성과 성질들에 이르는 가장 작고 사소해 보이는 것까지 예외 없이 적용되는 가장 충만한 개념이다.

그의 존재자 개념은 그만의 천재성이 발휘되어 고안된 인위적 개념 장치 같은 것이 아니며, 이전에는 그 누구도 경험하지 못했던 미지의 새로운 세계로 인도하는 통로 같은 것은 더더욱 아니다. 오히려 토마스 아퀴나스 존재자 이해의 가장 큰 특징은 탐구의 모든 대상과 영역이 그 다양성과 다면성에도 불구하고 모두 '존재자'라는 공통성을 필연적 배경으로 한다는 경험적 진리—하지만 반드시 의식적이거나 명시적이지만은 않을 수 있는—를 적극 인정하고, 이를 철학적으로 설명한 데 있다. 이런 의미에서 그의 존재자 이해는 발명이나 창작이 아니라 발견이다. 그가 보여준 탁월함은 존재자 이해를 위한 정교한 도구와 개념을 인위적으로 고안해낸 천재성에 있는 것이 아니라 그것을 '알아본' 그의 혜안에 있다.

그가 '알아본' 것이란 한마디로 존재자를 존재하게 하는 존재자의 가장 내적이고 필연적인 원리인 '존재'(esse)이다. 본질과 구별되면서 본질과 함께 존재자를 이루는 구성요소이되, 오히려 본질에 앞서는 존재자의 가장 현실적 원리로 이해되는 것이 바로 존재이다. 존재자(ens)는 본질(essentia)과 존재라는 두 내적 구성원리의 복합구조로 되어 있다는 것이 토마스 아퀴나스 사상 전체를 지배하는 핵심이다. 존재자의 질서에서 형상 혹은 본질보다 더 탁월하거나 완전한 원리를 알지 못했던 것이 서구 형이상학의 역사이고 보면, 본질에 대해 현실태에 있는 존재가 존재자의 가장 현실적 원리이자 완성이라며 본질을 상대화한 토마스의 주장은 분명 획기적이다.

이러한 그의 존재자 개념을 적절하게 이해하기 위해서는 우선 존재자가 가장 보편적이면서도 동시에 가장 충만한 개념이며, 이러한 존재자는 '있음'의 원리, 즉 어떤 것을 없지 않고 있게 하는 원리인 존재와 '무엇임'의 원리, 즉 어떤 것을 다른 것이 아니라 바로 그것이게 하는 원리인 본질을 두 구성원리로 한다는 것, 그리고 이 두 원리는 사유상에서 개념적으로만 구별되는 것이 아니라 서로가 질서와 역할과 완성을 달리하는 실재 세계의 실질적 원리로서 실제로 구별된다는 것, 또한 본질과 존재는 가능태-현실태 관계로 결합되어 있기 때문에 서로가 서로를 전제하는 상호 의존적 관계에 있다는 것, 그러면서도 존재가 오히려 본질에 앞서는 현실성의 궁극적인 원리라는 등에 대한 이해가 요구된다. 이를 간략하게나마 개괄해 보자.

2. 가장 보편적이면서도 충만한 개념으로서의 존재

존재자 개념이 지니는 특징인 동시에 그에 대한 탐구의 어려움을 동시에 나타내고 있는 토마스 아퀴나스의 말을 보자.

> 마치 가장 잘 알려지는 것처럼 인간의 지성이 제일 먼저 인식하는 것이자 모든 개념이 환원되는 개념이 바로 존재자이다. …따라서 지성의 다른 모든 개념은 존재자 개념에 무엇인가를 부가함으로써 얻어진다. 그런데 마치 존재자 개념에 포함되지 않는 것인 양 존재자에 부가될 수 있는 것은 없다. …왜냐하면 모든 실재는 본질적으로 존재자이기 때문이다.[1]

이 인용문에 나타난 존재자 개념의 특징은 크게 세 가지다. 존재자는 가장 먼저 알려진다는 것, 존재자는 모든 것이 환원되는 가장 보편적인 개념이라는 것, 그리고 존재자는 그 어떤 차이도 허용하지 않는 가장 충만한 개념이어서, 존재자에 존재자 아닌 것이 더해질 수는 없다는 것이다. 이를 하나씩 살펴보자.

2.1. 가장 '먼저' 알려지는 존재자

위 인용문은 '마치'(quasi)라는 단어로 시작하고 있는데, 이 표현은 토마스 아퀴나스가 명확하고 적절한 표현이 아님에도 불구하고 비유적인 방식으로 어떤 것을 규정하려고 할 때 종종 사용하는 것이다. 그러므로 위 인용문의 첫 구절은 존재자가 아무런 조건이나 제한 없이 인간의 인식에 가장 잘 알려지는 것이라고 말할 수는 없지만, 그럼에도 불구하고 그러한 것이라고 생각할 수 있는 측면이 있다는 것을 의미한다.

---

1. *De Verit.*, q.1, a.1, resp.

여기서 언급된 존재자란 그것에 더해지거나 그것으로 환원될 수 있는 다른 모든 개념과 구별된 것으로서의 존재자 개념(conceptus entis)이며, 개념으로서의 존재자는 분명히 인간의 인식에 제일 먼저 알려지는 것이 아니다. 대상에 대해 "이것은 존재자다"라는 명제를 제일 먼저 알게 되는 것은 아니라는 말이다. 그럼에도 불구하고 존재자가 제일 먼저 알려진다는 것은 시간적으로 먼저 알게 되는 말의 의미나 개념들에는 은연중에 '존재자'(ens)라는 개념에 부여되는 의미, 다시 말해 존재자에 대한 이해가 포함된다는 의미로[2] 이해되어야 한다.

이처럼 은연중에 모든 인식에 포함되어 있는 존재자 이해는 존재자 개념에 대한 탐구를 통해 명료화되고 정리된 것이 아니라 인간의 모든 인식에 모호하고 혼동된 방식으로 주어지는 것이다. 베일에 가려진 상태의 존재자 개념이라고 할 수 있는 것이 모호하게나마 우리의 모든 인식에 동반되는 것으로서 제일 먼저 알려지는 것이라고 할 수 있다.

인간의 모든 인식의 출발점에서 제일 먼저 대상이 되는 것은 존재자 개념이 아니라 실재세계에 실제로 존재하는 것들(ens reale)이며, 이들은 무엇보다도 우선적으로 존재하는 것, 즉 존재자로 알려지지만, 그렇다고 해서 '존재자'라는 용어나 개념을 통해 알려지는 것은 아니며, 존재자 개념이 다른 모든 개념에 앞서 획득되는 것도 아니다.

그러므로 존재자가 제일 먼저 알려진다는 것은 시간상의 순서가 아니라 오직 분석의 결과로 말해질 수 있는 것임이 분명하다.[3] 즉 인간은 누구나 나중에 '존재자'라는 개념으로 의미하게 되는 바를 처음부터 인식하며, 이런 의미에서는 존재자가 시간상의 순서에서도 제일 먼저 알려지는 것이라고 말할 수 있지만, 누구나 처음부터 그것을 존재자라는 용어로 인

---

2. Cf. *ST*, I-II, q.94, a.2, resp.
3. J. Bobik(1965), p.3.

식하지는 않는 것이다.

2.2. 가장 보편적인 개념인 존재자

한편 토마스 아퀴나스는 지성에 제일 먼저 알려지는 것인 존재자가 가장 보편적인 개념이어야 한다고 주장한다.

> 보다 보편적인 것이 우리에게 먼저 알려진다. 그리고 우리에게 먼저 알려지는 것은 보다 쉽게 알려지는 것이다. 그런데 단순 이해에서 보다 보편적인 것들이 우리에게 먼저 알려진다. 왜냐하면 아비첸나가 말했듯이 존재자가 지성에 제일 먼저 알려지는 것이기 때문이다.[4]

모든 개념 가운데 가장 보편적인 개념[5]이 바로 존재자 개념이다. 현실적인 것이든 가능적인 것이든, 실재 세계에 있는 것이든 아니면 정신 안에만 있는 허구적인 것이든 간에 있는 모든 것을 존재자라고 할 수 있기 때문이다. 존재자와 절대 대립의 관계에 있는 무, 즉 존재자의 부정인 무 이외의 모든 것들은 '존재자'를 술어로 지닐 수 있다. 있는 모든 것이 존재자이기 때문에 어떤 대상을 존재자로 인식하는 것은 그것을 그것으로 인식하려는 목적하에서는 사실상 아무런 내용도 제공해주지 않는다. 따라서 가장 보편적인 존재자 개념은 대상에 대한 최소한의 인식이면서 동시에 모든 대상에 대해 적용되는 가장 보편적인 인식으로서 지성에 제일 먼저 알려지는 것이다.

이러한 존재자 개념의 인식한다는 것은 우선적으로 "무엇인가가 있다"(aliquid est)라는 말로 나중에 성언화되는 것 이외에 다른 것이 아니다.

---

4. *In I Meta.*, lect.2, n.46.
5. 인과성의 질서(in causando)가 아니라 술어화의 질서(per praedicationem)에서의 보편적인 것을 말한다.

만약 이보다 더 보편적이면서 최소의 것이 있다면 그것은 "있는 것과 없는 것"에 대한 지식, 즉 존재자와 무 사이의 구별이어야 하지만, 이러한 인식은 불가능하다. '없는 것', 즉 무는 결코 인식의 대상이 될 수 없는 절대적 의미의 무이거나, 아니면 있는 것과의 연관성 속에서 그것의 부정이나 결여로만 이해될 수 있는 것이기 때문이다.[6]

2.3. 차이를 허용하지 않는 가장 충만한 개념

존재자 개념이 가장 보편적이면서 최소한의 인식이라는 것으로부터 다른 모든 개념들은 존재자 개념에 어떤 내용들을 부가함으로써 보다 구체적이고 명확한 지식으로 나아가는 것이라고 생각해볼 수 있다. 마치 '동물'이라는 유 개념에 '이성적'이라는 종차가 더해서 '인간'이라는 종 개념으로 세분화되고 구체화되는 것처럼 말이다. 그런데 여기서 문제가 발생한다. 존재자 개념에 부가될 수 있는 것 역시 '존재자가 아닌 것'일 수는 없기 때문이다. 존재자가 아닌 것은 무(nihil)뿐이기 때문에, 존재자에 존재자 아닌 것이 더해질 수는 없다. 존재자에 더해질 수 있는 것은 오직 존재자밖에 없으며, 그에 의해 결과되는 것 역시 존재자이다. 한마디로 존재자는 차이를 허용하지 않는 개념이다.

그렇기 때문에 존재자는 다른 모든 보편자처럼 차이(differentia)에 의해 분화될 수 없다. '동물'에는 '동물'이 아닌 '이성적'이 더해져서 '인간'으로 세분화될 수 있지만, '동물', '이성적', '인간'은 모두 '존재자'이지 '존재자와 다른 것'이라고는 할 수 없기 때문에, '존재자'의 관점에서는 '존재자'에 '존재자'가 더해져서 '존재자'가 되는 것이라고밖에는 표현할 수 없는 것이다.

이처럼 존재자가 차이를 허용하지 않는다는 것으로부터 우리는 존재자

---

6. J. Bobik(1965), p.6.

개념에 대한 또 하나의 특징을 말할 수 있다. 존재자 개념은 다양한 존재자들로부터 그들의 차이성을 제거하고 공통성을 추출해냄으로써 도달될 수 있는 개념이 아니라는 점이다. 존재자로의 환원은 개념의 분석을 통해 덜 보편적인 것에서 더 보편적인 것으로, 보다 외연이 큰 개념으로 나아가는 논리적 환원이 아니다. 토마스 아퀴나스가 말하는 존재자는 포르피리우스적 개념의 나무 구조(scala predicamentalis)에서 가장 최상위에 위치하는 존재자, 즉 술어화의 질서에서 가장 외연이 넓은 개념이기 때문에 모든 개념이 그것으로 환원되는 것이 아니다. 가장 보편적인 존재자는 단지 가장 최소한의 지식인 것만이 아니라 동시에 가장 풍부한 지식이기도 하다.

제일 먼저 알려지는 것으로서의 존재자는 모든 대상을 가장 비규정적인 방식으로 파악하는 것이라는 점에서 가장 최소한의 지식이지만, 동시에 그것을 규정적인 방식으로 파악하기 위해 더해지는 모든 것 역시 존재자의 외부에 있는 것일 수 없기 때문에, 존재자는 가장 풍부한 개념이자 모든 것을 그 자신의 가능성 안에 내포하는 개념이기도 하다.

토마스 아퀴나스는 이러한 "존재자 개념에 더해지는 것은 오직 존재자라는 용어 자체에 의해서는 표현되지 않는 존재자의 양태(modus entis)를 표현하는 것들"[7]이라고 말한다. 그런데 존재자에 존재자의 양태가 더해진다는 것은 어떤 의미인가?

유 개념에 더해지는 차이와는 달리 존재자 개념에 더해짐으로써 존재자를 분화하는 이유가 존재자의 본질 외부에 있는 것일 수 없다면, 그것은 존재자 내에서 찾아져야 할 것이다. 즉 존재자의 분화는 존재자 내에서 이루어져야 하는 것이다. 다수 다양한 존재자들을 규정적으로 표현하는 모든 개념은 그들이 공통적으로 기반하고 있는 존재자 개념에 실제적인 무엇인가를 더함으로써 얻어지는 것이 아니라 단지 존재자 개념의 다양한

---

7. *De veritate*, q.1, a.1, resp.

변형이어야 하는 것이다. 이러한 것이 어떻게 가능한가?

 존재자는 단순히 형상 혹은 본질이거나 존재만이 아니라 본질과 존재의 결합으로 이루어진다는 것이 이 물음에 대한 토마스 아퀴나스 해결책의 핵심이다. 존재자의 공통성은 존재자가 모두 본질과 존재를 자신의 두 내적 원리로 하여 이루어졌다는 데 있으며, 존재자의 다양성은 그러한 본질과 존재의 관계가 유비적이라는 것, 따라서 존재자가 유비적이라는 것에 근거한다. 그러므로 이제 토마스 아퀴나스 존재자 이해의 핵심인 존재자의 복합구조, 즉 존재자는 본질과 존재를 두 내적 구성원리로 한다는 주장에 대해 살펴보자.

2.4. 존재자의 두 차원: '있음'과 '무엇임'

있는 모든 것들은 존재자라는 공통성 하에서 이해될 수도 있고 또한 다양성과 다수성을 드러내는 존재자 각각이 저마다 온전한 하나하나의 존재자임을 주장하고 있다는 사실로부터 존재자 자체와 존재자들의 다수 다양성 모두를 설명할 수 있는 존재자 개념이 요구되었다. 고대 그리스 형이상학의 근본문제인 존재와 무, 일과 다, 동일과 비동일의 문제도 이러한 존재자에 대한 해명작업이라고 할 수 있지만, 희랍 사상가들은 모두 존재자를 어떤 하나의 본성으로 파악하였기 때문에, 그 안에서는 이 문제들이 해결될 수 있는 가능성이 원천적으로 배제되어 있다. 존재자는 그 자신을 주장하는 단일한 본성에 따라 일의적으로 이해되는 한, 존재자 자체와 존재자들의 다양성 사이를 매개할 수 있는 원리를 자신 안에 지닐 수 없기 때문이다.

 이 문제는 존재자가 다양한 방식으로 존재하고 이해될 수 있다는 것을 보여줄 수 있어야 할 뿐 아니라 그러한 이유 역시 존재자 안에 내재되어 있음을 보여주어야 하는 문제다. 즉 존재자는 단순히 있는 것들이 있다는 사실을 지적하는 말 이상의 의미를 지녀야만 가능한 것이다.

2.4.1. '있음'과 '무엇임'의 구별

토마스 아퀴나스는 존재자가 단순한 것이 아니라 복합으로 이루어진 것임을 말하고 있다. 다음의 글들을 보자.

> …존재자란 '있는 것'(id quod est) 이외에 다른 것이 아니기 때문이다. 따라서 우리는 존재자가 '있는'이라고 말할 때 의미하는 존재와 '것'이라고 말할 때 의미하는 사물(res)을 모두 의미한다는 것을 알 수 있다.[8]

여기서 토마스 아퀴나스가 구별하고 있는 것은 '존재활동'으로서의 존재와 그 활동을 '수행하는 주체'로서의 존재자(ens)이다. 이 구별은 토마스 아퀴나스 존재론의 핵심인 본질과 존재의 구별을 내포하고 있지만, 아직 엄밀한 의미에서 그 원리들 사이의 구별은 아니다. 이 구별을 통해 토마스가 분명히 하는 것은 '존재자'가 존재의 측면을 주된 의미로 하는 한에서의 복합이 아니라 주체의 측면을 주된 의미로 하는 복합을 의미하는 용어라는 것이다. 다시 말해 존재자란 존재를 지닌 것(id quod habet esse)으로서 존재하는 주체를 의미한다. 이 구별의 특징은 보에티우스의 『실체의 선함에 관하여』에 대한 토마스 아퀴나스의 주석에서 찾아볼 수 있다.

존재와 '있는 것'(id quod est)은 다르다. 여기서 말하는 것은 실재들에 관한 구별이 아니라—이에 대해서는 아직 논의되지 않았다—그 의미에 관한 구별이다. 우리가 존재라고 말함으로써 의미하는 것과 '있는 것'이라고 말함으로써 의미하는 것은 마치 우리가 '달리기'(currere)라고 말할 때 의미하는 것과 '달리는'(currens)이라고 말할 때 의미하는 것이 다른 것처럼 다르다. 왜냐하면 '달리기'와 존재는 '흼'(albedo)의 경우와 같이 추상적으로 의미하는 것이지만 '있는 것', 즉 존재자와 '달리는'은 '하얀'(album)의 경

---

[8] *De Interpret.*, lect 5, n 20.

우처럼 구체적으로 의미하는 것이기 때문이다.⁹

'있는 것', 즉 존재자와 존재의 차이는 서로 다른 두 사물이나 두 원리 사이의 구별이 아니라 구체적인 것과 추상적인 것의 차이이다. 존재자는 존재 행위를 수행하는 구체적 주체를 의미하는 반면, 존재는 그가 수행하고 있는 행위 자체를 추상적으로 표현하고 있는 것이다. 토마스 아퀴나스는 구체적 용어가 실재세계에 존재하는 온전한 존재자를 의미하는 반면, 추상적 용어는 그것의 형상적 부분을 의미하는 것으로 이해하고 있으며, 이들의 차이점은 하나의 완전한 행위를 산출할 수 있는가 하는 것에서 찾고 있다.¹⁰ 다시 말하면 존재는 행위의 이름이며 어떤 것을 존재자라고 부르는 이유로서의 형상성이지만, 실제로 그 행위를 수행함으로써 존재하는 것은 존재가 아니라 존재자이다. 존재는 존재자의 원리이지 그 자체로서 존재하는 것은 아니다.

존재란 그 자체로서 존재한다고 말할 수 있는 것이 아니라 그것을 통해서 어떤 것이 존재한다고 말하는 것이다.¹¹

있는 것, 즉 존재자(quod est)는 그 자체로서 자립적으로 존재하는 것인데, 이것은 물질적 실체의 경우 질료와 형상의 결합인 반면 비물질적 실체의 경우 단순한 형상 자체이다. 그러나 그것을 존재자이게 하는 원리(quo est)는 참여된 존재 그 자체이다. 왜냐하면 어떤 것이든 존재에 참여하는 만큼 존재하기 때문이다.¹²

'있는 것'으로서의 존재자가 그것을 존재자이게 하는 존재와 구별된다고 해서 양자가 지시하는 것이 서로 다른 실재인 것은 아니다. 엄밀하게 말해서 어떤 것을 존재자이게 하는 원리인 존재는 존재자라고 불리는 모

---

9. *In de Hebdo.*, lect.2, n.22.
10. *In de causis*, prop.22.
11. *De div. nom.* VIII, lect.1, n.751.
12. *De spiritu. creat.*, a.1, ad8.

든 것 안에 이미 포함되어 있다. 존재가 없는 존재자는 존재자가 아니기 때문이다. 존재자와 존재의 구별은 이미 존재를 포함하고 있는 것으로서의 존재자와 그 안에 포함되어 있는 존재 사이의 구별이며, 주체와 그 원리 사이의 구별이다.

존재자를 존재자이게 하는 원리가 존재임에도 불구하고, 존재는 존재자의 유일한 원리가 아니다. 다음의 글을 보자.

> 있는 것으로서의 사물에 대한 인식은 두 가지 방식으로 얻을 수 있다; 즉 그것이 무엇인가를 인식하는 것과 그것이 존재하는가를 아는 과정에서이다. 그런데 그것이 무엇인가를 아는 것은 그것의 본질을 이해하는 가운데 인식된다.[13]

여기서 그것이 존재하는가(an est)의 물음은 곧 그것이 존재를 지녔는가의 물음인 반면, 그것이 무엇인가(quid est)의 물음은 존재를 지님으로써 존재하는 존재자의 주체가 누구이냐의 물음이다. 존재자는 단순히 그것이 있다는 사실에 의해서만 이해되는 것이 아니라 동시에 그것이 누구 또는 무엇이냐에 의해 확인되어야 하는 것이다. 우리가 마주치는 구체적인 인식의 대상이 우리에게 제일 먼저 전해주는 인식의 내용은 어떤 단일한 하나의 의미가 아니라 처음부터 두 가지 서로 구별되는 의미, 즉 그것이 있다(est)는 것과 그것이 이러저러한 것(est tale)이라는 것 모두이다. 예를 들어 주어진 어떤 대상 X에 대해 우리는 그것이 컵이라는 것과 그것이 있다는 것을 안다. 처음부터 존재자는 '있음'(an est)과 '무엇임'(quid est)의 두 측면으로 드러난다.

'무엇임'의 물음에 의해 드러나는 것은 그것의 본질(essentia) 혹은 본성

---

13. *In Sent.* III, d.23, q.1, a.2.

(natura)이다. 본질은 어떤 것을 다른 것이 아니라 바로 그것이게 하는 것으로서[14] 규정성의 원리이자 제한의 원리이다. 본질은 정의에 의해 드러나는 한에서 사물의 종적 규정성이다.[15] 본질 역시 존재활동을 하는 주체로서의 존재자와 개념적으로 구별될 뿐만 아니라 물질유의 경우에는 실제적으로도 구별된다.[16] 존재활동의 주체일 수 있는 것은 오직 개별적 실체들뿐인 반면,[17] 정의에 의해 드러나는 본질 안에는 개별화의 원리인 개별적 질료와 그에 수반되는 개별적 특성들을 포함하지 못하기 때문이다.[18] 따라서 '무엇임'의 물음을 통해 정의로 표현되는 사물의 본질은 다수의 개별자에 공통적인 공통 본성으로서, 존재활동의 주체 자체가 아니라 그 주체를 특정 종에 속하게 하는 규정성의 원리이다.

본질은 존재와 함께 존재자를 구성하는 원리이자 존재와는 완전히 구별되는 질서의 원리이다. 본질과 존재 모두가 존재하는 것(quod)이 아니라 존재하는 것의 원리(quo)다. 본질은 '무엇임'의 원리이며 존재는 '있음'의 원리로서, 존재자의 두 측면을 나타낸다. 존재라는 추상적 용어에 대비되어 존재활동의 구체적 주체를 의미하는 존재자는, '무엇임'의 물음을 통해 인식되는 한에 있어서 우선적으로 본질로 나타나기 때문에 경우에 따라서 본질은 존재에 의해 존재하는 존재자의 주체와 동일시되기도 하지만, 엄밀하게 말해서 본질은 존재자의 한 원리이지 그 자체가 존재에 의해 존재하는 존재자의 주체는 아니다.

본질과 존재를 자신의 내적 원리로 하여 '무엇임'과 '있음'의 두 차원으

---

14. *De Ente et Essentia*, cap 1.
15. *ST*, I, q.3, a.3, resp.
16. 물질적 실체들과는 달리 비물질적 실체, 즉 질료를 포함하지 않고 형상 그 자체만으로 존재하는 존재자들의 경우 본질과 실체의 구별은 논리적인 것일 뿐 실제적인 것은 아니다. Cf. *De potentia*, q.9, a.1, resp.
17. *ST*, I, q.29, a.1, resp.
18. *ST*, I, q.3, a.3, resp.

로 나타나는 존재자에 대한 이해는 반드시 이 두 차원에 대한 고려를 모두 포함해야 한다. 그렇다면 이 두 차원, 즉 본질과 존재는 앞서 제기되었던 문제, 즉 존재자의 단일성과 다양성의 해결에 어떤 실마리를 던져주는가? 본질과 존재라는 존재자의 두 원리는 각각 존재자의 다양성과 단일성을 설명하는가? 다시 말해 존재자의 공통성은 사물의 존재로부터, 존재자의 다양성은 사물의 본질로부터 설명될 수 있는가? 그렇지 않다. 존재자의 공통성과 다양성은 존재자를 구성하는 두 내적 구성원리인 본질과 존재의 상호 관계성을 통해 논의될 수 있으며, 근본적으로 존재의 이해로부터 주어질 수 있다.

2.4.2. 존재자의 단일성 및 다양성과 존재

존재자가 본질과 존재의 결합으로 이루어졌음에도 불구하고 그것이 존재자라고 불리는 이유는 그것의 존재 때문이다. 존재자라는 명칭 자체가 사물의 존재에서 비롯된 것이다.[19] 그러므로 모든 존재자에게 공통된 것은 바로 그들이 존재를 지님으로써 존재자라는 점이며, 이에 따라 존재자들의 차이는 본질에서 비롯되어야 하는 것으로 간주될 수 있다.

> 사물들은 존재를 지녔다는 점에서는 서로 간에 구별되지 않는다. 왜냐하면 이 점에 관한 한 그들은 모두 일치하기 때문이다. …그러므로 사물들이 다양한 것은 그들이 다양한 본성들을 지녔기 때문이며, 이에 의해 다양한 존재양태가 생기는 것이라고 해야 한다.[20]

이 인용문만을 볼 경우 사물들의 차이는 본질의 차이에 기인하는 것으

---

19. *In Sent.* I, d.8, q.1, a.1, c; *De veritate*, q.1, a.1.
20. *ScG*, I, cap 26.

로 간주될 수 있다. 이 경우 존재자의 공통성은 존재를 지녔다는 사실인 반면, 존재자의 차이성은 그들 각각의 본질이 다르다는 것에서 찾을 수 있다. 그러나 이 인용문은 존재자의 공통성과 차이성을 논하고 있는 것이 아니라 유한자의 존재가 존재 그 자체(Ipsum Esse)인 신의 존재에 직접 참여하는 것이 아님을 보여주려는 의도로 진술된 것이라는 점을 염두에 두자. 위 인용문은 우리가 알고자 하는 문제에 대한 직접적이고도 충분한 논의는 아닌 것이다.

그러므로 오해를 피하기 위해 위 인용문에서는 다음과 같은 점이 고려되어야 한다. 우선 '존재를 지녔다'는 점에서 같다고 해서 그들 각각이 지닌 존재가 같다는 결론이 나오는 것은 아니라는 점이다. 또한 사물들 사이의 차이성이 그들 각각이 지닌 본질의 차이에 의해 설명되기 위해서라도 그들 모두가 '본질을 지녔다'는 점에서는 같아야 한다. 즉 모든 존재자는 존재를 지녔다는 점에서뿐만 아니라 본질을 지녔다는 점에서도 공통적이기 때문에, 사물들의 차이성이 이 가운데 어느 하나의 원리에 의한다고 주장될 수는 없다.

또한 본질이 종적 규정성의 원리로서 정의에 의해 표현되는 공통 본질로 이해되는 한, 본질은 한 종을 다른 종과 구별하는 원리일 수는 있어도 동일한 종에 속하는 다수의 개별자들의 경우에 있어서는 그들의 종적 공통성의 원리이지 차이성의 원리가 아니다. 그렇기 때문에 본질이 존재자의 차이성에 대한 유일하고 전체적인 원리로 간주될 수는 없다.

한편, 차이성의 또 다른 원리로서 고려해볼 수 있는 것이 바로 물질유의 경우 질료이다. 토마스 아퀴나스는 분명히 질료가 개별화의 원리라고 말하고 있기 때문이다.[21] 개별화의 원리인 질료가 차이성을 설명해줄 경우,

---

21. *De Ente et Essentia*, cap 2. 여기서 질료는 양적으로 규정된 질료(materia signata quantate)를 의미한다.

존재는 존재자를, 본질은 종적 규정성을, 질료는 개별적 차이를 설명하는 원리로서 그 각각의 역할분담이 명쾌하게 정리될 수 있다. 그러나 가능태의 원리인 질료는 규정을 받는 원리이지 규정을 하는 원리가 아니며, 따라서 한 종 내에서 수적 다수화를 가능하게 하는 가능 조건이라는 의미에서 개별화의 원리일 뿐 그 자체로서 개별성과 차이성의 원리가 될 수는 없다. 각 존재자들이 지니는 질료적 차이는 형상을 위한 것이며, 질료적 차이 자체가 형상의 규정성에서, 즉 본질의 규정성에서 비롯되는 것으로 이해되어야 한다.[22] 그런데 동일한 종에 속하는 존재자들의 본질은 공통적인 것으로 이해되기 때문에 질료나 형상 혹은 본질에 의해서는 각 존재자들 사이의 차이성이 충분히 설명될 수 없다.

결국 차이성의 궁극적 근거를 찾기 위해서도 본질이 아니라 존재에 눈을 돌려야 한다. 그리고 그 단서는 모든 존재자 각각이 지니는 존재는 동일하지 않다는 토마스 아퀴나스의 주장에서 발견할 수 있다.

> 모든 것들은 하나의 원형적이고 능동적인 원리에 의해 다수가 존재하는 것처럼 신의 단일한 존재에 의해 존재한다. 그럼에도 불구하고 서로 다른 사물들 안에는 서로 다른 존재가 있어서, 이에 의해 형상적으로 그 사물이 존재하게 된다.[23]

각 사물의 존재가 서로 다르다는 점으로부터 존재는 단순히 '존재를 지녔다'는 점에서 모든 존재자를 존재자이게 하는 공통성의 원리일 뿐만이 아니라 '서로 다른 존재를 지녔다'라는 점에서 그 모두가 존재자임에도 불구하고 서로 다른 존재자인 이유, 즉 존재자의 다양성의 원리이기도 하다.

---

22. *ST*, I, q.47, a.1, resp.
23. *In Sent.* I, d.19, q.5, a.2, resp.

그러므로 존재자의 공통성과 다양성은 존재자를 구성하는 두 원리가 제각기 하나씩 떠맡을 수 있는 것이 아니다. 관점에 따라 본질 역시 공통성이나 다양성의 원리로 이해될 수 있지만, 사물들을 존재자로 이해하는 한에 있어서는 그들 모두가 존재자라는 공통성뿐만 아니라 차이성 모두가 궁극적으로는 존재에 의해 설명되어야 한다.

그런데 존재는 우선적으로 활동을 의미하기 때문에, 존재를 지닌다는 것은 존재라는 어떤 것을 소유한다는 의미가 아니라 존재활동 혹은 존재활동을 한다는 것을 의미하며, 서로 다른 존재를 지닌다는 것은 존재활동을 수행하는 방식이 다르다는 것을, 따라서 존재양태가 다르다는 것을 의미한다. 이러한 존재양태의 다양성은 존재활동에 대한 추상적인 표현인 '존재'와의 다양한 관계성으로 표현되고 이해될 수 있다. 단, 존재는 어떤 '것'이 아니기에 존재들의 동일성이나 차이성을 거론하기에 적합한 것이 아니며, 그래서라도 존재를 원리로 하는 존재자는 일의적이거나 다의적으로 이해되는 것이 아니라 유비적으로 이해되어야 한다. 마치 여러 사람이 '달리기'라는 동일한 행위를 하더라도, 각 사람의 '달리기' 행위는 같을 수 없고, 이 점을 '달리기'와 다양하게 관계한다고 표현할 수 있는 것과 마찬가지다. 모든 존재자는 존재와의 관계 때문에 존재자라고 일컬어지지만, 모든 존재자가 존재와 동일한 관계를 지니는 것은 아니다.[24]

존재와의 다양한 관계성은 크게 두 가지 측면에서 고려될 수 있다. 하나는 동일한 존재와 관련되지만 그에 관계되는 방식이 다른 경우로서 한 존재자 내에서의 구별이며, 다른 하나는 존재 자체가 다른 경우로서 존재자들 사이의 구별이다. 먼저 전자의 경우를 살펴보자.

적절한 의미에서 생성되거나 창조되는 것들은 존재를 지니는 것들, 즉 분리된 실체들처럼 단순한 것이든 아니면 물질적 실체들처럼 복합된 것

---

24. *In Sent.* I, d.19, q.5, a.2, ad1.

이든 간에 그 자체로서 자립적으로 존재하는 것들이다. 왜냐하면 존재는 존재를 지니는 자에게 적절하게 속하며, 이들은 자신의 존재에 의해 자립적으로 존재하는 것들이기 때문이다. 그러나 형상들과 속성들 그리고 이와 같은 다른 것들은 그 자체로 존재하는 것처럼 존재라고 말해지는 것이 아니라 그들을 통해 어떤 것이 존재하기 때문에 존재자라고 말해진다.[25]

가장 적절한 의미에서의 존재자, 즉 가장 적절한 존재의 소유자는 그 자체로서 자립적으로 존재하는 것들, 즉 개별적 실체들이다. 개별적 실체만이 적절한 의미에서 존재한다고 말해질 수 있는 존재활동의 주체인 존재자들이다. 실체 이외의 모든 것들은 실체와의 관계성 하에서만 존재자라고 말해진다.

어떤 것은 그 자체로서 자립적으로 존재하기 때문에 존재자라고 불린다. 또 어떤 것은 형상의 경우와 같이 자립성의 원리이기 때문에 존재자라고 불리며, 어떤 것은 성질의 경우처럼 자립적 존재의 상태이기 때문에 존재자라고 불리고, 또 어떤 것은 눈멂의 경우처럼 어떤 상태의 결여이기 때문에 존재자라고 불린다.[26]

실체 이외의 것들은 모두 그 자신의 존재 때문에 존재자라고 말해지는 것이 아니라 실체의 존재와의 관계성 때문에 존재자라고 불린다. 여기에 나타난 존재자의 구별은 서로 다른 존재 때문이 아니라 동일한 존재에 대해 서로 다른 관계를 지니는 데 따르는 구별이며, 그 으뜸 되는 의미의 존재가 바로 실체의 실체적 존재(esse substantiale)이다. 실체적 존재는 절대적인 의미에서 어떤 것을 존재자이게 하고, 없는 것과 구별되는 것이게 한다.[27] 반면에 속성은 실체의 원리에 의해 원인 지워진 것으로서 자신의 존재가 아니라 실체의 존재에 의해 존재하며, 그 자체로서 존재하는 것이

---

25. *ST*, I, q.45, a.4, resp.
26. *De veritate*, q.21, a.4, ad4.
27. *ST*, I, q.5, a.1, ad1.

아니라 실체 안에서 존재하는 것으로서 실체에 더해지는 현실성이다.[28] 하나의 실체 안에 다수의 속성이 있을 수 있으며, 이에 따라 다수의 속성적 존재를 말할 수 있지만, 속성들의 존재는 이미 실체적 존재에 의존하는 것이므로 한 존재자가 다수의 존재로 이루어지는 것은 아니다. 한편 형상은 실체가 존재를 수용하는 제1관문과도 같은 것으로서, 마치 실체가 속성에 존재를 전해준다고 말할 수 있는 것처럼 실체에 존재를 전해주는 것으로 간주될 수 있다. 그러나 경험세계의 물질유들에 있어서 실체의 모든 원리 가운데 가장 먼저 존재를 수용하고 소유한다고 말할 수 있는 형상은 그 자체로서 현실화되고 존재할 수 있는 것이 아니라 오직 실체를 형성하는 원리로서만 존재한다.[29] 즉 형상은 존재의 제1수용자임에도 불구하고 그 자체만으로 존재자의 주체로서 완성될 수 있는 것이 아니라 그 필수적인 원리로서만 존재한다고 말할 수 있는 것이다.[30]

결국 모든 것이 존재자이지만 1차적 의미에서의 존재자, 즉 자신의 존재를 지니는 것(habens esse)으로서 온전한 존재자(ens completum) 또는 존재자(quod est, 적절한 의미에서 존재의 주체)라고 할 수 있는 것은 오직 그 자체로서 자립적으로 존재하는(per se subsistens) 개별적 실체들뿐이며, 실체 이외의 것들은 실체와의 관계성 속에서 실체를 구성하는 원리나 속성들 또는 실체의 부분들과 같은 것으로서 2차적 의미에서만 존재자라고 할 수 있다. 이들 각각이 독립적으로 고려될 수 있고, 나름대로 존재자라고 말해질 수 있으며, 그러한 한 그들 각각의 존재를 말할 수 있지만, 엄밀한 의미에서 2차적 의미의 존재자들이 지니는 존재는 자신의 고유한 존재가 아니라 그들을 속성으로 지니는 실체의 존재이며, 이러한 의미에서 그들의 존재는 모두 의존적 존재(inesse)이다. 이들은 모두 동일한 하나의 존재, 즉

---

28. *In Sent.* I, d.8, q.4, a.3, c; *ScG,* IV, cap. 14.
29. *De Prin. Natur.*, cap 3.
30. *ST,* III, q.17, a.2, resp.

실체적 존재와의 관계성 속에서 그 존재양태가 구별된다. 이런 의미에서 존재자라는 말은 우선적으로 개별적 실체들을 의미하며, 2차적 의미의 존재자는 개별적 실체를 의미하는 존재자와 속성의 유비(analogia attributionis) 관계에 있는 것으로 이해될 수 있다.

한편 두 번째 경우, 즉 동일한 존재와의 관계성 속에서 구별되는 것이 아니라 서로 다른 존재를 지니는 것으로 구별되는 것은 각기 온전한 존재자인 개별적 실체들 사이의 구별이다. 즉 모든 개별적 실체는 자기 자신의 고유한 존재를 지님으로써 온전한 존재자라고 일컬어지며, 자신의 단일한 존재로 말미암아 그 안에 포함된 모든 원리와 속성들, 부분들의 다양성에도 불구하고 하나의 존재자로서 단일성을 지니지만, 자신 이외의 다른 실체들과는 다른 존재를 지니며 결코 자신의 존재를 공유하지 않는다.[31] 즉 존재자들이 지니는 존재론적 단일성의 궁극적 근거는 바로 그들 각각이 지닌 존재에 있다.

그러나 각 존재자의 차이가 존재의 차이에 근거한다고 해서 이들의 차이가 오직 존재의 차이만은 아니다. 존재와 결합하는 본질은 존재에 대해 가능태에 있는 것이며 존재를 수용하는 원리임에도 불구하고 동시에 존재를 제한하고 규정하는 원리이므로, 어느 의미에서는 존재의 차이가 본질의 차이에서 비롯된다고 할 수도 있다. 엄밀하게 말하면 존재자의 차이는 존재나 본질에서 비롯되는 것이 아니라 존재와 본질의 관계성에 의한 차이, 또는 존재와 본질의 결합에 따르는 차이라고 이해되어야 한다. 모든 존재자는 본질과 존재의 복합구조에 있어서 동일하되 그 실질적인 내용이 다르다. 그러므로 온전한 존재자를 존재자라고 일컫는 것 역시 유비적으로, 적절한 비례성의 유비(analogia proprie proportionalitatis) 하에서 이해되어야 한다.

---

31. *In Sent.* I, d.19, q.5, a.2, resp.

2.4.3. 실재적 존재자와 관념적 존재자

존재자가 존재자라고 불리는 이유를 존재에서 찾으며, 존재와의 관계성에 따라 존재자의 다양한 양태를 구별하는 이상의 논의에서 볼 때 존재자는 우선적으로 자신의 존재를 지님으로써 실제로 존재하는 존재자를 의미하며, 2차적인 의미에서 그것의 원리나 속성, 부분들로 구별되어 이해될 수 있다. 이때의 존재는 실재세계의 현실적 존재(esse reale)이며, 이에 의해 존재하는 모든 것들은 그것이 존재자로 인식되는가에 상관없이 그 자체로 존재하는 것들로서, 존재 여부에 관한 한 철저하게 인간의 인식으로부터 독립적인(mind-independent) 것들이다. 토마스 아퀴나스에게 존재자란 자신의 존재(suum esse)를 지님으로써 그 자체로서 존재하는 것 이외에 다른 것이 아니며, 다른 모든 것들은 위의 구별에서 드러난 것처럼 이들의 원리나 속성 또는 부분이라는 의미에서만 존재자라고 말할 수 있다.

그러나 존재자는 이처럼 실재세계의 현실적 존재에 의해 존재하는 것들, 즉 그 존재 여부가 긍정되는 것들에 대해서뿐 아니라, 존재 여부에 대해서는 부정되면서 오직 사유만 가능한 모든 것에게까지 술어화될 수 있다. 존재자를 이해하는 데 있어서의 어려움 가운데 하나가 바로 이 점, 즉 존재하는 것으로 긍정될 수 있는 것들뿐 아니라, 존재 여부가 부정되는 것들에게도 '존재'가 술어화될 수 있다는 데 있다. 이러한 것들은 존재자가 아님에도 불구하고 사유의 대상이 될 수 있는 것, 즉 관념적 존재(esse intentionale)만을 지니는 관념적 존재자(ens rationis)의 영역에 속하는 것들이다.

실재 존재자는 인식 주체인 인간의 정신 외부에 있는 모든 것을 의미한다. 실재 존재자가 존재자인 이유는 인간의 인식이 그것을 존재하는 것으로 이해하느냐의 여부와는 무관하다. 실재 존재자는 원칙적으로 인간의 인식에 개방되어 있지만, 모든 실재가 실제로 알려지는 것은 아니다.

반면에 관념적 존재자란 앎이라는 특수한 작용의 결과로 인식 주체의 사유 안에 존재하는 모든 것을 말하며, 우선적으로는 개념을 의미하는 것으로 간주될 수 있다. 관념적 존재자는 실재 존재자가 알려짐으로써 결과되는 것이지만, 모든 관념적 존재자가 필연적으로 실재 존재자를 지시하는 것은 아니다. 관념적 존재자는 그에 대응하는 실재 존재자를 지닐 수도 있고 그렇지 않을 수도 있는 것이다. 이에 관한 토마스 아퀴나스의 말을 보자.

> 이름에 의해 지시되는 것은 세 가지 다른 방식으로 취해질 수 있다. 어떤 것들은 그 존재방식이(secundum esse) 인간이나 돌과 같이 온전한 존재자, 즉 정신 외부에 온전히 완성된 것으로 존재하는 것들이다. 그러나 어떤 것들은 정신 외부에 아무것도 지니지 않은 것, 즉 꿈이나 키메라에 대한 상상과 같은 것들이다. 그리고 어떤 것들은, 보편자들의 경우에서 볼 수 있듯이, 정신 외부의 실재세계에 근거를 지니고 있지만, 정신의 작용에 의해 형상적으로 그 의미가 완성되는 것들이다.[32]

"이름에 의해 지시되는 것"이라는 말로부터 이 인용문의 구별이 관념적 존재자들에 대한 구별임을 알 수 있다. 이름은 사물들에 대해 지성이 이해한 바로서의 개념들을 나타내는 것이기 때문이다.[33] 여기서 유의할 점은 이러한 구별이 관념적 존재자 자체의 존재론적 위상[34]에 대한 것이 아니라, 그것들이 "지시하는" 것들에 따르는 구별, 즉 관념적 존재자가 실재세

---

32. *In Sent.* I, d.19, q.5, a.1, resp.
33. *ST*, I, q.13, a.1, resp.
34. 관념적 존재자들은 사유 주체인 인간의 존재에 의존하여 존재하므로 속성들의 경우처럼 의존적 존재(inesse)를 지니는 것으로 이해될 수 있지만, 속성들과 관념적 존재자의 존재론적 위상은 구별되어야만 한다. 속성들은 그 자체로서 존재자는 아니지만, 그 주체인 존재자를 현실적으로 규정하는 실제적 원리이며 주체를 보다 현실화하는 완전성이다. 반면 관념적 존재자들은 주체인 인간을 현실적으로 규정하는 원리가 아니다. 속성들은 의존적 존재를 지님에도 불구하고 여전히 실재 존재자의 원리인 데 반해 관념적 존재자들의 존재는 전적으로 정신 의존적인 것이며, 실재 존재자의 실제적 원리가 아니다.

계에 대해 지니는 관계성에 따르는 구별이라는 점이다. 관념적 존재자는 실재세계와의 연관성이 고려되지 않은 채 그 자체로서 고려될 수도 있는데, 이것이 바로 사유 안에 형성된 개념 자체를 사유의 대상으로 삼는 논리학과 인식론의 지평이며, 이 지평에서는 모든 관념적 존재자가 아무런 존재론적 차이를 지니지 않는다. 그러나 실재세계와의 연관성을 고려할 경우 관념적 존재자들은 위 인용문같이 구별되어야만 한다.

관념적 존재자가 실재세계의 어떤 것을 지시하는 한 그것을 존재자라고 할 수 있음은 분명하다. 그런데 실재세계의 그 어떤 것도 지시하지 않는 관념적 존재자도 여전히 존재자라고 할 수 있는가? 예를 들어 불새나 키메라 같은 것들은 실재세계의 존재자도 아니고 그들의 원리나 속성도 아니다. 이들은 일상의 인식에서 "그것은 존재하는가?"의 물음에 대해 부정적으로 대답된다. 이들은 존재하는 것이 아니라 오직 사유될 뿐이며, 실재세계의 구성요소가 아니라 사유세계 또는 정신세계 안에서만 존재하는 상상 혹은 공상의 존재자다. 그럼에도 불구하고 이들에게 역시 존재가 술어화될 수 있다. 사유 안에 존재하는 한 절대적인 의미에서 무는 아니기 때문이다.

이와 관련하여 두 가지 문제를 생각해보자. 하나는 존재자가 우선적으로 자신의 존재에 의해 존재하는 실재세계의 실재 존재자를 의미함에도 불구하고, 있는 모든 것뿐 아니라 실재세계에 존재하지 않는 사유 안의 존재자들에게까지 술어화될 수 있는 이유가 무엇이냐는 것이고, 또 다른 하나는 어떤 것이 실재 존재자이고 어떤 것이 허구적인 관념적 존재자인가를 우리가 어떻게 인식할 수 있는가 하는 문제이다.

2.4.3.1. 개념으로서의 존재자와 존재

첫째 문제, 즉 존재자가 우선적으로 자신의 존재에 의해 존재하는 실재세계의 실재 존재자를 의미함에도 불구하고, 있는 모든 것뿐 아니라 실재세계에 존재하지 않는 사유 안의 존재자들에게까지 술어화될 수 있는 이유를 살펴보자. 존재자는 본질 측면과 존재 측면 모두를 포함하지만, 인간에게는 우선적으로 본질 측면에서의 존재자로 다가온다. 토마스 아퀴나스 문법적으로 볼 때 사물의 이름으로 주어지는 모든 명사는 사물들을 본질 측면에서 의미하며, 사물의 존재 측면은 동사나 현재 분사에 의해 지시된다고 말하는 것이 바로 이러한 맥락이다.[35] 모든 이름은 사물에 대한 개념적 인식이며,[36] 개념에서 파악되는 사물에 대한 지식은 오직 그것의 본질과 본질적 측면에 대한 것이다. 그런데 존재에 대해 가능태에 있는 것으로서 존재와 결합하여 존재자를 구성하는 원리인 본질은 어떤 식으로든 존재를 함의하고 있다. 즉 본질에 대한 이해는 존재에 대한 구체적 이해를 포함하지 않지만, 그럼에도 불구하고 본질에 대한 이해는 현실적 존재든 아니면 가능적 존재든 존재를 동반한다. 다음을 보자.

> 모든 본질 혹은 본성은 그것의 존재에 관한 지식과 상관없이 이해될 수 있다. 예를 들어 나는 인간 또는 불새가 무엇인가를 알되 여전히 그것이 실재에 존재하는지에 대해서는 모를 수 있다.[37]

우리의 인식에 있어서 본질에 대한 인식과 존재에 대한 인식은 서로 환원될 수 없다는 것을, 특히 본질에 대한 이해가 존재에 대한 이해에 아무런 실마리를 제공해주지 않는다는 것을 보여주는 이 인용문에서, 본질에 대한 이해가 담보해내지 못하는 존재란 실재세계의(in rerum natura) 실제적 존재(esse reale)이다. 즉 그것이 무엇인가를 아는 것은 그것이 정신 외부의 실재세계에 실제로 존재하는가에 대한 앎을 동반하지 않는다. 그러나

---

35. 동사와 명사에 대해서는 *De Peri herm.*, lect.4-5 참조.
36. *ST*, I, q.13, a.1, resp.
37. *De Ente et Essentia*, cap. 4.

적어도 사유 안에 존재한다는 의미에서 관념적 존재(esse intentionale)는 반드시 동반한다. 본질질서(ordo essentiae)와 존재질서(ordo existentiae)가 다르다는 것은 양자가 서로로부터 추상되어 고려될 수 있음을 의미하지만, 그렇다고 해서 두 질서가 서로 분리될 수 있는 것은 아니다. 본질에 대한 이해와 존재에 대한 이해는 서로로부터 추상된 것이지만, 형이상학적 사유는 반드시 추상된 것을 그것이 추상되어 나온 것과의 관계성 속에서 고려해야 한다. 추상된 것 자체를 독립적으로 고려하는 것은 오직 마음 안의 존재자(ens rationis)를 다루는 논리학의 영역에 속하며, 이러한 논리학에서는 개념들 각각이 그 자체로서 고려될 수 있다. 형이상학 역시 추상된 개념들을 다룬다는 점에서는 논리학과 동일하지만, 개념을 그 자체로서가 아니라 실재와의 연관성 하에서 다룬다는 점에서 논리학과 구별되며, 따라서 모든 개념은 항상 그것이 유래된 근원과의 관계성 속에서 이해되어야만 한다.

실재와의 관계성을 고려할 때 본질 그 자체만으로는 없는 것, 즉 무에 불과하며 본질과 유리된 존재 역시 존재하지 않는다. 존재자의 두 내적 구성원리인 본질과 존재는 항상 존재자의 본질로서, 존재자의 존재로서 고려되어야 하며, 따라서 본질은 항상 어떤 존재를 지닌 본질로, 존재는 항상 어떤 본질에 대한 존재로 이해되어야 한다. 존재 자체가 본질로부터 추상되어 고려될 수는 있으나, 이것은 그 존재에 의해 현실화되는 본질이 구체적으로 어떤 내용을 지닌 것이냐에 얽매이지 않고 존재를 다룰 수 있다는 의미이고, 본질 자체에 대한 탐구 역시 존재로부터 추상되어 이루어질 수 있지만 이는 그것의 존재가 어떤 존재인가로부터 자유로워지는 것이지 모든 존재로부터 분리되는 것이 아니다. 존재로부터 추상된 본질은 그것이 현실적 존재(esse reale)를 지닌 것인가의 여부에 대해 본질을 인식하는 방식과는 다른 방식에 의해 판단되어야 하지만, 그것이 도대체 현실적인 것이든 가능적인 것이든 존재를 지닌 것인지에 관해 판단되어야 하는 것은 아니다. 오직 존재자만이 사유될 수 있고 존재자는 항상 본질과 존재의 두 측면을 지니는 것이기 때문이다. 알려진 존재자의 존재가 항상 이 순간의 현실적 존재여야 하는 것은 아니지만, 그럼에도 불구하고 존재를 지닌 것으로서의 존재자여야 함은 분명하다.

> 지식은 오직 존재자를 그 대상으로 하지만, 알려지는 것이 필연적으로 알려지는 그 순간에 실제로 존재해야 하는 것은 아니다.[38]

존재자가 모든 것에 술어화되는 이유는 이처럼 존재자라는 명사가 우선적으로 본질 측면에서의 존재자를 의미하기 때문이다. 즉 모든 것에 술어화되는 명사로서의 존재자는 존재로부터 추상된 것으로서 그것의 존재가 현실적인 것이든 가능적인 것이든 정신적인 것이든 상관없이 적용된다.[39] 이러한 존재자는 현실적인 존재자들뿐 아니라 가능적 존재자들과 마음 안의 존재자들 모두에게 절대적이고 본질적으로 술어화될 수 있다. 그러므로 인간처럼 '존재하는'(est) 것이든 불새처럼 '존재하지 않는'(non est) 것이든 모두 존재자(ens)라고 할 수 있다. 개념으로서의 존재자도 존재 때문에 존재자라고 일컬어지기는 하지만, 그 존재가 현실적 존재를 필연적으로 담보하지는 않기 때문이다.

2.4.3.2. 실재 존재자와 관념적 존재자 구별 문제의 성격

둘째 문제, 즉 개념들 가운데 실재 존재자를 지시하는 것과 그렇지 않은 것의 구별에 관한 문제는 실재를 왜곡하지 않고 있는 그대로 이해하려는 목적을 지니는 한 반드시 해결되어야 할 문제인데, 이는 다음과 같은 성격

---

38. *De veritate*, q.2, a.3, ad12. Cf. *De veritate*, q.3, a.2, ad8.
39. 반면에, 존재와의 관계성 하에서 고려되는 존재자는 그것의 존재가 현실적인 것인지 가능적인 것인지, 정신적인 것인지의 여부를 반드시 포함하게 되어 있다.

을 지니는 것으로 이해될 수 있다.

우선 이 문제는 존재의 이해에 관한 문제이다. 실재 존재자인가 아닌가의 여부는 그것이 현실적 존재를 지니는가 아닌가의 여부에 의해 구별되는 것이기 때문이다. '존재자'는 인간과 키메라 모두에게 술어화될 수 있음에도 불구하고 인간은 실재 존재자이고 키메라는 실재 존재자가 아닌 이유는 인간은 현실적 존재를 지니는 반면 키메라는 그렇지 않기 때문이다. 따라서 이 구별의 정당성 여부는 그들이 지닌 존재가 어떠한 것인가에 대한 이해에 의존한다.

다음으로 이 구별은 실재 존재자와 관념적 존재자의 구별에 관한 문제가 아니라 관념적 존재자들이 실재 존재자와 지니는 연관성을 구별하는 문제다. 이 문제는 앞서 인용된 『명제집 주해』 제1권 19부 5문 1항의 구절에 나타난 구별의 근거에 대한 물음이라고 할 수 있으며, 이 구별이 이미 '사유된 내용'인 관념적 존재자들에 대한 구별이라는 것은 앞서 지적한 바 있다. 따라서 인식 안에 있는 개념들 가운데 어떤 것이 실재에 대한 것이고, 어떤 것이 사유의 결과물에 불과한 것인가를 분별하는 기준에 대한 물음이다.

이에 따라 문제의 첫 번째 성격에서 논의된 존재 역시 개념 자체가 지니는 존재에 대한 것이 아니라 개념이 지시하는 것의 존재에 관한 것이며, 개념이 자신의 존재를 지니는 존재자(ens completum)를 의미하는가의 문제임을 알 수 있다.

두 번째 성격으로부터 우리는 탐구의 방향에 관한 중요한 지침을 얻을 수 있는데, 그것은 바로 그 기준 자체가 또 다른 개념들에서 찾아질 수 없다는 것이다. 관념적 존재자들은 설령 그것이 실재 존재자를 지시하는 것이라 할지라도 관념적 존재자인 한 자신의 고유한 존재를 지닐 수 있는 것들이 아니다. 즉 모든 개념은 그 자체로서 존재하는 것들이 아니다. 또한 이들에 적용되는 존재자 개념은 존재로부터 추상된 개념으로서의 존재자이다. 따라서 관념적 존재자의 영역 내에서는 그 어떠한 방법이나 장치가 고안된다 하더라도 현실적 존재를 담보해낼 수 없다. '존재'라는 용어 자체 역시 관념적 존재자의 영역 외부의 어떤 현실성을 지시하는 것으로서가 아니라 그 자체로서, 즉 개념으로서 사용되는 한 현실적 존재를 담보하지 않는다. 예를 들어 '키메라의 존재', '이데아의 존재' 등은 모두 키메라나 이데아가 정신 외부의 실재 존재자임을 나타내지 않는다. 따라서 구별의 기준은 관념적 존재자 안에서가 아니라 그 밖에서 찾아야 한다.

관념적 존재자 내에서 실재 존재자와 관념적 존재자 사이를 구별하는 기준을 찾는 모든 시도는 토마스 아퀴나스의 실재론적 형이상학을 관념론화하게 된다. 실재론을 옹호하고 주장하려는 의도를 지닌 경우에도 은연중에 이러한 관념론화의 위험에 빠지기 쉬운데, 그 주된 이유는 물음 자체의 덫에 걸리기 때문이라고 할 수 있다. 인간은 실재 존재자이고 키메라는 그렇지 않다는 것을 어떻게 아는가의 물음을 지성에 의한 학문적 증명을 통해 정당화해야 하는 것으로 간주하는 경우가 그 대표적인 예이다. 양자를 구별하고 그 이유를 이해하는 것은 형이상학에 필수적이지만, 그 이해가 증명을 통해 얻어질 수는 없기 때문이다.

이러한 증명이 불가능한 이유에 대해 좀 더 살펴보자. 우선 앎에 있어서 대상인 존재자와 그에 대한 개념의 관계를 보면, 존재자가 개념에 대한 원인이라고 할 수 있다. 그렇지 않다면 실재 세계가 인간 사유의 원인이 아니라 오히려 결과물이 될 것이기 때문이다. 따라서 결과인 개념으로부터 그 원인인 존재자의 존재 여부를 증명하려는 것은 일종의 '결과로부터의 논증'(quia),[40] 즉 결과의 존재로부터 원인의 존재를 논증하는 방식으로 간주할 수 있다.

그런데 토마스 아퀴나스에 의하면 이 방식으로 증명될 수 있는 것은 원

---

40. 결과로부터의 논증에 대해서는 *ST*, I, q.2, a.2, c; *In I post anal.*, lect.23-24 참조.

인이 존재한다는 것일 뿐 그 원인이 무엇이며 어떠한 것인지는 증명되지 않는다.[41] 다시 말해 인간이 개념들을 지니고 있다는 것으로부터 그 개념들의 원인이 존재한다는 것은 알 수 있지만, 그 원인이 무엇인지, 예를 들어 토마스 아퀴나스가 주장하는 것처럼 실재세계의 개별자들인지 아니면 플라톤이 말하는 것처럼 이데아들인지 아니면 데카르트가 말하는 것처럼 신인지, 그것도 아니면 그저 인간 사유작용의 산물인지는 증명될 수 없다. '인간'과 '키메라'라는 개념을 가지고 있다고 해서 그 각각의 원인으로서 실재 존재자인 인간과 키메라가 있는지 여부는 증명될 수 없는 것이다.

한마디로 말해서 우리가 지닌 관념들의 세계에서 출발할 경우 관념 외부에 있는 것이 무엇인지에 대해서 알 수 없게 된다. 이 입장에 서게 될 경우, 우리의 개념 자체가 우리 외부의 어떤 대상에 대한 인식의 결과물이라는 것 자체에 대해 의문을 제기할 수 있게 되며, 그럴 경우 도대체 관념 외부에 무엇인가가 있는지 여부에 대해서 전혀 알 수 없다는 극단적 결론으로까지 나아갈 수 있게 된다.

물론 인간의 개념이 외부의 어떤 원인에 의한 결과가 아니라 그 자체가 하나의 원인인 경우를 생각해볼 수 있다. 인간이 자신의 관념에 따라 인조물을 만들어내는 경우가 바로 그것이다. 그러나 개념 자체는 그러한 인조물의 형상인(causa formalis)에 불과할 뿐, 그러한 존재자를 정신 외부에 실제로 존재하게 하는 능동인(causa efficiens)은 아니다. 어떤 관념을 지니고 있다고 해서 그것이 실제로 이 세상에 존재하게 되는 것은 아니라는 말이다. 어떤 능동인과 질료인에 의해 그것이 실제로 이 세상에 존재하게 되었을 경우, 그리고 오직 그러한 경우에만 개념은 그것의 원인으로, 그것도 충분한 원인이 아니라 단지 형상인으로 간주될 수 있을 뿐이다.

마찬가지로 인조물의 경우에도 개념 자체만으로는 그것이 실재 존재자

---

41. *ST*, I, q.2, a.2, c and ad3.

인지 아닌지의 여부가 증명될 수 없다. 모든 개념은 현실적 존재로부터 추상된 것이기 때문에 그 어떤 개념의 내용도 그것이 의미하는 대상의 현실적 존재를 보증하지 않는다.[42] 개념에서 출발하여 그것이 의미하는 대상의 실재를 논의하거나 증명하려는 모든 시도는 그것을 통해 의도하려는 것이 무엇이든 간에 필연적으로 관념론을 낳을 수밖에 없다. 나아가 관념적 존재자가 단지 관념적 존재자인 것과 실재 존재자인 것으로 나누어져야 한다고 함으로써 마치 관념적 존재자가 실재 존재자보다 절대적인 의미에서 외연이 넓은 것으로 생각하는 오류에 빠지게 된다. 실재 존재자와 관념적 존재자를 혼동하는 것, 이것이 바로 모든 관념론의 시작이다.[43]

이러한 관념론화의 위험성을 지적하고 회피함으로써 견지하고자 하는 토마스 아퀴나스의 형이상학은 실재론이다. 우리의 문제는 실재론의 입장에서 탐구되어야 한다. 에티엔 질송(Étienne Gilson)은 『토미스트 실재론과 인식비판』이라는 자신의 저서에서 진정한 의미의 실재론은 존재하는 것에 존재를 돌리고 존재하지 않는 것에 존재를 돌리지 않는 것이라고 주장하면서, 아리스토텔레스와 토마스 아퀴나스의 철학만이 이러한 것이라고 진단한다.[44] 그러나 지성에 의해 이해된 것의 존재 여부가 지성 자체에 의해 증명될 수 없다고 논의된 상황에서, 존재하는 것에 존재를 돌리는 것이 어떻게 가능한가의 문제는 여전히 남아 있다. 개념이 지시하는 것이 실재 존재자인지 아닌지의 여부를 개념 자체를 통해 확인할 수 없다면 그것은 어떻게 확인할 수 있는가? 우리의 개념들 가운데 어떤 것은 실재 존재자이고 어떤 것은 그렇지 않다는 것을 우리는 어떻게 아는가?

같은 책에서 질송은 실재론이 기초하고 있는 두 가지 사실을 정리하고

---

42. 이것이 토마스 아퀴나스가 안셀무스의 존재론적 신 존재 증명에 동의하지 않는 이유이기도 하다. Cf. *ST*, I, q.2, a.2, ad2.
43. J.F. Anderson(1941), p.585.
44. É. Gilson(1986), p.208f.

있는데, 하나는 실재가 지식의 원인이기 때문에 인간의 지식이 실재를 획득한다는 것이고, 다른 하나는 감각능력 덕분에 지성은 실재 내에서 가지적인 것을 파악할 수 있으며, 따라서 실재를 있는 그대로 획득한다는 것이다.[45] 이 가운데 첫째 것으로부터 우리는 물음의 궁극적 대답을 얻을 수 있다. 어떤 것이 실재 존재자로 알려지는 이유, 즉 그것이 존재하는 것으로 알려지는 이유는 그것이 존재하기 때문이다. 인간은 존재하기 때문에 존재하는 것으로 알려지며 키메라는 존재하지 않기 때문에 존재하지 않는 것으로 알려진다. 이것은, 예를 들어 인간은 자신의 존재를 지녔기 때문에 존재를 지닌 것으로, 키메라는 자신의 존재를 지니지 않았기 때문에 존재를 지니지 않은 것으로 알려진다는 의미 이외에 다른 것이 아니다. 이는 곧 양자의 구별이 증명이나 논증을 통해 정해지고 확정되는 것이 아니라 처음부터 이미 알려져 있다는 것을 의미한다. 인간은 모든 대상에 대해 처음부터 실재에 존재하는 것은 실제로 존재하는 것으로, 관념으로만 존재하는 것은 관념으로만 존재하는 것으로 인식하면서 대상에 대한 인식을 시작한다. 존재자가 가장 먼저 알려진다는 토마스 아퀴나스의 주장이 의미하는 바도 바로 이것이다.

결국 토마스 아퀴나스 사상 전체를 유기적으로 관통하는 그의 '존재자' 개념을 이해하는 핵심은 존재자(ens)와 본질(essentia), 그리고 존재의 관계를 이해하는 데 있다. 존재자를 존재자이게 하는 것은 존재자의 가장 현실적 원리인 존재이며, 존재에 의해 존재자인 것이자 존재자의 다양성과 다수성의 무수한 내용을 채워가는 것이 바로 본질이라고 할 수 있다. 그리고 서로 다른 규정성으로 지칭됨으로써 구별되는 경우들뿐 아니라, 그 모든 다양성과 다수성에도 불구하고 그 하나하나를 모두 '존재자'라고 해야 한다는 점에서 비롯되는 존재자 이해의 어려움, 즉 어떤 것이든 간에 그것

---

45. Ibid, p.203.

을 '존재자'로 이해하면서도 그 모든 다양성과 다수성들 사이의 공통성과 차이성을 '존재자'라는 말 안에서 담아낼 수 있는 근거를 확보해야 한다는 어려움을 해결할 수 있는 단서는 존재자가 서로 질서를 달리하면서 가능태-현실태 관계에 있는 본질과 존재의 복합으로 이루어져 있다는 데 있다. 존재자라고 일컬어지는 점에서는 동일하지만, 존재자라고 일컬어지는 모든 경우에서 그 존재자의 의미가 유비적이기 때문에 그 안에 동일성과 차이성을 모두 담고 있다고 해야 하는 이유 역시 존재자가 본질과 존재의 복합으로 이루어져 있다는 점에서는 같지만 그 두 구성요소의 관계가 동일하지 않다는 데 있으며, 본질 질서의 다양성에도 불구하고 본질의 다양성을 일으키는 원인은 본질에 대해 현실태에 있는 존재일 수밖에 없다는 것으로부터 존재자의 존재자로서의 다양성의 근본적인 원리는 존재라고 할 수 있다.

  존재자가 서로 질서를 달리하는 본질과 존재의 복합으로 이루어지되, 본질에 대해 현실태에 있는 존재가 존재자의 가장 현실적 원리이자 완성이라고 주장함으로써 본질을 상대화하는 토마스의 존재자 이해는 존재자를 존재자로 다루려는 한 그 유례를 찾을 수 없을 만큼 성공적인 존재자 이해의 사례인 동시에 그의 철학사상 전체를 적절히 이해하기 위해 반드시 필요한 중심축이라고 할 수 있다.

참고문헌

Anderson, J.F., "Two Studies in Metaphysics", in *The Thomist* 3(1941), pp.564-587.

Bobik, J., *Aquinas on Being and Essence*, Notre Dame: University of Notre Dame Press, 1965.

Gilson, É., *Thomist Realism and the Critique of Knowledge*, trans. M.A. Wauck, San

Francisco: Ignatius Press, 1986.

Owens, J., "Aquinas's distinction at De ente et essentia 4", in *Mediaeval Studies* 48(1986), pp.119-123.

Wippel, J.F., *The Metaphysical thought of Thomas Aquinas*, Washington D.C.: The Catholic University of America Press, 2000.

06. 존재자의 속성

이상섭 | 서강대학교

이 글에서 살펴보려는 '존재자의 속성'은 '이' 또는 '저' 특수한 존재자의 속성이 아니라 '존재자인 한에서 존재자'(ens inquantum ens)에 '공통적으로 속하는 특성'(communia)을 가리킨다. 이것을 스콜라사상의 용어로 '초월범주'(transcendentia)[1]라고 부른다. 이러한 용어의 이해에 따라 이 글은 토마스 아퀴나스의 '초월범주'에 관한 이론을 통해서 그의 존재자의 속성에 관한 이해를 살펴보려고 한다.[2] 이 글은 다음과 같은 순서로 진행할 것이다. 첫째, 우리가 그것의 속성에 대해서 살펴보려는 '존재자'의 범위를 명

---

1. 스콜라철학의 'transcendentia'는 '초월범주' 외에도 '초월주', '초월론적 특성' 등으로도 번역되고, 간단히 '초월'로도 번역된다. 이 글에서는 '초월범주'로 번역하되, 범주적 규정을 넘어서는 일반적 규정이라는 의미를 살리기 위해서 종종 '초범주적 규정'이라는 표현도 사용할 것이다. transcendentia의 동의어로서 per se accidentia, primae passiones entis, ea quae consequuntur ens, communia 등의 표현이 사용된다. 이에 대해서는 Aertsen(1988), p.305 참조.
2. 토마스 아퀴나스의 '초월범주'에 관한 연구로는 Aertsen(1996); 엘더스(2003)가 중요하다. 이 두 저작은 '초월범주'가 다뤄지는 토마스 아퀴나스의 원문들을 풍부하게 제시하며 각 규정에 대해 상세히 설명하고 있다. 이 글은 초월범주의 내용설명과 원문 출처에 있어 이 두 저작에 의존하는 바가 크고 그런 점에 있어서는 이 두 저작의 요약이라 해도 과언이 아닐 것이다. 이 두 저작 외에도 침머만(2004), 163-181쪽도 중요하게 참조하였다. 마레샬(Marechal)의 영향을 받아 토마스 아퀴나스의 존재론을 해석한 '초월적 토마스주의'적 관점에서 '초월범주'를 설명한 연구도, 비록 토마스 자신의 관점과 거리가 있다는 점을 인정하더라도, '존재자의 초범주적 규정'의 새로운 이해를 위해서 중요하다. 이를 위해 코레트(2017), 178-238쪽; 무크(2007), 83-114쪽 등의 연구를 참조하였다.

확히 하는 데서 논의를 시작할 것이다. 이를 위해 존재자의 여러 의미와 형이상학의 대상 규정에 대해 살펴볼 것이다(1). 둘째, 그런 후에 비로소 존재자인 한에서 존재자에 공통적으로 속하는 특성인 초월범주들 각각의 구체적 내용에 대해서 살펴볼 것이다(2). 셋째, 첫째와 둘째의 고찰을 토대로 초월범주와 신적 속성의 관계에 대해서 살펴볼 것이다(3).

1. 존재자 개념의 여러 의미와 존재자인 한에서 존재자

1.1. 가장 넓은 개념인 '첫 번째로 파악된 것'으로서 존재자와 '정신 안의 존재자'
토마스 아퀴나스의 '존재자의 속성'에 관한 사유를 살펴보기 위해서 우리는 먼저 여기에서 말하고 있는 '존재자'의 의미와 범위를 한정해야 할 것이다. 그런데 토마스는 '초월범주'를 다루는 『진리론』 제1문 제1절에서 "지성이 '가장 잘 알려진 것'으로서 첫 번째로 파악하는 것 그리고 모든 개념을 그것으로 환원하는 것은 …존재자이다"라고 말하면서 '존재자' 및 초월범주를 가장 보편적인 규정으로 이해한다.[3] 그렇다면 존재자인 한에서 존재자에 속하는 특성인 초월범주에 대해 논하면서 존재자의 범위를 제한하는 것은 일견 적절해 보이지 않는다. 그렇지만 이 작업은 한편으로는 토마스의 형이상학을 당대의 다른 형이상학과 구별하고, 다른 한편으로는 그의 '초월범주론'을 근대의 '초월론'과 구별하기 위해 필수적으로 밟아야 할 절차이다.

바로 위에서 언급한 '지성이 첫 번째로 파악하는 것', 즉 '지성의 첫 번째 개념'으로서 '존재자'는 모든 것을 포괄하는 가장 보편적인 개념이지만

---

3. *De veritate*, q.1, a.1, co.; *In Met.*, I, 2, n.46, "primo in intellectu cadit ens." 외 여러 곳 참조. 이 절(1.1.)의 내용과 아이디어는 전체적으로 이상섭(2003), 113-119쪽에서 가져와 재구성한 것이다.

모든 것을 구별 없이 포괄한다는 점에서[4] 가장 애매한 개념이기도 하다. '실제로 존재하는 것'뿐만 아니라, '존재한다고 *생각하고 말할 수 있는 것*'도 '존재자'로 부를 수 있기 때문이다. 즉 '존재한다고 생각할 수 없는 것', '존재한다고 *말할 수 없는 것*'을 제외한 모든 것이 이러한 의미의 '존재자'라 불릴 수 있다.[5] 그런데 '존재한다고 *생각할 수 없고 말할 수도 없는 것*'은 '그것에 대해 어떠한 말도, 심지어 존재한다거나 존재하지 않는다는 말도 할 수 없는 것', 더 나아가 우리가 '존재하는가'라고 물을 수조차 없는, 그래서 '우리 생각에 대해 아무런 의미가 없는 것(영향을 미치지 않는 것)'이고, 따라서 우리에게는 '전적으로 없는 것'으로 여겨질 수 있다.[6] 이러한 것을 제외한 모든 것을 우리는 가장 넓은 의미에서 '존재한다'라고 말할 수 있다.

그런데 토마스의 형이상학(존재론)은 이렇게 단순히 '(존재한다고 생각하는 것이) 불가능하지 않은 것'이라는 의미의, 가장 넓은 의미의 존재자에 속하는 특성을 고찰하는 학문이 아니다. 이러한 방식으로 '존재자라고 불리는 것'은 그렇게 불릴 수 있는 이유가 '존재자' 자체에 있는 것이 아니라 '우리가 그것에 대해서 [존재한다고] *생각할 수 있음*' 또는 단지 [존재자라 *부*를 수 있다는] '명칭의 공통성'에 있는 것으로 보이기 때문이다.[7] 그러므로 '존재자'라고 불리는 것을 구분해서 살펴볼 필요가 있다.

이와 관련하여 토마스 아퀴나스는 '존재자는 여러 의미로 말해질 수 있다'라는 아리스토텔레스의 주장을 받아들이고, 여러 곳에서 여러 방식으로 존재자의 의미를 구분한다. 그 가운데 가장 대표적인 구분이 '자연의

---

4. *In Sent.*, I, d.8, q.1, a.3, resp., "unde omnia alia includuntur quodammodo in ente unite et indistincte…."
5. *In Sent.,* I, d.19, q.5, a.1, ad5. 이상섭(2003), 115쪽 참조.
6. 이러한 생각에 대해서는 Platon, *Sophistes* 237b 참조.
7. 이상섭(2003), 132쪽 참조.

존재자'(ens naturae)와 진술의 '참이라는 의미의 존재자'(ens ut verum)[8] 간의 구분이다. 이 두 존재자는 정신 밖에 실제로 존재하는지 아니면 '정신에 의해 구성된 것'인지에 따라 각각 '정신 밖의 존재자'(ens extra animam) 그리고 '정신 안의 존재자(ens in anima)로 불린다.[9]

그런데 여기에서 주목해야 할 것은 이 '정신 안의 존재자'와 우리가 위에서 언급한 '가장 넓은 의미의 존재자' 사이의 유사성이다. '정신 안의 존재자'는 '지성에 의해 인식(사유)된 것' 일체를 가리킨다. 여기에는 키메라(chimaera)와 같은 허구적 존재자나 악(malum)과 같은 결여(privatio) 또는 '비-존재자'(non ens)뿐 아니라, '그 자체로 가장 가지적'이지만 '우리에게는 가장 알기 어려운 존재자', 즉 신과 같이 인간 정신을 무한히 초월하는 '존재자'도 포함된다. 더 나아가 실제로 존재하고 우리에게 인식 가능한 것인 '자연의 존재자'도, 지성(정신)에 의해 *인식된* 한에서, '지성 안에 존재'할 수 있다. 그러므로 '정신 안의 존재자'는 우리가 '그것에 대해 어떠한 방식으로든 생각할 수 있고 그래서 어떤 긍정적 명제를 구성할 수 있는 것' 일체를 포괄하며, 결과적으로 전적으로 무(nihil)가 아닌 모든 것을 포괄할 수 있다.[10]

이러한 것 모두를 우리가 '존재자'로 명명하고 사유한다는 점에서 '정신 안의 존재자'는 가장 넓은 의미의 '존재자'와 구별하기 어렵다. 위에서 살펴본 것처럼 '지성의 첫 번째 개념'으로서 존재자, 즉 가장 넓은 의미의 존재자도, 만일 다양한 존재 방식이 고려되지 않은 채로 남아 있는 한에서, 우리가 '존재한다고 *생각할 수 있는 모든 것*'에 대해 진술될 수 있을 것으

---

8. 스콜라철학에서는 '관념적 존재자(ens rationis)'라 불린다.
9. *ScG*, I, c.68, n.568. 이에 대해서는 Veres(1981) 참조. 더 상세한 참고문헌은 이상섭(2003)에 소개된 문헌 참조. 토마스 아퀴나스에 따르면 '인식된 것은 인식 안에 존재한다(cognitum est in cognoscente)'고 말해지기 때문에 '정신 안의 존재자'라 불린다.
10. *In Sent.*, I, q.19, q.5, a.1, ad4; *I-II*, q.55, a.4, ad1 참조.

로 보이기 때문이다.[11]

1.2. 실제 학문인 형이상학의 주제로서 존재자인 한에서 존재자와 초월범주

토마스가 고찰하는 '존재자인 한에서 존재자에 속하는 특성'을 살펴보기 위해서는 위에서 고찰한 가장 넓은 의미의 존재자 개념의 범위와 양태를 정교화해야 한다. 이를 위해서 실제 학문(scientia realis)인 형이상학의 대상 규정을 살펴볼 필요가 있다.[12] 형이상학의 대상은 위에서 살펴본 가장 넓은 의미의 존재자 개념을 이중적으로 제한함으로써 얻어지기 때문이다. 이러한 이중적 제한의 이유는 첫째, 형이상학이 다름 아닌 '인간의 학문', 즉 '인간적 인식 양태의 지식'이라는 데서 찾을 수 있을 것이다. 둘째, '가장 넓은 의미의 존재자'는 '존재한다고 말하는 것이 전적으로 불가능한 것을 제외한 모든 것'을 포함하는, 그래서 '정신 안의 존재자'와 유사하다는 데 있다. 후자를 통해서는 주관(정신)으로부터 객관(존재)으로 나아가는 근대 존재론으로부터, 전자를 통해서는 유한한 것(피조물)과 무한한 것(신)을 같은 질서의 관점에서 고찰할 수 있다고 보는 다른 스콜라학파의 존재론으로부터 토마스의 존재론을 구별할 수 있게 된다.

두 번째 이유를 먼저 살펴보자. 위에서 말했듯이 가장 넓은 의미의 존재자는 '실제 존재' 여부와 무관하게 우리가 '존재한다고 *생각하고* 따라서 존재한다고 *말하는* 것이 불가능하지 않은 모든 것'에 펼쳐져 있고, 그것의 존재 및 보편성의 근거는 '생각됨' 또는 '말할 수 있음'에 있다. 그런데 토마스는 아리스토텔레스를 따라 '진술의 참이라는 의미의 존재자', 즉 '정신 안의 존재자'를 형이상학의 주된 고찰대상(subiectum)에서 제외한다.[13]

---

11. '존재자인 한에서 존재자'와 '첫 번째로 파악된 것'으로서 존재자의 구별에 대해서는 엘더스(2003), 40쪽 이하 참조.
12. 이 절(1.2.)의 내용은 이상섭(2003), 120-129쪽의 내용을 요약 재구성한 것이다.
13. *In Met*., VI, lect.4, n.1241 참조. 정확하게 말하자면 진술의 참의 의미에서 존재자(ens ut verum)와 더불어 '우유적 존재자(ens per accidens)'도 형이상학의 고찰에서 제외된다.

오히려 이 존재자는 '지성에 관한 학문'의 대상이다. 왜냐하면 "참이라는 의미의 존재자의 원인은 '일종의 정신의 정념', 즉 결합하고 분리하는 지성의 활동(작용)"이기 때문이다.[14] 토마스의 이 진술은 존재 양태의 차이가 고려되지 않은, '첫 번째로 파악된 것'으로서의 존재자에 대해서도 유효할 것이다. '존재한다고 *생각될 수 있는* 모든 것'에 대해 진술될 수 있는 존재자인 '첫 번째로 파악된 것'으로서 존재자는 결국 그것의 존재가 정신에 의존하기 때문이다. '정신에 의해 사유됨'에 존재 근거를 갖는 존재자는, 외연의 보편성에도 불구하고, '정신의 활동에 의존함'이라는 *특수한* 존재 방식을 갖기 때문에 '보편학문'(scientia universalis)인 형이상학이 아닌, 하나의 특수 학문인 '지성에 관한 학문', 즉 심리학의 고찰대상이 된다.[15] 그렇다면 형이상학에서는 이러한 제외 후에 남는 존재자, 즉 '정신 밖의 존재자', '자연의 존재자'가 존재자로서 고찰된다고 말해야 한다.

이제 첫 번째 제한의 이유에 대해서 생각해보자. 형이상학은 '유한한' 인간 지성의 학문(지식)이므로, 유한한 지성의 양태를 따르지 않을 수 없다. 인간 지성은 자기의 '한계를 넘어서는 것('무한한 것')에 대해서 *생각할* 수 있고, '*생각한 것*'이 '존재한다'라고, 즉 '존재자'라고 말할 수 있다. 그러나 '존재한다고 *생각한 것*'이 정확히 '무엇'인지, '본질'은 알지 못한다. 이러한 이유로 토마스는 '신이 존재한다'라는 진술에서 주장되는 '존재'는 '신이 존재한다고 말하는 것은 참*이다*'라는 의미의 존재라고 주장하였다.[16]

초본성적 은총의 도움 없이 인간이 '신이 무엇인지'에 관해 알 수 있는 것은 신이 '우리(인간)에게 잘 알려진 것'인 '자연 존재자'(피조물)의 제일원인이며(인과의 길), 그래서 신은 자연 존재자 중 하나가 아니라(부정의 길)

---

14. *In Met.*, VI, lect. 4, n.1242.
15. *In Met.*, VI, lect.4, n.1242 참조.
16. *ST*, I, q.3, a.4, ad2 참조. 이에 대해서는 이상섭(2008), 123쪽 참조.

그것을 초월하여 탁월한 방식으로 존재한다(탁월성의 길)는 사실뿐이다.[17] 그러므로 우리는 '신'을 '존재자'라고 이름 붙일 수는 있지만, '자연의 존재자'와 같은 층위의 공통성의 관점에서 고찰할 수 없다. 따라서 신은 형이상학의 직접적 고찰 대상인 '존재자인 한에서의 존재자'의 공통성의 범위에서 제외된다.[18]

이에 따라 토마스의 형이상학이 고찰하는 '존재자인 한에서 존재자'는 다음과 같은 이중적 제한을 겪게 된다는 사실이 밝혀진다. 첫째, 오직 '(존재한다)고 *생각됨*'으로써 '존재자'라 불리는 것은 '자연의 존재자'와 공통적으로 고찰될 수 없고, '실제로 존재하는 것'(이 경우 인간 정신)을 매개로 간접적으로만 존재자로서 고찰된다. 둘째, '자연의 존재자(실제 존재자, 피조물)'를 초월하는 존재자, 즉 신은 자연의 존재자와 같은 질서와 층위에서 고찰될 수 없다.

이상의 이중적 제약을 고려하면 토마스의 형이상학의 대상과 관련해서 다음과 같은 결론을 얻을 수 있다. 첫째, 토마스에게서 형이상학의 주제는 제일원인(즉 신)에 의해 존재하게 되는 모든 것(즉 자연의 존재자, 가능적이든 현실적이든)에 공통적인 존재자, 즉 '공통존재자(ens commune)'이다.[19] 둘째, 이 공통존재자는 '실제로 존재하는 것'에 공통적이라는 사실을 고려해야 한다. 셋째, 공통존재자는 제일원인에 의해 산출된(창조된) 존재자이며,[20] 바로 이 '창조됨'이 그것의 본질적 계기에 속한다는 것을 항상 고려해야 한다. 넷째, 형이상학에서 신은 공통존재자의 제일원인으로서 고찰된다.

형이상학의 대상 영역에 속하는 초월범주는 그러한 성격을 갖는 '공통

---

17. 신의 속성에 대해서는 이상섭(2024a), 334-337쪽 참조. 또한 이 입문서에 수록된 조동원의 연구 참조.
18. *In Met.*, Prooemium 참조.
19. *In Met.*, Prooemium 참조.
20. *ST*, I-II q.66, a.5, ad4, "ens commune est proprius effectus causae altissimae, scilicet Dei." 초월범주의 고찰에 있어 '피조됨'의 중요성에 대해서는 피퍼(2003), 49쪽 이하 참조.

존재자'의 고유한 속성이다.[21] 그러므로 토마스에게 '초월범주'는 '신에 의해 창조된, 자연(실제)의 존재자에 공통적인 속성'이며, 존재자를 고찰하는 '정신의 (초월적) 범주'가 아니라는 것을 알 수 있다. 이제 이러한 고찰을 배경으로 '공통존재자' 또는 다른 말로 '존재자인 한에서 존재자'에 속하는 속성에 대해서 구체적으로 살펴보기로 하자.

2. 존재자인 한에서 존재자에 속하는 특성으로서 초월범주

2.1. 존재자의 일반적 양태로서 초월범주의 도출과 종류

범주가 존재자의 특수한 양태를 표현하는 반면, 초월범주는 이러한 특수한 '범주적 규정'을 초월하는 "모든 존재자의 일반적 양태"(modus generalis consequens omne ens)를 가리킨다. 토마스는 이와 관련된 고전적 텍스트인 『진리론』 제1문 제1절에서 존재자 그 자체를 따르는 규정인지 아니면 다른 존재자와의 관계에 있는 한에서 존재자를 따르는 규정인지에 따라, 그리고 그 각각이 긍정적으로 표현되었는지 아니면 부정적으로 표현되었는지에 따라 '존재자'의 다섯 가지 초범주적 양태들을 도출한다. 존재자 그 자체를 긍정적으로 표현하는 '사물'(res), 부정적으로 표현하는 '하나'(unum), 다른 존재자와의 부정적 관계에 있는 존재자를 표현하는 '어떤 것'(aliquid), 다른 것과의 긍정적 관계를 따르는 존재자의 양태로서 한편으로는 인식과의 관계에 있는 한에서 존재자의 양태로서 '참'(verum), 그리고 다른 한편으로는 욕구와의 관계에 있는 존재자의 양태로서 '선'(bonum)이 그것들이다.[22] 이 다섯 가지 초범주적 규정들은 '존재자'라는 이름으로는 표현되지 않는 "존재자 자체의 양태"를 가리키며, '존재자'와 서로 교환해

---

21. Aertsen(1988), p.296 이하 참조.
22. *De veritate*, q.1, a.1, resp. 참조. 침머만(2004), 169쪽에 도표로 정리되어 있다.

서 사용할 수 있는 표현들이다. 그래서 우리는 자주 토마스의 텍스트에서 "존재자와 하나는 바꿔 사용할 수 있다", "존재자와 선은 바꿔 사용할 수 있다" 등의 표현을 발견할 수 있다.[23]

토마스는 '존재자'와 존재자의 일반적 양태를 표현하는 이 다섯 가지 규정을 합하여 여섯 초월범주에 대해 말한다.[24] 이제 그 각각의 초월범주가 표현하는 존재자의 속성에 대해 살펴보도록 하겠다. 이 여섯을 '존재자와 사물', '하나와 어떤 것', 그리고 '참과 선'으로 둘씩 묶어서 살펴보겠다. 이렇게 묶는 이유는 살펴보는 중에 저절로 드러날 것이다.

2.2. 존재자와 사물

2.2.1. 존재자(ens)

초월범주는 존재자 그 자체의 일반적 양태를 표현하기 때문에, 이에 대한 논의는 '존재자' 개념에서 출발하는 것이 적절할 것이다. 동어반복으로 들리겠지만 '존재자'라는 말은 '존재하는 것'(quod est), 즉 '존재(esse)라는 작용(행위)을 하는 것'을 가리키는 말이다. 토마스에 따르면 '존재자'라는 말은 바로 이 '존재'라는 작용, 즉 토마스의 용어로 "존재현실력"(actus essendi)으로부터 취해진 것이다.[25]

그런데 존재자라고 해서 모두 동일한 존재 작용을 하는 것은 아니다. '존재하는 것' 각각이 실행하는 '존재현실력'은 내용적으로 그것이 어떤

---

23. *Index Thomisticus*를 통해서 확인해 보면 "ens et unum convertuntur", "ens et bonum convertuntur", "ens et verum convertuntur" 등은 자주 발견되지만, "ens et res convertuntur"는 드물게 발견된다. 반면 ens와 aliquid의 치환 가능성을 표현하는 문장은 거의 발견되지 않는다.
24. '참'과 '선'의 복합적 성격을 갖는 '아름다움'(pulchrum)을 제7의 초월범주 중 하나로 볼 것인지에 관하여 이견들이 있다. 토마스의 『진리론』에서는 '아름다움'이 언급되지 않기 때문에 이 글에서도 다루지 않을 것이다. '아름다움'에 대해서는 엘더스(2003), 223-233쪽; Aertsen(1996), pp.335-359; 침머만(2004), 173-177쪽 참조.
25. *De veritate*, q.1, a.1, ad3 참조. Aertsen(1996), p.185 참조.

종류의 존재자인지에 따라 각각 다르다. 예를 들어 토마스는 아리스토텔레스를 인용하면서 '살아있는 것'에게 '존재'는 바로 '살아있음'이라고 말한다.[26] 따라서 여기에서 말하는 '존재'는 단지 어떤 것이 ['없지 않다'는 의미에서] '있다(실존한다)'는 의미만은 아니다.[27] 이와 관련하여 자주 인용되는 『권능론』의 다음 구절은 토마스의 존재 이해를 위해 중요한 단서를 제공한다. "내가 존재라고 말하는 것은 모든 것 중에서 가장 완전한 것(inter omnia perfectissimum)이다. …모든 특정한 형상은 …존재를 가짐으로써 현실적으로 존재하는 것이 된다. 그러므로 내가 존재라고 말하는 것은 모든 현실성의 현실성(actualitas omnium actuum)이고, 그 때문에 모든 완전성의 완전성(perfectio omnium perfectionum)임이 분명하다."[28] 인용문에 따르면 '존재'는 존재자의 현실태의 원리로서 각 존재자의 형상적 규정에 따라 각기 다른 '현실성', '완전성'을 모두 포괄하는 것으로 드러난다. 그래서 존재자인 한에서 존재자의 속성들은 모두 모든 현실성의 현실성이고 완전성의 완전성인 존재에 근거하고, 이미 존재자 개념 안에 함축되어 있다고 볼 수 있다.

존재자 개념이 일차적으로 '존재'로부터 취해졌다는 말은 '존재하는 *것*(존재*자*)'과 그것의 현실태인 '존재' 자체가 같지 않다는 것을 함축한다. '존재자'는 '존재' 자체가 아니라 '존재를 갖는 것'(esse habens), 그럼으로써 '존재하는 *것*'이며, 그래서 우리는 '존재가 존재한다'라고 말할 수 없고, '존재*자*(존재하는 *것*)'가 *존재*한다고 해야 한다.[29] '존재할 수 있는 *것*', 즉 '존재에의 가능태에 있는 것'이 '존재현실력'에 의해 현실태로 '*존재*하는 *것*'이 된다. 결국 존재자란 '존재'와 '그것을 수용할 가능태에 있는 것'으

---

26. *ScG*, III, c.104, n.2792, "vivere enim est esse viventibus."
27. 토마스에게서 '존재'(esse) 개념의 다양한 의미와 해석에 대해서는 Keller(1968) 참조.
28. *De potentia*, q.7, a.2, ad9. Aertsen(1996), p.185 등 참조.
29. *De hebdomadibus*, lect.2.

로 구성된 '구체적인 것'(concretum)임을 알 수 있다.[30] 이로부터 또한 우리는 존재자의 '존재'는 존재자 자신으로부터 오지 않고, 자기 자신이 존재 자체인 다른 것, 즉 신으로부터 올 수밖에 없다고 합리적으로 추론할 수 있다.[31] 다른 한편 이처럼 '존재'를 수용하는 것은 '존재'에 대해 가능태에 있는 것이면서, 모든 현실성의 현실성이고 완전성의 완전성인 '존재'를 '제한 내지 규정'함으로써, '자기에게 고유한 특정한 존재작용'을 수행하는 것이 된다는 것을 알 수 있다.[32]

이처럼 '존재자'라는 말은 '존재'로부터 취해진 용어로서 존재하는 것의 '존재[함]'이라는 활동을 적절히 표현할 수 있다. 그렇지만 이 용어는 '구체적인 것'으로서 존재자를 이루는 다른 요소, 즉 '존재에 대해 가능태에 있고, 존재에 의해 현실태에 놓이게 됨으로써 실제 '존재 활동을 하는 것'의 측면은 적절히 표현하지 못한다. 존재자의 이 측면은 다른 초범주적 규정이 표현할 수 있다.[33]

2.2.2. 사물(res)

구체적 개념인 존재자, 다시 말해 '존재하는 것'에서 '…것'의 계기를 res라는 말이 표현해 준다.[34] 그래서 이 '사물'이라는 말은 "존재함의 담지자"를 가리킨다.[35] 이와 관련하여 토마스는 "존재자는 '존재현실력'으로부터 취

---

30. *De hebdomadibus*, lect.2, "id quod est sive ens, quamvis sit communissimum, tamen concretive dicitur." Aertsen(1996), p.187 참조.
31. *De veritate*, q.8, a.8, resp. 참조. Aertsen(1996), p.191 참조.
32. *Compendium theologiae*, I, caput 18, n.35, "Nullus enim actus invenitur finiri nisi per potentiam, quae est vis receptiva." Oeing-Hanhoff(1953), p.39 이하; 엘더스(2003), 277쪽; 침만(2004), 161쪽 참조.
33. Aertsen(1996), p.198 참조.
34. *In Peri hermeneias*, I, lect.5, n.71; Aertsen(1996), p.198 참조.
35. 피퍼(2005), 36쪽. 같은 곳에서 피퍼가 지적하듯이 res라는 말은 "소유물, 법적 소송사건, 역사, 공동체, 국가 등 '사물과 사건들' 전체"를 가리키는 넓은 말이다. 한편 초월범주로서 res는 '본질'과 관련이 있다(엘더스(2003), 123쪽 이하 참조). 그래서 우리말 표현 '사물'은 이 모든 것을 담지 못하는 한계가 있다.

해지고, 사물이라는 이름은 존재자의 무엇임(quiditas)이나 본질을 표현"하며, 그런 점에서만 "'사물'과 존재자는 다르다"[36]고 말한다.

본질 또는 본성은 모든 존재자를 '그 존재자인 바의 것'으로 만드는 것이다. 그런데 존재자인 한에서 '자기 자신인 바의 것'('무엇'임)을 갖지 않는 존재자는 생각할 수 없다. 따라서 각각의 존재자는 모두 존재자인 한에서 본성을 갖는다고 말할 수 있다. 즉 이 '본성을 가짐'은 모든 존재자가 존재하는 한에서 갖는 속성이라는 것이다. 이에 따라 '존재하는 것'은 모두 본성(natura)을 갖고, 이 본성에 상응하는 존재 작용을 한다고 말할 수 있다. 그런데 '존재자'라는 말은 이 '본성을 가짐'이라는 특성을 이미 내적으로 함축하고 있지만 그러한 사태를 명시적으로 '표현'하지 못하기 때문에, 우리는 '사물'이라는 말을 가지고 이러한 사태를 표현하게 된다는 것이다.[37]

'존재'와 관련해서도 말했지만, '사물'이라는 용어가 도입되는 근본적인 이유는 '존재자'에서 존재와 본질이 존재론적으로 구별된다는 데 있다. 신에 의해 창조됨으로써 존재하는 것은 모두 자기 존재가 곧 자기의 본질이 아니며, 서로 실제 구별되는 '존재'와 '본질'로 구성된 것이다.[38] 그런데 위에서 말했듯이 존재와 본질은 서로 현실태와 가능태의 관계에 있고 현실태는 가능태에 의해 한정되므로, 모든 현실성 또는 완전성을 함축하는 '존재'를 어떤 '존재하는 것'의 존재로 한정하는 것은 이 존재를 수용할 수 있는 가능태, 즉 '본성'이다. 이렇게 됨으로써 모든 존재자는 각각의 '본성에 의해 한정된 존재'를 소유하며, 본성에 의해 한정되고 본성에 부합하는 존재 작용을 하게 된다.[39]

---

36. *De veritate*, q.1, a.1, resp. Oeing-Hanhoff(1953), pp.30-31 참조.
37. 엘더스(2003), 124쪽 참조.
38. 엘더스(2003), 298-301쪽; Aertsen(1988), pp.309-310 참조.
39. 각주 32 참조. 또한 Aertsen(1996), p.194 참조.

위에서 살펴보았듯이 '존재 작용을 하는 것'은 모두 '존재하는 것'이라 불릴 수 있지만, '존재하는 것'이라 불리는 것이 모두 실제의 '존재현실력'을 갖는 것은 아니다. 한편 '본성'은 존재와 구별되기 때문에, '본성'은 실제 존재 여부를 고려하지 않고서도 생각할 수 있다.[40] 이에 따라 존재자의 본성을 표현하는 용어인 '사물'은 '실제 존재' 여부와 관계없이 사용될 수 있고, 따라서 '실제로 존재하지 않는 것'도 지시할 수 있다. 그래서 이러한 의미의 '사물'은, 마치 '존재에 있어 생각에 의존하는 존재자'(ens rationis)가 그렇듯이, '악'과 같은 결여개념에도 사용될 수 있다. 토마스는 이러한 의미의 사물(res)이라는 말을 'reor, reris(나는… 생각한다, 너는… 생각한다)…'라는 말에서 파생된 말로 해석한다.[41] 그러나 가장 넓은 의미의 존재자 개념이 그렇듯이, 이러한 의미의 '사물'은 형이상학의 대상인 초월범주가 아니다. 토마스에 따르면 초월범주로서의 사물은 '실재 안에 고정되고 확고한 존재(esse ratum et firmum in rebus)를 갖는 것'을 지시한다.[42]

2.3. '하나'와 '어떤 것'

2.3.1. 하나(unum)

'하나'는 존재자의 '나뉘지 않음'(indivisio)이라는 양태를 표현한다.[43] 모든 존재자는, 만일 부분으로 또는 구성원리로 나뉘거나 해체되면 자기 동일성을 상실하게 된다.[44] 따라서 존재자는 자기 자신으로 존재하기 위해서 나뉘지 않은 '하나'로서 존재해야 한다는 것이다.

물론 모든 '존재자가 존재자인 한에서 나뉘지 않은 것, 즉 하나이다'라는 말이 모든 존재자가 내적으로 어떠한 구별도 없다는 의미는 아니다. 위

---

40. *De ente et essentia*, c.3 참조.
41. *In Sent.*, II, d.37, q.1, a.1 참조. 이상섭(2003), 132-133쪽 참조.
42. *In Sent.*, II, d.37, q.1, a.1; 엘더스(2003), 120쪽; Aertsen(1996), p.197 참조.
43. *In Met.*, IV, lect.2, n.553 참조. Aertsen(1996), p.193 참조.
44. *ST*, I, q.11, a.1, co. 참조.

에서 이미 우리는 존재하는 것이 모두 '본성' 및 이 본성과 구별되는 존재를 갖는다고 말하였다. 이는 모든 존재하는 것은 본성과 존재의 '실제적 구별'을 갖는다는 뜻이다.[45] 그러나 '존재'나 '본성'이 서로 '나뉜 채 존재'할 수 있다거나, 존재자가 존재와 본성으로 나뉘어도 '하나'의 존재자임이 유지된다는 말은 아니다. 토마스에 따르면 모든 존재하는 것은 '자기 자신으로부터 존재(esse a se)'하지 못하며, '존재를 부여하는 다른 것(제일원인, 즉 신)'으로부터 자기 본성에 의해 한정된 '존재를 분유'한다.[46] 이러한 방식으로 존재하는 것은 모두 자기 '존재'가 아니며, 그런 한에서 자기 존재와 실제로 구별된다. 그러나 '존재하는 것인 한', 즉 존재와 본질로 구성된 하나의 존재자인 한 존재와 본질은 나뉘지 않는다. '존재와 본질의 나뉨'은 결국 '존재하지 않음'을 의미한다. 그러므로 존재자는 존재자인 한에서 '존재와 본질의 나뉘지 않음'이라는 특성을 갖지 않을 수 없다.[47]

더 나아가 어떤 한 존재자를 구성하는 원리는 존재자의 본성에 따라 상이하다. 예를 들어 '물체'는 본성상 형상과 질료를 구성원리로 포함하며 또한 물체는 다양한 요소들로 이루어진다.[48] 이러한 '서로 다른 다수의' 구성원리 및 요소들이 '서로 나뉜 채로 남아 있는 한', '하나'의 존재자가 유지될 수 없다. 이러한 존재자의 '구성원리'는 오직 존재자를 구성하여 '하나'의 존재자를 이루는 '원리로서 존재'하며, 이 원리들이 서로 나뉘면 '한 존재자'는 '하나임'을 상실하여 '하나의 동일한 존재자임'을 유지할 수 없다.[49] 토마스는 이러한 존재론적 상황을 "모든 사물의 존재는 나뉘지 않음에 있다"라거나 "모든 것은 자기 존재를 보존하는 것처럼 자기의 하

---

45. 존재와 본질의 실제적 구분에 대해서는 엘더스(2003), 288-298쪽 참조.
46. *De veritate*, q.8, a.8, co. 참조.
47. Oeing-Hanhoff(1953), pp.145-147 참조.
48. Oeing-Hanhoff(1953), p.148 참조.
49. 엘더스(2003), 298-300쪽; Oeing-Hanhoff(1953), p.79 참조.

나임(일성)을 보존한다"라는 명제로 표현한다.[50] 이처럼 각 존재자는 존재자인 한에서 '자기 내적으로 나뉘지 않은 것(indivisum in se), 즉 '하나'로서 존재하며, 그런 한에서 '자기 동일성을 유지하는 것'으로 존재한다.[51]

2.3.2. 어떤 (다른) 것(aliquid)

내재적 비구별성을 통해서 표현된 존재자의 자기 동일성은 자기와 '다른 존재자'와의 구별성을, 즉 '다른 존재자가 아니다'라는 사실을 포함하게 된다. 즉 모든 존재자는 존재자인 한에서 내적으로 나뉘지 않은 '하나'이며, 또한 동시에 '(자기와) 다른 어떤 것'과 '나뉜 것'(divisum ab alio), 다시 말해 '다른 것'이다. 예를 들어 소크라테스는 자기 동일성을 유지하는 한, 내적으로는 더 나뉠 수 없는 '한' 인격인 소크라테스이며, 플라톤과는 '다른 인격'이다. 위에서 말했듯이 존재자인 한에서 존재자에 속하는 특성은 한편으로는 각 존재자를 그 자체로 고찰하고, 다른 한편으로는 다른 존재자와의 관계에서 고찰함으로써, 또한 각각을 다시 긍정적으로 그리고 부정적으로 고찰함으로써 발견할 수 있다. '하나'가 각 존재자를 그 자체로 부정적 관점에서(나뉘지-않음) 고찰할 때 발견되는 속성을 표현한다면, 다른 것과의 부정적 관계에서 고찰할 때 발견되는 존재자의 속성, 즉 '다른 모든 것과 구별됨(다름)'이라는 이 부정의 관계를 '어떤 것(aliquid)'이라는 말이 표현해 준다.[52] 이런 관점에서 aliquid를 단순히 '어떤 것'으로 번역하는 것은 적절해 보이지 않는다.[53] 그래서 토마스도 'aliquid'라는 말을 어원적으로 '다른 어떤 것(aliud quid)'에서 온 말로 이해한다.[54]

위에서 언급했듯이 '각각의 존재자가 다른 존재자와 다른 것이다'라는

---

50. *ST*, I, q.11, a.1, resp. 참조. 엘더스(2003), 138쪽 참조.
51. 코레트(2017), 184쪽 참조.
52. *De veritate*, q.1, a.1, resp. 참조.
53. 피퍼(2005), 37쪽 참조.
54. *De veritate*, q.1, a.1, resp. 참조.

사실은 '각각의 존재자가 자기 동일성을 갖는다'는 사실을 전제한다. 그래서 '어떤 것'이라는 초월범주는 '하나'라는 초월범주와 함께 각각의 존재자에 속하는 '내재적 비구별성'과 '다른 것(타자)과의 다름'에서 성립하는 자기 동일성을 표현해 준다. 토마스는 이 두 측면을 하나로 연결하여 모든 존재자는 존재자인 한에서 "자기 내적으로 나뉘지 않고, 다른 것과 나뉘어 있다(in se indivisum et ab alio divisum)"라고 말하는데, 바로 이것이 개별자(individuum)의 정의로 통용되곤 한다. 그래서 모든 존재자는 '하나'이고 '어떤 것'이다. 즉 개별자(individuum)이다.[55]

2.4. 참과 선
2.4.1. 참(verum)

'참'과 '선'이라는 초월범주는 모두 '모든 존재자와 긍정적 관계를 맺을 수 있는 것'과의 관계에 따라 존재자에 속하는 속성을 표현하는 초범주적 규정들이다. 그러므로 참과 선은 모든 존재자와 긍정적 관계를 맺을 수 있는 어떤 존재자, 즉 영혼(anima)을 전제한다. 토마스에 따르면 인간의 영혼은 각각 인식과 욕구의 측면에서 모든 존재하는 것과 관계할 수 있다.[56] 이것을 표현하기 위해서 토마스는 인식의 측면에서 모든 존재자와 긍정적 관계를 맺을 수 있는 인간의 지성인 가능 지성(intellectus possibilis)을 "어떤 방식으로 모든 것"이 되는 것으로 규정한다. 이 말은 인간 지성은 적어도 원칙적으로는 '모든 것', '존재하는 모든 것'을 알 수 있는 가능태에 있다는 것을 의미한다.[57] 이에 상응하여 모든 존재하는 것도 본성적으로 영혼과

---

55. *De Trinitate*, q.4 a.2, ad3, "de ratione individui est quod sit in se indivisum et ab aliis ultima divisione divisum."
56. *De veritate*, q.1, a.1, resp., "···anima nata convenire cum omni ente···." 엘더스(2003), 196쪽 참조.
57. *De veritate*, q.2, a.2, resp., "[anima] nata est omnia cognoscere." 참조. 모든 존재자와 관계할 수 있는 인간 정신의 특성에 대해서는 피퍼(2005), 101-102쪽 참조.

관계할 수 있는 것으로 이해된다.[58]

'참'이라는 초월범주는 존재하는 것이 인식의 측면에서 인간 영혼과 맺는 바로 이 관계[59]를 표현해 준다. 존재하는 것이 '인식능력'과 맺는 긍정적 관계는 다름 아닌 '인식능력에 의해 인식될 수 있음'을 의미한다. 그러므로 '참'은 모든 존재자의 '지성에 의해 인식될 수 있음(가지성)'을 표현하는 존재자의 초범주적 규정이다.[60] 만일 존재자가 지성과 관계 맺을 수 없다면, 즉 '가지성'이 없다면, 존재자는 결코 인식될 수 없을 것이다.[61] 이러한 관점에서 토마스에게 존재자의 '인식 가능성(가지성)'은 존재자인 한에서 존재자에 속하는 근본적 특성이다. 만일 그렇지 않다면, 존재에 대한 '참된' 인식이나 존재자 자체에 대한 학문적 인식도 불가능하고, 보다 근본적으로 인식은 존재자와 관계하지 못하고 오직 사유 주관 안에만 머무르게 될 것이다.[62]

여기서 우리는 토마스가 왜 '존재자의 가지성'을 '참'이라는 말로 표현하는지 생각해볼 필요가 있다. 토마스는 진리를 "사물과 이해(지성)의 대응"(adaequatio rei et intellectus)으로 정의한다.[63] 그래서 그는 '참' 또는 '진리'를 원래 일차적으로는 '지성에 의해 파악된 것'의 사물과의 대응에 따르는 성질을 가리키는 말로 이해한다. 이러한 의미의 진리를 '논리적 진리'라 부른다. 그런데 토마스는 이러한 의미를 갖는 '진리'를 사물에도 유비적으로 적용하여 '존재자는 참되다'라고 말하면서, 이를 통해 존재자의 가지성을 표현하고 있다.[64]

---

58. *ST*, I, q.78, a.1, resp., "[res] nata animae coniungi et in anima esse⋯."
59. *ST*, I, q.16, a.3, resp., "verum habet ordinem ad cognitionem."
60. 엘더스(2003), 171쪽 이하; Aertsen(1996), p.263 참조.
61. *De veritate*, q.1, a.1, ad3.
62. 피퍼(2003), 57쪽 참조.
63. *De veritate*, q.1, a.1, resp. 참조.
64. 이러한 '참'을 존재론적 참(진리)이라 부른다. 엘더스(2003), 169-170쪽 참조.

그래서 자세히 살펴보면 존재론적 의미의 '참'이라는 표현은 존재자의 가지성의 '근거'와 긴밀한 관계가 있다는 것을 알 수 있다. 어떤 존재자가 인식된다는 말은 그것이 '무엇'인지 인식된다는 것을 의미한다. 존재자의 측면에서 그것이 '무엇'인지를 알게 해주는 것이 바로 그 존재자의 가지성의 원천이 되는 것이며, 사물의 '형상'이 바로 그러한 기능을 한다. 예컨대 '돌'은 돌의 '형상'을 통해서 그것이 '무엇인지' 알려진다. 그런데 이 돌의 형상이 바로 신적 정신 안에 있는 돌의 '원형(이데아)'과 일치함에 따라, 즉 신이 인식하는 그대로 존재하는 한에서, 그 돌의 형상을 갖는 존재자, 즉 '돌이 참되다'라고 말한다.[65] 그러므로 '돌이 참되다'는 말은 이 돌이 신의 정신에 대응하는 합리적(이성적) 구조를 갖추었고, 바로 이 '합리성'에 근거해 인간 정신에 의해 알려질 수 있다는 말로 이해할 수 있다. 그래서 이렇게 신에 의해 '참된' 돌의 형상을 갖고 존재하게 된 이 돌은 자기의 형상을 통해 인간 정신에 대해 자신이 '무엇'인지 알려주고 그럼으로써 인간 정신에 의해 파악될 수 있게 된다. 그렇게 인간 정신에 의해 '파악된' 돌의 형상이 실제 '돌의 형상'에 일치할 때, 돌에 대한 그 인식을 '참'된 인식이라 부른다. 이와 같이 신적 정신 안에서 일차적이고 본래적 의미를 갖는 '참'이 존재자에 유비적으로 적용되어 '인간 정신에 의해 알려질 수 있음'이라는, 인간 정신과의 관계를 가리키게 되었다. 이것이 초범주적 규정으로서 참의 의미이다.[66]

참이라는 초월범주가 표현하듯이 모든 존재자는 (가능태가 아니라) 현실태에 있는 한에서 인식될 수 있다.[67] 그러므로 존재자는, '존재'하는 한에서 인식될 수 있다. '존재'가 현실화의 원리이기 때문이다. 따라서 가지성

---

65. *ST*, I, q.16, a.1, resp.
66. 피퍼(2005), 58-62쪽; 피퍼(2003), 49-68쪽 참조.
67. *ST*, I, q.87, a.1, co. 참조.

은 존재와 비례한다고 말할 수 있다.[68] 한편 존재에 있어 신적 지성에 의존하는 존재자는 신적 지성에 대해 갖는 관계에 따라 '참되다'라고 말해지므로, 존재자의 가지성은 결국 '창조됨'에 달려 있다고 말할 수 있다.[69] 그러므로 비록 초월범주로서 존재자와 참(가지성)이 치환될 수 있지만, '존재자는 (인간정신에 대해) 가지적이다'라는 말은 성립해도, '(인간정신에 대해) 가지적인 것이 존재자이다'라는 말은 엄격하게 말하자면 토마스의 형이상학적 관점에서는 성립하기 어려워 보인다. 예컨대 '키메라'도 그것이 무엇인지 알 수 있다는 점에서 가지적일 수 있지만, 실제로 존재하지는 않는다. 즉 토마스에 따르면 현실적 존재가 '가지성'의 근거이지, '가지성'이 현실 존재의 근거는 아니다.[70]

2.4.2. 선(bonum)

초월범주로서 '선'도 '참'과 마찬가지로 모든 존재하는 것과 관계할 수 있는 영혼의 욕구 능력을 전제한다.[71] 그래서 초월범주인 참이 존재자의 '가지성'을 의미한다면, '선'은 존재자의 '가욕구성'('욕구될 수 있음')을 표현한다.[72]

이 규정은 '선은 모든 것이 욕구하는 것'(quod omnia appetunt)이라는 아리스토텔레스의 선의 정의와 밀접한 관련이 있다.[73] 토마스에 따르면 모든 사물은, 이성적인 것은 물론이고 감각적인 사물이나 심지어 인식능력이 없는 자연 사물도 욕구(appetitus)가 있으며 그래서 모든 사물은 선을 욕

---

68. *ST*, I, q.16, a.3, resp., "unumquodque autem inquantum habet de esse intantum est cognoscibile." 엘더스(2003), 172쪽 참조.
69. 이에 대해서는 피퍼(2003), 55쪽 이하 참조.
70. *De veritate*, q.2, a.3, ad12 참조. 피퍼(2005), 64쪽 참조.
71. *De veritate*, q.1, a.1, resp.
72. *ST*, I, q.16, a.1, resp. 참조.
73. *ST*, I, q.5, a.1, resp. 참조. 이상섭(2014), 222쪽 이하; Aertsen(1996), p.304 이하 참조.

구(추구)한다. 그런데 토마스는 이로부터 '모든 사물은 선하다'라는 주장을 도출한다.[74] 그래서 이 주장은 모든 사물은 선을 추구하는 욕구가 있으며 또한 동시에 모든 사물 자체는 가욕구적인 것으로서 추구될 수 있는 어떤 객관적인 고유한 특성을 자기 자신 안에 가졌다는 것을 의미한다.

모든 사물이 자신 안에 가진 가욕구적 특성에 관해 설명하기 위해서 토마스는 선을 완전성(perfectio) 개념과 연결한다. 여기에서 어떤 사물이 '완전'하다는 말은 전적으로 어떠한 결함이나 결핍도 없다는 의미가 아니라, 그것이 도달할 수 있는 양태의 완전성 관점에서 볼 때 부족함이 없다는 의미다.[75] 예컨대 '완전한 사람'은 '사람'으로서의 완성을 위해 요구되는 것이 다 충족되었다는 의미다. 그런데 각각의 모든 '존재자'는 완전해지기를 욕구하며, 존재의 '현실태에 있는 한에서'(esse actu) 그 완전성에 도달했다고 말할 수 있다.[76] 이렇게 모든 존재자는 현실적으로 존재하는 한에서 완전하고, 선은 완전성을 의미하기 때문에, 모든 존재자는 '존재'하는 한에서 '선하다'라고 말할 수 있다. 모든 존재자가 본성상 '파괴'에 저항하고 '존재'를 추구하는 것이 이를 잘 보여준다.[77] 그런 점에서 각 존재자의 '존재'는 그 존재를 갖는 존재자가 욕구(추구)하는 것으로서의 '선'의 규정성을 가지며, 자기 자신을 완전하게 하는 것으로 이해된다.[78] 이것이 '존재자는 선하다'라는 명제에 표현된, 존재자의 초범주적 규정으로서 선의 한 의미라 할 수 있다.

그런데 선은 자기 자신과의 관계를 넘어서서 오히려 타자와의 관계에서 그것의 의미가 더 잘 드러난다. 이러한 맥락에서 토마스도 선의 일차적인 의미는 목적의 양태로 '다른 것'을 완전하게 하는 것에 있다고 말한

---

74. *De hebdomadibus*, lect. 3 참조.
75. *ST*, I, q.4, a.1, resp.
76. *ST*, I, q.5, a.1, resp. 참조.
77. *De malo*, q.1, a.1, resp. 참조.
78. *ScG*, I, c.37, nn.306-307 참조. 침머만(2004), 171-172쪽 참조.

다.[79] 그리고 이렇게 이해할 때 왜 토마스가 『진리론』에서 초월범주로서 '선'을 영혼의 욕구능력과의 관계에서 규정하는지 잘 이해할 수 있을 것이다. 이에 따라 초월범주인 선이 의미하는 바를 모든 존재자는 '존재'하는 한에서, 즉 자기 자신이 존재자로서 '완전'한 한에서, 타자(특히 인간의 욕구능력)에 대해 가욕구적인 것이라는 뜻으로 해석할 수 있다.

그런데 이렇게 이해된 '선'이라는 규정은 자칫 모든 존재자가 인간을 위한 유용성의 측면에서 도구적으로만 존재한다는 의미로 오해될 소지가 있다. 물론 토마스에게서 선은 '유용적 선(bonum utile)'의 의미도 있다. 그러나 이러한 선은 이차적인 의미의 선이다.[80] 토마스는 '그 자체로서 가욕구적인 선'(bonum honestum)에 대해서도 말한다.[81] 다른 한편 욕구의 측면에서 '자기 자신'이나 '다른 이'를 위해 어떤 것을 의욕하는 사랑(amor concupiscentiae)도 있지만 어떤 대상을 '그 자체로서', '그 자체를 위해서' 의욕하는, 그 대상 자체의 가치를 존중하는 사랑(amor amicitiae)이 있다. 토마스는 전자에 대해 후자의 사랑을 완전한 사랑이라 부른다.[82] 그러므로 '가욕구성'이라는 의미의 '선'이라는 초범주적 규정은 각 존재자가 다른 것을 위한 도구적이고 상대적 가치만을 갖는다는 것을 의미하는 것이 아니다. 오히려 각 존재자는 그 자체로서 존중받고 사랑받을 고유한 완전성 및 가치를 갖는다는 의미로 해석해야 할 것이다.[83] 그리고 바로 여기에 신에 의해 창조된 존재자 그 자체에 속하는 초범주적 규정으로서 선의 의미가 있다고 말할 수 있다.

'존재하는 것은 존재하는 한에서 선하다'는 말이 곧 이 세계 안에는 악

---

79. *De veritate*, q.21, a.1, resp., "Primo et principaliter dicitur bonum ens perfectivium alterius per modum finis." 엘더스(2003), 194쪽 참조.
80. *De veritate*, q.21, a.1. resp. 참조.
81. *ST*, I, q.5, a.6, resp.; ad2 참조.
82. *De spe*, q.un. a.3; 체사리오(2021), 325쪽 참조.
83. 엘더스(2003), 194쪽; 코레트(2017), 211쪽 참조.

이 존재하지 않는다는 의미는 아니다. '선의 결여'로서 악의 의미를 생각해보면, 존재자는 어떤 선이 결핍되는 한에서 악하다고 말할 수 있다.[84] 그리고 유한한 존재자의 세계에는 선을 잃어버릴 가능성이 항상 존재하며 그런 한에서 세계에는 악이 생겨날 가능성이 상존한다.[85] 그럼에도 불구하고 각 존재자는 '존재하는 한에서 완전하고 그것(존재)이 자기에게 완전성을 주는 한에서 추구될 수 있는 것의 근거가 되고, 또한 각각의 존재자는 완전하다는 사실을 근거로, 즉 '존재한다는 사실을 근거로' 다른 존재자에 의해 그 자체로 "사랑받을 수 있는 가치"를 갖는다는 점에서, 선하다고 말할 수 있다. 한편 초월범주인 선은 존재에 근거하고 이 '존재'가 '창조됨'(creatum esse)에 근거하는 한, '신의 선성'에 근거하지 않을 수 없다.[86] 즉 초월범주로서 선에 대한 이러한 이해는 신의 선성에 근거해야 충분히 이해될 수 있다.

3. 공통존재자의 원인으로서 신적 속성과 초월범주

위에서 살펴본 것처럼 초월범주는 신에 의해 창조된 존재자에, 그것이 존재자인 한에서 속하는 속성이다. 그런데 우리는 토마스가 여러 곳에서 신에 대해서도 존재자, 선 및 참, 그리고 하나 등을 진술하는 것을 볼 수 있다.[87] 그러므로 우리는 이러한 용어들이 신에 대해 진술될 때 어떤 의미를 갖는지 살펴볼 필요가 있다. 그런데 초월범주와 신은 공통성의 관점에서 고찰될 수 없다고 하였다. 이에 따라 우리는 어떻게 같은 용어로 공통적으로 고찰될 수 없는 대상을 지시할 수 있는지도 함께 생각해봐야 할 필

---

84. *ST*, I, q.48, a.1, resp.
85. *ST*, I, q.48, a.2, resp. 이상섭(2024b), 226-227쪽 참조.
86. 엘더스(2003), 200쪽 참조.
87. 예를 들어 I, q.6, q.11, q.16 등 참조.

요가 있다.[88]

3.1. 초월범주의 원인으로서 신적 속성

우리는 위에서 토마스의 형이상학에서 신은 공통존재자의 원인으로서 고찰된다고 말하였다. 이러한 맥락에서 형이상학의 대상인 초월범주를 지시하는 것과 동일한 용어를 통해 지시되는 신적 속성은 초월범주에 대해 원인으로서 관계한다는 것을 즉시 알 수 있다.[89] 그런데 토마스에 따르면 우리는 피조물에 대한 신의 원인성을 세 가지 관점에서, 즉 작용인, 범형인 그리고 목적인의 관점에서 고찰할 수 있다.[90] 그리고 이 신의 원인성을 각각 피조물의 작용인의 관점에서는 '존재자'를 통해, 범형인의 관점에서는 '참'을 통해, 그리고 목적인의 관점에서는 '선'을 통해 지시할 수 있다.[91] 이렇게 지시할 수 있는 근거는 존재자, 참 그리고 선과 같은 초월범주가 지시하는 속성들이 이미 신 안에 신의 방식으로 선재한다는 사실에서 찾을 수 있다.[92] 그런데 신 안에는 어떠한 종류의 합성도 없고, 그래서 신에 대해 진술할 수 있는 속성들은 실제로는 구별되지 않는, 절대적으로 '하나'라는 것을 미리 강조해야 한다. 이에 따라 '우리는' 초월범주에 대응하는 신적 속성으로 존재자, 참과 선 그리고 하나를 '생각'할 수 있다.[93]

토마스는 신에 대해 진술되는 첫 번째 이름이 '존재자'라고 생각한다. 같은 맥락에서 '존재하는 분(qui est)'이 신에게 가장 적합한 이름이라고도

---

88. 초월범주와 신적 속성의 관계에 대해서는 Aertsen(1996), pp.360-415에서 잘 설명하고 있으며, 이 부분(3.)도 이 연구에 의존하고 있다.
89. 이에 대해서는 Aertsen(1996), pp.372 이하 참조.
90. *ST*, I, q.44, a.1(작용인), a.3(범형인), a.4(목적인) 참조. Emery(2007), p.344 참조.
91. *De veritate*, q.1, a.4, *sed contra 5*. Aertsen(1996), p.376 참조.
92. *ST*, I, q.4, a.2, co. 참조. 이상섭(2024a), 334쪽 참조.
93. 한편 신에 대한 이름으로 aliquid와 res는 거론되지 않는다는 점도 주목할 만하다. 이에 대해서는 Aertsen(1996), pp.363-364 참조. 이 이름들의 관계에 대해서는 *In Sent.*, I, d.8, q.1, a.3, co. 참조.

주장한다. 그 이유는 이 이름들이 '존재'를 지시하며, 그래서 보편성에 있어서 가장 적절하다는 것이다. '존재'는 모든 것을 포괄하기 때문이다.[94] 그래서 '존재자' 또는 '존재하는 분'이라는 이름은 "존재자인 한에서 존재자의 원인"이고, '모든 존재자의 차이와 다수성의 원인'으로서 신을[95] 지시할 수 있다. 한편 초월범주로서 '존재자'는 '존재'로부터 취해진다. 그래서 '존재'로 인해 '존재하는 것'이 그렇게 불린다는 점에서 모든 '존재하는 것'의 제일원인인 신을 '존재 자체'(Ipsum esse)라 부르는 것도 적절해 보인다.[96] 그럼으로써 '존재하는 것'에 대한 신의, 작용인으로서의 인과관계를 잘 표현할 수 있고 또한 동시에 존재자에 대한 신의 내재성도 잘 보여줄 수 있다. '존재'는 "모든 사물의 가장 내밀한 원리"이고, 이에 따라 존재 자체인 신은 모든 사물 안에 가장 내밀하게 존재한다[97]고 말할 수 있기 때문이다.[98]

신은 초월범주로서 '참'이 표현하는 존재론적 진리의 원인으로 이해된다.[99] 즉 초월범주로서 참은 궁극적으로 그것의 원리로서 신적 정신 안에 존재하는 이데아에 근거하며, 따라서 모든 진리의 원천인 제일 진리는 신적 정신 안에 있다.[100] 그리고 이 제일 진리에 의해 모든 것이 참되다고 말해진다.[101] 그런데 신적 정신 안에 있는 제일 진리는 신의 정신 자체이고 신 자신이다. 그래서 토마스에 따르면 신은 '참'된 존재와 인식의 '원인'이기도 하지만, 신 자신이 바로 '진리(참) 자체'로 불리기도 한다. 토마스에

---

94. *ST*, I q.13, a.11, co.; *In Sent.*, I, d.8, q.1, a.1, co. 참조. Aertsen(1996), p.366 참조.
95. *De potentia*, q.3, a.16, ad4. Aertsen(1996), p.375 참조.
96. 이상섭(2024a), 337쪽 참조.
97. *ST*, I, q.8, a.1, co.
98. Emery(2007), p.380 참조.
99. 이 관계는 '진리(참)'가 사물보다 지성 안에서 먼저 발견되는가'라는 물음의 맥락에서 다뤄진다. *De veritate*, q.1, a.2, resp. Aertsen(1996), p.398; 엘더스(2003), 170-171쪽 참조.
100. *ST*, I, q.16, a.1, resp. 참조. Phillips(1956), p.178 참조.
101. *De veritate*, q.1, a.4. Aertsen(1996), p.397 참조.

따르면 진리는 지성과 사물의 대응인데, 신적 지성의 본래적 대상은 신적 본질 자체이고 신은 지성과 본질이 절대적으로 동일하기 때문이다.[102] 이렇게 진리 자체인 신의 진리는 "모든 진리의 원리(principium)", "모든 진리의 근원(origo)"[103]으로 이해된다.

초월범주인 '선'은 목적의 양태로 다른 것을 완전하게 하는 것이다. 이에 상응하여 토마스는 신의 선성을 다른 모든 것을 선하게 만드는, "모든 선성의 목적 원리"로 파악한다. 즉 모든 것은 본성적으로 궁극 목적으로서 신을 향한 경향성을 갖는다. 이렇게 신은 제일의 선으로서 선성 자체이고, 따라서 신은 본질 규정에 따라 선하다.[104] 이에 비해 다른 존재자들은 제일의 선인 신과의 의존 관계에 따라, 즉 본질적으로 선한 '제일의 선'을 분유하고 이 신적 선성의 유사성을 소유하는 한에서 선하다고 불리게 된다.[105] 그런 의미에서 신의 선성은 "자기 자신의 확산"(diffusivum sui)의 관점에서 이해된다.[106] 토마스에 따르면 '신의 사랑은 사물들 안에 선성을 주입하고 창조한다(infundens et creans).'[107] 이와 같은 방식으로 '분유를 통해서 선한 것'이 자기에게 적합한 완전성, 즉 선성을 갖게 되고, 바로 그만큼 사랑받고 존중받을 수 있게 된다.

토마스는 『신학대전』 제1부에서 신의 단순성, 완전성 및 선성, 무한성과 편재성, 불변성 및 영원성을 고찰한 후 마지막 고유성으로서 '신은 하나'임을 강조한다. 신의 단순성은 신에게는 어떠한 종류의 합성도 없다는 것을 의미하는데, 이는 이미 신이 절대적인 의미에서 '하나'라는 것을 시사한

---

102. *ScG*, I, c.60, n.501; *De veritate*, q.1, a.7, resp. Aertsen(1996), pp.369-370 참조.
103. *ScG*, I, c.1, n.5 참조.
104. *De hebdomadibus* c.4 참조.
105. *ST*, I, q.6, a.4, resp. Aertsen(1996), p.403 참조.
106. *ScG*, I, c.37, n.307 참조.
107. *ST*, I, q.20, a.2, resp. Aertsen(1996), p.377 참조.

다.[108] 신은 '자립하는 존재 자체'이고, 또한 절대적으로 단순하여 최고의 양태로 나뉘지 않은 것이기 때문이다. 그래서 신은 '최고의 하나'(maxime unus)라고 불린다.[109] 이렇게 신은 본질적으로 하나, 즉 "자기 내적으로 나뉘지 않은 것"일 뿐 아니라, 바로 그런 점에서 "신이 아닌 모든 것과 구별" 되기도 한다.[110] 다른 것은 모두 존재에 비례해서 하나이고 존재를 신으로부터 갖기 때문에 '본질적으로 하나'가 아니다. 한편 신에게서 '하나'는 또한 '유일성'을 의미하기도 한다. 토마스는 신의 단순성, 신의 무한한 완전성 및 세계의 일성(unitas)에 근거해서 신의 유일성을 추론한다.[111] 이렇게 신은 절대적으로 불가분적 하나이며, 유일한 존재로 파악된다.

3.2. 초월범주와 신적 속성의 유비

마지막으로 어떻게 신의 초월적 속성과 피조된 존재자의 초범주적 속성인 초월범주가 동일한 용어로 지시될 수 있는지 간략히 언급할 필요가 있다. '유비'(analogia)로 알려진, 이 문제에 대한 토마스의 이론은 초월범주와 신적 규정 간의 인식론적 및 존재론적 '선차-후차'(per prius-per posterius)의 관계에 대한 고찰을 반영한다.[112]

토마스 아퀴나스는 『신학대전』 제1부의 '신론'에서 신의 본질적 속성에 대한 '우리(인간)의 인식 가능성 및 방식'(제12문, 제32문)과 '우리에게 인식된 신의 본질적 속성에 대한 지시방식'(제13문)에 대해서 고찰한다. 토마스에 따르면 신에 대한 인식은 직접적일 수 없고 '신에 의해 창조된 사물'

---

108. 이상섭(2024a), 335-336쪽 참조.
109. *ST*, I, q.11, a.4, resp. 참조. 엘더스(2003), 138쪽 참조.
110. *De potentia*, q. 8 a. 3, resp., "Deus ⋯per essentiam suam est aliquid in se indivisum, et ab omnibus quae non sunt Deus, distinctum."
111. *ST*, I, q.11, a.3 참조. Aertsen(1996), p.368 참조.
112. 이에 대해서는 박승찬(1999) 및 이 입문서에 포함된 박승찬의 연구 참조.

의 인식을 매개로 간접적으로 이루어질 수밖에 없다.[113] 즉 우리는 신을 '피조물의 원인으로서' 인식한다. 한편 원인은 그것에 의해 야기된 것 가운데 어떤 하나가 '아니다'. 그러므로 우리는 신이 피조물 가운데 하나가 아니라는 것을 안다. 그러나 피조물의 원인으로서 신은 피조물의 완전성을 피조물과 같지 않은 방식으로, 즉 탁월한 방식으로 소유한다.[114] 우리가 위에서 살펴본 것처럼, 피조물인 존재자의 초범주적 특성으로서 초월범주와 신적 고유성은 바로 이러한 관계에 있는 것으로 파악된다.

토마스는 초월범주와 신적 고유성이 동일한 용어를 통해 지시될 경우, 지시양태가 이러한 존재론적 및 인식론적 차이 및 관계를 반영해야 한다는 것을 강조한다. 그러므로 명칭의 동일성이 곧 둘 사이의 의미의 동일성을 가리키지 않으며, 또한 동시에 절대적 '상이성'만을 가리키지도 않는다는 것이 명백하다. 예를 들어 '신은 선하다'라는 말과 '존재자는 선하다'라는 두 명제에서 선의 의미는 전적으로 같지도 전적으로 다르지도 않다. 이 '선'이라는 술어는 '지시되는 사물(res significata)의 관점에서' 신에 대해서 선차적으로 진술되고 피조물인 존재자에 대해 후차적으로 진술된다. 그러나 지시양태(modus significandi)는 우리의 인식양태(modus intelligendi)를 반영하기 때문에 지시양태의 관점에서는 그 역이 성립한다. 즉 피조물에 대해 선차적으로 그리고 신에 대해 후차적으로 진술된다. 우리의 인식은 피조물로부터 시작되고 명칭은 피조물을 지시하기에 적합하도록 부여되기 때문이다.[115] 공통존재자의 속성으로서 초월범주와 신적 고유성으로서 초월범주의 관계는 이러한 점을 고려해 고찰해야 할 것이다.

---

113. *ST*, I, q.12, q.32 참조.
114. 이상섭(2024a), 334-338쪽 참조.
115. *I*, q.13, aa.5-6 참조. 이상섭(2024a), 337쪽 및 여기에 제시된 문헌 참조.

4. 요약

이상으로 우리는 본문을 통해서 존재자인 한에서 존재자에 속하는 특성에 대한 토마스 아퀴나스의 사유를 살펴보았다.

토마스에 따르면 '존재자'는 '존재하는 것', 즉 '존재라는 활동을 하는 것'을 의미한다. '존재'는 모든 완전성의 완전성, 현실성의 현실성으로서 각 존재자는 자기의 본성에 고유한, 다시 말해 본성에 의해 한정된 특수한 존재 작용을 수행하는 것이다. 그러므로 모든 존재자는 '존재하는 한에서 일치하지만' 존재의 내용은 각기 다르다. 모든 존재자는 각기 '자기 자신의 고유한 본성 또는 무엇임'을 갖기 때문이다. 이 본성을 통해서 각각의 존재자는 자기 자신으로서 자기에게 고유한 존재 작용을 수행한다. 그런데 각 존재자에 속하는 고유성은 각 존재자가 내적으로 나뉘지 않는 '하나'로서 그리고 다른 존재자와 다른 '어떤 것'으로서 존재하는 한 유지된다. 또한 모든 존재자는 존재하는 한 자기 자신이 무엇인지 알 수 있도록 자신을 알려주고 또 그 자체로 가치 있는 것으로 욕구된다.

이러한 특성들, 즉 초월범주는 존재자인 한에서 모든 존재자에 속하는 가장 근본적인 속성들이다. 즉 이 초월범주는 존재자 자체의 특성이지, 결코 존재자에 대한 형식적이고 추상적인 사유의 규정을 의미하지 않는다. 그리고 이 초월범주는 신에 의해 창조된 '실제 존재자'에 속하는 특성들로서 신에 대해서는 오직 유비적으로만 진술될 수 있다. 이 점을 명확히 드러내기 위해 우리는 초월범주와 관련하여 토마스가 사유하는 존재자는 신과의 인과관계에 있는, 인간 정신 밖에 실제로 존재하는 존재자라는 것을 밝히는 데에서 출발하였다.

참고문헌

무크, 오토, 『그리스도교 철학』, 김진태 역, 가톨릭대학교출판부, 2007.
박승찬, 「유비개념의 신학적 적용: 토마스 아퀴나스의 『신학대전』 제1부 제13문제를 중심으로」, 『가톨릭신학과 사상』 28(1999), 181-208쪽.
엘더스, 레오, 『토마스 아퀴나스의 형이상학』, 박승찬 역, 가톨릭출판사, 2003.
이상섭, 「보편학으로서의 형이상학과 지성의 존재. 아리스토텔레스 형이상학의 대상 규정을 둘러싼 논쟁의 한 사례」, 『중세철학』 9(2003), 107-141쪽.
_____, 「신 존재 증명의 타당성에 관한 하나의 고찰-토마스 아퀴나스의 신학대전 제1부 제2문제를 중심으로」, 『중세철학』 14(2008), 107-137쪽.
_____, 「토마스 아퀴나스에게서 개별선, 공동선과 최고선의 관계와 형이상학적 근거」, 『철학연구』 130(2014), 219-246쪽.
_____, 「하나의 철학체계로서 신학대전에 대한 연구-『신학대전』에서 철학과 신학의 관계와 경계에 대한 하나의 고찰」, 『중세철학』 29(2023), 191-235쪽.
_____, 「철학적 신론과 신학적 신론의 연속성-『신학대전』 제1부의 신론에 대한 하나의 고찰: '이성의 인식행위'에 주목하여」, 『신학과 철학』 48(2024a), 325-358쪽
_____, 「악의 원인으로서 결함 있는 선(bonum deficiens)-『신학대전』 제1부 제49문 제1절과 『악에 대한 토론문제집』 제1문 제3절의 번역 및 해제: '결함 있는' 선으로 의지에 주목하여」, 『중세철학』 30(2024b), 219-282쪽.
체사리오, 로마누스, 「대신덕: 희망(I-II, qq.17-22)」, 스테픈 포프(편), 『토마스 아퀴나스의 윤리학』, 이재룡 외 역, 한국성토마스연구소, 2021, 316-332쪽.
침머만, 알버트, 『토마스 읽기』, 김율 역, 성바오로, 2004.
코레트, 에머리히, 『전통 형이상학의 현대적 이해-형이상학 개요』, 김진태 역, 가톨릭대학교출판부, 2017.
피퍼, 요셉, 『사물들의 진리성-중세철학 전성기 인간학에 대한 연구』, 김진태 역, 가톨릭대학교출판부, 2005.
_____, 『성 토마스의 침묵』, 이재룡 역, 한국성토마스연구소, 2023.
Aertsen, J., "Die Lehre der Transzendentalien und die Metaphysik. Der Kom-

mentar von Thomas von Aquin zum IV. Buch der *Metaphysica*", in *Freiburger Zeitschrift für Philosophie und Theologie* 35(1988), pp.293-316.

_____, *Medieval Philosophy and the Transcendentals. The Case of Thomas Aquinas*, Leiden; New York; Köln: E.J. Brill, 1996.

Emery, G., OP, *The Trinitarian Theology of Saint Thomas Aquinas*, trans. F.A. Murphy, New York: Oxford University Press, 2007.

Keller, A., *Sein oder Existenz? Die Auslegung des Seins bei Thomas von Aquin in der heutigen Scholastik*, München: Berchmanskolleg Verlag, 1968.

Oeing-Hanhoff, L., *Ens et unum convertuntur. Stellung und Gehalt des Grundsatezes in der Philosophie des Hl. Thomas von Aquin*, Münster: Aschendorffsche Verlagsbuchhandlung, 1953.

Phillips, R.P., *Modern Thomistic philosophy: an Explanation for students*, vol.2: Metaphysics, Westminster, Md.: Newman, 1956.

Veres, T., "Eine fundamentale ontologische Dichotomie im Denken des Thomas von Aquin", in *Thomas von Aquin, II. Band: Philosophische Fragen*, ed. K. Bernath, Darmstadt: Wissenschaftliche Buchgesellscahft, 1981, pp.314-338.

07. 질료형상론

이재경 | 연세대학교

1. 들어가는 말

질료형상론(hylomorphism)[1]은 아리스토텔레스의 사상에서 유래한 중요한 철학적 이론인데, 특정 영역 내의 모든 존재자는 두 가지 내재적 원리인 '질료'와 '형상'(그리스어로 각각 hyle와 morphe)의 합성으로 이해할 수 있다는 주장을 핵심으로 삼는다.

아리스토텔레스는 자연 세계에서 관찰할 수 있는 물질적 대상들 가운데 일어나는 변화를 설명하기 위해 질료형상론이 반드시 요구된다고 보았다. 어떤 존재자가 변화하는 과정에는 변화를 겪더라도 지속하는 하나의 구성요소인 질료와 지속하지 않는 나머지 구성요소인 형상이라는 두 내재적 원리가 있어야 한다는 것이다. 이런 생각은 선대 철학자들이 주장한 변화 이론을 비판하면서 차별화를 꾀하는 과정에 드러난다. "무(無), 즉 없는 것에서 어떠한 것도 생겨날 수 없다"(Ex nihilo nihil fit)라는 이유로 변화의 불가능성을 주장한 파르메니데스(Parmenides)와 변화의 가능성은 인정하더라도 변화를 분할 가능한 입자, 즉 원자(原子, atom)의 장소 운동으

---

1. 때때로 'hylemorphism'이라는 영어 철자로 표기되기도 한다.

로 설명함으로써 물질세계의 근본적인 요소인 질료와 형상이라는 내재적 원리에 도달하지 못한 원자론자들이 그 비판의 표적이다.

이런 질료형상론은 중세에 지배적 견해로 자리 잡았다. 특히 중세 스콜라 철학자들은 이 이론을 자연 세계뿐만 아니라 존재론, 신학의 영역에 이르기까지 다양한 방식으로 적용했다. 토마스 아퀴나스도 예외는 아니다. 토마스는 이 이론이 자연 세계의 변화는 물론 실체가 무엇인지를 이해하는 존재론, 영혼과 육체의 관계를 다루는 인간 본성에 대한 논의를 개진하는 데에 필수적임을 강조한다. 물론 토마스의 적용과 해석에 중세 스콜라 철학자 모두가 동의하지는 않았다. 특히 질료형상론의 범위를 어디까지 확장할 것인지, 질료형상론에서 제일 질료가 차지하는 존재론적 위상은 무엇인지, 나아가 질료형상론을 생명체에 적용할 때 생기는 쟁점을 놓고 서로 다른 해석들이 등장했다.[2] 토마스의 질료형상론을 소개하는 이 글은 아리스토텔레스의 질료형상론이 중세에 적용되고 해석되는 과정에서 토마스 자신이 어떤 방식으로 체계화하고 발전시켰는지에 주안점을 둔다.

2. 변화와 질료형상론

토마스가 아리스토텔레스의 질료형상론을 받아들여 체계화했다고 하더라도, 자연 세계가 어떻게 발생했는지, 그리고 이 세계에는 무엇이 존재하는지에 대한 그의 생각은 그리스도교 세계관에 바탕을 두었다. 아리스토텔레스는 세계가 생성되거나 소멸하지 않고 영원하다고 보았다면, 토마스는 이런 아리스토텔레스의 세계관에 동의하지 않고 세계가 신에 의해 무(無)로부터 창조되었다고 주장한다. 이런 그리스도교 세계관에 바탕을 두

---

2. 질료형상론이 중세에 어떻게 적용되고 해석되었는지에 대해서는 Pasnau(2010) 참조.

는 존재론은 크게 신과 피조물을 구성요소로 둔다. 물론 신이라는 존재자가 최상의 위치를 차지한다. 신은 삼라만상에 존재하는 모든 피조물을 창조할 뿐만 아니라 다스리기도 한다. 만물을 다스리는 신은 만물에 존재를 부여하기도 하지만 그 존재를 보존하기도 한다. 신은 이 세계를 무(無)로부터 창조하고 나서도 피조물들이 자신들의 존재를 보존하도록 세계에서 지속적인 역할을 담당한다는 것이다.[3] 신을 제외한 피조물들은 크게 천상의 천사와 같은 비물질적 실체와 지상의 물질적 실체로 나눌 수 있다.

2.1. 질료와 형상

토마스의 질료형상론은 우리 주변의 물질적 실체에서 일상적으로 관찰되는 변화를 설명하는 과정에서 소개된다. 불변하고 단순한 존재자인 신과 달리, 피조물은 변화에 종속된다. 그런데 토마스는 변화에 종속되는 피조물에 어떤 종류의 합성(compositio)이 발견된다고 주장한다.[4]

토마스는 우리가 경험하는 자연 세계의 물질적 대상에서 일어나는 변화를 설명하면서 조각가가 청동으로 조각상을 만드는 사례를 즐겨 사용한다.[5] 청동으로 작업하는 조각가가 사람의 모습을 본뜬 조형물인 조각상을 만든다고 가정해 보자. 조각가는 처음에 직육면체 형태의 청동 덩어리를 가지고 있다가, 이후 그것을 녹여 사람 형태의 모형에 부어 조각상을 완성한다. 이런 변화는 청동이 지니는 직육면체의 형태가 있다가 없어지고 사람의 형태가 없다가 있게 되는 것이다. 이 사례에서 변화는 청동의 '형태'가 바뀌는 과정으로 기술되는데, '있다가 없어지는 것'과 '없다가 있게 되는 것'은 변화의 중요한 측면이 된다.

---

3. 신이 자신이 창조한 피조물을 다스리거나 지배하는 방식인 '섭리'(providentia)에 대해서는 이 책의 제8장 「섭리와 자연적 작용」을 참조하라.
4. *ST*, I, q.1, a.9.
5. 이런 사례는 『자연의 원리들』 제1장과 『신학대전』 여러 곳에서 발견된다.

변화에 대한 이러한 설명에서 질료와 형상 개념이 등장한다. 조각상의 사례에서 청동이라는 '질료'(materia)는 변화를 겪으면서도 없어지지 않고 남아 있지만, 변화 이전과 이후에 그 청동은 서로 다른 '형상'(forma)을 갖게 된다는 것이다. 질료는 특정 변화 과정에서 없어지지 않고 똑같이 남아 있는 것, 즉 변화 속에서 동일성을 유지하는 요소이자 밑바탕[6]을 가리킨다. 조각상의 직육면체 형태가 사라지고 사람의 형태가 생겨난 과정에서 여전히 남아 있는 청동이 질료에 해당한다. 반면, 형상은 변화를 통해 없어지거나 새로 생기는 요소, 즉 조각상의 형태를 뜻한다.

청동 조각상은 특정 질료(즉 청동)와 특정 형상(즉 불그스름한 구릿빛을 띠는 조각상의 사람 형태)으로 이루어진다. 그런데 질료 자체만으로 조각상이 될 수는 없다. 왜냐하면 청동은 조각상 외에도 무기, 그릇, 주화 등의 형상을 취할 수 있기 때문이다. 또한 형상만으로도 조각상이 될 수는 없다. 왜냐하면 그 누구도 '불그스름한 구릿빛을 띰', '사람의 형태'와 같은 추상적인 속성만으로 박물관에서 전시될 조각상을 만들 수는 없기 때문이다. 오직 형상과 질료가 함께 합성될 때만, 우리는 그것을 하나의 구체적인 대상, 즉 청동 조각상이라고 부를 수 있다. 따라서 토마스는 형상과 질료 외에도 특정 질료가 특정 형상을 받아들임으로 존재하게 되는 청동 조각상 같은 것을 '질료와 형상에서 합성된 것'(ex materia et forma compositum)이라고 부른다.

2.2. 가능태와 현실태

이러한 토마스의 질료형상론은 가능태(potentia)와 현실태(actus) 개념과 밀접하게 연결된다. 질료는 가능태로 있는 것이고, 형상은 가능태로 있는 것

---

6. 토마스는 '기체'(基體, subiectum)라는 용어를 사용하기도 한다.

을 현실태로 존재하도록 하는 것, 또는 현실태라고 부른다.[7] 조각상 사례에서 청동 덩어리는 조각상에 대해 가능태로 있다. 그런데 청동이 형상을 받아들여 조각상으로 만들어지면 비로소 조각상은 현실태로 존재하게 되며 더 이상 가능태로만 존재하지 않게 된다.

질료는 다양한 형상을 가능태로 지닐 수 있기에 청동 덩어리라는 질료는 조각상은 물론 무기, 그릇, 주화 등이 될 수 있다. 청동이 조각상에 대해 가능태로 있다는 말은 무슨 뜻일까? 청동이 살아서 하늘을 날아다니며 외계인과 맞서 지구를 구하는 영웅인 '청동 인간'(Bronze Man)[8]이 될 가능성도 있다는 말인가? 이런 물음은 청동 인간이 개념적으로 상상될 수 있고, "청동은 청동 인간이 될 수 있다"라는 명제는 논리적 모순을 포함하지 않기에 성립될 수 있다는 전제를 받아들이는 사람들에게 충분히 유의미한 것처럼 보인다. 즉 특정 상황이나 명제가 참일 수도 있는 가상 세계인 '가능 세계'(possible world)를 옹호하는 일부 철학자들이라면, '결혼한 총각'은 논리적으로 불가능하지만 '청동 인간'은 현실 세계의 실제적인 존재 여부와 무관하게 논리적으로는 가능하기에 살아서 하늘을 날아다니며 외계인과 맞서 싸울 수 있다고 말할 것이다.

그러나 토마스가 염두에 두는 '가능태'라는 개념은 실재 세계에 존재하는 대상이 자기 본성에 따라 실현될 수 있는 잠재성이다. 그것은 단순히 우리가 사고 능력으로 상상할 수 있는 확장된 의미의 '가능한' 모든 것을 포함하지 않는다. 따라서 청동은 무기, 그릇, 주화 등이 될 잠재성은 지

---

7. *De princ. nat.* 1.36-45, "그런데 가능태로 있는 모든 것이 질료라고 불릴 수 있는 것처럼, 어떤 존재(실체적이든 우연적이든)를 갖게 하는 모든 것은 형상이라고 불릴 수 있다. …그리고 형상이 현실태의 존재를 만들어내는 까닭에, 형상은 현실태라고 불린다." Cf. *In De anima* II. c. 1, 96-117.
8. 폭스 피처 신디케이트(Fox Feature Syndicate)에서 출판한 만화책에 등장하는 가상의 슈퍼히어로. '청동 인간'은 패스나우(Pasnau)와 쉴즈(Shields)의 '벽돌 인간'(Brickman) 사례를 차용한 것이다. Pasnau and Shields(2016), p.30.

니지만, 살아서 하늘을 날아다니거나 외계인과 맞서 싸울 가능성은 소유하지 않는다. 어떤 것이 다른 것에 대해 가능태로 있다는 것, 즉 어떤 것이 다른 것에 대해 질료가 된다는 것은 그것이 다른 것이 되거나 다른 것으로 변화할 수 있는 내재적 능력을 뜻한다. 따라서 청동 덩어리는 조각상이 될 가능태를 지니고 있더라도 생명을 가질 능력이 없기에 어떠한 종류의 살아있는 존재자, 즉 '청동 인간'이 될 가능태를 갖고 있지는 않다.[9]

그런데 변화는 질료나 가능태만으로 일어나지 않는다. 다시 말해 청동만으로는 조각상이 되지 않는다. 왜냐하면 가능태로 있는 것은 스스로 현실태가 될 수 없기 때문이다.[10] 청동이 조각상에 대해 가능태로 있지만 청동 인간에 대해 가능태로 있지 않다고 말한다면, 그 말마디는 청동에 속한 물질적 특성에 근거한 것이다. 즉 청동은 어떤 대상들의 질료가 될 수 있는 범위에 일정한 제약을 받는다. 하지만 그 범위가 단 하나의 대상으로 제한되지 않고 조각상은 물론 무기, 그릇, 주화처럼 여러 가지 대상에 열려 있다면, 청동이 현실태의 조각상이 되는 과정은 그것이 특정한 방식으로 변화하는 과정임을 알 수 있다. 따라서 청동이 무기가 아니라 조각상이 되게 하는 결과를 산출하는 무언가가 있어야 하는데, 그것은 청동 그 자체를 넘어선 어떤 것이다. 그러므로 이런 차이를 만들어내는 것은 질료와는 다른 어떤 것이다. 토마스에 따르면, 청동을 무기가 아니라 조각상이 되도록 하는 것은 청동 덩어리 안에서 실현되는 형상이다.

그렇다면 형상은 어떻게 정의할 수 있는가? 토마스에 따르면, 형상은 가능태로 존재하는 것을 현실태로 존재하게 만드는 것이다. 이런 정의는 형상이 발휘하는 기능을 통해 쉽게 이해될 수 있다. 앞서 청동이 주화가

---

9. 더욱이 사물에 내재한 능력을 전제로 한다는 점은 가능태가 어떤 목적이나 형상을 지향한다는 '목적론'(teleology)을 전제하고 있다. 따라서 청동 덩어리는 '조각상'이라는 목적이 그 변화의 궁극적 이유로 작용했기 때문에 조각상이 된 것이다.
10. *De princ. nat.* c.3, 3-5.

아니라 조각상이 되는 변화에서 우리는 형상을 그 청동이 가지게 되는 사람의 '형태'로 설명했다. 하지만 기능적인 측면에 주목해 보면, 그 형태는 교환 수단, 가치 저장 수단, 지불 수단 등으로 사용되는 화폐로서의 '기능'이 아니라 예술적 가치를 지니고 박물관에 전시되어 감상의 대상이 되는 등의 예술 작품으로서 '기능'에 적합하다는 점을 깨닫게 된다. 그렇다면 조각상의 기능, 즉 형상이 있음으로써 청동이 조각상으로 변화한다고 말할 수 있다. 가능태의 조각상을 현실태의 조각상이 되게 하는 형상이 조각상의 본성을 결정짓는 것이다. 그렇다면 우리는 토마스가 말하는 형상이 단순한 형태 이상의 것임을 알 수 있다. 어떤 조각상들은 인간과 같은 '형태'를 지닐 수는 있지만, 어떤 조각상도 인간의 '형상'을 지니지는 않는다. 왜냐하면 어떤 조각상도 살아있는 인간이 아니기 때문이다. 조각상은 숨 쉬지 않고, 먹지도 않으며, 지각하거나 사고하지 않는다. 이런 기능들은 인간이라면 당연히 수행하는 것이다. 더욱이 죽은 사람의 몸인 시체조차도 인간의 형태를 하고 있지만 인간이 아니다. 인간은 시체에는 전혀 없는 여러 가지 실제적인 기능이나 능력을 지니고 있기 때문이다.

2.3. 변화와 창조

만일 변화가 자연 세계에서 있다가 없어지거나 없다가 있게 되는 과정이라면, 신이 이 세계에 없던 아담을 있게 만든 창조의 과정도 변화로 간주할 수 있을까? 물론 아니다. 잘 알려져 있다시피, '창조'(creatio)는 어떤 것을 무(無)로부터(ex nihilo) 존재하게 만드는 것이며, 오직 신만이 할 수 있는 일이다.[11] 더욱이 이미 존재하던 어떤 것을 무로 되돌아가게 만듦으로써 완전한 비(非)-존재로 환원시키는 '무화'(無化, annihilatio)도 신만이 할 수 있는 일이다. 따라서 전능한 신은 청동 조각상을 청동(질료) 없이도 무

---

11. *ST*, I, q.45, a.1.

(無)로부터 만들 수 있고, 마찬가지로 사람 형태의 조각상을 이 우주에서 완전히 사라지게 할 수도 있다. 그러나 이런 사건은 생성(generatio)과 소멸(corruptio) 같은 자연적 변화의 사례가 아니라 초자연적 창조와 무화에 속할 뿐이다.

토마스가 말하는 자연 세계의 변화란 이미 존재하는 무언가를 변형하여 다른 무언가가 생겨나는 과정이다. 변화에는 항상 '어떤 것에서'(ex aliquo) '다른 어떤 것으로'(in aliquid)라는 두 항이 존재한다. 이런 변화 개념은 "무(無), 즉 없는 것에서는 어떠한 것도 생겨날 수 없다"라는 원리에 토대를 둔다. 조각상 사례에서 보았듯이, 가능태로 있는 청동이라는 질료가 형상을 통해 현실태의 조각상으로 바뀐다는 것이다. 변화의 가능성이 있는 것은 질료와 형상이 모두 있게 된다는 것이며, 변화란 가능태로 존재하는 것이 현실태로 이행하는 과정이다.

3. 변화의 종류와 범위

3.1. 실체적 변화와 우유적 변화

그렇다면 자연적 변화에는 어떤 것들이 있을까? 토마스는 자연적 변화를 실체적 변화와 우유적 변화로 구별한다. 이 두 가지 변화를 좀 더 쉽게 이해하기 위해 '실체'(substantia)와 '우유'(偶有, accidens)에 대한 구별을 소개할 필요가 있다. 이를테면 내가 키우는 반려견 '봉순이'는 집에서 나가 산책하거나 시간이 지남에 따라 몸무게가 늘거나 주둥이가 점점 희게 되더라도 여전히 본질적으로 예전과 동일한 개, 즉 그런 변화가 일어나기 전의 그 개와 동일한 실체다. 그런데 이처럼 본질적이지 않은 부수적인 것의 변화를 겪더라도 여전히 같은 실체이지만, 본질적 변화를 겪는다면 전혀 다른 실체가 된다. 여기서 실체란 무엇인가? 토마스에게 실체란 그 자체로 존재하는 것이다.[12] 예컨대 반려견 봉순이도 실체이고, 연구실 책상에 앉아 이 글을 쓰는 이재경이 점심을 먹으러 식당에 가더라도 동일한 실체다. 즉 세계 안에서 독립적으로 존재하는 개별자다. 반면, 우유는 그 자체로 존재할 수 없고 다른 것들 안에 존재하는 것이다. 우유는 반드시 실체에 내재해야만 한다. 토마스는 "어떤 사물의 실체 밖에 있으면서도 그 사물에 속하는 것, 그것을 바로 우유라고 부른다"[13]라고 말한다. 봉순이의 몸무게, 주둥이 색, 그리고 봉순이가 어디에 있느냐 등과 같은 부수적인 것은 모두 봉순이라는 실체를 변화시키는 우유의 예시가 된다.

특정 실체 안에 있는 형태, 색깔, 위치, 그리고 그 외의 우유가 변하더라도 실체가 여전히 존재하는 경우는 '우유적 변화'인 데 반해, 특정 실체가 자연적인 방식으로 존재하거나 존재하지 않게 되는 과정은 '실체적 변화'다.[14] 앞서 조각상 사례에서 청동이 조각상으로 바뀌는 과정은 청동이라는 질료가 변화의 이전과 이후에도 지속하지만, 직육면체의 형태가 사라지고 사람의 형태를 얻는 과정, 즉 형상의 획득과 상실에 따라 일어나는 것이다. 그런데 청동의 물리적 구성요소나 화학적 성질처럼 본질적인 것은 변화하지 않고서 단지 형태(형상)만이 바뀌게 된다. 이런 변화는 질적인 변화에 속한다. 조각상을 완성한 이후, 불그스름한 구릿빛을 띠고 있는 청동 조각상 표면에 금색을 칠했다고 해도 사정은 마찬가지다. 우리집 화분에 심은 바질 씨앗에서 싹이 나와 잎이 무성하게 열리거나, 내가 키우는

---

12. *ST*, I, q. 3, a.5, ad1.
13. *ST*, I-II, q. 7, a.1, resp.
14. 어떤 실체가 자연적인 방식으로 존재하게 되거나 존재하지 않게 되는 과정을 '생성'과 '소멸'이라고 부르는 데 반해, 실체가 형태, 색깔, 그 밖의 비본질적인 성질들이 변하면서도 여전히 동일성을 유지하는 우유적 변화를 겪는 경우는 '변질'(alteratio)이라는 개념이 사용된다. 그렇다면 생성과 소멸은 실체적 변화에 해당하고, 변질은 우유적 변화에 상응하는 표현이다. 그런데 토마스는 『자연의 원리들』에서 생성과 소멸을 넓은 의미로 사용해 '변질'에 해당하는 표면적 변화에도 생성과 소멸이라는 용어를 사용하기도 한다. 따라서 이 글에서는 용어의 혼동을 피하고자 생성과 소멸, 그리고 변질이라는 용어 대신에 '실체적 변화'와 '우유적 변화'라는 용어를 사용한다.

반려견 봉순이가 자라면서 몸무게가 늘거나 공원으로 산책을 가는 것은 토마스가 말하는 우유적 변화의 사례다. 봉순이는 겉모습이나 외형적인 면에서 변화할 수 있지만, 여전히 봉순이는 같은 실체다. 이처럼 성질, 양, 장소 등의 변화가 우유적 변화에 속한다.

자연 세계의 존재자들은 단순히 우유적 변화를 겪기도 하지만, 존재하다가 결국에는 소멸하게 되는 본질적 변화를 겪기도 한다. 이러한 존재자들을 '실체'라고 부른다. 예컨대 청동 조각상이 녹아서 끈적한 액체가 되어 더 이상 청동 조각상으로 여길 수 없는 경우가 그렇다. 이때는 청동이라는 실체가 사라지고 새로운 실체가 생긴 것이기 때문에 실체적 변화가 일어난다. 예컨대 청동이 고온에서 용해되거나 어떤 화학적 반응을 통해 원소 수준에서 분해되어 전혀 다른 물질, 즉 산화구리, 주석 산화물 같은 것으로 바뀌는 경우를 생각할 수 있다. 토마스는 청동이라는 실체 자체가 사라지고, 전혀 다른 실체로 바뀔 때를 실체적 변화라고 부른다.

3.2. 보편적 질료형상론에 대한 비판

왜 어떤 변화는 실체가 사라지고 생기는 데 반해 다른 변화는 실체 자체는 사라지지 않고 우유적 변화만 일어나는가? 왜 반려견 봉순이는 자라면서 몸무게가 늘어나는 우유적 변화를 겪지만, 죽고 나면 더 이상 존재하지 않고 다른 실체가 존재하게 되는가? 토마스는 이런 변화를 설명하기 위해서 자연 세계의 물질적 실체가 모두 형상과 질료의 합성체라는 사실에서 그 이유를 찾는다. 즉 우리의 일상에서 경험하는 물질적 실체들이 변화할 수 있는 이유는 그것들이 질료와 형상으로 이루어져 있기 때문이라는 것이다.

지금까지 우리는 청동 조각상의 사례를 통해 자연 세계의 변화할 수 있는 물질적 실체가 질료와 형상 둘 다를 가진다는 토마스의 질료형상론에 대해 살펴보았다. 그렇다면 변화할 수 있는 대상의 범위는 어디까지일까? 질료와 형상의 관계를 물질적 실체의 영역을 넘어 천사와 같은 비물질적 실체들로 확장해야 하는가? 이 물음을 두고 중세철학자들 사이에 논쟁이 벌어졌다. 11세기 중반 솔로몬 이븐 가비롤(Solomon Ibn Gabirol)[15]은 『생명의 샘』(*Fons vitae*)에서 신을 제외한 모든 실체, 즉 피조물이라면 모두 질료와 형상으로 이루어진다는 '보편적 형상질료론'(universal hylomorphism)을 주창하며 질료형상론을 비물질적 실체까지 확대 적용한다. 이런 이론의 배후에는 신만이 불변적이며 단순한 존재자인 까닭에 신을 제외한 모든 피조물은 형이상학적으로 질료와 형상의 합성으로 이루어진다는 생각이 놓여 있다.

보편적 질료형상론에 따르면, 신을 제외한 모든 실체, 특히 천사들도 합성과 변화의 가능성을 드러낸다. 모든 피조물은 가능태와 현실태가 섞여 있으며, 질료와 형상 모두가 있게 된다. 질료가 가능태를 의미한다면, 비물질적 실체도 질료를 지녀야 한다는 것이다. 단, 물질적 실체에 포함된 질료와 구별되는 점에서 비물질적 실체들에 속한 질료를 '영적 질료'(materia spiritualis)라고 부른다.

모든 피조물이 형상을 지니고 있다는 점은 중세 스콜라철학에서 부정될 수 없는 사실이다. 하지만 모든 피조물이 질료도 지닌다는 주장을 두고서는 의견의 일치를 보지 못했다. 토마스 이전의 스콜라 철학자들, 특히 프란체스코회 철학자들은 이런 주장을 포용했지만, 토마스는 질료가 단지 물질적 실체에서만 발견되는 것이라고 선을 긋는다.[16]

토마스에 따르면, 모든 가능태가 합성의 결과물 안에서 반드시 질료를 가리키는 것은 아니다. 형상과 질료로 이루어진 것은 현실태와 가능태로 이루어지지만, 현실태와 가능태로 이루어진 것들 가운데 질료가 없이 순수 형상으로만 이루어진 실체도 있다는 말이다. 이런 생각은 형상이 반드

---

15. 스페인에서 활동한 유다교 철학자로서 라틴어 이름인 아비체브론(Avicebron) 또는 아벤체브롤(Avencebrol)로도 알려져 있다.
16. 보편적 질료형상론에 대한 토마스의 비판에 대해서는 정현석(2020) 참조.

시 물질적 실체에만 존재하지 않는다는 점으로 귀결된다. 즉 질료를 가지지 않은 형상도 존재할 수 있는데, 그것이 바로 비물질적 실체라는 것이다. 토마스에 따르면, 천사와 사후(死後)의 인간 영혼이 그 부류에 속한다.

우리가 경험하는 자연 세계에서 우유적 변화뿐만 아니라 실체적 변화가 일어날 수 있는 까닭은 물질적 실체만이 질료와 형상으로 이루어져 있기 때문이다. 반면, 천사와 같은 비물질적 실체는 이러한 합성을 갖지 않기 때문에, 실체적 변화에 종속되지 않고 단지 창조되거나 무화될 뿐이다. 그렇다고 천사가 신처럼 불변한다는 말은 아니다. 천사도 우유적 변화에 종속된다.

변화를 겪는 모든 피조물에 합성이 있을지라도, 그 합성이 굳이 질료와 형상으로 이루어진 합성일 필요는 없다. 만약 천사나 사후의 인간 영혼 안에 질료와 형상의 합성이 없다면 또 다른 합성이 있어야 하지 않을까? 토마스에 따르면, 훨씬 더 근본적인 종류의 합성인 본질(essentia)과 존재(esse)의 합성이 있다. 질료와 형상으로 합성된 실체는 여러 가지 합성체 가운데 하나일 뿐이다. 신을 제외한 피조물들 가운데 천사와 사후의 인간 영혼 같은 '분리 실체'(substantia separata)에는 질료가 없다. 따라서 토마스는 이런 분리 실체들을 '단순 실체'(substantia simplex)라고 분류한다. 그렇다고 해서 분리 실체들이 신처럼 단적으로 단순하지는 않다. 신만이 절대적으로 단순하다. 분리 실체들은 질료와 형상보다 훨씬 더 근본적인 종류의 합성을 지니고 있는데, 두 가지 형이상학적 원리인 본질과 존재로 합성된 것이다.[17]

그렇다면 토마스의 존재론에는 다음과 같은 세 종류의 실체가 있게 된다. 최상위에는 단적으로 단순한 신이 위치한다. 신 안에는 질료와 형상의 합성은 물론 본질과 존재의 합성도 없다. 존재와 본질이 같은 신은 순수

---

17. 존재와 본질의 구별에 대한 상세한 논의는 이 책의 제5장 「존재와 본질」을 참조하라.

존재일 뿐이며, 자존하는 존재 자체(ipsum esse subsistens)다.[18] 둘째, 본질과 존재로 합성된 비물질적 실체들이 있다. 그 실체들은 형상만 지닐 뿐 질료는 포함하지 않는다. 그것이 바로 비물질적 피조물이 있는 이유이기도 하다. 마지막 최하위에는 질료와 형상으로 합성된 물질적 실체, 즉 복합 실체들이 있다. 물론 그 실체들은 본질과 존재로 합성된 것이기도 하다.

4. 실체와 실체적 변화

앞서 우리는 토마스가 두 가지 변화를 구별하는 것을 확인했다. 예를 들어 내가 집에서 키우는 반려견 '봉순이'가 병에 걸려 동물병원에 입원한다면, 봉순이가 일상적으로 사는 장소에 있지 않다는 점에서 어떤 변화가 있다고 할 수 있다. 그렇다고 해서 아무도 봉순이가 완전히 다른 실체가 되었다고 말하지는 않을 것이다. 봉순이는 동물병원에 입원함으로써 장소가 바뀌었을 뿐이며, 이 경우 우유적 변화를 겪는다고 말한다. 하지만 봉순이가 완쾌되지 못하고 죽어 몸이 부패한다면, 그것은 전혀 다른 문제다. 이때 봉순이는 실체적 변화를 겪는 것인데, 더 이상 본질적으로 개라고 할 수 없으며, 이전에 봉순이라는 실체였던 존재자는 더 이상 산책을 하거나 사료를 먹거나 꼬리를 흔드는 개라는 종에 속하는 모든 활동을 할 수 없다. 봉순이는 이제 완전히 다른 실체가 되어버린 것이다.

토마스는 이러한 서로 다른 변화 유형을 형상의 종류에 대한 구별을 통해 설명한다.[19] 우유적 변화는 현실태로 존재하는 어떤 실체가 '우유적 형상'(forma accidentalis)을 얻거나 잃을 때 발생하며, 실체적 변화는 어떤 질료가 '실체적 형상'(forma substantialis)을 얻거나 잃을 때 일어난다. 반려

---

18. *ST*, I q. 3. a. 4.
19. *De princ. nat.* c.1, 3, "어떤 것을 실체적으로 존재하게 하는 것이 실체적 형상이고, 어떤 것을 우유적으로 존재하게 하는 것이 우유적 형상이다."

견 봉순이가 동물병원에 입원하는 변화는 하나의 우유적 형상을 잃고 다른 우유적 형상을 취하는 것이며, 봉순이를 이루는 실체적 형상은 유지되므로 동일한 실체, 즉 봉순이로 남아 있는 것이다. 반면 봉순이가 완쾌하지 못하고 죽는 변화는 하나의 실체적 형상을 잃고 다른 실체적 형상을 취함으로써 완전히 다른 실체가 되어버리는 것이다. 그렇긴 해도, 두 종류의 변화 모두에서 우리는 가능태로 있는 것이 현실태가 되는 과정을 보며, 두 경우 모두에서 형상이 중요한 역할을 한다. 형상은 가능태로 존재하는 것을 현실태로 존재하게 만든다.

두 가지 변화에 상응하는 질료 개념도 구별된다. 우유적 변화의 경우 그 변화를 지속하는 질료 역할을 담당하는 것은 봉순이라는 실체인 데 반해, 실체적 변화의 경우 그 변화를 지속하는 질료는 어떠한 실체적 형상과는 결합하지 않는 좀 더 엄밀한 의미에서의 질료다. 이런 이유로 인해 토마스는 후자의 질료를 전자와 구별해야 한다는 점에서 '제일 질료'(materia prima)라는 표현을 사용한다. 또 그는 우유적 변화에서 질료 역할을 담당하는 것을 '제이 질료'(materia secunda)라고 이름 붙인다.

토마스의 질료형상론에는 두 종류의 질료(제일 질료와 실체)와 두 종류의 형상(실체적 형상과 우유적 형상)이 포함된다. 이로부터 두 종류의 존재자, 즉 실체와 우유적 존재자가 생겨난다. 우유적 존재자는 제이 질료인 실체와 우유적 형상으로 구성되고, 실체는 제일 질료와 실체적 형상으로 구성된다. 실체는 제일 질료와 실체적 형상의 합성체이기는 하지만, 우유적 존재자의 질료로도 사용될 수 있다. 이를테면 앞서 예시를 든 조각상이 우유적 존재자의 사례인데, 청동 덩어리가 실체이고, 사람의 형태가 우유적 형상이다. 이처럼 토마스는 다양한 층위에서 질료와 형상의 합성에 대해 논의한다.

4.1. 제일 질료

조각가가 청동을 주조해 특정 형상을 부여하면, 청동이라는 질료가 형상을 받아들여 조각상이 된다. 이 단계에서 청동은 조각상에 대해 가능태로 있다는 의미에서 질료로 생각될 수 있다. 그러나 조각가에 의해 조각상이라는 완성품으로 만들어지기 전의 청동 덩어리도 이미 하나의 형상을 지니고 있다. 그것이 청동이지만 황동이 아닌 이유는 청동의 본질적 성질인 어떤 형상을 지니고 있기 때문이다. 조각상을 만들기 위해 주물에 붓게 될 뜨거운 액체 상태의 청동도 더 근본적인 화학 성분으로 분해될 수 있다. 그렇다면 청동을 이루는 더 근본적인 질료가 있다고 볼 수도 있다. 더 근원적으로 파고들면 어떠한 형상도 지니지 않은 질료를 생각할 수 있는데, 그것을 제일 질료라고 부른다.[20] 이런 제일 질료가 실체적 형상과의 합성을 통해 실체를 이룬다.

토마스에 따르면, 제일 질료는 어떠한 형상도 지니지 않은 순수 가능태(pura potentia)다. 더욱이 제일 질료는 그 자체로 존재할 수 없다. 앞서 살펴보았듯이, 그 자체로 존재하는 것은 실체다. 그런데 실체는 실체적 형상과 제일 질료로 이루어져야 하기에 형상과 결합하지 않은 상태의 제일 질료는 실체도 아니며, 존재자의 다른 어떤 범주에도 속하지 않는다. 또한 제일 질료는 실제로 존재하게 만드는 현실태의 원리를 지니지도 않는다.[21] 더욱이 제일 질료는 그 자체로 이해될 수도 없다. 왜냐하면 "모든 인식과 정의는 형상을 통해 이루어지므로, 질료 자체로는 인식되거나 정의될 수 없고, 오직 합성된 것을 통해서만 가능"[22]하기 때문이다. 따라서 형상을 가질 가능성만을 지닌 순수한 가능태인 제일 질료는 어떤 종류의 존재자가 될 가능성을 의미할 뿐이다. 심지어 그것은 신조차도 존재하도록 하거

---

20. 제일 질료와 실체적 형상의 관계에 대한 상세한 논의는 Wippel(2000) 제9장 참조.
21. *Quodlibet.* III, q. 1, a. 1.
22. *De princ. nat.* c.2, 14.

나 이해할 수 없다고 본다.

사정이 이러하다면, 제일 질료의 존재론적 위상은 매우 독특하다.[23] 제일 질료가 순수 가능태로서 어떠한 현실태도 지니고 있지 않다는 토마스의 입장은 후대의 스콜라 철학자들에 의해 비판의 대상이 되었다. 그가 제일 질료라는 개념을 통해 말하고자 하는 바는 무엇일까? 제일 질료는 실체적 형상과 분리되어 존재할 수 없다. 마치 가능태가 현실태와 분리되어 존재할 수 없는 것과 같다. 형상을 취할 수 있는 순수 가능태로서의 제일 질료는 결코 현실태로 존재하지 않는 것이다. 왜 그런가? 토마스에 따르면, 제일 질료가 어떤 방식으로든 자신의 현실태를 지닌다고 가정하면, 그 질료를 현실화하는 형상은 실체적 형상이 아니라 우유적 형상이 되고 말 것이다. 그렇다고 해서 제일 질료를 아예 존재하지 않는 것으로 볼 수도 없다. 현실태로 존재하는 제일 질료란 존재하지 않지만, '제일 질료'라는 순수 가능태는 실체적 형상을 결합함으로써 현실태로 존재하게 된다. 토마스에 따르면, 제일 질료가 실체적 변화의 가능성을 설명하는 역할을 하려면 어떤 방식으로든 실재적이어야 한다. 그렇다고 해서 제일 질료의 실재성이 곧 실체적 형상과 분리되어 존재할 수 있음을 뜻하지는 않는다. 제일 질료는 그 자체로 실체가 아니라 실체의 본질을 이루는 부분으로서만 존재하기 때문이다. 하지만 제일 질료는 실체적 형상에 더불어 개별적 실체를 이루는 독특한 존재론적 구성요소이자 형이상학적 원리다.

4.2. 실체적 형상

제일 질료는 실체적 형상과의 합일을 통해 실체를 이루게 된다. 물질적 실체를 이루는 본질적 구성요소로 알려지는 것, 즉 제일 질료와 실체적 형상

---

23. 토마스의 질료형상론에 드러난 제일 질료의 존재론적 위상을 어떻게 해석할지를 두고 벌어진 논쟁에 대해서는 최필립(2022) 참조.

은 어떤 대상을 그 자체로 하나인 것으로 만든다. 제일 질료와 실체적 형상으로 이루어지는 실체는 고유한 통일성(unity)을 지닌다는 말이다. 실체의 고유한 통일성은 실체적 형상을 통해 부여된다. 이 점은 자연물과 인공물의 비교를 통해 잘 드러난다. 토마스에 따르면, 실체는 주로 자연물이고, 인공물은 그렇지 않다. 개, 나무, 물이 실체인 까닭은 저마다 실체적 형상, 즉 내재적 작용의 원리를 지니고 있기 때문이다. 반면 시계, 컴퓨터, 집 등이 실체가 아닌 까닭은 저마다의 작용이 외부의 특정 우유적 형상을 통해 이루어지기 때문이다. 그렇다면 어떻게 실체적 형상을 통해 물질적 실체에 통일성이 부여되는가? 토마스에 따르면, 실체적 형상은 실체 전체뿐 아니라 그 각각의 부분에 존재를 부여한다.[24]

이제 물질적 실체 일반에 적용한 질료형상론을 생명체에 적용해 보자. 식물, 동물, 인간과 같은 생명체도 질료와 형상으로 이루어진다. 자연 세계에 존재하는 물질적 실체들 가운데 질료와 형상으로 이루어진 식물, 동물, 인간 등과 같은 생명체에게 실체적 형상은 영혼(anima)이다. 특히 실체적 형상으로서의 인간 영혼은 그 생명체를 존재하게 하고 생장, 감각, 움직이게 하는 사고 작용 등 여러 작용을 수행하도록 하는 내재적 원리다. 실체의 존재를 내재적으로 설명하는 원리는 실체적 형상이기 때문에, 모든 생명을 지닌 실체는 실체적 형상인 영혼을 지닌다.

생명의 제일원리인 영혼이 신체와 결합할 때 생명체는 존재하게 되고, 영혼이 신체와 분리될 때 그 생명체는 사라지게 된다. 영혼 없이는 그 무엇도 살아있을 수 없다. 생명체에 대한 이런 설명은 토마스가 자신의 질료형상론을 직접적으로 적용한 결과다. 토마스는 이런 질료형상론을 인간

---

24. *ST*, 1. q.76, a.8, resp., "영혼은 육체의 형상으로서 육체와 합일되기 때문에 육체 전체와 각 부분 안에 존재해야 한다. 그것이 신체의 우유적 형상들 가운데 하나가 아니라 실체적 형상이기 때문이다. 하지만 실체적 형상은 전체뿐만 아니라 각 부분도 완성한다. …영혼은 실체적 형상이므로 전체뿐만 아니라 각 부분의 형상이자 현실태여야 한다."

생명체에 적용할 때, 지상에 존재하는 동안에는 비물질적 영혼과 물질적인 육체라는 두 개의 구별되는 실체로 이루어져 있다는 '실체 이원론'(substance dualism)을 강하게 비판한다. 왜냐하면 "육체와 영혼은 현실적으로 실재하는 두 실체가 아니라, 오히려 그 둘로부터 현실적으로 실재하는 하나의 실체가 이루어지기 때문이다."[25] 즉 영혼과 육체가 형상과 질료의 관계로 연결되며, 형상과 질료는 하나라는 것이 토마스의 주장이다. 그렇다면 토마스의 실체 이원론에 대한 거부가 물리주의(physicalism)[26]를 주장함으로써 그리스도교가 받아들이는 영혼의 불멸성에 대한 부정으로 귀결되는가? 그렇지 않다. 보편적 질료형상론에 대한 비판에도 드러나듯이 토마스는 신체는 죽으면 소멸하지만, 사후의 인간 영혼은 자립적이므로 불사적(不死的)이라고 주장함으로써 실체 이원론을 비판하면서도 영혼의 불사성을 옹호한다.[27]

이런 역할을 담당하는 실체적 형상은 하나의 실체 안에 하나인가 아니면 여럿인가? 어떤 통일성을 지니는 실체가 한 시점에 오직 하나의 실체적 형상을 지닌다는 것은 당연한 것처럼 보인다.[28] 하지만 중세에는 이런 물음이 인간 생명체에 적용될 때 논쟁이 벌어졌다.[29]

인간은 생명을 지닐 뿐만 아니라 감각 작용, 나아가 사고 작용 등의 내재적 작용을 수행하는 존재자다. 따라서 인간이라는 실체에 여러 실체적 형상이 순차적으로 또는 동시에 존재할 수 있다는 주장을 개진한 이들이 있었다. 그들은 자신들의 주장이 실체적 변화를 좀 더 적절하게 설명할 수

---

25. *ScG*, II, c.69, n.1461.
26. 세계에 존재하는 것은 모두 물리적인 대상이며, 또 모든 사실이 물리적인 사실들에 의해 결정된다는 견해이다.
27. 인간 영혼과 육체의 관계에 대한 상세한 논의는 이 책의 제9장 「영혼과 육체」를 참조하라.
28. 토마스는 실체의 기준 가운데 통일성을 매우 중요하게 본다. Cf. *ST*, I-II, q. 17, a.4 resp., "실체 안에서 하나인 것은 단적으로 하나이다."
29. 이 물음을 두고 벌어진 논쟁에 대해서는 정현석(2015) 참조.

있다고 생각했다. 죽음이라는 실체적 변화를 예로 들어보자. 살아있는 인간은 분명히 생명을 가진 존재자이고, 시체는 생명을 잃은 육체다. 그러나 시체는 죽기 이전의 육체와 상당 기간 동일한 모양새를 가진다. 죽음을 통해 여러 실체적 형상 가운데 하나가 사라지더라도 일부 실체적 형상은 남아 있기에 죽기 이전의 육체와 동일한 속성을 가질 수 있다는 것이 그들의 해석이다.[30]

토마스는 이런 해석에 동의하지 않는다. 현세에서 실체적 형상(영혼)과 결합했던 육체와 실체적 형상(영혼)이 떠난 시체는 전혀 다른 실체적 형상을 갖는다. 즉 죽음 이전의 육체와 죽음 이후의 시체는 외양상 유사할지라도 다른 실체일 수밖에 없다. 죽음을 통해 인간이라는 실체는 사라지게 된다. 시체는 살아있을 때의 그 인간이 지닌 육체가 아니며, 완전히 새로운 사물로 간주해야 한다. 즉 겉보기에는 같은 속성을 지니는 듯하지만, 실제로는 완전히 새로운 실체가 된다는 것이다. 토마스는 하나의 실체에는 오직 하나의 실체적 형상만이 존재한다고 본다. 만약 여러 실체적 형상이 존재한다면, 하나의 개별자 안에 여러 실체가 공존하는 셈이 되어 실체의 통일성이 훼손될 것이기 때문이다. 이러한 입장은 인간 존재자의 본질적 단일성(통일성)을 강조한다. 실체적 형상이 여럿이라면, 인간은 여러 실체의 집적체(aggregatio)가 되어 버리므로, 온전한 하나의 인격체가 되지 못할 것이다.[31]

지금까지 우리는 질료형상론이 토마스에 의해 어떤 방식으로 체계화되고 적용되는지 살펴보았다. 아리스토텔레스를 필두로 하여 중세에 이르기까지 지배적인 견해였던 질료형상론은 근대에 접어들면서부터 그 영향

---

30. 프란체스코회 철학자들이 실체적 형상이 여럿이라는 복수 실체적 형상론뿐만 아니라 보편적 질료형상론도 받아들이는 경향이 있었기 때문에 이 두 이론을 묶어 '가장 유명한 쌍'(binarium famosissimum)이라고 부르기도 했다. 이에 대한 상세한 논의는 Spade(2008) 참조.
31. *De anima*, q.10, resp.; *ST*, I, q.76, a.8; *ScG*, II, c.72.

력을 상실하게 되었다. 근대 과학이 대두되면서, 형상과 질료의 개념은 점차 기계론적이고 환원주의적인 설명에 자리를 내주게 되었고, 질료형상론은 한동안 시대에 뒤처진 낡은 이론으로 폄하되었다. 그런데 최근 이러한 아리스토텔레스식의 질료형상론이 현대 영미 철학의 형이상학, 심리철학, 과학철학 등의 분야에서 다시 주목받고 있다.[32] 특히 토마스식의 질료형상론은 존재론, 종교철학의 영역에서 환원주의적 물리주의나 이원론적 세계관에 동의하지 못하는 철학자들에게 신뢰할 만한 대안으로 제시되고 있다.[33] 이는 질료형상론이 여전히 철학적 사유의 중요한 자원이라는 점을 보여준다고 할 수 있다.

참고문헌

정현석, 「보나벤투라의 복수 실체적 형상론에서 인간의 통일성의 문제」, 『현대유럽철학연구』 28(2015), 125-154쪽.
_____, 「토마스 아퀴나스의 보편적 질료-형상론 비판의 발전 과정」, 『인문과학』, 119(2020), 191-225쪽.
최필립, 「있음(존재)과 없음(비존재) 사이?: 토마스 아퀴나스의 제일 질료 해석 논쟁 검토」, 2022년 한국중세철학회 가을학술대회 자료집, 1-18쪽.
토마스 아퀴나스, 『자연의 원리들』, 김율 역, 철학과 현실사, 2005.
_____, 『영혼에 관한 토론문제』, 이재룡·이경재 역, 나남, 2013.
_____, 『대이교도대전 II』, 박승찬 역주, 분도출판사, 2015.
_____, 『존재자와 본질』, 박승찬 역, 길, 2021.
Brower, J., *Aquinas's Ontology of the Material World*, Clarendon: Oxford University Press, 2014.

---

32. Oderberg(1999) 참조.
33. Brower(2014), Feser(2014), Pasnau(2018) 참조.

Feser, E., *Scholastic Metaphysics: A Contemporary Introduction*, Heusenstamm, Germany: Editiones Scholasticae, 2014.

Oderberg, D.(ed.), *Form and Matter: Themes in Contemporary Metaphysics*, Oxford: Blackwell, 1999.

Pasnau, R., "Form and Matter", in *The Cambridge History of Medieval Philosophy*, ed. R. Pasnau, Cambridge: Cambridge University Press, 2010, pp.635-646.

_____, "On What There Is in Aquinas", in *Aquinas's Summa theologiae: A Critical Guide*, ed. J. Hause, Cambridge: Cambridge University Press, 2018, pp.10-28.

Pasnau, R. & Shields, C., *The Philosophy of Aquinas*(2nd Edition), Oxford: Oxford University Press, 2016.

Spade, P.V., "Binarium Famosissimum", in *Stanford Encyclopedia of Philosophy*(Fall 2008 Edition), ed. E.N. Zalta, ⟨https://plato.stanford.edu/entries/binarium/⟩.

Wippel, J., *The Metaphysical Thought of Thomas Aquinas: From Finite Being to Uncreated Being*, Washington D.C.: The Catholic University of America Press, 2000.

08. 섭리와 자연적 작용

서병창 | 연세대학교

1. 서론

우리는 이 세계에서 자연의 작용이 다양하게 이루어지는 것을 본다. 천체의 운동에서 무기물의 운동뿐 아니라 동식물의 작용도 있고 생명체를 구성하는 세포의 운동도 있다. 여기에 사람의 지성적 활동과 욕구까지 다양하다. 이런 존재자들의 다양한 작용을 개별적이고 구체적으로 검토할 수는 없을 것이다. 그래서 존재자들의 다양한 작용을 일반화하여 이해하는 것이 필요하다.

이를 위해 존재자들의 여러 작용을 실체적 변화와 우유적 속성의 변화로 정리해서 그 활동의 원리를 파악하고자 한다. 존재자들의 생성소멸은 실체적 변화의 범주에 넣을 수 있고, 실체를 기체로 해서 발생하는 우유적 속성의 변화는 후자의 범주에 넣을 수 있을 것이다. 실체와 우유적 속성의 변화 원리를 이해한다면 존재자들의 작용 원인들을 파악할 수 있을 것이다.

그리고 존재자들의 작용을 원리적 원인자와 도구적 원인자를 구분해서 이해하고자 한다. 사람과 같은 원리적 원인자는 다른 존재자를 도구로 활용해서 자기 목적을 실현할 수 있다. 이와 같이 목적을 알고 도구를 사용할 수 있는 원인자와 그렇지 못한 도구적 원인자 간의 등급이 있다. 모든 원인자를 자기 목적의 실현을 위해 사용하는 제1원인자가 있다면 원리적 원인자일 수밖에 없을 것이다.

자연적 작용을 이해하는 또 다른 관점은 필연성과 우연성의 원리다. 과연 자연의 작용이 필연적으로 발생하는가, 아니면 우연적으로 발생하는가 의문이 생긴다. 만약 이 세계에서 우연과 필연이 공존한다면 어떤 맥락에서 그럴 수 있는지 설명이 필요하다. 이러한 자연의 작용에서 우연성이 확보되지 않으면 사람의 자유의지도 성립할 수 없다는 점에서 이 문제는 중요한 의미가 있다.

이 세계 존재자의 자연적 작용만으로 그러한 작용을 충분히 해명할 수 없으므로 그 근거를 요구하게 된다. 이런 작용의 궁극적 근거로서 자연을 넘어선 제1원인자가 있어야 한다는 것이다. 이러한 신은 실체적 속성과 작용적 속성을 갖는데, 작용적 속성에서 이 세계에 대한 신의 섭리와 통치가 이루어진다고 할 수 있다. 이 세계의 모든 작용이 신의 섭리 아래 있고 신의 직접적 통치 아래 있다고 한다면 이 세계 존재자들의 능동적 원인성이 인정될 수 있는지 의문이 생길 수밖에 없다. 그리고 이 세계의 모든 작용이 신의 섭리에 따라 규정되고, 신의 의지에 의해 추구된다면 이런 모든 작용이 신의 전지전능한 작용으로 필연적으로 결정된다고 볼 수밖에 없을 것이다. 이런 신의 섭리와 통치를 인정하면서도 이 세계의 존재자의 작용이 필연적인 경우도 있지만 우연적 차원도 있고 사람의 자유의지에 따른 자유선택도 가능하다고 볼 수 있는가?

이에 대한 해명이 어떻게 이루어지는지 검토하고자 한다. 토마스 아퀴나스의 해명이 얼마나 설득력 있는지 여러 평가와 해석이 따를 수 있을 것이다. 그러나 모든 자연적 작용에 대한 신의 섭리와 직접적 통치가 그러한 작용의 우연성과 사람의 자유선택에 양립불가능한 것은 아니라는 점을 보이고자 한다.

2. 자연적 작용에 대한 이해

2.1. 우유적 속성의 변화와 실체적 변화
2.1.1. 우유적 속성의 변화

우리는 자연의 작용에서 수많은 변화를 경험한다. 이 세상의 많은 것들은 시시각각 변화하며, 변화를 피할 수 있는 것은 없다. 이러한 변화에는 장소 이동이나 양의 증감, 성질의 변화뿐 아니라 개별적 실체(substantia)[1]의 생성소멸도 있다. 개별적 실체의 생성소멸을 실체적 변화라고 한다면 우유적 속성(accidens)[2]의 변화는 개별자는 존속하면서 개별자가 갖는 우유적 속성이 변하는 것이다. 이런 우유적 속성의 변화는 일상에서 쉽게 확인된다.

예를 들어, '나'라는 개별자로서의 실체는 앉아 있다가 일어나기도 하고, 내 피부 색깔이 하얗다가 까맣게 타기도 한다. 나 자신은 변하지 않고 존속하면서도 내가 갖는 우유적 성질들은 변한다. 그렇다고 해서 '나'라는 실체 자체가 변한 것은 아니다. '나' 자신은 아직 소멸하지 않고 있기 때문이다. 그러면 이런 우유적 속성의 변화는 어떻게 진행되는가?

우유적 속성의 변화가 일어나기 위해서는 변화 이전과 이후에 변하지 않는 기체로서의 개별적 실체가 있어야 한다. 예를 들어, 내 피부가 하얗다가 검게 되었다고 할 때 검지 않은 '나'가 있다가 검게 된 '나'로 바뀌어야 한다. 또한 이런 변화 과정에서 변하지 않는 '나'가 지속돼야 한다. 변화 이전의 '나'는 하얀 피부를 가지면서 검정 피부를 갖게 될 가능태(po-

---

1. 우리가 경험하는 개별자를 제1실체라고 하고, 개별자의 종적 본질로서의 형상을 제2실체라고 규정할 수 있다. 또한 개별자를 구성하는 질료나 형상과 질료의 합성체를 실체라고도 한다.
2. 아리스토텔레스의 범주론에 따르면 개별자에 대해 실체적 규정과 9개의 우유적 속성에 대한 규정이 있다. 가령 홍길동은 사람이다는 실체적 규정이 있고, 홍길동은 170cm(양)이고, 하얗고(질), 칼을 휘두르고(능동), 상대방에게 공격을 당하고 있고(수동), 여러 부하를 거느리고(관계), 칼을 차고 있으며(소유), 방 안에서(공간) 5시경에(시간) 앉아 있다(양태)는 우유적 속성을 갖는다.

tentia)이다. 검정 피부를 현실화할 수 있는 가능태로서의 '나'는 검정 피부가 현실화되어 변화를 이룬다. 여기서 변화의 핵심 원리가 성립한다. 검정 피부를 현실화할 수 있는 '나'라는 가능태와 검정 피부를 현실화시키는 검정이라는 '형상'(forma)이 있어야 한다. 그리고 '나'라는 가능태는 검정이라는 형상을 결핍한(privatio) 상태여야 한다. '나'라는 가능태는 검정이라는 형상이 결핍된 상태로 있다가 검정이라는 형상을 현실화시켜서 변화가 이루어진다. 이렇게 가능태와 현실화(actus)된 형상, 그러한 형상의 결핍이 우유적 속성의 변화를 구성하는 원리이다.

그러면 이러한 가능태가 결핍된 채로 있다가 형상을 현실화시킴으로써 변화가 이루어지는데 이런 우유적 속성의 변화는 어떻게 시작되는가? 예를 들어 내가 밖에 나가 운동을 하면서 햇볕을 많이 쬐게 되면 피부 색깔이 변하게 된다. 햇볕이라는 외부적 능동 원인이 작용하여 내 피부 색깔이 변한다. 이렇게 피부 색깔이 변할 때 내가 내부적으로 갖는 원인은 없는가? 햇볕에 반응해서 내 피부의 멜라닌 세포가 활성화되는데, 이런 내부적 능동원인이 인정될 수 있다. 이렇게 나는 검정이라는 형상을 현실화시킬 수 있는 가능태로서 외적 · 내적 능동원인의 작용을 받아 그 형상을 현실화시켜 변화를 이룬다.

그런데 검정이라는 형상은 어디서 오는가 하는 물음이 여전히 의미가 있는가? 햇볕이라는 외부적 원인과 멜라닌 세포라는 내적 원인이 작동해서 검정이라는 형상이 현실화되는데 '나'라는 개별자가 갖는 질료에서 추출될 수 있다는 것이다. 이럴 경우 검정이라는 형상은 미리 완성된 형태로 있는 것이 아니고 '나'라는 개별자가 갖는 질료 안에 가능태로 있다가 외적 · 내적 조건이 맞아떨어져 현실화된 것으로 간주할 수 있다.

이런 우유적 속성의 변화에 아리스토텔레스 4원인설을 적용해 보자. '나'라는 개별적 실체는 새롭게 현실화할 형상을 결핍하고 있는 가능태로서 질료인으로 기능한다. 새로 현실화되는 형상이 형상인으로 기능하며,

이런 형상이 현실화되게끔 하는 외적이거나 내적인 능동인이 있다. 이런 능동인은 질료를 현실화시키는 형상을 목적인으로 갖는다. 그런데 능동인이 작용을 하기 위해서는 목적인이 반드시 있어야 한다. 능동인이 추구하는 이 목적인이 어디서 오는가? 질료는 현실화될 형상을 가능태로서만 갖기 때문에 가능태가 능동인의 목적으로 기능할 수 없다. 여기서 능동인이 목적인을 갖기 위해서는 가능태가 현실화되기 전에 그러한 목적을 미리 알고 있어야 한다.[3] 이 세계의 모든 비지성적인 자연적 존재들이 능동인으로 작용하기 위해서는 지성체가 미리 알아서 능동인에게 제공하는 목적인을 추구해야 한다.[4] 질료가 가능태로 지닌 형상을 현실화할 때 능동인과 능동인이 추구하는 목적인이 있어야 한다는 것이다. 이렇게 모든 물질적 실체는 4원인성에 따라 활동하고 변한다고 볼 수 있다.

이제 우유적 속성이 갖는 특성에 따른 문제를 다루어보자. 가령 '나'라는 실체가 170cm에서 171cm가 되었다면 이러한 변화가 가능하기 위해서는 새로운 양적 형상이 현실화되었다고 할 것이다. 이 점은 색깔과 같은 성질에도 적용될 수 있다. 내 피부가 하얀색이었다가 검게 변한다면 검은색 형상이 현실화되어야 한다. 그런데 이런 우유적 속성이 즉각적으로 변하지 않고 점진적으로 변한다면 어떻게 되는가? 내 피부가 하얀색에서 검은색으로 변하기는 하였지만 아직 진한 검정이 아닌 상태에서 더 진한 검정으로 변할 수 있을 것이다. 이런 경우 검은색이라는 형상을 갖는 것은 사실이지만 덜 진한 것에서 더 진한 것으로 변하는 것이다. 이런 변화에서 검정이라는 형상은 바뀌지 않는다. 그럼 무엇이 변하는가? '나'라는 개

---

3. Wippel(2000), p.482.
4. 이 세계의 비지성적 존재들이 자연적 본성에 따라 자기 목적을 실현해 나갈 때도 지성체에 의해서 주어진 목적인이 있어야 그런 활동이 가능하다는 것이다. 그렇다면 지성적인 인간의 경우 신적 지성에 완전히 독립적이라고 할 수 있는가? 인간이 파악하는 의도가 목적인으로 작용할 수 있지만 이런 목적인이 궁극적 완전성을 갖지 못하기 때문에 이 세계의 모든 목적을 주관하는 신에게 의존한다고 볼 수 있다.

별자로서 실체가 검정이라는 형상을 어떻게 수용하는가에 따라 검은색의 상태가 달라진다. '나'라는 주체가 어떤 방식으로 검정이라는 형상에 참여하는가에 따라 검은색의 정도가 달라진다고 할 수 있다.[5]

이렇게 우유적 속성의 변화에서는 형상 자체의 변화뿐 아니라 형상에 참여하는 정도에 따라 성질이 달라지는 것을 인정할 수 있다. 우유적 속성은 이런 방식으로 점진적 변화를 인정할 수 있다는 것이다. 물론 양의 변화나 장소 이동, 양태 변화 등은 점진적 변화를 적용할 수 없을 것이다.[6]

2.1.2. 실체적 변화

실체적 변화는 실체 자체가 변하는 것이다. 실체의 변화는 실체 자체가 생성하거나 소멸하는 것이다. 사람이 살다가 죽는 것이나 새로운 사람이 태어나는 것은 모두 실체의 생성과 소멸로서 실체적 변화이다. 이런 실체적 변화를 어떻게 설명할 수 있는가?

예를 들어 책상을 부숴서 의자를 만든다고 해보자. 책상은 책상의 질료와 형상의 결합으로 이루어진다. 의자는 의자의 질료와 형상으로 이루어진다. 책상을 부숴 의자를 만드는 것은 책상의 질료인 나무에 의자의 형상을 현실화시키는 것이다. 이 과정에서 책상의 질료인 나무는 지속되고 의자의 형상이 새로 현실화된다. 책상은 의자가 될 수 있는 가능태로서 질료를 갖고 실제 의자의 형상은 결여하고 있다가 그런 의자의 형상을 현실화시키는 것이다. 실체적 변화도 의자의 형상을 현실화시킬 수 있는 가능태로서의 질료와 의자의 형상에 대한 결여, 새로 현실화될 의자의 형상으로 이루어진다.

---

5. *ST*, I-II, q.52, a.2.
6. 물론 색깔과 같은 우유적 속성의 경우에도 점진적 변화를 인정할 수 있는가는 반박이 제기될 수 있다. 하얀색에서 검은색으로 바뀔 때 옅은 검은색의 단계를 옅은 하얀색이라고 간주할 수 있을 것이다. 옅은 검은색을 아직 검은색이 아니라 여전히 하얀색 형상에 낮은 방식으로 참여하고 있다고 할 수 있기 때문이다.

책상은 의자가 될 수 있는 질료라는 가능태로 기능하고 아직 의자의 형상을 결여하고 있다가 다른 능동인의 작용에 의해서 의자의 형상을 현실화시킴으로써 의자가 된다. 의자라는 새로운 실체가 생성되는 것이다. 이 점에서 실체의 변화와 우유적 속성의 변화는 별 차이가 없는 것처럼 보인다. 그러나 결정적 차이는 우유적 속성의 변화는 개별자로서 실체가 변화 이전과 이후에 지속한다. 실체가 가능태가 되어 새로운 형상을 현실화시키면서 수용한다.

이에 반해 실체적 변화에서는 새로운 실체가 생성되면서 기존의 실체가 소멸하기 때문에 무엇이 이전과 이후에 존속하는지 문제가 된다. 책상이 의자가 될 때 지속하는 것이 나무라고 한다면, 나무라는 실체가 지속한다고 볼 수 있다. 이 경우 실체가 생성소멸하는 실체적 변화가 아니라 나무의 우유적 속성이 변하는 우유적 속성의 변화라고 할 수 있다.

실체적 변화에서 이 실체가 소멸하고 저 실체가 생성된다고 할 때 변화 이전과 이후에도 지속하는 것이 있는가, 있다면 그것은 무엇인가 의문이 생긴다. 이 실체가 실체적 형상과 '순수질료'(prima materia)의 결합체라고 한다면 변화 이전과 이후에 지속하는 것은 이러한 순수질료가 될 수 있다. 순수질료가 이전의 실체적 형상을 수용하고 있다가 여러 능동원인들의 작용에 의해서 기존의 실체적 형상을 상실하고 새로운 실체적 형상이 현실화되어 새로운 실체가 생성된다고 할 수 있다.

순수질료가 기존의 실체적 형상을 상실하고 새로운 실체적 형상을 수용하게 되는 원인은 무엇인가? 기존의 실체가 자신의 존재성을 유지하지 못하고 소멸하면서 새로운 실체로 탄생하게 되는 조건은 무엇인가? 외부의 능동원인의 작용뿐 아니라 내부의 능동원인의 작용도 있다. 가령 예를 들어 한 동물이 자신의 정자를 난자와 결합하여 새로운 동물을 탄생시킨다고 할 때 정자의 내부적 요인들의 성향과 작용뿐 아니라 정자 외부적인 동물의 성향과 작용도 원인으로 기능하지 않으면 안 된다. 정자가 난자와 결합하여 새로운 생명체가 탄생할 때 정자는 질료인으로 기능하여 난자와 결합하면서 새로운 실체적 형상이 현실화된다. 이런 형상의 현실화로 새로운 생명이 생성될 때 정자 내부뿐 아니라 정자 외부의 동물의 작용도 있어야 한다.

  이런 실체적 변화에 4원인설을 적용해볼 수 있다. 변화 이전의 실체는 질료인에 해당할 것이다. 이런 질료는 새로운 형상을 결여한 채로 있다가 새로운 형상이 현실화되고 수용된다. 새로 현실화된 형상이 형상인이 된다. 그러면 능동인과 목적인이 어디에 있는가? 가령 정자를 이용하여 자손을 낳으려는 성체 동물은 능동인의 기능을 할 것이다. 이 성체 동물이 자손을 낳으려는 목적을 갖는다는 점에서 새로 탄생된 생명체가 목적인이 될 것이다. 그리고 정자는 이 과정에서 내적인 힘과 성향을 가지고 기능하기 때문에 능동인의 기능도 하게 된다. 이렇게 정자와 성체 동물의 능동인은 새로운 생명체의 탄생이라는 목적인을 가진다. 이 목적인은 새로 현실화되는 형상인과 동일하다고 본다.

  이렇게 여러 내적이고 외적인 능동인이 새로 현실화되는 형상이라는 목적인을 갖고 움직인다. 정자라는 질료인 역시 형상인을 목적으로 갖는다. 그러면 이런 형상인은 어디로부터 오는가? 정자라는 질료인은 아직 실체적 형상이 현실화되지 않았다. 질료인은 형상인을 가능태로서 가질 뿐이다. 새로 현실화되는 실체적 형상은 신에 의해서 직접 창조되는가, 아니면 완전히 현실화된 상태로 미리 존재하는가?[7]

  신이 제2원인자를 통해서 새로운 생명체를 탄생시킨다면 신에 의한 직접 창조는 아닐 것이다. 그렇다면 제2원인자로 성체 동물이 가지고 있던 실체적 형상을 새로운 생명체에 주입한다고 할 수 있는가? 우유적 속성의 변화에서 제시한 설명처럼 질료에 가능태로 있는 형상을 현실화시킨다고

---

7. Ledinich(2018), p.124.

생각할 수 있다. 이 방식을 따른다면 성체 동물이 정자를 난자와 결합하여 새로운 생명을 탄생하게 만든다. 이렇게 정자가 난자와 결합해 새로운 형상이 현실화될 때 정자가 갖고 있던 기존의 실체적 형상은 소멸한다. 기존의 실체적 형상은 소멸하고 가능적으로 갖고 있던 종적 형상, 새로운 실체적 형상을 현실화시킨다는 것이다. 이렇게 능동인의 작용에 의해서 기존의 실체적 형상이 소멸하고 새로운 실체적 형상을 생성할 수 있는 조건을 만들 때 새로운 실체가 생성된다.

이런 설명에 따르면 새로운 생명의 탄생은 기존 실체의 질료 안에 들어 있는 가능태 차원의 실체적 형상을 현실화시킴으로써 이루어진다. 기존의 질료 안에 가능태로 있는 것을 현실태로 이끌어낸다는 것이다.[8] "형상은 질료의 외부에서 첨가되는 것이 아니다. 만일 그렇다면 실재적인 생성은 존재하지 않고, 완전한 단일성도 이루어질 수 없을 것이기 때문이다."[9]

이렇게 가능태로 있던 실체적 형상을 어떻게 현실화시키는가? 그것은 외적·내적 능동인이 작용하면서 이루어진다는 것이다. 여전히 기존의 실체적 형상을 상실하고 새로운 실체적 형상이 현실화되는 조건이 어떻게 이루어지는지 물을 수 있을 것이다. 가령 생명체가 죽는 순간 등이 여기에 해당할 수 있다. 물이 공기가 되고, 나무가 불에 타서 재가 되는 순간 등도 해당될 것이다. 그만큼 기존의 실체가 새로운 실체로 바뀌는 것인데 바뀌기 전까지 기존의 실체라고 할 수 있다. 그러면서도 기존의 실체에 여러 가지 변형이 일어나서 전환이 이루어질 수 있다. 그만큼 변형은 우유적 속성의 차원에서 발생할 것이다. 예를 들어 물이 기체가 되려면 열을 가하여 온도가 상승해야 한다. 물이 100도에 이르기 전에는 열이라는 우유적

---

8. *De potentia*, q.3, a.4, ad7.
9. 레오 엘더스(2003), 499쪽.

속성이 계속 변하지만 여전히 물이라는 실체를 유지할 것이다. 그러다가 100도라는 임계점에 이르면 물은 더 이상 물로 있지 못하고 공기로 변하고 만다.

 기존의 실체가 새로운 실체적 형상을 현실화시켜 새로운 실체가 된다는 것은 기존의 실체가 갖는 질료가 그러한 조건을 갖추게 된다는 것이다. 기존의 실체에서 실체적 형상을 개별화시키는 원리로서 '한정된 질료'(designated matter)가 있다. 개별적 실체가 존속하는 한 이런 개별화의 원리로서 한정된 질료는 변하지 않은 채로 존속한다고 할 것이다. 그런데 이런 개별화의 원리로서 한정된 질료가 변한다면 기존의 실체가 소멸한다는 것을 의미한다. 기존의 실체가 소멸하기 전까지는 기존 실체의 우유적 속성이 변할 것이다. 이런 우유적 속성의 변화를 통해서 새로운 한정된 질료를 갖게 되고 여기에 맞는 실체적 형상이 현실화된다고 할 수 있다. 이와 같이 기존의 실체가 변하여 새로운 한정된 질료가 형성되고 새로운 실체적 형상이 이끌어져(eduction) 새로운 복합적 실체가 생성된다.[10]

 실체적 변화를 이렇게 설명한다면 기존의 실체가 갖는 한정된 질료가 새롭게 변함에 따라 새로운 실체적 형상을 이끌어낸다고 말할 수 있다. 기존의 실체가 갖는 질료가 가능태로 갖는 것을 한정된 질료가 변함에 따라 새로운 실체적 형상을 현실화시킬 수 있다는 것이다. 기존의 한정된 질료가 변한다는 것은 기존의 실체가 소멸하고 새로운 실체가 생성한다는 것을 의미한다. 이런 한정된 질료의 변화를 위해서는 내적인 능동인뿐 아니라 외적인 능동인이 있어야 하며, 이에 따른 목적인도 지성적 활동에 의해서 미리 알려져야 한다.[11] 이렇게 실체의 생성소멸도 자연적 질서 안에서

---

10. Ledinich(2018), p.129.
11. 가령 봉숭아 씨앗이 싹을 내고 성장해서 봉숭아 꽃을 피운다고 할 때 봉숭아 꽃이라는 형상은 봉숭아 씨앗이 가능태로 가지고 있던 것을 현실화시킨 것이다. 그런데 씨앗이 성장 과정에서 작용하는 목적으로서 봉숭아 꽃의 형상은 어떻게 주어지는가? 씨앗이 지닌 봉숭아 꽃의 가능태는 가능태라는 점에서 목적이라는 현실적 기능을 할 수 없다. 외부 지성

자연이 갖는 내적 본성의 실현으로 이루어진다고 할 수 있다. 자연에서 보듯이 사람은 사람을 낳는다. 사람은 정자와 난자를 결합하여 수정란을 만들어 한 사람이라는 새로운 실체를 낳게 된다.[12]

2.2. 원리적 원인과 도구적 원인

위에서 우리는 자연의 작용을 실체적 변화와 우유적 속성의 변화로 구분해서 살펴보고, 두 가지 변화를 4원인설을 적용해서 설명하였다. 이 장에서는 원인의 작용을 원리적 원인(causa principii)과 도구적 원인(causa instrumenti)으로 구분해서 검토하겠다.

원리적 원인자는 자신의 목적이 무엇인지 알고 도구를 사용하여 자기 목적을 실현하는 작용자이다. 이에 반해 도구적 원인자는 원리적 원인자의 도구로 사용되는 원인자이다. 이런 점에서 도구적 원인자는 자기 목적을 알고 도구를 사용하는 작용자가 아니다.

이 세계의 존재자 중에 자기의 목적을 알고 도구를 사용할 줄 아는 존재는 사람뿐이라고 할 수 있다. 사람은 원리적 원인자로서 도구를 사용해 자신의 목적을 실현한다. 그러면 사람과 같은 이성적 존재자만이 원리적 원인자인가? 동물의 경우도 자기 목적을 위해서 도구를 사용하지 않는가? 동물을 원리적 원인자라고 한다면 자기 목적에 대해서 알아야 한다. 동물

체가 씨앗에게 봉숭아 꽃이라는 목적을 인도해야 한다. 그렇지 않고서는 이 세계의 자연적 사물들이 자기 목적을 가지고 그 목적을 실현하는 것을 해명하기 어렵다는 것이다. 이 점에서 아리스토텔레스는 봉숭아 씨앗이 내적으로 갖는 자연적 경향성을 목적으로 지향한다고 할 것이다. 이렇게 아리스토텔레스와 토마스 아퀴나스는 자연적 운동을 설명하는 데 차이가 난다. 이런 차이에서 나아가 토마스 아퀴나스는 아리스토텔레스와 달리 자연의 모든 작용을 신의 섭리의 산물로 간주한다.

12. 사람은 사람을 낳고, 콩을 심으면 콩이 난다. 그런데 정자가 난자와 결합하여 새로운 사람이 탄생하는 것과 콩 씨앗이 콩나무가 되는 것은 다 같은 실체적 변화가 아니다. 정자에서 수정란이 만들어지는 것은 실체적 변화이지만 콩 씨앗에서 콩나무가 되는 것은 우유적 속성의 변화이다. 사람의 정자라는 한 실체에서 수정란으로 새로운 사람이라는 실체가 탄생한 것이다. 이에 반해 콩이라는 실체는 씨앗의 형태에서 나무의 형태로 우유적 속성만 변화한 것이다.

이 자기 목적을 알고 행한다고 볼 수 있는가? 동물은 이성을 가지고 판단을 내리지 못하지만 본능적으로 행동하면서 자신의 목적을 실현한다고 볼 수 있다. 자신의 목적이 이성적으로 알려지지 않지만 감각에 의해서 본능적으로 지각한다는 것이다. 이렇게 동물 역시 유비적으로 감각의 차원에서 자신의 목적을 지각한다. 그리고 경우에 따라서 도구를 사용해 자기 목적을 실현한다.

식물의 경우 영양적 작용을 하는 과정에서 도구를 사용하여 자기 목적을 실현한다. 식물 역시 자기 목적을 달성하기 위해 여러 능동적 작용을 한다는 점에서 도구를 사용하는 원리적 작용자라고 할 수 있을 것이다.

이에 반해 무생물의 경우 자기 목적을 갖는 능동적 작용자임에는 분명하지만 자기 목적에 대한 이해를 갖는다고 볼 수 없다. 그래서 자기 아닌 것을 도구로 사용한다고 보기 어렵다. 무거운 돌은 별다른 제어 요인이 없으면 자기 본성에 따라 밑으로 떨어질 것이다. 그것은 자기 본성의 필연적 실현이고, 이 과정에서 자기 본성의 능동적 실현이 이루어진다. 이렇게 자기 목적을 능동적으로 실현한다고 해서 원리적 원인자라고 볼 수 없다. 자기 목적을 알고 추구하는 것이 아니기 때문이다.

이 세상의 모든 무생물 존재자는 원리적 원인자가 도구로 쓰지 않는다면 어떤 도구적 존재도 아닌가? 이 우주의 모든 존재자를 도구로 이용하는 원리적 존재자가 있다면 모두 도구적 원인자가 될 것이다. 이 점은 이 세계의 모든 원리적 원인자들도 마찬가지다. 이런 원인자들이 제1원인자(causa primae)가 아니고 제2원인자(causa secundae)라고 한다면 궁극적 제1원인자이면서 원리적 원인자의 도구적 원인자가 될 것이다.

2.3. 자연적 작용의 필연성과 우연성

자연의 작용은 필연적(necessarius)으로 발생하는가, 우연적(contingens)으로 발생하는가? 이 세계의 실체 생성과 소멸이나 우유적 속성의 변화 등도 필연적인지, 우연적인지 의문을 가질 수 있다.

우선 이 세계의 어떤 존재자도 자신의 본질(essentia) 안에 존재(esse)를 포함하지 못한다. 이 말은 이 세계의 모든 존재자는 필연적으로 존재하지 못하고 존재하지 못할 수도 있었던 우연적 존재자라는 것이다. 이러한 존재자는 자신의 본질 안에 존재를 포함하지 못하는 존재와 본질의 복합적 존재이다. 존재하지 않을 수 있었는데 존재하게 된 우연적 존재라는 것이다. 모든 존재자가 우연의 산물이라면 존재자의 모든 작용 역시 우연적이라고 할 수밖에 없지 않는가?

가령 어떤 한 사람이 존재하게 된 것은 우연이라고 할 수 있을 것이다. 자신의 본질 안에 존재를 포함하지 않는 한 필연적 존재일 수 없기 때문이다. 그런데 우연적으로 존재하게 된 사람도 사람의 본질을 갖는 한 그 본성(natura)[13]을 필연적으로 실현하려고 한다. 우연적으로 존재하게 된 사람이 사람의 본성에 따라 자기 본성을 실현하려고 하는 것은 필연이라는 것이다. 이렇게 자연의 존재자들이 애초에 존재하게 된 것은 우연일지라도 자신들이 갖고 있는 본성을 실현하려고 하는 것은 필연이라고 할 수 있다.

존재자들은 자신의 본질에 따른 필연적 질서를 갖는다. 즉 사람은 자신의 본질에 따라 이성적이고, 자기 존재를 보존하려고 하며, 자신의 본성을 실현하려고 하는 등의 필연적 활동을 한다. 그런데 자신의 본성을 실현하는 필연적 활동만 있는가? 본성을 실현하려는 필연적 활동과 함께 외적 원인들의 영향을 받아 이루어지는 실제 활동은 우연을 피할 수 없다. 가령 사람은 살기 위해서 필연적으로 먹을 것을 추구한다. 그런데 실제로 어떤 것을 먹게 되느냐는 여러 가지 외적 조건과 상황의 영향을 받아 결정된다. 먹을 것을 추구하는 것은 필연적이라고 하더라도 구체적 상황과 조건에

---

13. 본질과 본성의 차이는 본질은 실체의 구성원리로서 무엇이라는 정의에 해당되며, 본성은 실체의 작용원리라고 볼 수 있다. 물론 본질에 의해 본성이 결정된다는 점에서 본질이 본성에 앞서는 형이상학적 원리라고 할 수 있다.

서 어떤 것을 선택할지는 우연적이라고 할 수 있다.

존재자의 본성에 따른 필연적 질서가 있지만 그 본성의 구체적 실현에서는 우연성을 갖게 된다. 가령 불은 본성상 종이를 태우는 것이 필연적이다. 그러나 어떤 불이 어떤 종이를 실제로 태우는 것은 다른 문제이다. 불과 종이의 실제 조건에 따라 종이를 태우는 정도는 달라질 수 있다. 이렇게 불과 종이가 어떤 조건을 갖는가는 여러 상황과 조건의 영향을 받기 때문에 우연성을 피할 수 없다. 어떤 우연적 요소의 영향을 받아 결과는 우연적으로 달라질 수 있는 것이다. 어떤 불에 어떤 종이가 탈 때 불이 종이를 본성적으로 태운다는 점에서는 필연적이지만 어느 정도로 태우는지는 불과 종이의 본성에 따라 결정되는 것이 아니라는 점에서 우연적이다.

이렇게 필연은 본성의 실현에서, 우연은 본성을 넘어선 조건과 상황에서 기인된다고 볼 수 있다. 사람의 경우 본성을 넘어선 물질적 조건과 상황뿐 아니라 의지의 자유선택에 의해서도 우연이 발생한다. 가령 내가 먹을 것을 찾는 것은 본성의 실현에 따른 필연이지만 어떤 것을 먹게 되는지는 외적 조건과 상황의 영향을 받아 우연이다. 이런 우연 이외에 내가 어떤 것을 선택해서 먹게 되는 것 역시 필연적으로 결정되는 것이 아니라는 점에서 우연이라고 할 수 있다. 이렇게 본성적으로 결정되지 않는 물질적 차원에서 발생하는 우연뿐 아니라 영혼이 갖는 이성적 의지의 자유선택에 의해서 발생하는 우연도 있다.

이 세계에서 나타나는 필연성으로는 우주의 필연적 법칙도 들 수 있다. 천체의 운동 역시 자신들의 본성에 따라 필연적으로 진행된다고 할 수 있다. 물론 천체의 운동에서 우연적 조건에 따른 우연적 결과도 나타나지만, 일정한 법칙에 따른다는 점에서 필연적이라고 할 수 있다.

존재자의 본성에 따른 필연성 이외에 수학적 이론이나 논리적 추론에서도 필연성이 나타난다. 예를 들어 "삼각형은 세 변을 갖는다"와 같은 정의는 필연적 진리이다. 그리고 삼단논법에서 올바른 전제로부터 타당한 추론으로 이끌어진 결론은 필연적 진리다. 다 알다시피 주어 안에 술어를 포함하는 분석 판단 역시 필연적 진리로 간주할 수 있다.

또 다른 필연성으로 '가정적 필연성'(necessarium suppositionis)을 들 수 있다.[14] "내가 지금 의자에 앉아 있다"는 필연적으로 결정되어 있는 것이 아니라 우연적으로 발생한 사태라고 할 수 있다. 반드시 이 순간에 의자에 앉아 있을 수밖에 없는 것이 아니라 다른 가능성에 열려 있기 때문이다. 이렇게 우연적으로 발생한 사태라고 하더라도 이 사태가 이미 발생한 이상 이런 일이 발생했다는 사실 자체는 부인할 수 없다. 결코 변경될 수 없는 필연적 사실인 것이다. 이런 점에서 모든 우연적 사태도 이미 발생한 이상 그런 사실이 결정된 것이라는 점에서 필연적이다.

3. 자연적 작용과 신의 섭리와 통치

궁극적 완전자로서 신이 무에서 이 세상을 창조한다. 궁극적 완전자로서 신이 왜 이 세상을 무에서 창조했는가? 더 나아가서 어떤 과정으로 창조가 이루어지는가? 궁극적 완전자인 신은 자존적인 필연적 존재로서 자신을 사랑하고 자신을 알고 자신을 보존한다. 신은 자기 안에서 모든 것이 다 완성된 차원으로 있다. 그렇다면 신은 자기 아닌 다른 존재를 추구할 필요가 없을 것이다. 그런데도 자기 아닌 다른 피조물을 만든 이유는 무엇인가? 신은 선하기 때문에 피조물을 사랑해서 피조물의 존재를 창조한다고 할 수 있다.

신은 필연적으로 자신의 존재를 추구하지만 피조물의 존재는 어떤 필연적 이유 없이 창조한다. 그래서 피조물의 창조는 신이 무에서 자유의지에 의해 우연적으로 창조한다고 볼 수 있다. 이 세계는 신의 자유의지에

---

14. *ST*, I, q.19, a.3.

따른 우연의 산물이라고 하겠다. 이 세계의 모든 피조물이나 피조물의 작용과 활동은 우연적이라고 할 수 있다.

이 세계는 신의 자유의지에 따른 창조이므로 필연적이지 않고 우연적이라고 할 수 있는데 어떤 과정으로 이런 창조가 이루어지는가? 신은 궁극적 완전자로서 지성과 의지를 갖는다. 신의 지성은 자신의 본질뿐 아니라 자신의 본질을 모방할 수 있는 모든 경우를 안다고 할 수 있다. 자신의 본질뿐 아니라 신의 본질에 대한 모든 가능한 모방태를 안다고 할 수 있다.[15]

신에게 알려진 모든 가능한 모방태 중에 신의 의지에 의해 특정 모방태들이 선택된다고 할 수 있다. 그러면 신은 어떤 기준으로 어떤 모방태들을 선택하는가? 신이 자의적으로 어떤 모방태들을 선택하는가, 아니면 통일적인 목적을 가지고 모든 부분을 통합적으로 고려하여 선택하는가? 모든 부분에 대한 섭리(providentia) 아래 그러한 부분들이 실현되도록 신의 의지가 추구할 것이다. 신의 섭리 아래 모든 부분이 통일적으로 설계되어 있으며, 그러한 설계가 실현되도록 신의 의지가 추구하여 통치(gubernatio)가 이루어질 것이다. 이렇게 완전한 지성과 의지를 갖는 신은 이 세계의 모든 것을 섭리 아래 실현할 수 있도록 통치할 것이다.

그런데 이 세계의 모든 현상이나 작용이 신의 섭리 아래 있고 신의 의지의 직접 통치 아래 실행된다면 이 세계 존재자들은 어떤 능동적 기능을 할 수 없지 않는가? 이 세계의 존재자들이 분명히 원인자의 기능을 한다고 보았다. 그런데 이렇게 신이 자신의 섭리 아래 이 세계의 모든 작용을 직접 통치에 따라 실행한다면 제2원인자는 어떤 적극적 기능을 하기가 어렵게 된다. 이처럼 제2원인자가 부정된다면 이 세계의 어떤 원인과 결과

---

15. *ST*, I, q.14, a.6.

의 질서도 성립할 수 없을 것이다.[16] 이에 대해 신은 이 세계를 창조하지 않을 수 있지만 창조하였고 제2원인자 없이 모든 사태를 실현할 수 있지만 제2원인자에 능동적 역할을 부여한다고 볼 수 있다. 제2원인자가 능동성과 완전성을 갖도록 하는 것이 신적 완전성에 부합한다고 볼 수 있다.[17] 피조물에게 인과율의 위엄성을 부여하는 것은 신의 선이 충만하고 넘쳐나는 것이기에 가능하지 신의 능력이 부족하기 때문에 요청되는 것이 아니라는 것이다.[18]

그렇다면 신은 제2원인자를 매개로 해서 그러한 결과를 낳게끔 섭리 아래 설계하고 그런 작용과 결과가 이루어지게끔 한다는 것이다.[19] 제2원인자와 결과까지 신의 섭리 아래 있고 신의 직접적 통치 아래 실행되는 것이다.

제2원인자의 작용과 실현 결과까지도 신의 섭리 아래 있고 신의 직접적 통치의 산물이라면 이 세계의 모든 작용이 신의 섭리 아래 결정되어 있지 않은가? 그렇다면 이 세계의 어떤 현상이나 작용도 우연적이라고 할 수 없지 않는가? 이 세계의 모든 작용이 신에 의해 규정되고 신의 의지에 의해 추구된다면 그렇게 실현될 수밖에 없을 것이다. 그렇다면 이런 작용이 달리 나타날 수 없을 것이다. 이 세계가 신의 자유의지에 의해서 창조된다는 점에서 우연적이지만 신의 섭리에 의해 규정되고 신의 의지에 의해서 추구되고 실행되는 한에서 필연적으로 결정된다고 할 것이다. 그럴 경우 이 세계의 어떤 작용이 우연적이라는 전제 아래서 이루어지는 사람의 자유의지와 자유선택도 불가능해진다.

신의 섭리로 모든 현상이나 작용이 규정되고 신의 통치 아래 신의 의지가 직접 실행되지만, 이런 작용들이 여전히 우연적이고 사람의 자유선택

---

16. Gilson(1956), p.181.
17. *ST*, I, q.103, a.6.
18. 장욱(2002), 171쪽.
19. 바티스타 몬딘(2020), 312쪽. "섭리는 다음 두 가지를 포함한다. 하나는 '질서에 대한 근거'가 그것이고, 다른 하나는 '질서의 실행'으로, 이는 제반 사물에 대한 통치를 말한다."

이 여전히 가능한가? 가령 우연적으로 존재하게 된 사람은 자신의 본질에 따라 필연적으로 먹을 것을 추구한다. 그런데 사람은 주어진 조건의 영향을 받아서 밥 대신 빵을 선택해서 먹게 된다. 밥이 떨어진 우연적인 상황에서 라면을 선택하지 않고 빵을 선택해서 먹을 수 있다. 이렇게 사람은 우연적인 상황에서 필연적이지 않은 자유선택을 하게 된다. 우리는 우연적인 상황에서 우연적인 결과를 자유롭게 선택한다고 생각한다.

모든 현상이나 작용이 신의 섭리에 따라 규정되고 신의 직접적 통치의 대상이라고 한다면 위와 같은 우연성과 사람이 라면을 먹지 않고 빵을 먹는 것과 같은 자유선택이 가능한가? 사람이 밥 대신 빵을 먹는 것까지 신의 섭리 아래 규정된다면 빵을 먹는 것은 신의 섭리에 의해 이미 결정되어 있지 않은가? 더 이상 이 사태가 우연이거나 사람의 자유선택의 산물이라고 할 수 없지 않은가?

완전한 신의 지성에 의해 전체 목적과 구체적 실현 방법이 규정되고, 이러한 섭리적 규정은 틀릴 수 없기 때문에 반드시 실현될 수밖에 없다. 그렇다고 이런 섭리적 규정에 의해서 이 세계의 모든 작용이 필연적으로 결정된다고 할 수 있는가? 신의 섭리적 규정이 반드시 실현되면서도 이 세계의 구체적 작용이 우연적일 수 있는가? 만약에 신의 섭리적 규정과 같은 신의 지식이 과거와 현재와 미래가 구분되는 사람의 지식과 다른 차원이라면 어떻게 되는가? 신의 섭리적 규정이 과거의 시점에서 미래를 규정하는 것과 같은 시간적 차원이라면 신이 미리 내린 규정은 반드시 실현될 수밖에 없으므로 미래의 모든 현상과 작용들이 미리 결정되고 말 것이다. 그리고 신이 과거 시점에 미리 내린 미래에 대한 규정은 틀릴 수가 없을 것이다. 이런 관점에 따르면 신의 섭리에 따라 이 세계의 모든 작용이 미리 결정되고 그런 한에서 필연적이라고 할 수 있다.

그러나 신의 지식을 시간적 차원을 초월한 영원의 지식이라고 한다면 달라질 수 있다.[20] 이 세계의 존재자들은 과거, 현재, 미래라는 시간적 흐름에서 나타나는데, 신은 이런 시간적으로 나타나는 존재자들을 영원성에서 파악한다. 신은 모든 사물과 작용이 현재에 나타나는 것으로 영원성에서 본다. 또한 미래에 나타날 우연적 작용도 영원성에서 현재에 나타나는 것으로 본다.[21] 따라서 신의 규정은 과거 시점에서 미래를 미리 규정하는 것이 아니다. 이렇게 신의 규정을 간주한다면 신에 의해 그 작용이 알려진다고 해서 그 작용을 미리 결정짓는다고 할 수 없을 것이다. 그 사건이 우연적으로 발생하고 신에 의해서 알려진다는 것이 서로 대립된다고 할 수 없다는 것이다.[22] 가령 한 사람이 자유선택에 의해서 빵을 먹는다고 할 때, 그런 선택에 따른 결과가 신에 의해 알려진다고 해서 그런 자유선택이 부정되는 것은 아니다.

신의 섭리적 규정을 시간적 지식이 아닌 영원의 지식으로 간주한다면 신의 지식은 더 이상 '과거 사실의 변경 불가능성'에 해당되지 않는다.[23] 어떤 작용이 제2원인자의 본성에 따라 필연적으로 발생하든 우연적으로 발생하든 신의 섭리에 따라 규정된다. 제2원인자에 따라 어떤 작용이 발생하는 과정에서 그 결과가 필연적인 것인지, 우연적인 것인지가 신의 섭리에 따라 규정된다. 신의 이런 규정이 모든 작용을 필연적으로 결정짓는 것이 아니라 제2원인자의 본성에 따른 필연인지, 우연인지를 근거짓는다.

---

20. *ST*, I, q.14, a.13.
21. *De veritate*, q.2, a.12, resp.
22. "홍길동이 오후 3시에 의자에 앉아 있다"는 신의 규정이 있다면 이 사실은 반드시 실현될 것이다. 그렇다고 이 사실이 필연적으로 이루어진다는 것은 아니다. 홍길동이 우연히 의자에 앉아 있을 수 있다. 이 사실이 우연히 발생하지만 신에 의해 규정되는 한 필연적이라고 할 수 있다. 이 경우를 가정적 필연성이라고 하겠다. 어떤 작용이 필연적으로 발생하든, 우연적으로 발생하든 발생한 사실 자체는 필연적이다. 이런 작용에 대한 신의 규정이 있다면 그런 작용이 발생한 것이고 그런 사실은 필연적이다.
23. Fischer(2011), pp.462-463. 이 논문에서 피셔는 파이크(Pike)의 논문을 재구성해서 신의 전지전능성과 사람의 자유선택이 양립할 수 없다는 것을 주장한다. 이 논증의 핵심요소가 신이 과거시점에서 미래의 우연적 사태를 규정한다고 본다. 과거 사실의 변경 불가능성을 핵심 원리로 삼는다.

이렇게 시간적 차원을 넘어선 신의 섭리적 규정이 이 세계의 우연성과 자유선택에 대립하지 않는다고 할 수 있지만 신의 의지에 따른 통치에 대해서는 어떻게 반박할 수 있는가? 신의 섭리에 따른 구체적 방법까지 규정되고 신의 의지에 따라 실행된다고 한다면 신이 추구하는 것은 실현되지 않을 수 없다. 신의 실행은 반드시 실현되므로 신이 추구하는 것은 필연적으로 발생할 수밖에 없을 것이다. 이렇게 신의 의지가 추구하는 것과 이 세계의 우연성과 자유선택이 양립할 수 있는가?

신이 추구하는 것은 필연적으로 발생할 수밖에 없지 않은가? 이 세계의 모든 현상, 제2원인자의 작용까지도 신의 섭리에 따라 규정되고 신의 의지에 의해 추구되어야만 실현될 수 있다. 신의 섭리와 의지는 이 세계의 모든 작용의 원인이기 때문이다. 위에서 신의 섭리로 규정된다고 해서 그런 현상이 반드시 필연적으로 결정되는 것은 아니라고 설명했다. 그런데 신의 의지가 그렇게 추구할 때도 이 세계의 우연성과 사람의 자유선택이 인정될 수 있는가? 이에 대해 신의 의지가 사람의 자유선택에 따라 빵을 선택하는 것을 추구해서 사람이 자유선택에 따라 빵을 선택한다고 하면 어떻게 되는가? 신이 사람의 자유선택을 보장하고 그 선택의 결과 빵을 택하도록 했다면 이 세계의 우연성과 사람의 자유선택이 인정될 수 있는가?

이 세계의 어떤 작용도 신의 섭리에 따라 규정되지 않으면 실현될 수 없다. 이 세계의 어떤 작용도 신의 의지가 추구하지 않으면 실현될 수 없다. 그런데 이 세계의 모든 작용은 무로부터 창조된 것인 한에서 우연적이다. 그러나 제2원인자의 본성에 따른 필연적인 것과 본성과 다른 차원에서 작용하는 우연적인 것이 있다. 본성에 따른 필연적 결과와 그렇지 않은 우연적 결과 역시 신의 섭리와 의지에 따라 규정되고 실행된 것이다.[24] 사람이

---

24. *ST*, I, q.19, a.8.

자신의 본성에 따라 필연적인 것이 아닌 것에 대해서 자유선택하는 우연적인 활동을 할 수 있다. 신의 의지가 사람에게 그런 자유선택을 가질 수 있도록 했으며, 그런 결과를 선택하는 의지의 작용까지 갖도록 했다는 것이다.[25] 신의 의지에 의해서 사람의 자유선택과 그런 선택의 결과가 나오게 된다는 것이다.

예를 들어 신의 의지가 사람의 자유선택에 따라 빵을 먹는 것을 추구한다. 그래서 사람은 자유선택에 따라 빵을 먹는 것을 선택할 수 있다. 신의 의지가 그런 추구를 함으로써 사람의 자유선택이 실현될 수 있다는 것이다. 그런데 신이 사람한테 자유의지만 부여한 것이 아니라 자유의지에 따른 선택의 결과까지 추구한다면 사람의 자유선택이 이루어질 수 있는가? 신의 의지가 사람의 최종 선택 결과까지 추구할 때 그런 결과는 반드시 실현될 것이다. 그렇다면 사람이 다른 것을 선택할 가능성이 사라질 것이다. 이 경우 사람의 자유선택은 성립하지 않는다.

그런데 신이 사람의 자유선택에 따른 최종적 결과까지 추구한다고 해도 사람의 자유선택을 인정할 수 있는 길이 있는가? 사람은 자유선택의 숙고 과정을 통해서 최종 선택을 한다. 이런 숙고 과정에서 최종 결과는 결정되어 있지 않아야 한다. 만약 신이 사람에게 자유선택 능력을 부여하고 나서 그다음 사람의 선택 결과를 추구한다면 어떻게 되는가? 신이 사람에게 자유선택 능력을 부여할 때 그 작용 결과를 이미 안다면 사람이 자유선택을 하기 전에 그 결과가 이미 결정되어 있다고 할 것이다. 그리고 신이 그러한 능력을 부여할 때 사람의 최종 선택 결과를 모른다고 한다면 신의 전지전능성에 위배되고 만다. 신의 전지전능성을 지키기 위해서는 사람의 자유선택이 인정되기 어렵게 된다.

이와 달리 신의 지식뿐 아니라 의지의 추구도 인간과 다른 차원에서 본

---

25. *ScG*, III, c.89.

다면 이런 난제에서 벗어날 수 있을 것이다.[26] 신이 시간적 선후가 있는 사람의 자유선택 능력과 그에 따른 결과를 영원으로부터 현재성에서 추구한다면 신이 사람의 자유선택 능력을 부여하고 나서 그다음 그에 따른 결과를 추구하지 않는다. 신은 사람의 자유선택이라는 원인과 그 사람의 선택 결과가 구분되지만 하나의 활동으로 추구한다는 것이다.[27] 그래서 사람의 자유선택 이전에 신의 의지에 의해서 그 선택 결과가 미리 결정된다고 할 수 없다.[28] 또한 신이 자유선택 능력을 부여할 때 그 선택 결과를 모르는 경우도 생길 수 없다.

물론 어떤 일이든 신의 섭리에 따라 규정된다면 그 규정대로 반드시 실현될 것이다. 신의 의지가 섭리적 규정에 따라 어떤 일을 추구한다면 그런 통치는 반드시 실현될 것이다. 이 세상에서 어떤 일이 발생한다면 그 일이 신의 섭리에 따라 규정된 것이고 신의 의지가 추구한 것이다. 어떤 일이든 발생하면 발생한 것 자체는 필연이고 그러한 발생을 낳게 한 신의 섭리와 신의 의지에 따른 추구가 있다는 것 또한 필연이다.

그렇다고 해서 그런 섭리와 통치가 필연적으로 결정되는 것은 아니다. 이 세계의 모든 일은 신의 자유의지에 따른 선택이라는 점에서 근본적으로 우연의 산물이다. 이 세상의 모든 존재자나 그러한 존재의 작용과 활동은 신의 자유의지에 따라 무로부터 창조된 우연의 산물이다. 그다음 제2원인자에 능동성을 부여하고 제2원인자의 본성에 따른 필연적 활동과 우

---

26. Simpson(2001), p.325.
27. *ST*, I, q.19, a.5. 신이 목적과 방법, 제2원인자의 능력이나 결과를 하나의 활동에서 동시적으로 추구한다면 제2원인자의 선택 이전에 결과가 미리 결정되는 경우는 발생하지 않을 것이다. 만약에 신이 목적을 추구하고 나서 그다음에 방법을 추구한다면 이미 현실화된 목적이 방법을 추구하는 원인으로 기능할 것이다. 이 경우 어떤 것에도 의존하지 않는 전능한 신의 의지에 어긋난다.
28. 신의 의지가 사람의 자유선택 이전에 그 결과를 추구한다면 이미 그 결과가 결정되어 있다고 할 것이다. 신은 시간의 간격이 있는 자유선택 능력과 그 선택 결과를 영원으로부터 현재성에서 하나의 활동으로 추구한다. 이렇게 신은 시간적 차원이 아니라 영원의 차원에서 작용하기 때문에 과거 시점에서 미래를 미리 결정한다고 할 수 없다.

연적 작용이 구분된다. 이런 구분조차도 신의 섭리와 통치의 산물이다. 신은 필연적으로 활동하는 제2원인자를 통해서 필연적 결과를 산출하고, 우연적으로 활동하는 제2원인자를 통해서 우연적 결과를 산출한다.[29] 자유롭게 활동하는 제2원인자를 통해서 자유로운 결과를 산출한다. 신이 전자와 같이 규정하고 추구하니까 제2원인자의 본성에 따른 필연적 활동이 나오고, 후자와 같이 규정하고 추구하니까 그러한 우연적 작용이나 지성적 존재의 자유선택이 실현된다.[30] 이렇게 신적 영원 아래서 모든 존재가 완전히 실현되었으면서도 이 세계의 제2원인자에 의한 우연과 자유선택이 가능하므로 도덕적 선을 위한 사람의 자발적 노력은 의미가 있을 것이다.[31]

4. 결론

이 세계 존재자들의 작용과 활동을 실체적 변화와 우유적 속성의 변화, 원리적 원인자와 도구적 원인자, 우연과 필연의 양태로 검토하였다. 변화가 이루어지기 위해서는 실체나 실체의 순수질료가 기체로서 가능태가 되어 결핍된 형상이 현실화되어야 한다. 이런 가능태의 현실화를 위해서 외적 능동인이나 내적 능동인뿐 아니라 목적인이 작동되어야 한다. 이런 능동인과 목적인이 작동해서 가능태에 잠재해 있는 형상을 현실화시켜 새로운 우유적 속성이나 실체가 생성되는 것이다. 이렇게 우유적 속성의 변화나 실체의 생성소멸은 자연적 존재자들의 능동적 작용의 산물이다. 새롭게 출현한 형상조차도 기존의 존재자 안에 있는 가능태에서 끌어낸 것이다.

---

29. Wippel(1984), p.258.
30. 바티스타 몬딘(2020), 314쪽.
31. 서병창(2002), 195쪽.

자연적 사물 안에 가능적으로 들어 있는 것을 이끌어내어 변화가 이루어지는데 이런 가능성의 현실화를 위해서는 자기 아닌 다른 원인자의 현실적 활동이 필수적으로 요구된다. 이런 앞선 원인자의 현실적 활동도 가능적 능력이 현실화되기 위해서는 더 앞선 원인자의 현실적 활동에 의존한다. 이런 의존의 계열이 무한히 진행될 수 없으므로 부동의 동자로서 제1운동인이 있어야 한다. 이 제1운동자는 자기 내에 어떤 가능태도 가지지 않는 순수현실태로서 무로부터 이 세계를 창조한 창조주이며, 자존적인 필연적 존재이고, 궁극적 완전자이며, 이 세계 존재자들의 모든 목적을 이미 실현된 형태로 가지면서 알고 있는 지성체이다.

궁극적 완전자로서 제1원인자가 무로부터 이 세계를 창조한다. 그렇다면 어떤 이유로 어떤 방식으로 이 세계를 창조하고 자연의 모든 활동에 개입하는가? 신은 자신 이외에 어떤 것도 필요로 하지 않는다. 신은 궁극적 완전자로서 전지전능한 존재이기 때문이다. 이러한 신이 자신의 자유의지에 따라 무에서 이 세계를 창조한다. 신은 창조해야 할 필연적 이유가 없지만 자신의 선성에 따라 자유의지로 이 세계를 창조한다. 이렇게 이 세계는 신의 의지에 걸려 있는 우연의 산물이라고 하겠다. 그러면서도 신은 완전한 지성체로서 통일적인 목적 아래 그 목적을 실현하는 구체적 방법까지 고려한 섭리에 따라 이 세계를 통치한다. 신은 모든 자연의 활동에서 제2원인자의 능동적 작용과 그에 따른 결과를 인정하면서도 이 과정과 결과까지 섭리로 규정하고 직접 통치하여 실현한다.

이렇게 자연의 모든 작용이 섭리 아래 규정되고 통치에 의해 직접 실현된다면 이 세계의 모든 존재자의 작용이 필연적으로 결정되고 어떤 우연이나 사람의 자유선택도 불가능하다는 의문이 제기된다. 이에 대해 신의 섭리는 '영원의 지식'이라는 점에서 '과거 사실의 변경 불가능성'에 해당하지 않는다고 반박한다. 그래서 신의 섭리적 규정이 이 세계의 자연적 작용이 일어나기 전에 미리 규정해서 그러한 작용을 필연적으로 만들지 않는다. 신의 의지에 의해 제2원인자와 그에 따른 결과를 추구할 때도 시간적 선후 없이 동시적으로 하나의 활동에서 추구함으로써 제2원인자의 활동 이전에 결과를 미리 결정짓는 것은 아니다. 이런 점에서 신의 섭리와 통치가 이 세계의 우연과 사람의 자유의지를 성립할 수 없게 만드는 것이 아니다.

이 세계의 모든 작용이나 활동이 신의 섭리에 따라 통치되지만, 이 세계의 우연성이나 사람의 자유선택이 부정되는 것은 아니라는 것이다. 여전히 사람은 자유의지에 따라 자유선택이 가능하므로 도덕적 선을 위한 자발적 노력을 할 수 있다. 토마스 아퀴나스의 입장이 이 문제를 적극적으로 해결했는지에 대한 비판과 평가는 다양하게 제기될 수 있을 것이다.

참고문헌

몬딘, 바티스타, 『성 토마스 개념사전』, 이재룡 · 안소근 · 윤주현 역, 한국성토마스연구소, 2020.
서병창, 『신 안에서 자립적인 인간』, 동과서, 2002.
엘더스, 레오, 『토마스 아퀴나스의 형이상학』, 박승찬 역, 가톨릭출판사, 2003.
장욱, 『토마스 아퀴나스 철학』, 동과서, 2002.
Fischer, J.M., "Foreknowledge, Freedom, and the Fixity of the Past", in *Philosophia* 39(2011), pp.461-474.
Gilson, E., *The Christian Philosophy of St. Thomas Aquinas*, trans. L.K. Shook, Notre Dame: University of Notre Dame Press, 1956.
Ledinich, S., *A Study of Substantial Change In The Writings of St Thomas Aquinas* (PhD Thesis), Australian Catholic University, 2018, 〈https://doi.org/10.26199/5cb7ae1c48287〉.
Simpson, M.M., *Thomas Aquinas's concept of freedom in the context of his treatment of God's knowledge of future contingents*(PhD Thesis), University of Glasgow, 2001,

⟨https://theses.gla.ac.uk/2046/⟩.

Wippel, J.F., *Metaphysical Themes in Thomas Aquinas*, Washington D.C.: The Catholic University of America Press, 1984.

_____, *The Metaphysical Thought of Thomas Aquinas*, Washington D.C.: The Catholic University of America Press, 2000.

09. 영혼과 육체

정현석 | 가톨릭대학교 성의교정

이 장은 토마스 아퀴나스의 지성혼 이해를 중심으로 그가 인간 영혼을 어떻게 이해했는지, 그리고 그에 따라 육체와 영혼의 관계 이해를 어떻게 발전시켰는지를 확인할 것이다. 이 장에서는 토마스가 자연계에 존재하는 다양한 생명체 중 인간이 영위하고 있는 특별한 생명 활동에 주목한다. 이를 통해 인간의 영혼으로서 지성혼의 고유한 활동 및 능력, 그리고 그것의 본성 사이의 관계 설정을 살펴볼 것이다. 또한 실체적 형상으로서 지성혼을 이해하는 것이 그의 사상에서는 물론, 우리에게 어떤 의미를 갖는지를 검토할 것이다.

1. 영혼의 보편 정의: 육체의 실체적 형상

토마스의 존재론에 따르면 세계는 몸을 가진(corporeal) 물질적 실체와 몸을 갖지 않는(incorporeal) 비물질적인 실체로 이루어져 있다. 그는 천사나 천체를 움직이는 여러 분리 실체(substantia separata)를 비물질적 실체로 분류했다. 피조물을 창조한 신도 비물질적 실체에 해당한다. 이에 반해 여러 감각기관으로, 혹은 감각기관의 능력을 확장해주는 여러 도구로 접할 수 있는 여러 사물, 예컨대 별, 바위와 자갈, 책상과 책장, 그리고 잔디, 개,

이웃 사람은 물질적 실체로 분류했다. 토마스는 아리스토텔레스의 질료형상론(hylomorphism)을 따라, 모든 물질적 실체는 무엇으로든 될 수 있는 무규정적인 잠재성을 갖는다는 의미에서 순수한 가능태인 제일 질료(prōtē hylē, materia prima)와 질료에 특정한 존재 방식을 부여하는 형상(morphē, forma)이라는 두 원리가 하나가 됨으로써 이룬 합성된 것(compositum)이라고 설명했다.[1]

토마스에 따르면 물질적 실체는 다시 두 부류로 구분할 수 있다. 별과 바위, 자갈, 그리고 책상과 책장 같은 것은 애초에 생명을 갖고 있지 않았거나, 현시점에 생명이 없는 무생물이다. 이들은 그것이 아닌 것, 즉 외부에서 그들을 움직이도록 하는 어떤 것에 의존해야만 변화 및 운동한다. 반면 잔디와 개, 그리고 내 이웃은 주변 환경에 여러 방식으로 반응 및 적응하면서 양분을 섭취하고, 성장하며, 자손을 보는 등 스스로 여러 활동을, 즉 내재적으로 생명 활동을 수행하는 물질적 실체다. 특히 이들의 육체는 이런 생명 활동을 스스로 수행할 수 있도록 조직화되어 있는 것은 물론, 이런 활동을 수행하며 스스로 조직화하기도 한다. 이런 의미에서 생명체의 육체는 생명 활동을 수행하도록 유기적으로 조직화된 물체라 일컬을 수 있다. 나아가 생명체는 질료로 이루어진 조직과 그런 여러 조직을 더욱 유기적으로 조직화하여 전체로서 생명체의 생명 활동에 이바지하는 여러 기관을 갖기도 한다. 이에 따라 토마스 아퀴나스는 생명체의 몸을 아리스토텔레스의 표현을 이어받아 "유기적 육체" 혹은 "기관을 가진 육체"(corpus organicum)라고 일컬었다.[2]

한편, 아리스토텔레스는 유기적 육체를 가진 생명체가 스스로 생명 활동을 수행한다는 의미에서 생명체에 내재하는 생명의 원리(archē zōēs, prin-

---

1. 이에 대해서는 이 책의 제7장 「질료형상론」을 참조하라.
2. *ScG*, II, c.89, n.1737.

cipium vitae)가 있다고 생각했다. 그는 이런 생명의 원리를 "영혼"(psychē, anima)이라 일컬었다. 따라서 그에게 '영혼을 지닌다'라는 것은 동물이든 식물이든 생명 활동을 한다, 즉 '살아있다'라는 의미였다.[3] 또한 그는 영혼을 가능태로 생명을 지니는 육체의 형상[4]이자 기관을 지닌 육체의 제일 현실태로 정의했다. 그는 이 정의가 "온갖 영혼에 공통되는" 영혼의 보편 정의라고 생각했다.[5] 나아가 그는 이 영혼의 보편 정의를 질료형상론에 적용하여 육체와 영혼의 관계를 질료와 형상의 관계로 제시했다. 그래서 어떤 사물이 소멸하여 자기 정체성을 잃게 하지 않는 이상 질료와 형상이 서로 분리되지 않는 것처럼, 생명체의 경우(적어도 살아있는 동안) 영혼 혹은 영혼의 여러 부분이 육체와 하나가 되며 육체와 결코 분리될 수 없다고 주장했다.[6] 토마스는 아리스토텔레스가 제시한 이와 같은 영혼의 보편 정의를 원칙적으로 수용했다.[7] 그리고 이를 염두에 두고 여러 선대 스콜라 사상가가 사용하던 표현을 이어받아 영혼을 "실체적 형상"(forma substantialis), 즉 생명체인 어떤 실체[8]가 특정한 유형으로 존재함으로써 여타의 실체와 구분되도록 현실화시키는 내재적 원리로서 제일 현실태라고 제시했다.

토마스가 아리스토텔레스의 보편 정의를 수용 및 활용하는 모습은 흥미롭다. 영혼이 자연에서 관찰 가능한 생명 활동을 설명하는 데에 필요한 원리라는 점을 확정하는 작업에 상당한 관심을 기울였다는 점에서 그렇

---

3. 아리스토텔레스 『영혼론』, 제1권 1장, 402b3-9.
4. 같은 책, 제2권 1장, 412a20 이하.
5. 같은 곳, 412b5-6.
6. 같은 곳, 413a3-5.
7. ScG, II, c.1397(박승찬 역, 573-575쪽).
8. 토마스 아퀴나스는 실체(제일실체)의 범위를 생명체에 한정했으며, 인조물을 포함한 무생물을 엄밀한 의미에서 실체로 간주하지 않았다. 이에 대해서는 In metaph., VII, lect.17, nn.1679-1680 참조.

다. 이후[9]에 언급하겠지만 그는 인간 생명 활동의 특수성의 근간을 지성혼에게 돌리며 지성혼의 비물질성을 강조하면서 지성혼을 다른 것에 의존하지 않고 독립적으로 존재하는 어떤 것(aliquid in seipsa subsistens)으로 제시하는 작업에 소홀하지는 않았다. 동시에 그는 물리적 자연 세계의 모든 것이 질료와 형상이 합일하여 이룬 결과물이라고 이해했던 아리스토텔레스의 설명에도 충실하기 위해 애썼다. 이에 따라 지성혼도 식물혼이나 동물혼과 마찬가지로 육체의 실체적 형상으로서 현실태이기에 가능태인 질료와 합일하여 물리적 존재자인 인간을 이룬다는 점을 그 못지않게, 아니 어쩌면 더 강력하게 강조했다. 이런 면에서 그의 작업에 대한 평가에서 영혼을 생명체의 제일 현실태로서 육체의 실체적 형상, 즉 '육체에 내재하는 생명 활동의 원리'로서 제시하려 했던 모습에 주목해야 한다.

나아가 토마스의 작업은 생명 일반은 물론, 인간의 생명에 대해서도 자연적 설명 방법을 추구한 작업이었다고 평가할 수 있다. 이런 모습은 토마스가 아리스토텔레스의 영혼 구분을 이해하는 방식에서도 드러난다. 토마스는 아리스토텔레스가 『영혼론』에서 영혼을 세 유형으로 구분하여 설명했던 것에 주목했다. 아리스토텔레스의 설명을 이어받아 그는 식물, 동물, 인간 모두 영혼을 갖는다는 점에서는 차이가 없지만, 각 영혼이 수행하는 능력과 활동은 서로 다르다는 견해를 펼쳤다. 즉 잔디 같은 식물은 생식 및 성장 활동의 원리인 식물혼 혹은 영양혼(anima vegetativa)을, 개와 같은 동물의 경우 감각과 장소 이동 같은 활동의 원리인 동물혼 혹은 감각혼(anima sensitiva)을, 그리고 내 이웃과 같은 인간은 다른 여타 생명체를 구분케 하는 이해 및 사유 같은 정신적 활동의 원리인 인간혼 혹은 지성혼(anima intellectiva)을 갖는다고 설명했다.

한편, 그는 동물혼은 식물혼의 능력과 활동을 포함하며, 지성혼은 그런

---

9. 이 장의 270쪽, 274-277쪽.

동물혼의 능력과 활동을 포함하고 있다고 생각했다. 이와 같은 그의 영혼 이해는 자연의 구성원으로서 식물과 동물, 그리고 인간의 영혼이 보장하는 실체적 통일성을 드러내고자 하는 의도를 반영한다. 이 의도는 개별 실체 안에서 여러 작용과 능력에 상응하는 여러 영혼이나 실체적 형상을 설정하기보다는, 여러 작용이나 능력을 한데 품은 하나의 영혼 혹은 실체적 형상을 통해 인간의 통일성을 확인하려는 그의 입장으로 이어졌다. 이와 같은 견지에서 그는 모든 유형의 개별 실체에는 오직 하나의 실체적 형상만이 있으며, 인간의 경우 그 실체적 형상이 그 인간이 지닌 육체의 형상으로서 식물혼과 동물혼의 능력을 모두 수행할 수 있는 지성혼이라고 주장했다.[10]

2. 보편 정의와 아리스토텔레스 방법론의 정당화: 생명 활동의 물질적 환원 거부

아리스토텔레스에게 그랬듯 토마스에게도 '어떤 존재자에게 영혼이 있다' 혹은 '어떤 존재자가 영혼을 갖고 있다'라는 표현은 그 존재자가 생명 활동을 수행한다는, 즉 '어떤 존재자가 살아있다,' 혹은 '그 존재자는 자기 안에 생명 활동의 원리를 지닌 것이다'라는 뜻을 전달한다.[11] 나아가 생명체인 식물과 동물, 그리고 인간은 영혼을 갖는다는 면에서 차이가 없다고 여겼다. 이에 따라 그는 아리스토텔레스가 제시한 보편 정의를 모든 생명체에 적용하여 영혼을 생명체의 내적 원리로서 육체의 실체적 형상이자 제일 현실태로 제시하면서 육체와 영혼의 관계를 형상과 질료 사이의 떼려야 뗄 수 없는 관계로 제시했다. 이로써 토마스는 비물질적인 실체인 영혼이 물질적인 실체인 육체를 지배하고 육체를 도구처럼 움직이는 관

---

10. *ST*, I, q.76, aa.3-4; *De anima*, q.11, resp.
11. *ST*, I, q.76, a.1, resp.

계로 제시하며 생명 활동을 전자에게 환원시켰던 입장, 즉 그가 "플라톤주의자들"(platonici)이라고 일컬었던 여러 사상가의 입장[12]과 거리를 두고자 했다.[13]

토마스는 또한 "플라톤주의자들"의 반대쪽, 즉 고대 자연철학자들 가운데 유물론적 태도에 대해서도 거리를 두었다. 그가 영혼이 생명체의 내적 원리이며 육체와 떼려야 뗄 수 없는 관계를 맺는다고 이해했던 것은 사실이다. 그러나 이 사실이 곧, 그가 의식, 감정, 사고 지각을 포함한 모든 생명 현상을 물질적 실체의 능력이나 상태와 동일시하거나, 생명 현상을 전적으로 물리학 및 신경과학의 법칙 같은 것으로 환원하여 설명 가능하다고 생각했음을 뜻하지는 않는다. 이 점은 토마스 아퀴나스가 『신학대전』 제1부 75문 1항과 『대이교도대전』 제2권 65장 등에서 영혼이 육체가 아니라는, 즉 영혼을 물리적으로 환원시켜 설명하는 것이 불가능함을 강조할 때 분명하게 드러난다.[14]

영혼을 물리적인 것으로 환원시킬 수 없다는 토마스의 논의는 영혼을 사원소(四元素)나 물체, 혹은 기관에 환원시켜 설명했던 고대 자연철학자나 고대 의학자의 영혼 이해에 대한 그의 비판적 평가의 맥락에서 등장한다. 그가 생명 활동을 특정 원소나 물체, 혹은 뇌나 심장 등 생명체의 특정 기관처럼 물리적인 것으로 환원시켜 설명하는 작업의 가치와 의미를 부정했던 것은 아니었다. 하지만 그것만으로 충분치는 않다고 여겼다. 유물론적 이해에서 생명 활동 및 영혼을 환원시키는 여러 물리적인 것, 예컨

---

12. 아리스토텔레스는 『영혼론』 제2권 1장 413a8-9에서 영혼의 보편 정의에 해당하는 내용을 거론한 직후, 육체와 영혼의 관계를 '배와 선원의 관계'로 비유하는 것이 옳은지 여부를 두고 다소 유보적으로 분명한 언급을 피했다. 토마스 아퀴나스는 비물리적 실체와 물리적 실체 사이의 관계를 각각 완결적인 두 실체 사이의 작용적(operational) 혹은 우유적(accidental) 합일로 제시하는 사상가를 "플라톤주의자들"로 분류하며 그와 같은 입장에 이 비유를 투사하곤 했다.
13. *ScG*, II, c.57, nn.1317-1318; nn.1327-1328.
14. Kretzmann(1993), p.129; Pasnau(2002), p.98.

대 원소나 육체의 기관은 질료형상론의 견지에서 볼 때 더 근본적인 원리인 제일 질료와 실체적 형상이 합성된 것(compositum)이라는 점에서 더 근본적인 분석과 설명의 여지를 남긴다고 여겼기 때문이다.[15] 이런 까닭으로 토마스는 합성된 것을 이루는 근본원리인 제일 질료와 실체적 형상 중 어느 쪽이 생명 활동과 그 원리인 영혼에 대한 근본적인 설명을 제공할 수 있는지를 검토했다.

토마스에 따르면 먼저 제일 질료는 순수 가능태로 그 자체 어떤 현실성도 없다. 따라서 제일 질료는 그 자체로는 존재할 수 없으며, 모든 물질적 실체를 구성하는 원리인 형상을 받아들여 그것과 하나를 이룰 경우에만 현실태인 무엇인가로서 존재할 수 있다. 하지만 제일 질료는 모든 물질적 실체에게 공통적이기에 이 원리만으로는 물질적 실체 사이에서 심지어 생물과 무생물조차 구분할 수 없다. 이에 따라 토마스는 제일 질료나 제일 질료로 이루어진 육체가 생명 활동과 생명의 제일원리 혹은 제일 현실태인 영혼을 설명하기에 적합한 원리일 수 없다는 결론에 이르렀다.[16]

한편, 제일 질료가 물질적인 것으로서 생물 혹은 무생물로 현실화하여 존재하려면 해당 물체가 갖는 고유한 성격이나 구조, 그리고 유형이 있어야 한다. 그러나 제일 질료는 그 자체 순수 가능태이다. 그 자체만으로 제일 질료는 어떤 생명체가 드러내는 구조나 유형을 현실화하며 존재할 수 없다. 제일 질료의 현실화는 오직 제일 질료를 물리적인 어떤 것으로 현실화시키는 다른 근본원리, 즉 형상과 합일로만 이룰 수 있다. 그런데 토마스에게 생명체가 생명을 가진 존재자로서 가져야 할 육체의 구조와 유형은 물론, 그 활동을 현실화시키는 형상은 다름 아닌 그 생명체(의 육체)의 실체적 형상이자 제일 현실태인 영혼이었다. 이에 따라 토마스는 영혼을 제

---

15. *ST*, I, q.75, a.1, resp.
16. *ScG*, c.65, n.1427.

일 질료와 합일한 결과로 나온 합성된 것이나 제일 질료로 환원시키거나 이런 유형의 것과 동일시할 수 없기에 물질적인 것이 아니라고 이해했다.[17]

이렇듯 『신학대전』 제1부 제75문 1절과 『대이교도대전』 제2권 65장 등에서 토마스는 영혼을 물리적인 것으로 환원시킬 수 없음을 질료형상론에 비추어 논하며 생명에 대한 유물론적 설명의 한계를 보여주려 했다. 이로써 그는 아리스토텔레스의 철학을 원용하여 영혼을 다루는 작업, 특히 영혼을 "육체의 실체적 형상" 혹은 "육체의 제일 현실태"로 이해하는 자신의 작업이 결코 영혼을 어떤 물체나 질료 같은 것으로 환원시키는 유물론적 태도를 함축하지 않음을 분명히 하려 했다.[18] 이와 같은 토마스의 작업은 인간의 생명과 그 원리인 영혼에 대한 논의를 이어가기에 앞서 자신의 철학적 방법론, 즉 아리스토텔레스 영혼 이해의 원용을 정당화하는 작업으로서 중요한 의미를 품는다.

3. 지성혼, 자립하는 형상

3.1. 영혼의 보편 정의와 지성 이해의 충돌: 인간 영혼과 지성의 관계 문제

한편 『영혼론』 제3권 4장 429a10-11에서 아리스토텔레스는 지성(noûs, intellectus)이 "영혼이 그것으로써 인식도 하고 사고 작용도 하는 영혼의 바로 그 부분"이라고 정의했다. 그에 따르면 이 부분이 인간을 여타 생명체, 즉 동물이나 식물과 구별되게 하는 독특한 생명 활동을 수행토록 하는 부분이었다. 이런 의미에서 사유를 주관하는 지성이라는 영혼의 부분은 인간이 인간으로서 생명 활동을 수행케 함으로써 다른 생명체와 다른 위상, 즉 종차(differentia specifica)를 드러내도록 하는 부분이라 말할 수 있다.

---

17. *In de anima.*, I, c.9. p.44.25-28.
18. Kretzmann(1993), pp.130-131; Pasnau(2002), pp.30-34; pp.95-99.

이렇게 영혼과 지성의 관계가 전체와 부분의 관계라면, 응당 육체와 불가분의 관계를 맺는 전체인 영혼의 부분으로서 지성도 영혼은 물론, 육체에서도 분리된 상태로 존재할 가능성을 아리스토텔레스가 배제했으리라 기대할 법하다. 하지만 아리스토텔레스는 작용의 성격에 따라 구분한 두 지성 중, 먼저 모든 것을 수용하여 사유할 수 있는 수동적 지성은 육체와 그 기관이 가진 질료에 기인한 물질성에 따른 변화와 그에 따른 왜곡으로부터 자유로우며, 따라서 육체 및 질료와 분리되어야 하고, 이런 까닭에 육체와 분리되지 않는 감각 능력과 다르다고 주장했다.[19] 나아가 다른 지성, 즉 수동적인 지성과 달리 "모든 것을 만드는" 능동적인 지성 역시 육체로부터 분리되며, 따라서 질료를 갖지 않는다고 말했다.[20]

문제는 아리스토텔레스의 지성에 대한 설명을 그의 영혼에 대한 보편 정의와 쉽게 양립시키기 어려워 보인다는 데에 있었다. 영혼의 위상에 비추어볼 때, 육체와 무관하며, 육체와 별개로 자립한다는 지성을 보편 정의상 육체와 떼려야 뗄 수 없는 관계를 맺고 있는 육체의 실체적 형상인 영혼의 부분으로 제시하기는 쉽지 않기 때문이다. 아쉽게도 『영혼론』은 물론, 현전하는 다른 여러 저서도 이 문제에 대한 아리스토텔레스의 최종적 입장을 전하지 않고 있다. 결국 상충하는 듯 보이는 영혼과 지성의 위상에 대한 아리스토텔레스의 설명은 이 문제를 체계적이며 일관적인 방식으로 해결하고자 했던 여러 후대 사상가의 철학적 노고와 도전으로 이어졌다. 토마스의 영혼 이해 역시 전체로서 영혼과 부분으로서 지성의 위상을 둘러싼 난제를 해결하고자 했던 독창적인 정신이 맺어낸 결실이었다.

---

19. 아리스토텔레스, 『영혼론』 제3권 4장, 429a14-29.
20. 같은 책, 제3권 5장, 430a20-25.

3.2. 토마스의 해법 : 영혼 : 지성 = 전체 : 부분 = 실체 : 능력

토마스는 이 난제에 당면하여 누구나 수긍하며 경험하는 분명한 사실, 즉 "이 개별 인간이 이해(혹은 사유)한다"라는 사실에 주목했다.[21] 그는 어떤 실체가 질료 및 육체로 인한 시공간적 제약을 넘어 이해 및 사유한다는 사실에 대한 경험은 사유 주체 안에 고유한 사유 및 이해의 원리를 갖추고 있어야만 가능하다고 생각했다. 특히 이해 및 사유처럼 인간을 다른 생명체와 종적으로 구분시켜주는 인간에게 고유한 본성적 활동의 원리는 그 활동을 수행하는 인간 안에 있어야 한다고 보았다. 이것을 보장하지 못한다면 인간이 그것과 별도로 존재하는 어떤 것에 의해서 그것의 고유한 활동을 수행한다고 말해야 하는데, 앞서 언급한 '사유하는 이 인간'이라는 사실에 비추어보면 그것은 이치에 맞지 않는 설명이라고 생각했기 때문이다.[22]

이에 따라 토마스는 인간의 내적 원리인 인간 영혼이 전체로서 그와 같은 활동의 원리이자 능력인 지성을 부분으로 포함한다는 견해를 제시했다. 이로써 그는 지성혼의 부분인 지성도 응당 인간의 부분으로 제시할 수 있었다.[23] 이런 의미에서 그는 인간의 영혼을 다른 생명체의 영혼과 그것의 고유한 부분이자 능력을 기준으로 구분하고자 지성혼이라고 일컬었다. 이와 같은 토마스의 지성혼 이해는 "영혼 : 지성 = 전체 : 부분 = 실체 : 능력"이라는 구도로 표현할 수 있다. 하지만 이런 이해에 따라 지성을 지성혼의 부분으로 편입시키더라도, 아리스토텔레스가 남긴 육체에서 분리된 지성의 문제는 여전히 남아 있었다. 이와 관련하여 토마스는 분리

---

21. *ST*, I, q.76. a.1, resp. 이 밖에도 *In de anima*, III, c.1, p.205.282; *De unit. intell.*, c.3, p.303.27-28 등 참조.
22. *ST*, I, q.76, a.1, resp. 이 밖에도 인간과 별도의 독립적 존재를 영위하는 분리 실체를 이해와 사유의 원리로 제시했던 입장의 부당성을 논하는 구절로는 *ScG*, II, cap.76, n.1565 참조.
23. *De anima*, q.5, resp., p.42.184-206; *De unit. intell.*, c.1, p.299.702-704.

의 양상을 두 개의 온전한 실체로서 별도로 존재하는 두 실체 사이의 분리와 하나의 실체에 속한 각 부분이 그 고유한 기능을 수행할 때 다른 부분에 의존하지 않는다는 의미에서 분리로 구분했다. 이 구분에 따라 그는 아리스토텔레스가 지성의 분리를 논한 본의를 지성을 육체와 별도로 존재하는 어떤 것으로 제시하는 데가 아니라, 작용상 육체에 의존하지 않는 능력으로 제시하는 데에서 찾으려 했다.[24] 이로써 그는 지성혼의 부분으로서 지성과 육체의 관계에서는 존재론적 합일 및 통일성(ontological union or unity)을 드러내지만, 인간이 수행하는 비물질적 작용이 육체적 제약을 받지 않는다는 의미에서 지성과 육체 사이의 작용상 분리(operational separation)를 확인할 수 있다고 주장했다.

이상과 같이 토마스는 비물질적 본성의 지성을 질료와 불가분의 관계를 맺는 실체적 형상인 영혼의 부분으로, 즉 인간의 부분인 지성의 존재론적 터를 지성혼 안에 마련하며 지성을 인간의 부분이자 내적 원리로 제시했다. 이로써 토마스는 인간 육체의 실체적 형상이자 제일 현실태로서 영혼의 보편적 정의와 비물질적인 인간 활동의 원천인 지성에 대한 아리스토텔레스의 논의가 하나의 체계에서 작동하는 지성혼 이해를 구축했다.

나아가 토마스는 육체에 의존하는 다른 능력이 육체와 함께 사라지더라도, 지성이라는 능력은 육체에 의존하지 않기 때문에, 지성혼도 그 덕택에 사멸하지 않고 자립할 수 있다고 주장했다.[25] 그는 이로부터 지성혼의 불멸성(incorruptibilitas)에 대한 논의를 이어가며 그가 신학자로서 사후 부활, 최후의 심판 등 신앙 및 신학의 문제를 다룰 때 이 논의를 기저 담론으로 활용했다. 그리고 이 이해에 따라 인간을 물질적 존재자임에도 지성이라는 부분의 능력 덕택에 보편적인 앎이라는 비물질적 생명 활동을 수행

---

24. *ScG*, II, c.61, n.1398; cc.78-81, nn.1596-1629.
25. *ScG*, II, c.79, nn.1597-1600.

하는 독특한 영혼을 가진 존재자로 제시했다.[26] 이렇게 토마스는 육체의 형상으로서 영혼의 보편 정의와 지성에 대한 아리스토텔레스의 설명 사이의 균형을 맞추는 한편으로, 지성혼의 자립성을 질료형상론의 토대 위에서 논하며 그리스도교 신앙에도 기여할 만한 성취를 이루었다.[27]

4. 지성혼의 실체적 온전성과 자립성

4.1. 종교적 요구와 철학적 요구

토마스의 실체적 형상으로서 지성혼 이해는 생명체로서 인간의 실체적 통일성과 정체성을 옹호하는 데에서 그 중요성을 찾을 수 있다. 또한 이 이해는 지성혼의 육체로부터 자립 가능성에 대한 논의와 짝을 이루며 인간의 통일성과 동일성을 강력하게 요구하는 종교적 사안, 예컨대 죽음 이후의 부활과 최후의 심판 신앙을 뒷받침하는 자연학적 기반과 보편적 설득력을 확보하는 데에서도 강점을 기할 수 있었다. 하지만 그 강점은 양날의 칼이기도 했다. 실체적 형상과 질료의 합일이 보장하는 합성체의 강력한 통일성이 해당 합성체의 사멸에 따른 실체적 형상인 영혼의 소멸까지 함축하는 것처럼 보였기 때문이다. 이런 까닭에 자연학적 기반 위에서 최후의 심판, 사후 부활과 같은 그리스도교의 핵심 신앙 및 교리에 보편적 설득력을 더하고자 했던 여러 동시대 사상가 사이에서 토마스의 실체적 형상으로서 지성혼 이해는 인간 영혼인 지성혼의 불멸성을 부정하는 귀

---

26. *De unit. intell.*, c.3. p.307.387-401, 이 밖에도 *ScG*, II, c.68, n.1454; 1459; *In Sent.* II, d.17, q.2, a.1, ad2 참조.
27. 토마스가 아리스토텔레스의 본의를 거론했지만, 인간 영혼을 자립하는 형상으로 제시한 것이 아리스토텔레스의 의도에 부합했다고 단언하기는 쉽지 않다. 이런 면에서 그의 작업은 아리스토텔레스의 실체적 형상으로서 영혼 이해를 중세의 맥락에서 새로운 형태의 영혼 및 인간 이해로 발전시킨 작업으로 보는 것이 무난할 것이다. 이에 대해서는 Durrant(1993), p.9; Bazán(1997) 등 참조.

결로 향할 수 있다는 의심을 사곤 했다.[28]

나아가 토마스의 지성혼 이해는 실체적 통일성의 문제에서도 철학적 유효성을 의심받았다. 토마스에 따르면, 지성혼은 직접 제일 질료와 결합하여 인간이라는 통일성을 가진 실체를 이룬다. 하지만 토마스가 밝혔듯 제일 질료가 순수 가능태라면 그 자체 어떤 성향도 없기에 모든 형상을 무차별적으로 받아들일 가능성이 있다고 말해야 할 것이다. 물론 토마스는 지성혼과 제일 질료가 실체적으로 합일하여 인간이라는 통일체를 이룬다고 주장했다. 하지만 언급한 제일 질료의 무차별적 가능성을 생각하면, 나, 즉 정현석의 실체적 형상인 내 지성혼이 왜 하필 내 강아지 금동이의 육체를 이룬 제일 질료가 아니라, 내 육체를 이룬 제일 질료에 합일했는지를 설명할 필연적인 이유를 찾기 어렵다는 문제가 발생한다. 이런 문제의식에서 토마스의 여러 동시대 사상가는 지성혼을 육체의 단적인 실체적 형상으로 제시하는 이해가 오히려 인간이 드러내는 실체적 합일과 통일성을 설명하는 데 부적합하다고 생각했다.

이런 까닭에 토마스가 그의 지성혼 이해를 개진하기 이전부터 아리스토텔레스의 실체적 형상으로서 영혼 이해의 장점을 알고 있었던 대다수의 중세 사상가도 지성혼을 질료형상론에 따라 육체의 단적인 실체적 형상으로 제시하기를 꺼렸다. 그래서 그들은 지성혼을 이 어떤 것(hoc aliquid), 즉 본성상 존재와 활동에서 질료나 육체에 의존하지 않는 온전한 본성을 갖춘 자립적 실체로 제시하는 방향을 선택했다. 또한 지성혼과 순수 가능태인 제일 질료 사이에 반드시 두 원리가 합일해야 할 필연성을 보장하는 형상적 매개 원리가 필요하다고 여겼다. 덧붙여 지성혼이 그 자체 자립하는 온전한 본질의 비물질적 실체이지만 완성해야 할 육체를 향한 본성적

---

28. 이와 같은 의심은 13세기 내내 영혼을 실체적 형상으로 제시했던 아리스토텔레스의 영혼 이해를 따라다니던 의심이었다.

사랑과 갈망에 따른 합일 가능성(unibilitas)[29]을 갖고 있다고 주장하기도 했다. 그들은 이런 방식으로 지성혼을 온전한 실체로 제시하는 한편, 제일 질료 및 육체의 결합에 필연성을 보장해줄 여러 매개 원리와 작용을 제시하며 설명하는 편이 철학에 충실하기 위해서든, 신앙에 충실하기 위해서든 더 타당하다고 여겼다.[30]

4.2. 자립하는 모든 것이 이 어떤 것은 아니다

여러 경쟁 이론 사이에서 토마스의 이해가 드러내는 가장 큰 차이는 지성혼의 자립성을 논하기 위해 반드시 지성혼이 온전한 실체성을 가져야 할 필요는 없다고 생각하는 데에 있었다. 이와 같은 그의 생각은 『영혼에 관한 토론문제집』의 제1문 등 "인간의 영혼은 형상이면서 이 어떤 것(hoc aliquid)일 수 있는가?"[31]라는 물음에 답하는 모습에서 확인할 수 있다.

토마스에 따르면 엄밀한 의미에서 "이 어떤 것"은 해당 실체의 종적 본성을 온전히 갖추고 자립하는 어떤 것(aliquid subsistens completum in natura aliquius speciei substantiae)을 뜻한다. 이런 의미에서 단적인 이 어떤 것은 자립성과 실체적 온전성이라는 두 조건을 모두 만족시켜야 한다.[32] 예컨대 지성혼과 육체의 합일로 이룬 통일적 실체인 인간은 이 두 조건을 만족시

---

29. 영혼과 육체의 합일 가능성에 대한 13세기 주요 연구로는 Bieniak(2010); 정현석(2010), 35-66쪽; Osborne(1999), pp.227-250 등이 있으며, 이 세 연구가 드러내는 문제의식은 Brady(1955)에 원천을 두고 있다.
30. 이와 같은 작업의 대표적인 예는 토마스가 경쟁 이론으로 다루었던 복수 실체적 형상론이었다. 복수 실체적 형상론의 요체는 지성혼이 제일 질료와 결합하기에 앞서, 후자와 결합함으로써 육체가 지성혼과 합일해야 할 필연성을 부과하는 매개적 형상의 개입이 필수적이라는 이해에 있다. 지성혼과 제일 질료 사이에 개입하는 매개 형상이 몇인지에 대해서는 복수 실체적 형상론자 사이에서 의견이 갈리기도 했다. 하지만 인간이라는 실체를 최종적으로 완성하는 지성혼에 꼭 들어맞는 육체를 제일 질료와 결합하여 준비하는 물체성 혹은 육체성의 형상(forma corporeitatis)이 인간의 실체적 통일성을 지탱하는 데 필수적이라는 데에서는 의견이 일치했다.
31. *De anima*, q.1. p.3.5-7, "utrum anima humana possit esse forma et hoc aliquid."(이 문제를 다룬 토마스의 병행 문헌은 이 책의 이재룡·이경재 역의 15쪽 각주를 참조할 것).
32. *De anima*, q.1, co., p.7.197-200; *ST*, I, q.74, a.2, ad1.

킨다. 한편, 인간이라는 실체를 이루는 지성혼도 지성이라는 능력 덕분에 천사 등의 온전한 비물질적 실체처럼 자립할 수 있으므로 이 어떤 것의 첫 번째 조건은 만족시킨다. 그럼에도 지성혼은 적어도 물질적 자연 안에서 질료라는 존재론적 상관물과 합일하여 인간이라는 이 어떤 것을 이룸으로써만 온전한 본성을 실현한다. 이런 까닭에 그 자체 지성혼은 자립성이 있음에도 생전에 질료와 합일한 경우든, 사후에 육체 없이 자립하는 경우든, 온전치 않은 어떤 것(aliquid incompletum)이므로 두 번째 조건을 만족시키지 못한다. 따라서 단적인 이 어떤 것이 아니다. 단 토마스는 지성혼을 인간의 손이나 발과 같은 지체(肢體)에 빗대며, 주체 혹은 전체인 어떤 인간을 염두에 둔 파생적 의미에서(per reductionem)만 "이 어떤 것"이라고 일컬을 수 있다고 주장했다.[33]

이렇게 토마스는 이 어떤 것의 두 조건을 구분하며 실체의 온전성과 자립성 사이에서 긴밀한 의미적 연관을 와해시켰다. 그 자체로 자립하는 것이 반드시 온전한 실체는 아니라는 점을 강조하며 지성혼을 육체의 실체적 형상으로 이해할지라도 그것에 자립성을 투사하지 못할 이유가 없다고 주장했다. 그는 이렇게 지성혼을 그 자체로서 실체적 온전성을 갖추지 못한 실체적 형상으로 이해함으로써 지성혼의 사후 자립성과 그에 따른 불멸성을 부정한다는 의구심에서 벗어나려 했다.

한편, 형상에 대한 순수 가능태인 제일 질료의 무차별적 개방성 혹은 결합 가능성은 인간의 실체적 통일성을 보장하기 위해 지성혼을 제일 질료와 직접 결합하는 실체적 형상으로 제시하지 말아야 할 당위를 제공하는 것처럼 보일 수 있다. 그러나 적어도 토마스의 입장에서는 그런 당위를 따를 이유가 없었다. 토마스는 가능태를 현실적으로 존재하는 실체가 내재적 본성에 따라 실현할 수 있는 잠재성으로 이해하고 있었다. 또한 그는

---

33. *De anima*, q.1, co., p.7.200-207; ad16, p.12.464-466.

실체의 구성 원리로서 형상의 대응 구성 원리인 질료의 잠재성이 질료를 현실화시키는 형상을 지향한다고 이해했다.[34] 이에 따라 그는 제일 질료의 가능태, 즉 인간의 실체적 형상인 지성혼과 대응하는 제일 질료의 가능태를 주사위 놀이를 할 때 어떤 눈이 나올지 확정할 수 없는 경우처럼 무차별적이고 무작위적인 가능성과 동일시하지 않았다. 그에게 인간이라는 실체의 구성요소로서 순수 가능태인 제일 질료는 실체적 형상인 지성혼 덕분에 그 인간의 존재와 활동이라는 현실태를 지향하는, 즉 특정 목적을 지향하는 잠재성을 가진 원리였다.[35] 이런 면에서 이런 질료의 순수 가능태에 대한 이해로 실체적 형상으로서 지성혼과 제일 질료 사이에서 다른 매개 원리를 요구하는 것은 아리스토텔레스의 질료형상론과 '가능태'와 '가능성'이라는 철학의 기초에 대한 이해 여부를 그에게 묻기 위해서라면 의미 있었을지 모르지만, 그의 지성혼 이해의 형이상학적 기반을 점검해야 할 당위를 상기시킬 만한 문제는 아니었다.[36]

나아가 토마스는 지성혼의 자립성에 대한 그의 이해가 경쟁 이론의 경우처럼 실체의 통일성을 보장하기 위해 매개 원리를 요구하지 않음을 보여주고자 했다. 자립성과 실체적 온전성의 의미적 외연의 일치를 와해시킨 논의는 지성혼의 본질과 그것의 자립성을 보장하는 비물질적 능력인 지성을 동일시하지 않는 그의 지성 이해의 핵심에 근거를 두고 있었다.[37] 이 점은 그와 그의 경쟁 이론을 가르는 차이였다. 나아가 토마스가 실체를

---

34. 이에 대해서는 아리스토텔레스, 『형이상학』, IX, 7, 1048b37-1049b3; *In metaph.*, IX, lect.6, 1832-1843과 이 책의 제7장 「질료형상론」에서 '가능성'과 '가능태'를 비교하는 내용을 참조할 것.
35. 아리스토텔레스, 『형이상학』, IX, 7, 1048b37-1049b3; *In metaph.*, IX, lect.6, 1832-1843.
36. 토마스의 가능성과 가능태 구분과 그 활용 및 폭넓은 함의에 대한 연구로는 박승찬 (2008)을 참조할 것.
37. 이에 대한 일반론은 *ST*, I, q.77, a.1, resp.; *De anima*, q.12, resp.를, 그리고 영혼과 지성에 대해서는 *ST*, I, q.79, a.1, resp.; *De anima*, q.12, c; ad13를 참조할 것.

실체로 판별했던 중요한 기준은 그것이 드러내는 단적인 통일성에 있었다.[38] 반면 그는 경쟁 이론에서 제시하는 지성혼 이해로는 지성혼과 육체의 단적인 존재론적 합일과 그에 따른 실체적 통일성을 설명할 수 없다고 생각했다. 그는 경쟁 이론이 양자 사이의 관계를 뱃사공과 배 사이의 느슨한 작용적 결합 이상으로 설명할 수 없다고 주장했다. 물론 앞서 언급했듯 육체와 지성혼이 맺는 작용적 결합에 따른 통일성을 질료형상론에 따른 합일과 통일성에 버금가는 수준으로 제시하기 위한 노력도 있었다. 이는 육체성의 형상 같은 매개 형상이나 지성혼이 육체에 대해 갖는 본성적 합일 가능성에 대한 논의에서 확인할 수 있다. 그럼에도 토마스는 매개자가 개입하는 유형의 결합으로는 인간을 실체적 통일체가 아니라 비물질적 실체인 지성혼과 제일 질료 사이에 끼어들어 여러 매개 원리가 이룬 이런저런 실체의 집적체(aggregatio)로 밖에 설명할 수 없다고 주장했다.[39] 그에게 앞서 질료의 무차별적 개방성 문제가 아리스토텔레스의 질료형상론에 따른 질료 개념 이해의 문제였다면, 이 문제는 실체적 형상 개념 이해의 부족에서 비롯한 문제였다. 경쟁 이론에서 확인했던 이런 문제는 토마스에게 인간이라는 실체의 통일성을 보장하기 위해 아리스토텔레스의 영혼 이해에 따라야 할 필연성을 확인시켜주었다. 즉 지성혼을 육체의 단적인 단 하나의 실체적 형상으로 제시해야 할 당위성을 확증시켜주었다.[40]

이상과 같이 토마스는 그의 인간 본질 이해에서 육체와 영혼의 관계를 핵심적인 문제로 다뤘다. 그는 영혼의 본성과 그것이 수행하는 능력을 구분하는 가운데, 육체와 더불어 인간이라는 통일적 실체를 이루는 내적 원리인 인간 영혼의 본성을 육체와 이루는 합일에서 찾았다. 이와 같은 영혼

---

38. *ST*, I-II, q.17, a.4, resp.
39. *ScG*, II, c.58, nn.1346-1351. 한편, 이와 같은 토마스의 시선을 벗어나 그가 염두에 두었던 여러 사상가의 입장을 긍정적인 방향에서 접근한 연구에 대해서는 각주 27에 인용한 연구를 참조할 것.
40. *ST*, I, q.76, aa.3-4.

의 본성을 설명하는 방법론으로 그는 아리스토텔레스의 질료형상론에 기초를 둔 영혼 이해를 수용하며, 인간 영혼을 육체의 "실체적 형상"이라 일컬었다. 한편, 그는 인간만의 종적 특성을 드러내는 비물질적 활동의 근간을 지성, 즉 영혼을 주체로 삼는 고유성(proprium)이자 능력에서 찾았다. 나아가 그는 비물질적 활동을 수행하는 지성이라는 능력 덕분에 인간 영혼이 본성적으로 합일해 있던 육체와 결별한 이후에도, 즉 사후에도 자립할 수 있다고 생각했다. 그가 고유한 활동의 원리로 지성을 품었다는 의미에서 "지성혼"이라 일컬었던 그의 인간 영혼 이해는 간단히 줄이자면 '자립하는 실체적 형상'이라고 표현할 수 있다. '자립하는 실체적 형상'으로서 지성혼 이해는 토마스에게 아리스토텔레스가 남겼던 인간 영혼과 지성 사이의 관계를 둘러싼 난제에 대한 철학적 해결책과 함께, 그리스도교 세계관과 인간관에 부합하는 영혼 이해를 제공했다.[41]

마지막으로 지성혼을 자립하는 형상으로 제시했던 토마스의 작업은 오늘날의 철학함에도 의미 있게 다가올 수 있다. 그의 논의는 악명높은 데카르트 유형의 실체 이원론을 피하면서도, 물리적 환원만으로 설명 불가능한 인간 생명의 다양한 국면을 보여줄 수 있기 때문이다. 따라서 그의 작업은 인간과 세계의 다양한 관계를 탐구하는 이들에게 영감을 줄 수 있다. 물론 토마스의 지성혼 이해나 그 영감을 받은 현대적 대안이 마음과 몸의 관계를 둘러싸고 끝없이 대립해 온 이 두 극단적인 입장을 대체할 결정적 대안의 자격을 얻었는지, 혹은 얻을 수 있을지 확신하기는 어렵다.[42] 하지만 두 입장이 첨예하게 대립하고 있는 전선(戰線)이 적어도 제자리에 펼쳐져 있는 것인지에 대한 반성적 성찰의 계기를 꾸준히 제공해 왔음[43]은 주지의 사실이다. 이런 의미에서 토마스의 지성혼 이해는 여전히 과거 한

---

41. 박승찬(2010), 85-97쪽.
42. 이 점에 대해서는 이재경(2002a), 187-194쪽; 이재경(2002b), 12-22쪽.
43. Stump(2003), pp.206-216 등.

사상가의 작업 이상의 의미를 갖는다고 평가할 수 있다.

참고문헌

박승찬, 「토마스 아퀴나스에 의한 가능태 이론의 변형 - 신학적 관심을 통한 아리스토텔레스 철학의 비판적 수용」, 『중세철학』 14(2008), 65-105쪽.

_____, 「인격에 대해 영혼-육체의 통일성이 지니는 의미 - 토마스 아퀴나스의 작품들을 중심으로」, 『철학사상』 35(2010), 61-103쪽.

이재경, 「'성난 황소' 토마스 아퀴나스」, 『철학연구』 81(2002a), 대한철학회, 175-198쪽.

_____, 「토마스 아퀴나스와 심신이원론의 문제」, 『철학연구』 59(2002b), 철학연구회, 5-24쪽.

정현석, 「보나벤투라의 인간학에서 영혼의 자립가능성과 인간의 통일성의 관계」, 『가톨릭철학』 15(2010), 35-66쪽.

Bazán, B.C., "The Human Soul: Form and Substance? Thomas Aquinas's Critique of Eclectic Aristotelianism", in *Archives d'histoire doctrinale et littéraire du Moyen âge* 64(1997), pp.95-126.

Bieniak, M., *The Soul-Body Problem at Paris ca 1200-1250: Hugh of St-Cher and His Contemporaries*, Leuven: Leuven University Press, 2010.

Brady, I., "Inseipsa subsistere : An examination of St. Bonaventure's doctrine on the substantiality of the soul", in *Progress in Philosophy*, ed. J.A. McWilliams, Milwaukee: Bruce Publishing Co., 1955, pp.141-152.

Durrant, M., "Introduction", in *Aristotle's De anima in Focus*, ed. M. Durrant, London: Routeledge, 1993, pp.1-13.

Kretzmann, N., "Philosophy of Mind", in *The Cambridge Companion to Thomas Aquinas*, eds. N. Kretzmann & E. Stump, Cambridge: Cambridge University Press, 1993, pp.128-159.

Osborne, T.M., "Unibilitas : The Key to Bonaventure's Understanding of Human Nature", in *Journal of the History of Philosophy* 37,2(1999), pp.227-250.

Stump, E., *Aquinas*, London: Routeledge, 2003.

Pasnau, R., "Philosophy of mind and human nature", in *The Oxford handbook of Aquinas*, eds. B. Davies & E. Stump, New York: Oxford University Press, 2011, pp.348-368.

──────, *Thomas Aquinas on Human Nature: A Philosophical Study of Summa Theologiae*, 1a 75-89, Cambridge: Cambridge University Press, 2002.

10. 인식

최필립 | 인하대학교

나와 세계에 관한 진리를 파악하고 판단하는 특정한 유형의 활동들이 있고, 이러한 활동들을 통해 우리가 성공적으로 진리를 파악하고 판단할 수 있다는 견해는 동서양과 고금을 막론하고 널리 받아들여져 왔다. 서로 다른 언어 문화권의 사람들이 일상에서 '앎', 'knowledge', 'علم', '知识', 'Wissen' 같은 표현을 통해 이러한 성공적인 진리 파악과 판단을 가리키고, 또 이러한 표현들이 가리키는 것들을 좋은 삶을 위해 활용한다는 점이 이를 입증한다. 이 글에서 '인식'은 앞서 제시한 것과 같이 인간이 자신에게 주어진 능력과 활동을 통해 얻게 되는 성공적인 진리의 파악과 판단을 가리키는 넓은 의미의 표현으로 활용할 것이다.

이 글은 인간의 자연적인 인식 활동에 대한 토마스 아퀴나스의 철학적 입장을 살펴보고자 한다. 현대의 많은 토마스 연구자들이 지적하듯이 이러한 탐구는 두 가지 이유로 어려워 보이기도 한다. 첫째, 인식의 본성을 탐구하는 철학의 한 분야로 인식론(epistemology)이 정립된 현대 철학과 달리 토마스 그리고 다른 많은 중세철학자들에게 인간의 인식능력과 활동에 관한 논의는 그 자체로 독립된 저술이나 철학의 분야를 구성하는 논의라기보다 형이상학, 심리철학, 논리학, 그리고 신학적 논의에서 이들을 뒷받침하는 데 주로 활용된 논의였기 때문이다. 둘째, 현대 인식론에서 핵심이 되는 개념들과 토마스의 인식론에서 핵심이 되는 개념들이 그것들의 의미에서 다소의 차이를 보이기 때문이다.[1] 예를 들어, 오늘날 'knowledge'로 주로 번역되는 토마스의 'scientia' 개념의 의미는 현대 인식론자들이 'knowledge'라는 개념으로 의미하는 바와 완전히 일치하지는 않으며, 오늘날 'opinion'으로 주로 번역되는 토마스의 'opinio' 개념의 의미 또한 오늘날 일상생활에서 사용하는 'opinion'이라는 개념이 의미하는 바와 완전히 일치하지는 않는다.

이렇듯 토마스의 인식론이 오늘날 우리에게 익숙한 인식론과 그 논의의 배경 그리고 그 논의에서 쓰이는 개념에서 차이가 있다는 점은 분명하다. 하지만 이러한 사실로부터 그의 인식론을 철저하게 과거의 유산으로만 이해해야 한다는 주장 또한 반드시 성립하지는 않는다. 오히려 그 반대로, 그가 제시한 많은 인식론적 입장들은 오늘날의 인지 이론과 인식론에서도 활발하게 논의되는 철학적 문제들에 대한 흥미로운 답변을 제시한다는 점에서 여전히 철학적 중요성을 지닌 것으로 이해할 수도 있다. 이 글에서는 후자의 관점에서 토마스가 인간의 인식 활동들을 어떻게 설명하는지 살펴보고, 그의 설명을 둘러싼 철학적·해석적 문제들은 어떤 것들이 있는지 살펴볼 것이다.

1. 인식의 가능성과 한계

1.1. 인식의 가능성

철수는 하늘에 빨간색의 동그란 물체가 떠 있는 것을 보고 살갗에 따뜻한 기운을 느낌으로써 지금 하늘에 해가 떠 있다는 것을 알게 되었다. 그리고 순이는 자신의 수학적 지식을 활용해 수능시험 수리 영역 23번 문제의 정

---

1. 대표적으로 Jenkins(2007)의 서문에서 이러한 평가를 발견할 수 있다.

답이 2번이라는 것을 알게 되었다. 감각 경험을 통한 철수의 판단 그리고 지적 계산 능력을 통한 순이의 판단을 인식의 사례로 보는 것은 전혀 이상할 것이 없어 보인다.

하지만 인간의 감각과 지성이 때때로 오류를 범한다는 것 또한 부정하기 어려운 사실이다. 천문학적 지식이 없는 철수는 하늘에 빨간 점과 같이 떠 있는 태양을 보고 "태양은 내가 사는 지구보다 작겠구나"라고 잘못 판단할 수 있고, 순이는 24번 문제에서 작은 계산 실수 하나로 오답을 정답이라고 착각할 수 있다. 그리고 우리가 (거의) 모든 것을 인식할 수 없다고 보는 회의주의자들은 이러한 사례들을 토대로 앞서 당연하게 인식의 사례라고 간주했던 사례들마저 인식의 사례가 아니라고 주장할 수 있다. 그들에 따르면, 우리는 감각과 지성이 진리를 파악하는 방향으로 잘 작동하는 경우와 오류에 빠지게 되는 방향으로 잘못 작동하는 경우를 완전히 구별해낼 수 없고, 이러한 구별 불가능성은 인식에 요구되는 정도의 확실성—또는 현대적 표현을 빌리자면 인식적 정당화—을 가져다줄 수 없는 요인이 된다.

잘 알려져 있듯이 이러한 유형의 회의주의적 논증은 토마스가 왕성하게 활동하던 당시에 많은 중세철학자들이 심각하게 고려하고 또 해소하고자 노력했던 철학적 문제 중 하나였다.[2] 그러나 토마스가 자신의 인식론적 입장을 펼치는 여러 저술들에서, 우리가 발견할 수 있는 것은 인간의 인식이 어떤 과정을 거쳐 이루어지는지에 대한 건설적인 설명뿐이며, 그가 이러한 회의주의적 논증을 직접적으로 언급하거나 반박하려 한 시도들은 발견하기 어렵다. 왜 토마스는 인식의 가능성을 부정함으로써 자신

---

2. Pickavé(2011)는 시제 브라방(Siger of Brabant)의 *Impossibilia*와 토마스 요크(Thomas of York)의 *Sapientiale* VI, c.24를 이를 입증하는 전거로 활용하고 있다. 그리고 12세기로 거슬러 올라가면 존 세일즈베리(John of Salisbury)의 *Policraticus*, 14세기로 내려가면 장 뷰리당(Jean Buridan)의 *Summulae de dialectica*, 니콜라스 오트쿠르(Nicholas Autrecourt)의 *Epistolae* 등에서 후기 중세의 다양한 회의주의 논의를 발견할 수 있다.

의 건설적인 설명을 무의미한 것으로 만들어버릴 수도 있는 회의주의에 대해 침묵의 태도를 보였을까?

현대의 많은 연구자들은 이에 대해 몇 가지 답을 제시했다. 이들의 답은 크게 두 유형으로 나눠볼 수 있다. 첫째, 토마스의 신학과 철학적 인간학에서 드러나는 기본 입장들은 그로 하여금 회의주의는 심각한 철학적 문제가 아니고, 인간 본성에 대한 근본적으로 잘못된 이해에 기반해 만들어진 오해라고 생각하게 했다는 것이다.[3] 그에 따르면, 신이 인간을 창조할 때, 인간의 감각과 지성 능력, 즉 인간 영혼의 능력은 본성적으로 진리를 파악하고 판단하도록 만들어졌다. 그리고 이러한 본성은 인간 육체의 본성 또한 같은 목적으로 만들어졌음을 함축한다. 왜냐하면 인간이 육체라는 질료와 영혼이라는 형상으로 이루어졌다는 그의 질료형상론적 인간관에 따르면, 질료의 가장 직접적인 목적은 그것의 형상과 형상의 작용들이며, 그런 이유로 인간의 육체는 인간 영혼의 활동들이 가장 잘 발휘되는 형태로 창조되었기 때문이다.[4] 이러한 인간의 본성을 고려해볼 때, 감각과 지성의 오류는 인간 영혼의 본성이 잘 발휘되지 못한 특수한 사례 또는 인간 영혼의 본성이 잘 발휘된다면 쉽게 교정될 수 있는 사례에 해당한다. 따라서 회의주의는 더 이상 심각한 철학적 문제가 아니게 된다.

하지만 이러한 응답은 회의주의자의 논증에 대한 직접적인 반박이 아니라는 것 또한 분명해 보인다. 고대의 아카데미아 학파로부터 현대의 이른바 '통 속의 뇌' 논증에 이르기까지 회의주의자들이 지적하는 것은 지각의 오류 가능성과 그것과 정상적인 지각의 구별 불가능성이 인식주체로 하여금 인식의 필요조건으로 요구되는 정도의 확실성을 갖지 못하게 만든다는 점이다. 그리고 이러한 회의주의자의 입장은 앞서 언급한 토마스

---

3. Kretzmann(1991)과 Stump(2003)에서 이러한 입장을 발견할 수 있다.
4. *ST*, I, q.91, a.3. 토마스의 질료형상론 일반과 질료형상론적 인간관에 대해서는 이 책의 제7장 「질료형상론」과 제9장 「영혼과 육체」를 참고할 것.

의 창조론과 충분히 양립가능한 것처럼 보인다. 사정이 이러하다면 회의주의자의 염려는 좀 더 직접적인 방식으로 논박되어야 하는 것이 아닐까?

이러한 문제의식에서 출발해 현대의 많은 해석자들은 첫째 방식의 대응과는 다른 방식의 응답을 모색해 왔다. 이들은 토마스의 인식론에서 비록 그가 명시적으로 제시하지는 않았지만, 인간의 인식능력에 대한 그의 낙관적인 입장은 현대 인식론에서 회의주의에 대한 중요한 논박을 제시하는 이론 중 하나인 신빙주의(reliabilism)의 그것과 많은 점에서 닮아 있음을 지적한다.[5] 신빙주의에 따르면, 어떤 인식주체가 어떤 명제를 알기 위해 필요한 정당화는 지각의 오류 가능성과 그것과 정상 지각의 구별 불가능성을 제거해낼 수 있을 정도의 높은 정당화가 아니며, 지식에 필요한 정당화는 그 지식이 신빙성 있는 인식 과정을 통해 얻은 결과물인 것으로 충분하다. 즉 회의주의자가 다음과 같이 논증한다면,

(P1) 우리가 정상 지각(예컨대 탁자 위에 놓여 있는 사과를 보는 행위)과 그것에 대응하는 오류(예컨대 정교하게 3D 프린터로 만들어진 사과 모형을 보는 행위)를 구별하지 못한다면, 우리의 정상 지각은 그것에 토대를 둔 믿음을 인식으로 만들지 못한다.
(P2) 우리는 정상 지각과 그것에 대응하는 오류를 구별하지 못한다.
(C) 그러므로 우리의 정상 지각은 그것에 토대를 둔 믿음을 인식으로 만들지 못한다.

신빙주의자는 (P1)을 거부함으로써 회의주의 논증을 반박할 수 있다. 그리고 일군의 해석자들은 만일 토마스가 회의주의를 논박하려고 했다면, 앞서 살펴본 그의 철학적 인간관을 고려해볼 때 그가 이런 방식의 논

---

5. 각주 3에 제시된 문헌들에서 이러한 입장 또한 발견할 수 있다.

박을 했을 것이라고 평가한다. 왜냐하면 인간의 감각과 영혼은 신빙성 있는 인식능력으로 창조되었고, 이러한 능력들을 통해 발생한 판단은 신빙성 있는 과정을 통해 얻은 결과물이라는 점에서 인식에 알맞은 정도의 정당화를 갖기 때문이다.[6]

1.2. 인식의 한계

따라서 토마스의 인식론은 인식의 가능성을 부정하는 회의주의에 대한 논박을 통해 형성될 수 있어 보인다. 그런 이유로 그의 인식론은 '인식론적 낙관주의'(epistemological optimism)로 불리기도 한다. 하지만 그의 인식론적 낙관주의는 우리가 우리의 인식능력으로 제한 없이 모든 것을 알 수 있다는 가능성을 긍정하는 데까지 나아가지는 않는다. 즉 우리의 인식이 닿을 수 있는 대상에는 한계가 있다. 예를 들어『영혼론 주해』에서 그는 우리가 비물질적인 실체들에 대한 인식을 자연적인 인식능력으로 가질 수 없음을 주장한다.

> 우리의 지성은 [지성 활동에 필요한 대상을] 감각으로부터 얻는다. 따라서 우리 지성의 파악 대상으로 포함되는 것은 규모를 가진 감각될 수 있는 것들이며, 그런 이유로 '점'과 '일성' 같은 것들은 [우리 지성에 의해] 오로지 부정적으로만 정의된다. 그러므로 우리에게 인식된 이 감각될 수 있는 것들을 넘어서는 모든 것은 우리에게 오로지 부정을 통해서만 인식된다. 우리가 비물질적인 분리 실체들에 대해 그렇게 인식하듯이 말이다.[7]

---

6. 토마스의 학문적 지식(scientia) 이론에 근거해 이런 해석을 비판하려는 시도로는 MacDonald(1993)가 있다.
7. *In De anima*, 3.11:183-92. *ST*, I, q.88, a.2에서도 그는 물질적 실체들의 본질에 대한 인식을 통해서 비물질적 실체에 대한 본질을 인식할 수 없음을 주장한다. 그리고 아리스토텔레스의 유사한 입장은 그가 "영혼은 표상상(phantasia) 없이는 사고하지 않는다"라고 주장하는『영혼론』제3권 7장에서 발견된다.

우리가 천사와 신 같은 비물질적인 실체들에 대해 인식할 수 없다는 토마스의 결론은 특정한 원리에 토대를 두고 있는 것처럼 보인다. 그 원리란, 우리 지성의 인식 대상은 필연적으로 먼저 감각의 인식 대상이 되어야 한다는 것이다. 이 원리를 따르면, 비물질적인 실체들은 우리 감각의 인식 대상이 될 수 없으므로, 지성의 인식 대상 또한 될 수 없다는 결론에 이르게 된다. 물론 우리가 이것들에 대해 '모든' 형태의 인식을 얻을 수 없다는 것은 아니다. 위에서 토마스가 언급했듯이 우리는 부정의 방식을 활용해 비물질적인 실체를 물질적 실체의 특징을 결여한 것으로 인식할 수 있을 것이다. 하지만 그것들의 가장 근본적인 긍정적 특징인 본질에 대해서 우리는 아무것도 인식할 수 없다. 왜냐하면 그것들의 본질을 알기 위해 우리는 먼저 그것들을 우리의 감각으로 인식해야 하는데 그것은 불가능하기 때문이다. 이러한 인간의 자연적 인식 대상의 한계는 4절의 자기 인식과 관련해 다시 등장할 것이다.

2. 감각의 인식

2.1. 외적 감각

1절의 마지막에서 언급했듯이 토마스에게 있어 인간의 모든 자연적 인식 활동의 출발점은 감각을 통해 대상을 지각하는 것이다. 그의 질료형상론을 이러한 감각 지각에 적용하면, 감각의 지각은 대상의 형상을 질료 없이 받아들이는 것에 해당한다. 그는 우리의 감각을 크게 외적 감각과 내적 감각, 두 종류로 나눈다. 전자는 오늘날의 감각 이론에서도 널리 받아들여지는 다섯 가지의 감각, 즉 시각, 청각, 후각, 미각, 촉각을 가리킨다. 이 다섯 가지 감각은 그 능력이 발휘되기 위해 특정한 육체 부위를 필요로 한다. 예를 들어 시각의 경우에는 눈을 필요로 할 것이고, 청각은 귀, 후각은 코를 필요로 할 것이다. 그리고 각각의 외적 감각은 그것에 고유한 인식 대상을 갖는다. 예를 들어 시각의 경우에는 특정한 명도와 채도를 지닌 색, 청각은 특정한 파동을 지닌 소리, 후각은 특정한 냄새를 그것에 고유한 감각 대상으로 갖는다.

하지만 이런 고유한 감각 대상들만이 외적 감각의 대상 전부는 아니다. 『신학대전』에서 토마스는 고유한 감각 대상에 더해 모든 감각에 공통되는 감각 대상 그리고 부수적인 감각 대상 또한 존재함을 다음과 같이 설명한다.

> 감각들은 사물들의 유사상(similitudo)[8]이 그것들 안에 있을 때 그 사물들을 안다. 그런데 사물들의 유사상은 감각들 안에 세 가지 방식으로 존재한다. 첫째, 유사상이 그것들[감각들]에 일차적으로 그리고 그 자체로 있는 경우다. 이러한 방식으로 색들 그리고 다른 고유한 감각 대상들의 유사상이 시각 안에 있다. 둘째, 유사상이 그 자체로 있지만 일차적이지 않은 방식으로 있는 경우다. 이러한 방식으로 모양, 규모, 그리고 다른 공통적 감각 대상들의 유사상이 시각 안에 있다. 셋째, 유사상이 일차적으로 있지도 않고 그 자체로 있지도 않으며 단지 부수적으로 있는 경우다. 이러한 방식으로 인간의 유사

---

8. *ST*, I, q.85, a.2에서 그는 이 유사상을 '감각상'(species sensibilis)이라고도 부른다. "감각상은 그것을 통해(id quo) 감각이 감각 작용을 하는 것이지, 감각의 대상이 되는 어떤 것이 아니"라는 그의 말에서 드러나듯, 그의 감각 지각 이론에서 감각상은 감각 지각의 직접적 대상이 아니며, 감각 지각의 직접적 대상인 외부 사물의 형상을 인식하는 데 필요한 매개 역할을 한다는 것만큼은 분명하다. 하지만 감각상의 존재론적 위상에 대해서는 해석상의 논쟁이 이어져 왔다. 일군의 해석자들이 "어떤 대상에 대한 인식은 *그것의 형상*이 인식하는 것 안에 있을 때 발생한다"(*ST*, I, q.75, a.5, 필자의 강조)는 그의 주장에 근거해 감각의 대상이 되는 형상과 그것의 유사상 사이에는 일종의 동일성이 성립한다고 보는 반면, 다른 일군의 해석자들은 위에서 토마스가 활용하는 '유사상'과 같은 표현에 주목해 감각상이 사물들의 형상에 담긴 정보를 담고는 있으나 사물들의 형상 그 자체와는 존재론적으로 구별되는 일종의 표상이라고 주장한다. 전자의 방식으로 해석된 토마스의 감각 지각 이론은 감각 지각과 그 대상 사이에 어떤 매개도 없는 강한 직접 실재론이 되며, 후자의 방식으로 해석된 그의 감각 지각 이론은 표상이라는 매개를 통해 감각이 그 대상을 인식한다는 표상주의적 직접 실재론에 해당한다. 이러한 해석상의 논쟁에 대해서는 Pasnau(1997) 6장을 참고할 것.

상이 시각 안에 있다. 이 경우, [인간의 유사상이 시각 안에 있는 것은 감각 대상인] 그가 인간인 경우가 아니라 이 특정한 색을 지닌 것이 인간인 경우이다.[9]

플라톤이 창백한 소크라테스가 다가오는 것을 보는 경우를 예로 들어 보자. 토마스의 설명을 따르면, 플라톤이 소크라테스가 지닌 피부의 창백한 살색과 몇 가닥 남은 머리카락의 흰색을 보는 것은 그의 시각능력이 소크라테스로부터 고유한 감각 대상들, 즉 그의 피부색과 머리카락의 흰색의 유사상을 눈으로 받아들인다는 사실로 설명된다. 그리고 플라톤이 소크라테스의 피부색과 머리카락 색을 보는 것과 그의 작은 체구와 다가오는 그의 움직임을 눈으로 보는 것은 다른데, 이는 전자가 플라톤의 시각을 통해서만 파악할 수 있는 소크라테스의 특징들인 반면, 후자는 그의 시각뿐만 아니라 촉각을 통해서도 파악할 수 있는 종류의 특징이기 때문이다. 이런 점에서 토마스는 후자의 감각 대상들을 공통적 감각 대상들이라 부른다. 마지막으로 토마스는 이렇게 직접적 또는 일차적으로 플라톤의 시각능력이 파악한 것들에 더해, 그가 (소크라테스라는) 한 인간을 시각을 통해 부수적으로 인식한다고 주장한다. 이러한 인식이 부수적인 것은 플라톤이 감각을 통해 인간성과 같은 소크라테스의 본질을 인식하는 것이 아니며, 소크라테스를 인간 그 자체로 보는 것 또한 아니기 때문이다. 그가 직접적으로 보는 것은 이러저러한 색과 모양을 지닌 어떤 것이 자신에게 다가오는 것이며, 그 다가오는 것이 소크라테스라는 인간이라는 것은 그것에 부수적이다. 그리고 유사한 방식의 설명이 다른 종류의 외적 감각에도 적용될 수 있을 것이다.

---

9. *ST*, I, q.17, a.2. 세 종류의 감각 대상에 대한 그의 상세한 설명은 *In De anima*, 3.13에서도 발견된다.

지금까지 살펴본 것은 인간의 감각이 어떤 방식과 과정으로 일어나는지 그 작동 과정에 관한 토마스의 설명이었다. 여기서 1절에서 언급했던 인식론적 문제, 즉 감각의 오류 문제로 돌아가 보자. 우리의 감각이 때때로 오류를 범한다는 것은 부정할 수 없는 사실로 보인다. 그렇다면 이런 오류는 어떤 상황에서 발생할까? 그리고 이런 오류가 특정한 종류의 외적 감각에만 발생할까? 또는 이런 오류가 특정한 종류의 외적 감각 대상에서만 발생할까? 이러한 물음에 대한 답을 마련하는 것은 인식론적 차원에서 중요해 보인다. 이에 대해 토마스는 다음과 같이 답한다.

> 고유한 감각 대상들과 관련해 감각들에 거짓인 인식이 발생하는 것은 부수적인 경우이거나 매우 드문 경우이다. 즉 감각기관이 제대로 기능하지 않을 때, 그것은 [고유한] 감각 형상들을 옳게 받아들이지 않는다. …따라서 아픈 사람들에게 단 것이 쓰게 느껴지는 이유는 [아픈 사람들의] 혀에 이상이 발생하기 때문이다. 반면에 공통적 감각 대상들과 부수적 감각 대상들에 대해서는 설사 제대로 기능하는 감각이라 할지라도 거짓인 평가가 발생한다. 왜냐하면 감각들은 이러한 것들에 직접적으로 연관되지 않고, 오로지 부수적으로 또는 다른 것들에 연관됨의 결과로만 연관되기 때문이다.[10]

설령 누군가 회의주의자가 아니더라도 감각이 제대로 작동할 수 없는 조건에서 대상을 잘못 인식할 수 있다는 점에는 수긍할 수 있을 것이다. 토마스의 예시처럼, 아픈 사람들은 어떤 맛있는 음식도 그 맛을 제대로 음미하기 어려울 것이고, 눈 질환이 발생한 사람들은 눈 앞에 있는 대상의 색을 제대로 식별하기 어려울 것이다. 하지만 토마스는 감각 능력이 그 본성을 충분히 발휘할 수 있는 상황에서는 우리 감각이 고유한 감각 대상들

---

10. Ibid.

과 관련해서 거의 오류를 범하지 않는다고 말하고 있다. 즉 우리가 감각의 오류라 부르는 것들은 주로 공통된 감각 대상들 그리고 부수적 감각 대상들과 관련해서만 발생한다. 예를 들어 조류에 관한 지식이 별로 없는 철수가 하늘에 날아다니는 새의 특정한 색과 모양을 본 뒤 그것을 부수적으로 제비로 인식했으나 실제로는 까치인 사례가 이러한 경우에 해당할 것이다. 토마스는 이러한 종류의 감각의 오류는 조류에 관한 지식 획득을 통해 쉽게 교정될 수 있다고 보며, 이는 앞서 살펴보았던 그의 인식론적 낙관주의에 기반한다.

2.2. 내적 감각

토마스의 감각 이론의 다른 한 축은 그가 내적 감각이라 부르는 것들에 대한 설명이다. 이 능력은 모든 동물이 그들의 삶을 영위하는 데 있어 외적 감각과 함께 필수적인 역할을 한다. 이에 더해 인간과 같이 지성을 지닌 동물의 경우, 내적 감각은 외적 감각들로부터 얻어진 정보를 지성에 전달하는 역할을 담당하기도 한다.

토마스는 『신학대전』에서 내적 감각의 네 가지 능력을 구별한다. 첫째, 각각의 외적 감각들로부터 얻어진 정보가 모여들고 그것들을 종합, 비교하는 역할을 하는 공통 감각이 있다. 외적 감각들의 경우, 그것들은 그것들에 고유한 감각 대상들만을 비교할 수 있다. 즉 순이의 시각은 검은색과 흰색을 비교하고 구별할 수 있고, 순이의 미각은 단맛과 쓴맛을 비교하고 구별할 수 있지만, 순이의 어떤 외적 감각도 그것에 고유한 대상과 다른 외적 감각에 고유한 대상을 구별할 수는 없다. 하지만 경험을 돌이켜볼 때 우리가 여러 외적 감각에서 모인 정보들을 통해 서로 다른 외적 감각들의 대상들을 구별하거나, 서로 다른 외적 감각들의 대상들을 종합해 그것들을 비교할 수도 있다는 것은 분명해 보인다. 즉 순이는 익지 않은 과일의 푸른색과 그것의 떫은맛을 구별할 수 있고, 나아가 어떤 과일의 푸른색과 떫은맛을 종합해 그것을 붉은색의 단맛이 나는 과일과 구별해 낼 수 있다. 이러한 활동은 순이가 지닌 공통 감각 능력으로부터 비롯되며, 토마스는 그런 이유로 공통 감각을 "외적 감각들의 공통된 뿌리이자 원리"라 부른다.[11] 이에 더해, 토마스는 공통 감각이 외적 감각의 작용들을 지각하는 역할 또한 담당한다고 주장한다. 즉 순이가 빨간 딸기를 볼 때, 순이의 시각은 빨간 딸기를 볼 수는 있어도 그 시각 작용, 즉 빨간 딸기를 보고 있음을 볼 수는 없다. 하지만 경험을 통해 미루어볼 때 감각 작용 또한 우리에게 지각될 수 있다는 것은 분명해 보인다. 토마스는 이러한 작용을 담당하는 능력 또한 외적 감각들의 공통된 뿌리인 공통 감각이라고 주장한다.

둘째, 내적 감각은 외적 감각들을 통해 획득된 정보를 유지하고 보존하는 표상력(phantasia vel imaginatio)을 지닌다. 토마스는 표상력이 활용되는 대표적인 예로 동물들의 목적 지향적인 운동을 제시한다. 어느 날 특정한 모양의 풀을 뜯어 먹고 그것의 좋은 맛을 본 뒤에, 사슴은 자신의 표상력을 통해 풀에 대한 이러한 정보를 저장해 둘 수 있다. 그리고 이 정보를 통해 그 사슴은 다음날도 동일한 모양의 풀을 찾아 움직이고 그렇게 생존해 갈 것이다.

셋째, 외적 감각들을 통해 파악된 대상에 대한 지향(intentio)들을 평가하고 그것을 행위에 활용하게끔 하는 평가력이 있다. 중세 아랍 철학에서 그 기원을 찾을 수 있는 지향(maʿnā)이라는 개념은 감각으로 얻어진 내용으로부터 비롯되나 그것으로 환원되지 않으며 주로 감각 주체의 안위와 적절한 행동과 관련된 정보를 가리킨다. 예를 들어, 양떼들이 한 마리의 늑대를 보고 도망가는 행동은 양이 늑대로부터 받아들이는 감각적 정보, 즉 "늑대의 색 또는 모양의 추함"[12]만으로는 설명되기 어려우며, 그들이 지닌

---

11. *ST*, I, q.78, a.4.
12. Ibid.

평가력을 통해 늑대에 대해 위험성이라는 지향을 형성하고, 이를 기반으로 "저것은 위험해"라는 판단을 내림으로써 발생했다고 설명할 수 있다. 마찬가지로 제비는 특정한 종류의 지푸라기를 보고 평가력을 통해 그것이 자신의 튼튼한 집을 짓는 데 적합하다는 지향을 형성하고, 이를 토대로 그러한 지푸라기를 물어다 집을 짓는다는 설명도 가능하다. 토마스는 이러한 동물의 평가력, 그리고 이를 통한 지향의 지각은 인간이 아닌 짐승들의 경우 그들의 자연적인 본능으로부터 비롯되지만, 인간의 경우에는 그들의 본능에 더해 지성의 활동 또한 지향의 지각에 영향을 미친다는 점을 강조한다. 그리고 이러한 측면에서 인간의 평가 능력을 다른 동물들의 그것과 구별하기 위해 '숙고력'이라 부르며, 당대 의술가들의 견해를 빌려 뇌(mediam partem capitis)가 이러한 능력을 담당하는 육체 기관이라고 주장한다.

끝으로 이러한 지향들을 유지하고 보존하는 기억력이 있다. 표상력과 유사하게, 기억력은 동물들이 자신들의 생존을 위한 목적 지향적인 운동에 있어 필수적인 역할을 한다. 복숭아 알레르기가 있는 철수가 복숭아를 먹은 뒤에 가려움을 느끼고 두드러기가 났던 경험을 통해 불그스름하고 표면이 까칠까칠한 과일이 자신에게 해롭다는 지향을 형성하고, 이후 그런 과일을 먹지 않는 것은 이러한 기억력으로부터 비롯된다.

3. 지성의 인식

3.1. 가능(수동) 지성과 능동 지성

앞서 살펴본 것처럼 토마스는 감각의 인식을 유사상 또는 감각상의 수용을 통해 설명하고 있다. 즉 플라톤이 소크라테스의 창백한 피부를 보는 시각 작용은 그가 시각능력을 통해 소크라테스의 창백함이라는 정보를 담은 유사상을 받아들임으로 설명된다. 그리고 그에 따르면, 인간은 감각에 더해 다른 동물들이 가지고 있지 않은 지성이라는 인식능력 또한 지니고 있다. 1절에서 살펴본 그의 원리, 즉 지성의 인식 대상은 필연적으로 감각에 먼저 인식 대상으로 주어져야 한다는 원리를 따라, 토마스는 지성의 인식이 궁극적으로는 감각의 인식으로부터 출발하며, 따라서 지성의 인식 대상 또한 궁극적으로는 감각의 인식 대상으로부터 비롯된다고 본다.[13] 그리고 그는 감각의 인식이 감각상의 수용을 통해 설명되듯이, 지성의 인식 또한 그가 '가지상'(species intelligibilis)이라 부르는 대상의 유사상을 지성이 받아들임으로써 발생한다고 주장한다. 즉 플라톤이 인간에 대한 정보를 담은 가지상 그리고 이를 통해 인간 본성에 대한 인식을 얻기 위해서는 먼저 소크라테스, 아리스토텔레스 같은 인간들에 대한 감각 인식에서 출발해 이들로부터 얻은 정보들을 지성의 인식에 알맞은 방식으로 처리하고 이 결과물을 파악하는 과정이 필요하다. 이 절에서는 토마스가 감각으로부터 지성의 인식에 이르는 과정을 어떻게 설명하는지 살펴볼 것이다.

2절에서 살펴본 것처럼, 토마스는 특정한 시점과 장소에서 외적 감각들이 수용한 감각상들이 대상들이 사라진 뒤에도 표상력과 기억력을 지닌 내적 감각에 남아 있을 수 있고, 그런 이유로 이 내적 감각을 감각상들 그리고 지향들의 '보관소'(thesaurus)라고 부른다. 이러한 방식으로 내적 감각에 남아 있는 감각상을 외적 감각이 수용한 감각상과 구별하기 위해 토마스는 그것을 '표상상'(phantasma)이라 부른다. 그리고 이 표상상들이 지성의 인식에 활용되는 가지상을 얻기 위한 직접적인 재료가 된다고 주장한다.

토마스는 『신학대전』 제1부 제79문에서 인간의 지성이 어떤 작동 과정을 통해 표상상에서 가지상을 추출하고 그것을 수용하는지 설명한다. 이를 위해 그는 인간 지성의 두 종류 능력을 구별한다. 첫째, 인간의 지성은 수동적 능력을 지닌다.

---

13. *ST*, I, q.84, a.6과 *ST*, I, q.85, a.3에서 이러한 그의 입장을 발견할 수 있다.

지성들의 위계에서 가장 낮은 곳에 있고 신의 지성의 완전성으로부터 가장 멀리 떨어져 있는 인간의 지성은 지성적 인식 대상들과 관련해 가능태의 상태로 있다. 그리고 철학자가 『영혼론』 제3권에서 말하듯 최초의 그것은 어떤 것도 쓰이지 않은 빈 서판과 같다. 이는 최초에 우리가 지성의 인식을 오직 가능태로만 갖고 있다가 그 이후에 지성의 인식을 현실태로 갖게 된다는 사실로부터 분명하다. 따라서 우리가 지성적 인식을 갖는다는 것은 우리가 작용을 받는 것에 해당한다.[14]

아리스토텔레스의 빈 서판 유비를 활용하는 데서 잘 드러나듯, 그에게 있어 우리의 지성은 어떤 가지상도 수용해서 이를 통해 지성적 인식을 할 수 있는 가능태의 상태에 놓여 있다. 그리고 이런 점에서 우리의 지성은 순수 능동적인 신의 지성과 달리 수동성을 지닌다. 이런 특징들로 인해 토마스는 지성의 이러한 능력을 '가능 지성' 또는 '수동 지성'이라 부른다. 하지만 다른 한편으로 인간의 지성은 능동적 능력 또한 갖는다.

> 감각 능력이 현실태로 있는 감각 대상들에 의해 작용하게 되는 것과 마찬가지로, 어떤 것도 현실적 존재에 의하지 않고서는 가능태에서 현실태가 되지 않는다. 그러므로 물질적 조건들로부터 [표상]상들을 추상해냄으로써 [가능]지성이 현실태로 인식할 수 있게끔 하는 능력이 지성에 상정되어야만 한다. 능동 지성을 상정하는 것이 필요함은 그러한 이유에서이다.[15]

감각상 그리고 표상상에 담긴 대상의 정보는 물질적, 개별적 정보―예를 들어 소크라테스라는 한 인간이 지닌 특정한 명도와 채도의 창백한 피부색―들을 담고 있다. 이러한 정보는 비물질적이고 보편적인 정보―예

---

14. *ST*, I, q.79, a.2.
15. *ST*, I, q.79, a.3. 토마스의 추상 이론에 대한 상세한 국내 연구로는 이재룡(1999)이 있다.

를 들어 소크라테스, 플라톤 나아가 모든 인간에 공통되는 본성—를 고유한 대상으로 삼는 지성이 수행하는 인식의 매개가 되기에 적합하지 않다. 그런데 지성이 수동적 능력만을 지닌다면, 이러한 표상상을 어떻게 지성의 인식에 적합한 대상으로 만들 수 있는지 그리고 현실태로 인식하게 되는지 설명하기 어렵다. 하지만 경험을 돌이켜볼 때 우리의 지성은 분명 많은 것을 인식하고 있다. 따라서 토마스는 개별 인간들에게 가지상을 수용함으로써 모든 것을 인식할 수 있는 상태에 있는 수동 지성뿐만 아니라 표상상으로부터 지성의 인식에 적합한 정보만을 추상해내고 이러한 추상 과정을 통해 획득된 가지상을 수동 지성에 전달해 그것을 현실태로 인식할 수 있게끔 하는 능동 지성의 능력 또한 있다고 결론 내린다.[16] 식물학자가 다양한 개별 장미꽃들을 감각으로 관찰해 정보를 수집한 뒤에 결국 장미라는 종에 속하는 꽃들이 가진 보편적이고 본질적인 특징에 대해 인식하는 일련의 과정이 토마스에 의해 이러한 방식으로 설명될 수 있다. 그리고 내적 감각이 감각상을 유지하고 보존하듯이 지성 또한 가지상을 유지하고 보존하는 기억력을 지니고 있고, 이 능력을 통해 우리는 지성의 인식을 유지하고 "물은 H_2O다", "해는 매일 동쪽에서 뜬다", "인간은 합리적 동물이다"와 같은 학문적 지식을 얻게 되며, 나아가 이러한 지식을 합리적인 행동과 의사결정에도 활용할 수 있게 된다.[17]

---

16. 이런 맥락에서 그는 ST, I, q.79, qq.4-5에서 개별 인간들과 구별되는 하나의 능동 지성만을 상정하는 입장을 강하게 비판한다. 그에 따르면, 이러한 입장은 철수가 자신의 감각 인식으로부터 얻은 표상상으로부터 가지상을 추상하는 활동을 다른 누구도 아닌 철수의 활동으로 그에게 부여하기 어렵게 만든다는 불합리한 귀결을 낳는다. 이에 더해 그는 능동 지성뿐만 아니라 수동 지성 능력 또한 모든 인간으로부터 구별되는 하나의 지성에 부여하는 이븐 루시드(Ibn Rushd)의 견해를 DUI에서 강하게 비판한다.
17. 한 가지 염두에 두어야 할 것은 토마스가 지성의 기억력이 존재함을 논증하면서 이 능력과 내적 감각의 기억력 사이의 차이점 또한 강조한다는 점이다. 내적 감각의 기억력이 수용하는 감각상이 대상의 개별적이고 특정한 정보만을 포함하는 반면, 지성의 기억력이 수용하는 가지상은 대상의 보편적이고 본질적인 정보만을 포함한다. 그런 이유로 토마스는 ST, I, q.79, a.6에서 '기억'이라는 개념을 엄밀하게 사용해 그 대상을 "과거의 [인식 대상이었던] 어떤 것으로(ut praeteritum)" 파악하는 작용을 의미한다면, 이러한 의미의

3.2. 지성은 개별자를 인식할 수 있는가?

지성의 인식과 관련한 토마스의 설명은 한 가지 흥미로운 철학적 문제를 불러일으킨다. 앞서 살펴본 것처럼, 그는 외적 세계에 대한 감각과 지성의 인식이 감각상과 가지상이라는 서로 다른 매개를 통해 이루어지며, 다시 이 두 종류의 상의 차이를 그것이 담고 있는 내용, 즉 개별성과 보편성에 의거해 설명한다. 즉 그의 입장에 따르면, "감각 능력은 오로지 개별자들과만 관련되며, 지성은 보편자들과만 관련된다."[18] 그런데 이러한 입장은 개별자들의 개별적인 특성들에 대한 지성의 인식을 설명하기 어렵게 만든다는 문제에 직면하는 것처럼 보인다. 달리 말해, 이러한 토마스의 인식 이론을 따라가면 플라톤의 지성은 소크라테스의 보편적이고 본질적인 특성만을 인식할 수 있을 뿐, 소크라테스의 개별적인 특성들은 인식하기 어려워 보인다는 것이다.

한편으로 토마스는 이 점이 자신의 인식론에서 따라올 수 있는 귀결임을 받아들이고 있는 것처럼 보이기도 한다. 피조물에 대한 신의 인식을 논하는 『신학대전』 제1부 제14문에서 그는 모든 피조물의 보편적 특성과 개별적 특성들의 궁극적 원리가 되는 신의 인식은 어떠한 추상작용도 필요로 하지 않는 그것들 모두에 관한 인식인 반면, 인간 지성의 인식은 대상을 개별화하는 원리들을 떼어내는 추상을 통해 얻어진 가지상의 수용에 해당하므로 개별자에 대한 인식이 될 수 없다고 주장한다.[19]

하지만 물질세계에 대한 인간 지성의 인식을 보다 깊이 있게 논의하는 『신학대전』 제1부 제86문에서 그는 자신의 입장을 보다 구체화하면서, 개별자에 대한 지성의 '직접적' 인식은 불가능하지만 '간접적'으로는 가능함

기억력은 오로지 특정 시점과 같은 개별적이고 특정한 정보를 포함하는 내적 감각의 기억력만을 가리킨다고 주장한다.
18. *ST*, I, q.85, q.3.
19. *ST*, I, q.14, a.11.

을 다음과 같이 논증한다.

> 우리의 지성은 물질적 대상들의 개별적 특성에 대해 직접적이고 일차적인 인식을 할 수 없다. …하지만 지성은 간접적으로 그리고 일종의 반성을 통해 (quasi per quandam reflexionem) [물질적 대상들의] 개별적 특성을 인식할 수 있다. 왜냐하면 앞서 말했듯이 그것[지성]이 가지상을 추상해낸 뒤에도, 그것이 표상상으로 돌아가지 않고서는 지성적 인식을 현실태로 얻을 수 없기 때문이다. …따라서 우리의 지성은 …표상상들이 지향하는 [물질적 대상들의] 개별적 특성을 간접적으로 인식한다. 그리고 이러한 방식으로 그것[지성]은 "소크라테스는 인간이다"라는 명제를 형성한다.[20]

널리 알려져 있듯이 토마스가 위의 구절에서 지성이 내적 감각에 저장된 표상상으로 돌아가는 반성이라고 표현한 활동이 구체적으로 어떤 방식으로 작동하는지를 파악하는 것은 아직도 해석상 난제로 남아 있다.[21] 하지만 적어도 그가 지성이 내적 감각에 남아 있는 정보를 반성 작용을 통해 간접적으로 활용할 수 있고, 이를 통해 지성이 대상의 개별적 특성들을 인식할 가능성을 열어놓았음은 분명해 보인다. 예를 들어 플라톤이 소크라테스를 감각으로 인식한 뒤에 얻어진 그에 대한 개별적이고 일시적인 정보는 플라톤의 내적 감각에 저장되며, 다른 한편으로는 그의 지성이 수행하는 인식의 직접적 대상이 되는 소크라테스의 보편적이고 본질적인 정보—예를 들어 그의 인간 본성—를 추상해낼 수 있는 재료로 활용될 것이다. 그리고 이 모든 과정을 거친 후에 그는 지성의 반성을 통해 그가 감각을 통해 얻은 소크라테스에 대한 개별적 정보—예를 들어, 어제 아테네 거리에서 마주친 그 창백하고 남루한 사람, 그저께 아테네의 아고라에

---

20. *ST*, I, q.86, a.1.
21. 이 주제와 관련한 국내외 연구로는 박우석(2010), De Haan(2019)을 참고할 것.

서 누군가와 논쟁을 벌이던 사람—를 '소크라테스'라는 개념을 형성하는 데 활용할 수 있고, 이러한 정보를 추상해 얻어낸 보편적 정보를 활용해 "소크라테스는 인간이다"라는 명제를 지성에 형성하고 참이라고 판단할 수 있다.

4. 자기 인식

2-3절의 논의는 주로 우리가 외부 세계를 인식하는 과정에 대한 토마스의 설명에 주목했다. 하지만 인간의 인식은 외부 세계뿐만 아니라 자기 자신 그리고 자신의 마음속에서 벌어지는 활동들을 대상으로 삼을 수 있다. 그리고 외부 세계에 대한 인식이 그렇듯 이러한 자기 인식 또한 생명체의 안위에 중요한 역할을 한다. 철수가 자신의 복통을 치료하려면 먼저 자기 자신이 극심한 복통을 느끼고 있음을 인식해야 하고, 순이가 다가오는 중간고사에서 더 좋은 성적을 얻으려면 시험 범위에 속하는 교과서 내용들 중 현재 자신이 무엇을 알고 있고 무엇을 잘 모르는 상태인지 인식해야 하듯이 말이다. 그렇다면 외부 세계에 대한 인식과 자기 자신에 대한 인식은 동일한 방식으로 이루어지는가? 그렇지 않다면, 자기 인식은 어떤 과정으로 이루어지는가? 이 절에서는 토마스가 이러한 물음들에 어떤 답을 제시하는지 살펴볼 것이다.

토마스의 자기 인식 이론은 그의 『진리론』 제10문 8-9절 그리고 『신학대전』 제1부 제87문에서 가장 상세하게 펼쳐진다. 그의 자기 인식 이론, 나아가 후기 중세 스콜라 철학자들의 자기 인식 이론은 서로 대립하는 두 가지 전통에 대한 수용과 비판을 통해 형성되었다. 먼저 아우구스티누스로부터 그 기원을 찾을 수 있는 자기 인식 이론에 따르면, 인간 지성의 자기 인식은 그것의 가장 근본적인 인식 활동이고, 감각될 수 있는 사물들과 감각기관들의 활동 없이도 가능한 활동이며, 일시적이고 순간적인 것이 아닌 지성이 지속하는 동안 끊임없이 지속되는 활동이다. 이러한 그의 입장은 인간 지성의 본성을 탐구하는 그의 『삼위일체론』 제10권에서 매우 분명한 형태로 발견된다. 그곳에서 그는 모든 지성은 끊임없이 그 자신의 존재와 본질 그리고 활동들에 대해 확실성을 가지고 알 수 있으며, 따라서 "내가 이해하는 모든 것을 내가 이해한다는 것을 알고, 내가 의지하는 모든 것을 내가 의지한다는 것을 알며, 내가 아는 모든 것을 기억한다"고 확신한다.[22]

반면에 아리스토텔레스로부터 그 기원을 찾을 수 있는 자기 인식 이론에 따르면, 인간 지성의 자기 인식은 그것의 외부 대상에 대한 인식과 동일한 방식으로 이루어진다. 즉 외부 대상에 대한 지성의 인식이 반드시 그것을 불러일으키는 가지상의 형성과 수용을 필요로 하듯이, 자기 인식 또한 이러한 과정이 필요하다. 그리고 가지상의 형성과 수용은 다시 감각상의 수용이 필요하므로, 이는 궁극적으로는 지성의 자기 인식이 감각 작용을 필요로 한다는 것을 의미한다. 이는 앞서 살펴본 아우구스티누스의 자기 인식 이론의 두 핵심 주장에 정반대되는 입장을 함축한다. 첫째, 지성의 자기 인식은 감각될 수 있는 사물들과 감각기관들의 활동을 궁극적으로 필요로 하는 지성의 활동이다. 둘째, 지성의 본질은 어떤 것이든 인식할 수 있다는 가능태에 있다는 것뿐이며, 따라서 그것이 실제로 인식하는 상태, 즉 현실태에 있게 만드는 어떤 것 없이 인식 활동은 지속될 수 없다.

토마스는 『신학대전』 제1부 제87문 1절에서 "지성은 그것의 본질을 통

---

22. *De Trinitate* X.10.18. 아우구스티누스와 더불어 이러한 유형의 자기 인식 이론을 옹호하고 후기 중세 스콜라 철학자들에 영향을 미친 또 하나의 인물로는 중세 아랍 철학자 이븐 시나(Ibn Sīnā)를 들 수 있다. 그의 『영혼론』(كتاب النفس)에서 그는 이른바 '진공 속의 인간'이라 불리는 사고 실험을 통해 어떤 감각도 활용할 수 없고, 따라서 감각을 통한 어떤 인식도 가지지 못하는 상태로 진공 속에 창조된 인간의 영혼이라고 하더라도 자기 자신의 존재를 직접적으로 인식할 수 있다는 논증을 펼친다. 이러한 아우구스티누스와 이븐 시나의 자기 인식 이론 그리고 뒤에 살펴볼 토마스의 습성적 자기 인식 이론 사이의 유사성을 밝히려는 시도로는 이상섭(2009)과 Brown(2001)이 있다.

해 그 자신을 인식하는가?"라고 물으면서, 긍정적인 대답을 대변하는 입장으로 아우구스티누스의 전거를 활용하고, 부정적인 대답을 대변하는 입장으로 아리스토텔레스의 전거를 활용한다. 그런 뒤에 토마스는 아리스토텔레스의 입장에 서서 지성이 그 자신을 인식하는 것은 그것의 본질적인 활동이 아니라고 결론 내린다.

> 우리의 지성은 현세에서 물질적·감각적 사물들을 향해 있게 타고났고, 이로부터 우리의 지성은 능동 지성을 통해 감각적 사물들로부터 추상된 [가지]상들에 의해 현실태가 된 한에서만 그 자신을 인식한다는 것이 따라 나온다.… 그러므로 우리의 지성은 그 자신에 대한 인식을 그것의 본질을 통해서가 아닌 그것의 작용을 통해서만 갖는다. 그리고 이는 두 가지 방식으로 일어난다. 첫째, [그것은] 개별적인 방식으로(particulariter) [일어난다]. 소크라테스 또는 플라톤이 자기 자신이 지성적 인식을 가졌음을 지각하는 사실로부터 자기 자신이 지성혼을 가졌음을 지각할 때 [이런 방식의 자기 인식이 일어난다].[23]

토마스에 따르면, 지성혼의 자기 인식은 아우구스티누스가 주장한 것과 같은 방식으로 지성혼의 존재만으로 끊임없이 이루어지는 활동이 아니다. 오히려 자기 인식은 지성혼의 인식 활동에 대한 인식을 통해 이루어지는 일종의 고차적인 지성의 활동과 같다. 그리고 앞서 1절에서 살펴본 그의 원리에 따르면, 지성의 인식 활동은 궁극적으로 감각의 인식 대상으로부터 출발하므로 이는 자기 인식이 곧 감각의 인식 대상 그리고 감각상 없이는 불가능하다는 입장으로 귀결된다.

---

23. *ST*, I, q.87, a.1. 그가 이 인용문 뒤에 지성의 자기 인식의 두 번째 양태로 언급하는 것은 첫 번째 양태에서 언급한 개별 사례가 아닌 "인간 지성이 자기 자신을 인식한다"는 일반적인 진리에 대한 파악인데, 그는 이러한 파악은 인간 지성의 본성에 대한 더 많은 탐구를 필요로 한다고 주장한다. 동일한 자기 인식의 두 양태 구분이 *DV* q.10, a.8에서도 발견된다.

하지만 『진리론』 제10문 8-9절에서 발견되는 토마스의 자기 인식 이론은 이보다 더 복잡한 층위를 이루고 있는 것처럼 보인다. 예를 들어, 『진리론』 제10문 8절에서 그는 앞서 살펴본 현실태로서의 자기 인식에 선행하는 습성적 자기 인식의 존재 또한 주장하고 있다.

> 첫째 양태의 [자기] 인식 [즉 자기 자신의 영혼의 존재에 대한 인식]과 관련해 어떤 것을 습성적으로(habitu) 인식하는 것과 현실태로(actu) 인식하는 것을 구별해야 한다. 따라서 누군가 현실태로 자기 자신이 영혼을 가짐을 인식하는 [자기] 인식의 경우, 나는 그러한 인식에서는 영혼이 그것의 작용들을 통해서 인식된다고 주장한다. …그러나 습성적 인식의 경우, 나는 그러한 인식에서는 영혼이 그것의 본질을 통해서 그 자신을 보고 있다고(videt) 주장한다. 즉 영혼의 본질이 그 자신에 현전하므로, [영혼은] 그 자신을 현실태로 인식하게 할 수 있다. 어떤 습성적 지식을 가진 누군가가 그 습성이 현전함으로 인해 그 습성에 포함된 것들을 지각할 수 있는 것처럼 말이다.[24]

여기서 토마스는 두 종류의 자기 인식, 즉 현실태로 특정한 시점에 발생하는 자기 인식과 습성으로서 존재하는 자기 인식을 구별하고 있는 것으로 보인다. "내 영혼이 존재한다"라는 자기 인식을 현실태로 갖기 위해 우리의 지성은 감각과 지성의 인식을 필요로 하며, 그런 점에서 토마스는 아리스토텔레스를 따라 현실태로서의 자기 인식은 그것의 작용들을 통해서만 가능하다고 주장하고 있다. 하지만 그가 보기에 지성은 다른 한편으로 자기 자신에 대한 본질적이고 습성적인 인식 또한 가지고 있다. 순이가 미적분을 배운 뒤에 그것에 대한 지식을 습득하게 되었다고 가정해 보자. 순이는 미적분에 대한 지식을 활용하지 않을 때도 그것을 지적인 습성으로

---

24. *DV*, q.10, a.8.

가지고 있을 수 있다. 그리고 중간고사에서 미적분 문제가 나오면 다시 이 지식을 적용해 해답을 얻어내는 인식을 현실태로 가질 수 있을 것이다. 이러한 방식으로 토마스는 아우구스티누스를 따라 인간 영혼이 본질적으로 그 자신을 끊임없이 "보고 있는" 습성을 지니고 있으며, 이런 습성이 현실태로서의 자기 인식의 가능성을 보장하는 역할을 한다고 주장한다. 그리고 자기 인식의 다양한 층위를 도입함으로써, 아우구스티누스와 아리스토텔레스의 상반되는 자기 인식 이론의 절충안을 제시하는 것으로 보인다.

5. 결론

지금까지 논의한 토마스의 인식론은 다음과 같이 정리할 수 있다.

인식능력		인식 활동
감각	외적 감각	• 개별 외적 감각에 고유한 대상을 인식(예컨대 시각의 색, 청각의 소리) • 여러 외적 감각에 공통되는 감각 대상을 인식(예컨대 움직임, 크기) • 부수적인 감각 대상을 인식(예컨대 한 인간, 장미 한 송이)
	내적 감각	• 공통 감각: 외적 감각으로 받아들인 정보를 종합, 구별하고 감각 작용을 인식 • 표상력: 외적 감각으로 받아들인 정보를 유지, 저장 • 평가력: 외적 감각 작용을 통해 형성된 지향을 평가하고 행위에 활용 • 기억력: 지향을 유지, 저장
지성	능동 지성	• 내적 감각에 남아 있는 표상상을 지성의 인식에 알맞은 가지상으로 추상(물질적, 개별적 정보를 비물질적, 보편적 정보(예컨대 인간의 본질)로 변환)
	수동 지성	• 능동 지성의 추상작용의 결과물인 가지상을 수용, 유지, 저장함으로써 대상의 본성을 현실태로 그리고 습성적으로 인식

토마스의 인식론은 아리스토텔레스로부터 이어져 온 인식론적 입장, 즉 인간의 자연적인 인식 활동은 우리의 영혼이 지닌 다양한 능력의 구분, 각각의 능력들로부터 비롯되는 다양한 영혼의 활동들, 그리고 이 활동들의 매개로 쓰이는 다양한 유형의 상(species)을 통해 설명될 수 있다는 입장을

후기 중세에서 가장 분명하고 발전된 형태로 보여주고 있다. 물론 토마스 이후 여러 철학자는 그의 인식론에 대해 부분적 또는 전반적인 비판을 제기하며 대안적인 인식론을 제시하기도 했다.[25] 하지만 그의 인식론의 기본적 입장들이 근대에 이르기까지 널리 받아들여졌으며, 오늘날의 표상주의적 인식론에서도 그의 입장의 발전된 형태를 발견할 수 있다는 점에서 그의 인식론의 철학사적·철학적 연구 가치는 충분한 것으로 보인다.

참고 문헌

박우석,「토마스 아퀴나스에서 물질적 단일자에 대한 인식의 문제」,『가톨릭철학』 14(2010), 139-159쪽.

박주영,「토마스 아퀴나스의『진리론』에 따른 인간 인식의 오류 가능성」,『철학사상』 33(2009), 117-145쪽.

이상섭,「자기인식과 대상인식-토마스 아퀴나스의 경우를 중심으로」,『범한철학』 53(2009), 79-105쪽.

이재룡,「토마스 아퀴나스의 추상 이론」,『가톨릭철학』 1(1999), 134-168쪽.

Brower, J.E. & Brower-Toland, S., "Aquinas on Mental Representation: Concepts and Intentionality", in *The Philosophical Review* 117(2008), pp.193-243.

Brown, D., "Aquinas's Missing Flying Man", in *Sophia* 40(2001), pp.17-31.

Cory, T.S., *Aquinas on Human Self-Knowledge*, Cambridge: Cambridge University Press, 2013.

De Haan, D., "Aquinas on Sensing, Perceiving, Thinking, Understanding, and Cognizing Individuals", in *Medieval Perceptual Puzzles: Theories of Sense Per-*

---

25. 예를 들어, 두란두스 생-푸상(Durandus of Saint-Pourçain), 피터 존 올리비(Peter John Olivi), 윌리엄 오컴(William Ockham) 등은 토마스가 상정하는 인식의 매개가 되는 다양한 상들의 일부 또는 모두가 인간의 인식을 설명하는 데 불필요하다는 비판을 제기한다. 관련된 연구로는 Pasnau(1997) 5장을 참고할 것.

ception in the 13th and 14th Centuries, ed. E. Băltuță, Leiden: Brill, 2019, pp.238-68.

Hall, A., "Thomas Aquinas on Knowledge and Demonstration", in *Knowledge in Medieval Philosophy*, ed. H. Lagerlund, London: Bloomsbury, 2019, pp.101-24.

Jenkins, J.I., *Knowledge and Faith in Thomas Aquinas*, Cambridge: Cambridge University Press, 2007.

Kretzmann, N., "Infallibility, Error, and Ignorance", in *Canadian Journal of Philosophy Supplementary* 17(1991), pp.159-94.

Lisska, A.J., *Aquinas's Theory of Perception: An Analytic Reconstruction*, New York: Oxford University Press, 2016.

MacDonald, S., "Theory of Knowledge", in *The Cambridge Companion to Aquinas*, eds. N. Kretzmann & E. Stump, Cambridge: Cambridge University Press, 1993, pp.160-95.

Pickavé, M., "Human Knowledge", in *The Oxford Handbook of Aquinas*, eds. B. Davies & E. Stump, Oxford: Oxford University Press, 2011, pp.311-26.

Pasnau, R., *Theories of Cognition in the Later Middle Ages*, Cambridge: Cambridge University Press, 1997.

_____, *Thomas Aquinas on Human Nature: A Philosophical Study of Summa theologiae Ia 75-89*, Cambridge: Cambridge University Press, 2002.

Putallaz, F.-X., *Le sens de la réflexion chez Thomas d'Aquin*, Paris: Vrin, 1991.

Stump, E., *Aquinas*, London: Routledge, 2003.

Zamboni, G., *La gnoseologia di S. Tommaso d'Aquino*, Verona: La Tipografica Veronese, 1934[=국역본: 이재룡 역, 『토마스 아퀴나스의 인식론』, 가톨릭대학교출판부, 1996].

11. 지성과 의지

김율 | 대구가톨릭대학교

지성과 의지는 인간 영혼의 이성적 부분에 속하는 두 가지 능력이다. 지성은 가지적(可知的) 형상을 인식적으로 수용할 수 있는 능력, 즉 이해(intelligere)할 수 있는 능력이고, 의지는 선을 이성적 방식으로 사랑할 수 있는 능력이다. 인간뿐 아니라 천사와 신도 공유하는 이 정신적 능력들 때문에 인간은 감각적 동물 같은 하위의 실체들과 구별된다.

　인간의 영혼이 신이나 천사 같은 순수한 정신적 존재자에서 광물이나 원소 같은 하위의 존재자에 이르는 존재자의 질서(ordo entis)에 편입되어 있다는 생각도 현대 철학자들에게는 이상하게 들릴 수 있지만, 인간 영혼 안에 지성과 의지처럼 서로 구별되는 복수의 능력이 있다는 생각 역시 그들에게는 부당하게 들릴 것이다. 음식을 먹고 산책을 하고 연설을 하는 것이 인간이듯이, 어떤 것을 이해하고 원하는 것도―인간 영혼 안의 지성이나 의지가 아니라―인간 자체이지 않은가. 물론 토마스를 비롯한 중세 스콜라 철학자들이 신체적·심리적 활동의 주체가 인간이라는 사실을 부정한 것은 아니다. 그러나 토마스는 인간이 생장, 운동, 감각, 인식, 욕구 같은 다양한 생명 활동을 한다는 사실을 만족스럽게 설명하기 위해서는, 우리가 경험하는 그 다양한 활동 각각을 존재하게 하는 직접적인 원리가 영혼 안에 따로 설정되어야 한다고 생각했다. 인간의 존재(삶 자체)는 영혼의 본질에 의해 설명될 수 있지만, 인간의 다양한 활동은 영혼의 본질에 따르는 영혼의 능력들에 의해 설명될 수 있다.[1] 말하자면, 가지적 대상을 이해하고 선 자체를 원하는 일이 가장 인간적인 활동이라고 할 수 있는데, 인간이 그런 활동을 할 수 있는 까닭은 지성과 의지라는 영혼의 정신적 능력을 소유했기 때문이라는 것이다.

우리가 지성과 의지에 주목해야 하는 까닭은 이해, 숙고, 판단, 선택 같은 인간의 심리적 활동 및 그에 따른 구체적 행위가 어떻게 작동하는지를 이해하기 위해서이며, 더 나아가 이러한 인간적 삶의 궁극 목적에 우리가 어떻게 도달할 수 있는지를 탐구하기 위해서다. 그뿐 아니라 의지의 자유가 과연 존재하는지를 설명하기 위해서도 지성과 의지의 관계에 대한 탐구는 필수적이다.

이 글은 토마스 아퀴나스의 텍스트에 나타난 지성과 의지의 관계를 분석한다. 이 글의 논의는 다음과 같은 순서로 진행된다. 먼저 토마스가 이해하는 지성과 의지의 관계를 존재론적 관점에서 설명하고, 이에 기초해 지성과 의지의 가치 관계를 설명한다. 이어서 지성과 의지의 상호운동 관계에 대한 토마스의 이론을 살펴본다. 이러한 논의에 기초하여, 마지막으로 의지의 자유에 대한 토마스의 사상을 평가한다.

1. 존재자의 질서에서 본 지성과 의지

감각적 인식은 감각기관의 작용이며 그런 의미에서 신체에 의존한다. 이에 비해 지성은 신체의 특정한 기관에 의존하지 않으며, 따라서 인간이 지

---

1. *ST*, I, q.77, a.1. 흔히 '능력심리학'(faculty psychology)이라고 불리는 이러한 사고방식은 13세기 스콜라철학에 전형적인 것이지만, 14세기에 들어서 점차 퇴조해 간다. 중세 능력심리학의 특징과 전개 과정에 대해서는 De Boer(2013); Perler(2015) pp.97-139를 참조하라.

닌 비질료적 인식능력으로 간주될 수 있다. 그런데 존재적으로 질료에 종속되어 있지 않기 때문에, 지성은 존재자의 특정 부류가 아니라 존재자 일반을 인식할 수 있다. 지성의 대상은 존재자 일반, 또는 존재자와 환치적(換置的, convertibile)인 진이다.[2] 한편, 지성과 마찬가지로 의지 역시 특정한 신체 기관에 의존하지 않는 비질료적 능력이다. 존재적으로 질료, 즉 신체의 한계에 갇히지 않는 욕구능력이기 때문에 의지는 감각적 선이 아니라 선 일반을 대상으로 삼을 수 있다. 정확히 말하자면, 의지의 대상은 지성에 의해 인식된 선인데, 지성은 존재자 일반을 인식하고 존재자는 선과 환치적이므로 의지는 선 일반을 대상으로 하는 것이다.

지성의 인식이 의지의 대상 영역을 구축한다는 점에서 지성이 의지보다 더 근원적인 능력으로 보일 수도 있겠지만, 두 능력을 존재자의 질서 속에서 엄격히 고찰할 때 그 개념적 뿌리가 더 깊은 것은 지성이 아니라 의지다. 욕구는 모든 존재자에서 나타나는 경향의 발현이지만, 인식은 특정한 상위 존재자에서 나타나는 현상이기 때문이다.

모든 존재자는 선한 신이 창조하였고, 신은 자신의 피조물에게서 선을 원하기 때문에, 모든 존재자는 각자의 선을 향한 경향을 지니고 있다. 그런데 모든 존재자에 속하는 그 경향의 방식은 완전성의 질서에 따라 다르게 나타난다. 무생물체나 식물은 선에 대한 어떠한 인식도 없이 자연적 방식으로 선을 향하는 경향을 지닌다. 무거운 돌은 자신의 보존에 유리한 곳, 즉 낮은 곳으로 낙하하려는 경향을 지니며, 식물은 자신의 생장에 유리하도록 햇빛을 향해 자라려는 경향을 지닌다. 이에 비해 동물은 감각적 인식을 통해 특정한 개별적 선(bonum particulare)을 인식하며 그 인식에 기초해 선을 추구한다. 토마스는 인식 없이 일어나는 무생물체 또는 식물의 경향을 '자연적 욕구'(appetitus naturalis)라고 부르며, 감각적 인식에 기초한

---

2. *De veritate*, q.1, a.1, resp.

동물의 욕구를 '감각적 욕구'(appetitus sensitivus)라고 부른다.³ 후자가 전자보다 더 고차적인 욕구임은 말할 나위도 없다.⁴

그런데 동물은 자신이 인식한 개별적 선을 '선'이라는 보편적 개념으로 파악하거나 반성할 수 없지만, 인간은 개별적 선을 파악하되 지성을 통해 보편적 선(bonum universale)의 개념 하에서 그것을 이해하고 반성한다. 즉 인간은 개별자에 내재하는 선의 의미(ratio boni)를 파악한다. 이러한 지성적 인식에 기초해 발생하는 욕구가 바로 '이성적 또는 지성적 욕구'(appetitus rationalis seu intellectivus)이며, 이것이 의지의 정의다. 의지란 지성적으로 인식하는 존재자인 인간에게 속하는 존재론적 경향, 즉 인간이 자신의 선을 향하는 그 경향을 뜻한다.

2. 지성과 의지의 가치 관계

지성과 의지 중 어떤 것이 더 탁월한 능력인가라는 질문을 명시적 제목으로 삼는 논절은 『진리론』과 『신학대전』 제1부에서 발견된다. 두 텍스트 모두, 탁월하다는 말이 단적으로(simpliciter) 진술될 수도 있고 특정 관점(secundum quid)에서 진술될 수도 있다는 구별에서 논의를 시작한다. 먼저, 단적인 관점에서 비교하자면 지성이 의지보다 탁월하다고 토마스는 망설임 없이 주장한다. 그 근거는 무엇인가? 『진리론』에서 제시되는 근거는 가치 소유와 가치 지향의 비교다. 지성의 완전성은 이해된 사물의 형상이

---

3. *ST*, I, q.19, a.1, resp.; q.59, a.1, resp.; q.81, a.2, resp.
4. *ST*, I, q.14, a.1, resp. "…sed cognoscens natum est habere formam etiam rei alterius, nam species cogniti est in cognoscente. Unde manifestum est quod natura rei non cognoscentis est magis coarctata et limitata, natura autem rerum cognoscentium habet maiorem amplitudinem et extensionem."; *ST*, I q.80, a.1, resp. "Sicut igitur formae altiori modo existunt in habentibus cognitionem supra modum formarum naturalium, ita oportet quod in eis sit inclinatio supra modum inclinationis naturalis, quae dicitur appetitus naturalis."

지성 자체 안에 존재하게 됨을 의미한다. 이에 비해 의지의 완전성은 영혼이 어떤 사물을 향한다는 사실 자체에 있다. 그런데 다른 사물의 고귀성을 자신 안에 소유하는 것이 자신 외부에 존재하는 고귀한 사물과 단순히 관계를 맺는 것보다 단적으로 더 낫다. 말하자면 어떤 가치를 소유하는 일이 그것을 지향하는 일보다 낫다는 의미에서, 지성은 의지보다 고귀하다.[5] 한편 『신학대전』의 접근법은 조금 다르다. 여기서 토마스는 대상의 단순성이라는 기준에 호소한다. 선에 대한 관계 속에서 파악하자면, 지성의 대상은 선의 의미지만, 의지의 대상은 그 지성이 의미를 파악하고 있는 선 그 자체다. 말하자면 지성은 선의 의미를 대상으로 하지만 의지는 선한 사물을 대상으로 한다는 뜻이다. 구체적 사물보다 개념이 질료로부터 더 풀려나 있고 더 단순한데, 더 단순하고 절대적인 것을 대상으로 하는 능력이 더 우월하다는 의미에서 지성이 의지보다 우월하다는 것이다.[6]

그렇다면 특정 관점에서, 즉 다른 어떤 것과의 관계 속에서 파악될 때 지성과 의지 가운데 어떤 것이 더 우월할까? 여기서 토마스는 경우의 수를 따진다. 먼저 인간 영혼보다 하위에 있는 존재자, 즉 감각적이고 질료

---

5. *De veritate*, q.22, a.11, resp. "Perfectio autem et dignitas intellectus in hoc consistit quod species rei intellectae in ipso intellectu consistit; cum secundum hoc intelligat actu, in quo eius dignitas tota consideratur. Nobilitas autem voluntatis et actus eius consistit ex hoc quod anima ordinatur ad rem aliquam nobilem, secundum esse quod res illa habet in seipsa. Perfectius autem est, simpliciter et absolute loquendo, habere in se nobilitatem alterius rei, quam ad rem nobilem comparari extra se existentem. Unde voluntas et intellectus, si absolute considerentur, non comparando ad hanc vel illam rem, hunc ordinem habent, quod intellectus simpliciter eminentior est voluntate."
6. *ST*, I, q.82, a.3, resp. "Si ergo intellectus et voluntas considerentur secundum se, sic intellectus eminentior invenitur. Et hoc apparet ex comparatione obiectorum ad invicem. Obiectum enim intellectus est simplicius et magis absolutum quam obiectum voluntatis, nam obiectum intellectus est ipsa ratio boni appetibilis; bonum autem appetibile, cuius ratio est in intellectu, est obiectum voluntatis. Quanto autem aliquid est simplicius et abstractius, tanto secundum se est nobilius et altius. Et ideo obiectum intellectus est altius quam obiectum voluntatis. Cum ergo propria ratio potentiae sit secundum ordinem ad obiectum, sequitur quod secundum se et simpliciter intellectus sit altior et nobilior voluntate."

적인 사물들에 대한 관계 속에서 고찰한다면, 그런 존재자를 원하는 것보다는 인식하는 것이 더 낫다. 여기서 토마스는 각자는 어떤 것을 각자 자신의 존재 방식에 따라 인식한다는 『원인론』의 공리를 가져온다.[7] 말하자면 어떤 것이 다른 것에 의해 인식되었을 때 그 어떤 것은 자신을 인식한 그 다른 것이 존재하는 방식에 따라 존재하게 된다는 것이다. 물체적 사물의 형상은 그 자체로 존재할 때보다 그것을 인식하는 영혼 안에서 더 고귀한 방식으로 존재한다. 따라서 돌을 원하는 것보다는 돌을 인식하는 것이 더 고귀하다. 돌을 원할 때 돌의 형상은 자체 안에 존립하는 것으로서 원해질 뿐이지만, 돌을 인식할 때 돌의 형상은 지성 안에 존재하게 되기 때문이다.[8]

그런데 인간 영혼보다 상위에 있는 존재자, 즉 신이나 천사에 대한 관계 속에서 지성과 의지를 고찰하면 이 사태는 역전된다. 그런 신적 존재자는 인식하는 것보다 사랑하는 것이 더 낫다. 신적 존재자를 인식한다는 것은 그 형상이 인간의 지성 안에 수용된다는 뜻이다. 그 자체로 존재하는 신적 존재자의 형상과 그보다 하위 존재자인 인간 영혼 안에 수용된 신적 존재자의 형상을 비교하면 단연코 전자가 우월할 것이다. 지성은 신적 존재자의 형상을 그 존재자가 존재하는 방식보다 저열한 방식으로 인식하기 때문이다. 그러므로 이 경우, 그 자체로 존재하는 신적 존재자를 사랑하는 의지가 신적 존재자를 자기 자신의 방식으로 인식하는 지성보다 더 우월

---

7. *De veritate*, q.22, a.11, resp. "Rerum autem quae sunt anima superiores, formas percipit intellectus inferiori modo quam sint in ipsis rebus: recipitur enim aliquid in intellectu per modum sui, ut dicitur in Lib. de causis. Et eadem ratione earum rerum quae sunt anima inferiores, sicut sunt res corporales, formae sunt nobiliores in anima quam in ipsis rebus."
8. Ibid. "…per respectum ad res materiales sensibiles: et sic iterum intellectus est simpliciter nobilior voluntate, ut puta intelligere lapidem quam velle lapidem; quia forma lapidis nobiliori modo est in intellectu secundum quod ab intellectu intelligitur, quam sit in se ipsa secundum quod a voluntate desideratur."

하다.⁹

특정 관점에서, 즉 신적 존재자에 대한 관계 속에서 의지가 지성보다 우월한 위치에 놓이게 된다는 이 주장은, 행복이 의지 활동이 아니라 지성 활동에 있다는 토마스의 또 다른 이론과 일견 상충하는 것처럼 보일 수도 있다. 토마스는 『신학대전』 제2부 제1편 제3문에서 신을 사랑하는 것이 아니라 신을 인식하는 것이 인간의 행복이라고 규정했다. 이 규정은 신적 존재자를 사랑하는 것이 그것을 인식하는 것보다 고귀하다는 가치 관계 규정과 어떻게 양립할 수 있는가. 이 문제에 대한 해법은, 신에 대한 인식을 궁극적 행복으로 규정하는 『신학대전』 제2부 제1편의 논의가 사후 인간의 영혼을 문제 삼고 있음에 비해, 신적 존재자와 관련하여 의지가 갖는 상대적 우위성에 대한 여타 텍스트의 논의는 현세의 인간 영혼을 문제 삼고 있다고 보는 것이다. 토마스는 사후의 분리된 영혼(anima separata)이 특정 의미에서 천사와 유사해진다고 보았다.¹⁰ 이러한 관점에 따르면, 분리된 영혼이 신적 존재자를 인식하는 것은 신적 존재자의 형상이 인식 주체의 저열한 존재 방식으로 인해 본질적인 가치 격하를 겪는 사태를 뜻하지 않을 것이다. 『신학대전』 제2부 제1편의 행복론에서 토마스가 지성과 의지의 우월성 관계를 '단적인 관점'에서 따질 뿐, 굳이 '특정 관점에서' 비교하지 않는 이유는 바로 여기에 있다. 물질적 조건에서 벗어난 인간 영혼이 신적 존재자를 인식하고 사랑하는 방식이 현세의 나그네 인간이 그런 존재자를 인식하고 사랑하는 방식과 다를 것임은 분명하기 때문이다.

---

9. Ibid. "…in respectu ad res divinas, quae sunt anima superiores; et sic velle est eminentius quam intelligere, sicut velle Deum vel amare quam cognoscere; quia scilicet ipsa divina bonitas perfectius est in ipso Deo prout a voluntate desideratur, quam sit participata in nobis prout ab intellectu cognoscitur."
10. *ST*, I, q.89, a.2.

3. 지성과 의지의 운동 관계

지성과 의지의 가치 관계에 대한 논의는 양자의 운동 관계에 대한 논의와 직결된다. 일반적으로, 움직여지는 자(motum, 被動者)보다 운동시키는 자(movens, 起動者)가 더 고귀하다고 여겨지기 때문이다. 실제로 토마스는, 단적인 관점에서 지성이 의지보다 더 우월하다고 보아야 하는 근거로서 양자의 운동 관계 역시 염두에 두었던 것 같다. 말하자면, 의지에 의해 움직여지지 않은 인식 활동은 있어도 지성에 의해 움직여지지 않은 의지 활동은 없다는 것이다. 인식하기를 원하지 않고서 인식하는 경우는 있어도, 인식하지 않은 것을 원하는 경우는 있을 수 없지 않은가. 의지 활동은 그 정의상 지성 활동을 전제하지만 지성 활동은 의지 활동을 반드시 전제하지는 않으므로, 지성이 의지보다 단적으로 더 우월하다는 논리다.

그러나 이러한 논리와 별도로, 토마스가 『진리론』과 『신학대전』에서 지성과 의지의 운동 관계에 대한 별도의 논절을 할애하여 실제로 강조하는 것은 양자의 상호적 운동 관계다. 상호적 운동 관계에 대한 그의 설명은 운동의 의미 구별에 기초한다. 『진리론』에서 토마스는 모든 작용의 발생을 설명하기 위해서는 작용자(agens)와 작용의 근거(ratio agendi)가 있어야 한다는 일반적 고찰에서 출발한다. 의지는 작용자의 의미에서 운동시킨다. 즉 가동자(可動者, mobile)를 가능성에서 현실성으로 끌어내는 능동자(efficiens)로서 지성 및 여타의 능력들을 운동시킨다.[11] 이에 비해 지성은 의

---

11. *De veritate*, q.22, a.13, resp. "Dicendum, quod intellectus aliquo modo movet voluntatem, et aliquo modo voluntas movet intellectum et alias vires. Ad cuius evidentiam sciendum, quod tam finis quam efficiens movere dicuntur, sed diversimode; cum in qualibet actione duo considerentur: scilicet agens, et ratio agendi. …In movendo dicitur finis movere sicut ratio movendi; sed efficiens sicut agens motum, hoc est educens mobile de potentia in actum. Ratio autem agendi est forma agentis per quam agit; unde oportet quod insit agenti ad hoc quod agat."

지가 작용하는 작용의 근거라는 의미에서 운동시킨다. 작용의 근거는 존재가 아니라 지향의 방식으로 이미 작용자에 내재하는 형상, 즉 목적이다. 따라서 지성은 목적의 의미를 미리 파악하에 지성에게 제시해주는 한에서, 즉 목적인의 의미에서 의지를 운동시킨다.[12]

작용인의 의미에서 의지가 지성을 운동시키는 까닭은 『진리론』에서 의지가 경향이라는 사실 그 자체로부터 설명된다. 사물이 영혼 안에 정신적 방식으로 존재하는 한에서 사물과 관계를 맺는 지성과 달리, 의지는 사물을 향한 '경향'(inclinatio)으로서, 사물이 그 자체로 존재하는 한에서 사물과 관련한다.[13] 이에 비해 『신학대전』에서 토마스는, 작용인의 의미에서 의지가 다른 영혼 능력에 대해 갖는 수위성을 더 분명하게 강조한다. 여기서 그는 영혼 능력 각각을 일종의 작용자로 상정하고, 그 각각의 작용자가 관련된 목적의 보편성 여부를 검토한다. 토마스가 내세우는 통찰은 '질서를 갖는 작용적 능력들에서 보편적 목적에 관련된 능력이 개별 목적에 관련된 능력을 운동시킨다'는 것이다. 자연계나 정치계에서 관찰되는 이러한 원리는 영혼 능력의 운동 관계를 파악하는 데도 적용될 수 있다. 토마스에 따르면, 의지는 선 일반 그리고 목적 일반을 대상으로 하는 능력이므

---

12. *De veritate*, q.22, a.12, resp. "Non autem inest secundum esse naturae perfectum, quia hoc habito quiescit motus; sed inest agenti per modum intentionis; nam finis est prior in intentione, sed posterior in esse. Et ideo finis praeexistit in movente proprie secundum intellectum, cuius est recipere aliquid per modum intentionis, et non secundum esse naturae. Unde intellectus movet voluntatem per modum quo finis movere dicitur, in quantum scilicet praeconcipit rationem finis, et eam voluntati proponit."
13. Ibid., "Sed movere per modum causae agentis est voluntatis, et non intellectus: eo quod voluntas comparatur ad res secundum quod in seipsis sunt; intellectus autem comparatur ad res secundum quod sunt per modum spiritualem in anima. Agere autem et moveri convenit rebus secundum esse proprium quo in seipsis subsistunt, et non secundum quod sunt in anima per modum intentionis; calor enim in anima non calefacit, sed in igne. Et sic comparatio voluntatis ad res est secundum quod competit eis motus, non autem comparatio intellectus; et praeterea actus voluntatis est quaedam inclinatio in aliquid, non autem actus intellectus. Inclinatio autem est dispositio moventis secundum quod efficiens movet. Unde patet quod voluntas habet movere per modum causae agentis, et non intellectus."

로, 의지는 각자 고유한 선(부분적 선)을 대상으로 하는 여타의 영혼 능력을 운동시킬 수 있다. 지성의 목적은 진의 인식인데, 진의 인식은 선 일반에 포함되는 일종의 개별적 선이다.[14] 그러므로 의지는 진의 인식 자체가, 즉 이해함 자체가 선으로 파악되고 의지에 의해 갈망되는 한에서, 지성을 운동시킨다. 이런 의미에서 토마스는 『대이교도대전』에서, 의지에 대한 지성의 선차성을 다시 한번 강조한다. "지성은 의지에 선행하는데, 지성이 이해함 자체를 선으로 파악하지 않았다면 의지는 이해하기를 바라지 않았을 것이기 때문이다."[15]

특기할 만한 것은, 의지와 지성의 상호적 운동 관계에 대한 토마스의 논의가 이 상호운동을 일으키는 신적인 근원에 대한 사유로 나아간다는 점이다. 어떤 것을 원하기 위해서는 그것을 인식했어야 하고, 그것을 인식하기 위해서는 그 인식을 원했어야 한다는 이 관계가 무한소급에 빠지지 않는 이유는, 우리의 지성적 능력보다 더 고차적인 지성적 원리가 존재하기 때문이다. 토마스는 『에우데모스 윤리학』 제8권을 인용하면서, 그 원리를 신으로 명시한다.[16] 토마스는 후기 저작에 속하는 『악론』 제6문에서 『에

---

14. *ST*, I, q.82, a.4, resp. "…in omnibus potentiis activis ordinatis, illa potentia quae respicit finem universalem, movet potentias quae respiciunt fines particulares. Et hoc apparet tam in naturalibus quam in politicis. Caelum enim, quod agit ad universalem conservationem generabilium et corruptibilium, movet omnia inferiora corpora, quorum unumquodque agit ad conservationem propriae speciei, vel etiam individui. Rex etiam, qui intendit bonum commune totius regni, movet per suum imperium singulos praepositos civitatum, qui singulis civitatibus curam regiminis impendunt. Obiectum autem voluntatis est bonum et finis in communi. Quaelibet autem potentia comparatur ad aliquod bonum proprium sibi conveniens; sicut visus ad perceptionem coloris, intellectus ad cognitionem veri. Et ideo voluntas per modum agentis movet omnes animae potentias ad suos actus…."
15. *ScG*, III, c.26, "…intellectus voluntatem praecedit: numquam enim voluntas desideraret intelligere nisi prius intellectus ipsum intelligere apprehenderet ut bonum."
16. *ST*, I, q.82, a.4, ad3, "…principium consiliandi et intelligendi est aliquod intellectivum principium altius intellectu nostro, quod est Deus, ut etiam Aristoteles dicit in VII Ethicae Eudemicae, et per hunc modum ostendit quod non est procedere in infinitum."; *ScG*, III, c.89 참조.

『우데모스 윤리학』의 단초를 발전시켜, 목적과 수단에 관한 일련의 숙고와 선택으로 이루어진 구체적 의지 활동의 시초에 신이 개입할 수 있다는 생각을 제시한다.[17] 이러한 생각은 은총에 대한 텍스트에서도 나타난다.[18]

4. 인간 행위의 구조

의지가 인간 행동의 방향을 정해주는 마음의 운전대라고 비유해 보자. 스텀프(E. Stump)에 따르면, 토마스가 생각하는 의지는 현대철학자들이 떠올리는 중립적인 운전대가 아니라, 어느 한쪽을 향한 경향을 지닌 운전대다. 즉 의지는 목적이라고도 불리는 선을 향한 경향이다.[19] 앞서 설명했듯이, 토마스는 의지를 자연 세계에서 보편적으로 관찰되는 자연적 욕구 또는 경향이라는 개념의 연장선상에서 이해한다. 이런 의미에서 의지는 '지성적 욕구'(appetitus intellectivus)로 정의되며, 이 욕구는 언제나 지성적으로 인식된 선을 향해 움직인다. 우리가 무엇을 원하든, 우리는 그것을 선의 개념 하에서(sub ratione boni) 원한다.

토마스는 『신학대전』 제2부 제1편의 첫 부분에서, 지성과 의지를 원리로 삼는 인간의 행동이 행복이라고 불리는 궁극적 선을 향한 질서 속에 있음을 보인 후, 인간 행위의 구조를 면밀하게 분석한다. 지성적 선의 파악에 의지적 행위가 뒤따르기 위해서는, 먼저 의지가 목적을 행위를 통해 달성될 수 있는 어떤 선으로서 원해야 한다. 의지의 이 작용을 토마스는 지향(intentio)이라고 부른다. 지향은 그 목적에 도달할 수 있는 수단에 대한 탐구, 즉 숙고(consilium)를 촉발한다. 지성이 숙고를 통해 특정한 수단

---

17. *De malo*, q.6, "Relinquitur ergo, sicut concludit Aristoteles in cap. de bona fortuna, quod id quod primo movet voluntatem et intellectum, sit aliquid supra voluntatem et intellectum, scilicet Deus."; *ST*, I-II, q.9, a.4, resp.
18. *ST*, I-II, q.109, a.2, ad1.
19. Stump(1997), p.577.

을 찾아내면, 의지는 목적을 위해 적합하고 바람직한 수단으로서 승인해야 하는데, 이 작용을 토마스는 동의(consensus)라고 부른다. 이어서, 의지의 동의를 받은 수단 중 하나가 모든 것을 고려할 때 최선이라고 확정하는 지성의 작용이 나타나는데, 숙고를 끝맺는 이 작용이 바로 판단(iudicium)이다. 그리고 이에 따라 의지는 지성이 최선이라고 판단한 수단을 취하거니와, 바로 이것이 선택(electio)인 것이다. 선택은 인간적 행위의 종결점이 아니다. 선택 이후에 지성은 선택된 수단이 구체적 행위로 추구되도록 명령(imperium)을 내리며, 의지에 의한 신체적 능력의 사용(usus)이 그 명령을 뒤따른다. 이러한 일련의 과정을 통해 목적을 달성했다고 지성이 파악할 때, 의지는 목적의 향유(fruitio)에서 휴식하는 것이다.

토마스가 『신학대전』 제2부 제1편 제11-17문에서 제시하는 이상의 설명은, 인간적 행위가 발생하는 복잡한 심리적 구조와 절차를 정밀하게 재현하려는 시도다. 여기서 토마스가 동원하는 지향, 숙고, 동의, 판단, 선택, 명령, 향유 등은, 그 각각이 지각 가능한 시간을 차지하는 개별 심리적 과정이 아니라, 의지적으로 일어나는 구체적 인간 행위의 분석적 계기들일 뿐이다. 실제에서 인간의 행위는 더 단순하게 설명될 수도 있다. 만일 지성의 숙고가 찾아낸 적합한 수단이 하나뿐이라면, 동의와 선택의 계기는 사실상 하나로 합쳐질 것이다. 또한 만일 지성이 어떤 이유로 명령을 유지할 수 없다면, 의지는 신체적 능력의 사용을 통해 외적 행위로 표출되지 못할 것이고 의지의 향유 또한 방해받을 것이다.

5. 의지와 자유결단

이상의 분석은 구체적 인간 행위의 발생이 지성과 의지의 다층적 협업에 기초하고 있음을 잘 보여준다. 그런데 행위의 여러 구조적 계기들 가운데 토마스가 사실상 가장 중요시하는 것은 선택이다. 선택은 의지적 행위를 발생시키는 직접적 원리이자, 인간의 행위를 자유로운 행위로 규정할 수 있게 하는 근거다. 그런데 선택은 목적이 아니라 수단(ea quae sunt ad finem)에 대한 것이다. 목적은 선택하는 것이 아니라 지향하는 것일 뿐이다. 한편, 목적에 도달하기 위한 수단이 하나뿐이어서 그 수단이 목적 성취를 위한 필연적 수단이라는 의미를 갖는 경우에도 선택은 일어날 수 없다. 선택은 수단적 선이 복수적 대안으로 존재할 때 가능하다. 복수의 수단적 선 가운데 어느 하나를 선택하는 일은, 본래의 목적에 비추어 수단적 선 가운데 어떤 것이 더 유리한지를 비교하고 판단하는 지성의 작용을 전제한다.

　토마스는 『신학대전』 제2부 제1편 이전까지 선택을 설명하기 위해 자유결단(liberum arbitrium)이라는 전통적인 용어를 사용했다. 'liberum arbitrium'은 오리게네스나 니사의 그레고리오스 같은 희랍 교부들이 사용하던 'autexousion'이라는 용어에 대한 라틴 교부들의 번역인데, 오늘날 우리가 사용하는 '자유의지'(free will)와 대체로 유사한 의미를 지닌다고 할 수 있다. 'liberum arbitrium'이라는 용어는 아우구스티누스 이래로 안셀무스 같은 초기 스콜라철학자들에 의해 계승되었고, 13세기까지도 인간의 자유의지를 가리키는 전문용어로 광범위하게 사용되었다. 그런데 중세 스콜라철학에서는 이 개념의 해석을 둘러싸고 중대한 의견 차이가 발견된다. 알베르투스 마뉴스는 자유결단이 의지 및 지성과 구별되는 제삼의 영혼 능력이라고 주장했고, 보나벤투라는 의지와 지성의 공동작용에 의해 산출되는 일종의 습성일 뿐이라고 생각했다. 따라서 만일 표면상의 의미 대응을 쫓아 'liberum arbitrium'을 자유의지라고 옮긴다면, 이 용어의 독특한 역사적 의미 맥락은 전적으로 지워지고 만다.

　토마스 역시 자유결단과 의지의 관계를 자기 나름의 방식으로 이해한다. 토마스는 의지의 활동을 원함(velle)과 선택함(eligere)으로 구분한다. 목적을 향하는 의지의 활동을 원함이라고 한다면, 수단에 관련된 의지의 활동을 선택함이라고 할 수 있다. 이는 원리를 파악하는 지성의 활동이 이해함(intelligere)이라고 불리고, 원리와 개별 명제를 연결하는 지성의 활동이 추론함(ratiocinari)이라고 불리는 것과 마찬가지다. 이해함과 추론함이 상이한 종류의 활동이지만 상이한 능력의 활동이 아니라 한 지성의 활동인 것처럼, 원함과 선택함 역시 상이한 종류의 활동이지만 한 의지의 활동이다. 다만, 추론 작용의 원리인 한에서 지성이 이성(ratio)이라고 불리는 것처럼, 선택 작용의 원리인 한에서 의지는 자유결단이라고 불리는 것이다.[20]

그렇다면 인간이 자유결단을 소유한다는 사실은 어떻게 논증될 수 있는가? 토마스는 『명제집 주해』 제2권 제25구분, 『진리론』 제22문, 『신학대전』 제1부 제83문에서 이 문제를 다룬다. 의지는 항상 지성과 함께 작용한다. 지성적 욕구라는 의지의 정의 자체가 이 사실을 함축한다. 그런데 앞서 말했듯이, 지성은 존재자 자체를 대상으로 하는 능력이다. 지성의 대상이 무제한적이므로, 지성과 함께 움직이는 의지에게도 무제한적인 대상 영역이 주어진다. 즉 지성의 인식은 특정 부류의 선에 국한되지 않고 선 자체 또는 보편적 선에 닿으며, 이에 따라 선의 개념 하에 포괄되는 모든 것이 의지의 대상이 될 수 있다. 그런데 의지는 자신이 본성적으로 향하는 최종 목적, 즉 행복을 여러 개별적 선을 통해 추구할 수 있다. 모든 관점에서 선하다고 파악되는 행복을 의지가 원하지 않는 것은 불가능하지만, 행복에 도달하는 수단적 선들에 관한 한 의지는 어떤 것으로도 결정되어 있지 않다.[21] 토마스는 여기서 다시 한번 의지 활동과 지성 활동 사

---

20. *ST*, I, q.83, a.4, resp. "…ex parte appetitus, velle importat simplicem appetitum alicuius rei: unde voluntas dicitur esse de fine, qui propter se appetitur. Eligere autem est appetere aliquid propter alterum consequendum: Sicut autem se habet in cognitivis principium ad conclusionem, cui propter principia assentimus, ita in appetitivis se habet finis ad ea quae sunt ad finem, quae propter finem appetuntur. Unde manifestum est quod sicut se habet intellectus ad rationem, ita se habet voluntas ad vim electivam, id est ad liberum arbitrium."
21. *In Sent.* II, d.25, q.1, a.2, resp. "In his autem quae ad finem ultimum ordinantur, nihil

이의 유비적 관계를 환기한다. 개연적 삼단논법과 수사학적 설득술에서 드러나듯이, 우연자들에 관한 한 이성은 대립적인 것들 모두를 향할 수 있다. 그런데 개별적 행위 대상은 우연자다. 따라서 행위 대상에 대한 이성의 판단은 결정되어 있지 않으며, 그 판단을 따르는 결단도 마찬가지다.[22]

6. 의지의 자유

이성의 숙고가 아니라 자연적 본능에 따라 행동하는 동물에게는 이러한 비결정성이 나타나지 않는다.[23] 그런데 토마스는 동물의 욕구와 인간의 의지를 가르는 더 근본적인 차이가 단순히 행위 대상에 대한 욕구의 비결정성 여부가 아니라 자신의 욕구 행위에 대한 반성 여부에 있다고 보는 것 같다. 의지의 결단은 언제나 지성의 합리적 판단을 따른다. 그런데 합리적 판단이란 특정한 개별 행위 대상이 더 나은 이유를 행위의 목적에 비추어 설명할 수 있는 그런 판단이다. 다시 말해, 합리적 판단이란 그것에 뒤따르는 결단이 과연 옳은 것인지를 목적의 관점에서 다시 판단할 수 있는 그

---

invenitur adeo malum quin aliquod bonum admixtum habeat, nec aliquod adeo bonum quod in omnibus sufficiat: unde quantumcumque ostendatur bonum vel malum, semper potest adhaerere et fugere in contrarium, ratione alterius quod in ipso est, ex quo accipitur, si malum est simpliciter, ut apparens bonum, et si bonum est simpliciter, ut apparens malum; et inde est quod in omnibus quae sub electione cadunt, voluntas libera manet, in hoc solo determinationem habens quod felicitatem naturaliter appetit, et non determinate in hoc vel illo."

22. *ST*, I, q.83, a.1, resp. "Ratio enim circa contingentia habet viam ad opposita; ut patet in dialecticis syllogismis, et rhetoricis persuasionibus. Particularia autem operabilia sunt quaedam contingentia, et ideo circa ea iudicium rationis ad diversa se habet, et non est determinatum ad unum. Et pro tanto necesse est quod homo sit liberi arbitrii, ex hoc ipso quod rationalis est."

23. Ibid., "Quaedam autem agunt iudicio, sed non libero; sicut animalia bruta. Iudicat enim ovis videns lupum, eum esse fugiendum, naturali iudicio, et non libero, quia non ex collatione, sed ex naturali instinctu hoc iudicat. Et simile est de quolibet iudicio brutorum animalium."

런 판단이다. 토마스의 표현을 빌자면, "이성의 힘으로 행위에 대해 판단하는 인간은, 그가 목적과 수단의 의미, 그리고 그 양자 간의 관계와 질서를 인식하는 한에서 자신의 결단에 대해 판단한다."[24]

개별 행위 대상과 관련하여 단순히 어떤 것이 더 낫다고 판단할 뿐 아니라 그 판단이 왜 옳은지 그 근거를 설명할 수 있는 사람, 즉 판단에 대해 판단할 수 있는 사람에 대해, 우리는 그가 자기 판단의 주인이라고 말한다. 그리고 그런 사람이야말로 자신의 행위의 원인일 뿐만 아니라 자신의 판단의 원인이라고 할 수 있다. 여기서 토마스는 아리스토텔레스의 『형이상학』에 나타나는 자유 개념, 즉 자기원인으로서의 자유 개념을 끌고 온다.[25] 자기 자신의 원인인 것이 자유롭다는 그런 의미에서, 자신의 판단 및 결단에 대해 판단할 수 있는 이성적 존재자의 판단은 자유로운 판단이다.[26] 그리고 인간의 결단이 자유로운 판단을 따르는 한에서, 그의 결단은 자유로운 결단이다. 판단에 대한 판단, 즉 반성적 판단이 이성의 기능이고 반성적 판단에 결단의 자유가 근거하는 한에서, 토마스는 "모든 자유의 뿌리가 이성 안에 있다"고 말한다.[27]

1270년 이후 저술된 『신학대전』 제2부 제1편과 『악론』 제6문에서 의지의 자유에 대한 토마스의 이론은 더 정교화되는 것으로 보인다. 여기서 두드러지는 것은 의지 활동을 구성하는 두 국면, 즉 실행(exercitium)과 종별

---

24. *De veritate*, q.24, a.1, resp. "Homo vero per virtutem rationis iudicans de agendis, potest de suo arbitrio iudicare, inquantum cognoscit rationem finis et eius quod est ad finem, et habitudinem et ordinem unius ad alterum."
25. Ibid. "…liberum autem est quod sui causa est, secundum philosophum in Princ. Metaphys."; *Metaphysica* I, c.2, 982b25-26.
26. Ibid. "Homo vero per virtutem rationis iudicans de agendis, potest de suo arbitrio iudicare, in quantum cognoscit rationem finis et eius quod est ad finem, et habitudinem et ordinem unius ad alterum: et ideo non est solum causa sui ipsius in movendo, sed in iudicando; et ideo est liberi arbitrii, ac si diceretur liberi iudicii de agendo vel non agendo."
27. *De veritate*, q.24, a.2, resp. "Iudicare autem de iudicio suo est solius rationis, quae super actum suum reflectitur, et cognoscit habitudines rerum de quibus iudicat, et per quas iudicat: unde totius libertatis radix est in ratione constituta."

화(specificatio)의 구별이다. 실행이란 능력이 활동을 산출하는 주체적 국면을 나타낸다. 시각능력은 시각 활동의 산출 주체로서 시각 활동을 실행한다. 종별화는 그 능력의 활동이 특정 대상과 관련됨으로써 종적 규정을 갖게 됨을 뜻한다. 시각능력은 붉은색 대상을 향함으로써 붉은색의 봄으로 종별화된다. 마찬가지로, 의지 역시 활동의 산출('원함')과 특정 대상에 대한 관련('어떤 것을')이라는 두 국면을 통해 작용한다.[28]

종별화의 관점에서 의지는 지성에 의해 움직이지만, 실행의 관점에서는 자기 자신에 의해 움직인다. 토마스는 의지가 행복이라고 불리는 보편적 선 또는 최종 목적을 향한 자연적 경향을 지니고 있음을 인정한다. 만일 지성이 이러한 선을 인식하고 의지에게 제시한다면, 의지는 이러한 선 아닌 다른 것을 원할 수 없다. 즉 종별화의 관점에서 의지는 최종 목적을 향해 필연적으로 움직여진다. 그러나 실행의 관점에서 보면 사태는 달라진다. 보편적 선에 대한 인식과 사유 활동 자체는 특수한 선이기 때문에, 의지는 그러한 사유 활동의 실행을 중단할 수도 있다.[29]

이처럼 보편선 또는 최종 목적은 종별화의 관점에서는 의지를 필연적으로 운동시키지만, 실행의 관점에서는 의지를 필연적으로 운동시키지 않는다. 활동을 실행하는 주체로서 의지는 행복을 필연적으로 원할 수밖에 없는 것이 아니다. 한편, 개별적이고 유한한 선의 경우, 이러한 선은 종

---

28. *ST*, I-II, q.9, a.1, resp. "Duplicitur autem aliqua vis animae invenitur esse in potentia ad diversa: uno modo quantum ad agere vel non agere; alio modo quantum ad agere hoc vel illud; sicut visus quandoque videt actu, et quandoque non videt; et quandoque videt album, et quandoque videt nigrum. Indiget igitur movente quantum ad duo, scilicet quantum ad exercitium vel usum actus, et quantum ad determinationem actus; quorum primum est ex parte subiecti, quod quandoque invenitur agens, quandoque non agens; aliud autem est ex parte obiecti, secundum quod specificatur actus."
29. *De malo*, q.6, resp. "Dico autem ex necessitate quantum ad determinationem actus, quia non potest velle oppositum; non autem quantum ad exercitium actus, quia potest aliquis non velle tunc cogitare de beatitudine."; *ST*, I-II, q.10, a.2, resp. "Primo ergo modo voluntas a nullo obiecto ex necessitate movetur; potest enim aliquis de quocumque obiecto non cogitare, et per consequens neque actu velle illud."

별화의 관점에서도 실행의 관점에서도 의지를 필연적으로 운동시키지 않는다. 모든 유한한 선은 자신의 선성에 특정한 결함을 지니고 있으므로, 의지는 그 관점에서 더 완전한 것으로 나타나는 다른 유한선을 선호하고 선택할 수 있기 때문이다.

참고문헌

김율, 『행복과 자유』, 길, 2025.
이상섭, 「의지의 자유선택에 있어서 이성의 역할」, 『철학연구』 145(2018), 대한철학회, 325-350쪽.
임경헌, 「토마스 아퀴나스 사상에서 지성과 의지의 관계」, 『철학사상』 73(2019), 33-67쪽.
Gallagher, D., "Free Choice and Free Judgment in Thomas Aquinas", in *Archiv für Geschichte der Philosophie* 76(1994), pp.247-277.
Gorman, M., "Intellect and Will", in *The New Cambridge Companion to Aquinas*, eds. E. Stump & T. White, Cambridge: Cambridge University Press, 2022, pp.211-230.
Hause, J., "Thomas Aquinas and the Voluntarists", in *Medieval Philosophy & Theology* 6(1997), pp.167-182.
Kim, Y., "A Change in Thomas Aquinas's Theory of the Will: Solution to a Long-Standing Problem", in *American Catholic Philosophical Quarterly* 82 (2008), pp.221-236.
MacDonald, S., "Aquinas's Libertarian Account of Free Choice", in *Revue International de Philosophie* 52(1998), pp.309-328.
McCluskey, C., "Intellective Appetite and the Freedom of Human Action", in *The Thomist* 66(2002), pp.421-456.
Schüssler, R., "Doxastischer Voluntarismus bei Thomas von Aquin", in *Recherches*

de Théologie et Philosophie Médiévales 79(2012), pp.75-107.

Williams, T., "Human freedom and agency", in *The Oxford Handbook of Aquinas*, ed. B. Davies & E. Stump, New York: Oxford University Press, 2011, pp.199-208.

_____, "Will and Intellect", in *The Cambridge Companion to Medieval Ethics*, ed. T. Williams, Cambridge: Cambridge University Press, 2018, pp.238-256.

Zimmermann, A., "Der Begriff der Freiheit nach Thomas von Aquin", in *Thomas von Aquin* 1274-1974, ed. L. Oeing-Hanhoff, München: Kösel, 1974, pp.125-160.

12. 행복[1]

손은실 | 서울대학교

1. 서론: 행복 개념의 철학사적 맥락과 토마스 아퀴나스의 행복주의 윤리학

모든 사람은 행복을 추구한다. 그러나 행복의 본질에 대한 이해는 시대와 개인에 따라 다양하다. 고대와 현대의 행복 개념의 차이는 여러 연구자에 의해 주목을 받았다.[2] 현대인이 말하는 행복은 주로 욕구 충족에서 얻는 주관적 만족감을 의미한다. 반면 고대 그리스 철학자들에 따르면, 행복(εὐδαιμονία)은 인간 삶의 궁극적 목적으로서의 최고선이며, 인간 본성의 완전한 실현이다. 이것은 객관적 좋음과 관련된다. 아리스토텔레스는 행복을 모든 도덕적 행위의 궁극적 목적으로 보았으며, 이러한 고대 윤리학을 칸트는 다소 경멸적인 의미로 '행복주의적'이라고 묘사했다. 그런데 칸트에 따르면, "이성적 존재자의 자기의 전 현존에 부단히 수반하는 쾌적한 삶에 대한 의식이 행복이다."[3] 이처럼 칸트는 행복을 주관적 마음의 상태로 이해하고, 행복은 도덕의 적절한 기반이 될 수 없다고 보았다. 그의 행

---

1. 이 글은 본서 수록을 목적으로 작성되었으나, 출간에 앞서 『서양중세연구』 제56호에 게재된 바 있으며, 이를 일부 수정한 것이다.
2. Julia Annas(2002); Sumner(2002); 이영환(2015).
3. 임마누엘 칸트(2009), 『실천이성비판』 A41.

복 개념은 고대철학자들의 것과는 거리가 멀고, 오히려 현대인의 주관적 행복 이해와 가깝다. 이는 칸트의 의무론적 윤리와 벤담의 공리주의가 근대 이후 지배적 윤리 이론이 된 사실과 무관하지 않다.

그러나 20세기 후반 앤스컴(Elizabeth Anscombe)과 매킨타이어(Alasdair MacIntyre) 등이 근대 윤리학을 비판하면서 그 대안으로 아리스토텔레스의 덕 윤리가 현대 윤리학에서 재조명받기 시작했다. 일부 학자들은 고대 그리스 덕 윤리 전통의 쇠퇴를 그리스도교 문화의 정착과 연결한다.[4] 그러나 13세기 그리스도교 세계에서 토마스 아퀴나스는 아리스토텔레스의 덕 윤리와 행복주의 윤리학을 자신의 신학적 윤리학에 적극 수용했다. 그는 신학자로서 철학자의 가르침보다 성서와 교부들의 가르침에 더 높은 권위를 부여하지만,[5] 아리스토텔레스 철학이 중세 대학에서 활발히 연구되던 시대적 배경 속에서 『니코마코스 윤리학』을 자세하게 분석하고 인용했다. 그 결과 그의 윤리학은 아리스토텔레스처럼 목적론적·행복주의적 성격을 갖는다. 실제로 『신학대전』 제2부에서 토마스는 행복을 최고선으로 보고, 모든 도덕적 행위의 궁극적 목적을 행복 추구에 두는 행복주의 윤리학을 전개했다.

본 연구는 토마스 아퀴나스가 인간의 행복을 어떤 의미로 이해했는지 고찰하고자 한다.[6] 그의 행복론은 13세기 지성사적 맥락을 떠나서는 제대

---

4. 박기순·송유레(2017).
5. ST, I, q.1, a. 8, ad2.
6. 토마스 아퀴나스의 행복론에 대한 국내 연구는 손은실(2016)과 이상섭(2011) 두 편이 있다. 전자는 현세에서의 완전한 행복의 불가능성에 대한 토마스의 논증을, 후자는 토마스의 아베로에스 행복론 비판에 초점을 맞춘 연구이다. 해외에서는 토마스의 행복론을 다룬 다수의 연구가 이루어졌다. 해외 선행연구 가운데 Jörn Müller(2013)의 연구가 본고의 주제와 가장 가까운 주제를 다룬다. 그러나 이 연구는 토마스 행복론에서 아리스토텔레스의 유산에 초점을 맞추며, 그리스도교 전통의 유산에 대해서는 전혀 다루지 않는다. 따라서 토마스의 이중적 행복론의 주요한 한 축에 관한 연구가 빠져 있다. 본고는 바로 이 공백을 메우기 위해 토마스의 이중적 행복론 형성의 사상사적 연원을 탐구하고, 그 특징과 관계를 분석한다.

로 이해하기 어렵다. 따라서 당대의 지성사를 배경으로 그의 행복론을 재구성하고자 한다. 이를 위해 먼저 당시의 역사적 배경과 그가 행복을 다루는 주요 텍스트들을 검토하고, '행복'을 의미하는 라틴어 단어의 번역 문제를 살펴본 후, 그의 행복론의 특징인 이중적 행복론을 당대의 다양한 관점과의 대화를 통해 분석한다. 특히 아리스토텔레스의 철학적 행복 개념과 그리스도교의 신학적 행복 개념을 통합하는 방식에 주목하고, 마지막으로 그의 행복 개념이 현대의 행복 이해에 시사하는 바를 제시할 것이다.

2. 13세기 지성사의 맥락: 아리스토텔레스 철학과 그리스도교 신앙의 만남

토마스의 행복론을 이해하기 위해서는 13세기 지성사적 배경에 대한 검토가 선행되어야 한다. 본고의 주제와 관련하여 13세기 서유럽 그리스도교 세계에서 특히 중요한 사건은 아리스토텔레스 철학의 재발견으로 인한 그리스 철학과 그리스도교 신앙의 만남이 빚어낸 세계관의 갈등이었다. 중세 초기에는 아리스토텔레스의 논리학 저작들만 알려져 있었으나, 12세기 중반부터 그의 다른 저작들이 번역되기 시작했다. 아리스토텔레스 철학의 유입은 아우구스티누스주의가 지배하던 중세 그리스도교 사상 지형에 광범위한 파급효과를 가져왔다.

아우구스티누스는 신플라톤주의의 영향 아래 물리적 세계를 이데아에 대한 참여로 이해한 반면, 아리스토텔레스는 물리적 세계를 그 내적 원리에 기초해서 설명했다. 1210년 상스(Sens) 공의회는 파리대학에서의 아리스토텔레스 자연철학 강독을 파문의 위협으로 금지했으며, 이러한 금지는 여러 차례 반복되었다. 그러나 아리스토텔레스 연구는 파리대학에서 빠르게 확산되어 1255년 당시까지 알려진 그의 모든 저작이 공식 허용되었다.[7] 파리대학 교양학부(Faculty of Arts)는 그의 모든 저작을 교과과정에 포함시켰고, 학생들은 '철학자'(Philosophus)로 불려, 철학자들의 대명사처럼 여겨진 아리스토텔레스의 사상으로 6년간 철학 훈련을 받았다. 이것은 중세 대학의 많은 이론적 논의가 아리스토텔레스의 개념적 틀에 기초하게 된 배경이다.

1255년 이전까지 반복된 금지령은 아리스토텔레스 철학과 그리스도교 신앙에 기초한 두 세계관의 만남이 갈등을 야기했음을 보여준다. 그러나 그의 저작을 수업에 사용하는 것이 허용되면서 아리스토텔레스 연구는 활발해졌고, 동시에 다양한 입장이 형성되었다. 단순화를 무릅쓰고 분류하면, 한 극단에는 '급진적 아리스토텔레스주의' 혹은 '이단적 아리스토텔레스주의'라 불린 입장을 표방한 시제 브라방(Siger de Brabant)과 보에티우스가 있었다. 또 다른 극단에는 '보수적 신학자'라 불리는 재속 사제들과 프란체스코회 수도자들이 있었다. 이들은 아우구스티누스를 내세워 이교 철학을 반박하고, 그리스도교의 지혜를 방어하고자 했다. 이러한 양극단 사이에 그리스도교 신앙과 충돌하지 않는 범위 내에서 아리스토텔레스 철학을 수용하고자 한 '온건한 아리스토텔레스주의'가 있었다. 토마스 아퀴나스와 온건한 입장을 가졌던 파리의 철학 교수들이 이 그룹에 속한다.

거칠게 분류된 세 그룹은 파리대학이라는 구체적 공간 안에 아리스토텔레스 철학에 대한 다양한 해석이 존재하였음을 시사한다. 다양한 해석에서 비롯된 입장 사이에 갈등이 심화되면서, 1270년대에 두 차례의 주요 이단 파문이 선고되었다. 1270년에 파리 주교 에티엔 탕피에(Étienne Tempier)는 그리스-아랍 철학 전통에서 기원한 13개 오류조항을 지지하는 자들에게 파문을 선언하였다. 이 이단 파문은 당시 파리대학 교양학부 교수들이 가르치던 그리스도교 신앙과 충돌되는 형태의 아리스토텔레스주의와 아리스토텔레스의 『영혼론』에 대한 아베로에스(Averroes=Ibn Rushd)의

---

7. Jan A. Aertsen(1993), p. 20.

주해를 이단으로 규정했다.[8] 이런 이단 파문에도 불구하고 급진적 아리스토텔레스주의자들의 입장이 지속되자 파리 주교는 1277년 아우구스티누스주의 신학자들을 동원하여 219개 조항을 이단으로 규정하고 다시 한번 파문을 선언했다.

토마스가 행복에 관한 사유를 전개한 배경은 이처럼 13세기 아리스토텔레스 철학과 '주석가'(Commentator)로 불린 아랍 철학자 아베로에스의 아리스토텔레스 주석서들이 라틴 그리스도교 세계에 수용되는 과정에서 그리스도교 신앙과 이교도 철학의 만남으로 인해 세계관의 갈등이 야기된 상황이었다. 이러한 지성사적 맥락은 토마스가 중세 신학자들에게 최고 권위였던 성서와 아우구스티누스의 신학적 행복론을 기반으로 아리스토텔레스의 철학적 행복론과 아베로에스를 비롯한 철학자들의 주석을 비판적으로 검토하여 자신의 행복론을 구성했음을 시사한다.

3. 행복론 관련 주요 저작과 용어 번역 문제

토마스는 행복론에 관한 별도의 저서를 남기지 않았으나, 여러 저작에서 이 주제를 다루었다. 그중 가장 중요한 저작은 『니코마코스 윤리학 주해』(1270-1271), 『신학대전』 제2부 제1편(1271), 『대이교도대전』 제3권(1263-1264)이다. 첫 번째 저작은 아리스토텔레스의 철학적 행복론에 대한 토마스의 해석을 담고 있다. 두 번째와 세 번째 저작에서는 신학적 관점에서 행복론을 전개한다. 『신학대전』은 제2부 제1편 첫 다섯 문제에서 각각 여덟 개 절, 총 사십 개 절에 걸쳐 신학적 행복론을 간결하고 명료하게 서술한다. 『대이교도대전』은 제3권 25장에서 63장에 걸쳐 행복에 관한 다양한 질문을 다루며, 특히 작품의 제목(*Summa contra Gentiles*)이 암시하듯이 오류에 대한

---

8. 손은실(2011), 312쪽.

반박에 많은 장을 할애하는 특징을 보인다. 바로 이 세 저작이 본 연구의 주된 분석 대상이다.

토마스가 행복을 지칭할 때 사용한 라틴어 용어에는 '펠리치타스'(felicitas)와 '베아티투도'(beatitudo)가 있다. 아리스토텔레스가 사용한 행복을 의미하는 그리스어 단어 '에우다이모니아'(εὐδαιμονία)의 역어로는 'felicitas'가 주로 사용된다. 따라서 토마스가 『니코마코스 윤리학 주해』에서 행복에 관해 언급할 때는 대부분 felicitas를 사용하지만 beatitudo도 여덟 군데서 사용한다.[9] 그러나 신학적 행복론을 전개할 때, 특히 『신학대전』에서 그는 'beatitudo'라는 단어를 'felicitas'보다 최소 5배 이상 더 많이 사용한다. 반면에 『대이교도대전』에서는 'felicitas'를 4배 이상 더 빈번하게 쓴다.[10] 이러한 용례는 토마스 용어법의 미묘한 차이를 보여준다. 철학적 행복론을 전개할 때는 주로 felicitas를 사용하고, 신학적 맥락에서는 beatitudo를 선호하는 경향이 있다. 그러나 토마스는 종종 이 두 단어를 "beatitudo sive felicitas", "felicias sive beatitudo"로 표기하고 상호 교환 가능한 동의어로 사용한다.[11] 다음 인용문이 그 예다.

> …beatitudo 혹은 felicitas는 이중적이다. 하나는 완전한 것으로 우리가 내세에서 기대하는 것이고; 다른 하나는 불완전한 것으로서 이에 따라 어떤 사람들이 현세에서 행복하다(beati)고 일컬어진다.[12]

이 인용문에서 토마스는 beatitudo와 felicitas를 상호 교환 가능한 동의

---

9. *Index thomisticus*를 참조하라. https://www.corpusthomisticum.org/it/
10. Cf. *Index Thomisticus*.
11. Cf. S. MacDonald, E. Stump(ed.) (1999), p. 20.
12. *ST*, II-II, q.186, a.3, ad4, "…duplex est beatitudo sive felicitas, una quidem perfecta, quam expectamus in futura vita; alia autem imperfecta, secundum quam aliqui dicuntur in hac vita beati."

어로 사용하고 있다. 본 연구에서는 이러한 동의어적 용법을 고려하여 두 단어를 모두 '행복'으로 번역한다. 다만 두 단어가 동시에 사용될 때는 구분을 위해 felicitas는 행복, beatitudo는 지복으로 각각 번역한다.

4. 모든 것의 궁극적 목적: 성서의 창조론과 아리스토텔레스의 목적론적 세계관의 결합

토마스는 『신학대전』 제2부 제1편과 『대이교도대전』 제3권에서 인간 행위를 다룰 때 행위의 궁극적 목적에 대한 논의에서 출발한다. 이는 아리스토텔레스가 『니코마코스 윤리학』에서 취한 방법론과 동일하다. 그런데 『대이교도대전』 제3권은 논의의 범위를 확장하여 신의 섭리 관점에서 신이 창조한 모든 사물의 궁극적 목적을 다룬다. "모든 작용자는 어떤 목적을 위해서 작용한다."[13] 아리스토텔레스에게서 유래하는 이 명제를 토마스는 창조론의 맥락으로 옮겨 새롭게 표현한다. "모든 것은 좋음을 추구"(c.16)하며, "모든 것은 하나의 선[최고선], 곧 신을 목적으로 하는 질서 속에 있다"(c.17). 여기서 주목할 점은 토마스가 아리스토텔레스의 목적론적 세계관을 그리스도교 세계관 속에 통합하는 방식이다. "창조된 사물은 신의 선하심을 유사성의 방식으로 획득"(c.19)하고, "신에게 동화되는 것이 모든 것의 궁극적 목적이다"(c.20). 그러므로 각 사물은 자기에게 가능한 만큼 궁극적 목적인 신과의 결합(Deo coniungi)을 지향한다. 지성적 실체는 신에 대한 인식을 궁극적 목적으로 지향한다. 그러므로 "인간 전체의 궁극적 목적, 그리고 인간의 모든 활동과 욕구의 궁극적 목적은 제1진리, 즉 신을 인식하는 것이다."[14]

---

13. ScG, III, c.2, "Omne agens agit propter finem." Cf. 아리스토텔레스, 『자연학』 II, 196 b17-22.
14. ScG, III, c.25, 10, "Est igitur ultimus finis totius hominis, et omnium operationum et de-

토마스는 "인간의 궁극적 목적은 신을 인식하는 것이다"[15]라고 다시 한 번 명시하고 다음과 같이 덧붙인다. "인간의 궁극적 목적, 모든 지성적 실체의 궁극적 목적은 행복(felicitas) 혹은 지복(beatitudo)이라 불린다. …그러므로 모든 지성적 실체의 궁극적 지복과 행복은 신을 인식하는 것이다."[16]

특히 주목할 점은 토마스가 『대이교도대전』 제3권에서 이성적 논증을 제시한 후 성서 인용을 통해 자신의 결론을 뒷받침하는 방식이다.

> 이런 이유로 마태오복음 5장 8절에서는 다음과 같이 말한다: "마음이 깨끗한 사람들은 행복하다. 그들은 하느님을 볼 것이기 때문이다." 그리고 요한복음 17장 3절에서는 "영원한 생명은 이것이니, 곧 참 하느님이신 당신을 아는 것이다"라고 말한다. 이 견해에 아리스토텔레스도 『니코마코스 윤리학』의 마지막 부분에서 동의하는데, 거기서 그는 인간의 궁극적 행복이 관조적인 것이라고 말하며, 이는 관조 가능한 최상의 것에 대한 관조에 관한 것이다.[17]

이 인용문은 토마스가 성서의 가르침과 아리스토텔레스의 철학을 종합하는 하나의 방식을 보여준다. 그는 마태오복음과 요한복음 구절의 인용을 통해 신을 보는 것이 행복이고, 신을 아는 것이 영원한 생명임을 확인한 후, "이 견해에 아리스토텔레스도 동의한다"라는 표현으로 성서의 가르침과 아리스토텔레스의 철학이 일치하는 지점을 강조한다. 그러나 세계의 영원성을 주장하는 아리스토텔레스의 행복론과 세계가 신에 의해

---

    sideriorum eius, cognoscere primum verum, quod est Deus."
15. *ScG*, III, c.25, 11, "Est igitur ultimus finis hominis cognoscere Deum."
16. *ScG*, III, c.25, 14, "Ultimus autem finis hominis, et cuiuslibet intellectualis substantiae, felicitas sive beatitudo nominatur: …Est igitur beatitudo et felicitas ultima cuiuslibet substantiae intellectualis cognoscere Deum."
17. *ScG*, III, c.25, 15-16, "Hinc est quod dicitur Matth. 5-8: beati mundo corde, quoniam ipsi Deum videbunt. Et Ioan. 17-3: haec est vita aeterna, ut cognoscant te, Deum verum. Huic etiam sententiae Aristoteles in ultimo Ethicorum, concordat, ubi ultimam hominis felicitatem dicit esse speculativam, quantum ad speculationem optimi speculabilis."

창조되었다고 믿는 토마스의 행복론이 모든 점에서 일치하기는 어려운 일이다. 토마스는 과연 어떤 방법으로 그의 신학적 행복론 안에 철학적 행복론을 통합했을까?

5. 토마스 아퀴나스의 이중적 행복론: 철학적 행복론과 신학적 행복론의 종합

토마스의 행복론은 이중적 행복론으로 특징지을 수 있다. 이는 인간의 행복에는 두 차원, 즉 내세의 완전한 행복과 현세의 불완전한 행복이 있다는 주장이다. 토마스는 다음과 같이 말한다.

> …지복 혹은 행복은 이중적이다. 하나는 완전한 것으로, 우리가 내세에서 기대하는 것이고, 다른 하나는 불완전한 것으로서 이에 따라 어떤 사람들은 현세에서 행복하다(beati)고 일컬어진다. 그런데 현세의 행복도 이중적인데, 하나는 활동적 삶에 따른 것이고, 다른 하나는 관조적 삶에 따른 것이다. 이는 철학자가 『니코마코스 윤리학』 제10권에서 밝힌 바와 같다.[18]

이 인용문에 표현된 토마스의 이중적 행복론이 함축하는 바는 다음과 같다. 현세에서 인간에게 가능한 행복은 불완전하다. 따라서 완전한 행복은 내세에서만 가능하다. 현세에서의 완전한 행복의 불가능성은 중세 신학에서 압도적 권위를 가졌던 아우구스티누스가 강조한 바이다. 반면에 현세에서 누릴 수 있는 불완전한 행복 개념을 설명할 때 토마스는 아리스토텔레스의 『니코마코스 윤리학』 제10권을 명시적으로 언급한다. 이는

---

18. *ST*, II-II, q.186, a.3, ad4, "…duplex est beatitudo sive felicitas, una quidem perfecta, quam expectamus in futura vita; alia autem imperfecta, secundum quam aliqui dicuntur in hac vita beati. Praesentis autem vitae felicitas est duplex, una quidem secundum vitam activam, alia vero secundum vitam contemplativam, ut patet per philosophum, in X *Ethic.*"

토마스의 이중적 행복론이 아우구스티누스의 신학적 관점과 아리스토텔레스의 철학적 관점을 종합하고 있음을 시사한다.

5.1 통속적 행복 개념 비판[19]: 인간이 추구하는 최고선은 부, 권력, 명예, 건강, 지식인가

토마스가 『니코마코스 윤리학 주해』와 거의 같은 시기에 쓴 『신학대전』 제2부에서 도덕 문제를 다루면서 아리스토텔레스의 목적론적이고 행복주의적 윤리학의 틀과 개념을 많이 사용한 것은 잘 알려져 있다. 『니코마코스 윤리학』이 인간 삶의 궁극적 목적인 행복을 먼저 거론하는 것처럼 『신학대전』 제2부도 마찬가지다. 아리스토텔레스는 어떤 문제를 논의할 때, 먼저 대중들의 의견을 철학적으로 검토하는 것으로 시작한다.[20] 이처럼 토마스도 행복의 본질을 다루기 위해 먼저 동서고금의 사람들이 통속적으로 그 안에 행복이 존재한다고 믿는 대상들, 이를테면 부, 명예, 영광, 권력, 육체의 좋음, 그리고 영혼의 좋음을 하나씩 검토하여 이 대상들 안에 행복이 존재하지 않음을 논증한다. 방금 말한 좋음의 종류를 토마스는 아리스토텔레스를 쫓아 세 가지 유형으로 분류한다. 1) 외적인 좋음, 2) 인간의 육체와 관련된 좋음, 3) 영혼과 관련된 좋음이 그것이다.[21] 토마스는 가장 먼저 외적인 좋음 안에 인간의 행복이 존재하지 않음을 논증한다.

토마스가 외적인 선들에 행복의 본질이 존재하지 않음을 논증한 내용은 아리스토텔레스가 대중들의 의견을 철학적으로 검토하면서 제시한 내용과 매우 유사하다. 토마스에 따르면 사람들이 부에 인간의 행복이 존재한다고 생각하는 이유는 다음과 같다. 우선 부가 많은 사람의 욕구에서 첫

---

19. 이 부분에서 논의하는 것은 다음 논문에서 다룬 내용과 겹친다. 손은실(2016), 42-44쪽.
20. A. Kenny(1992), p. 21.
21. *EN*, 1098b12-13; *ST*, I-II, q.2, a.1-a.7, 특히 *ST*, I-II, q.2, a.7, obj.1에서 바로 여기 명시한 아리스토텔레스의 텍스트에서 열거한 세 가지 유형의 좋음을 인용한다.

번째 자리를 차지하고 있기 때문이다. 둘째, 사람들은 돈이 있으면 인간이 원하는 모든 것을 가질 수 있다고 생각하기 때문이다. 그는 이 두 가지를 다음과 같이 반박한다. 첫째, 부에 행복이 존재한다는 생각은 돈으로 구할 수 있는 물질적인 좋음 외에 다른 좋음을 모르는 어리석은 사람들에게 해당하는 것이지 지혜로운 사람들에게는 해당하지 않는다. 둘째, 돈으로 살 수 있는 것은 물질적인 것이고, 영적인 것은 살 수 없다.[22] 물론 사람들은 음식, 옷, 교통수단, 주거 등과 같은 생활의 필요를 충족시키기 위해 부를 사용한다. 따라서 부는 본성의 필요를 충족시키기 위한 수단으로 추구되지, 그 자체를 위해 추구되는 인간 삶의 궁극적 목적인 행복의 본질을 구성할 수는 없다.

명예도 마찬가지다. 비록 행복한 사람들은 통상적으로 다른 사람들에게 존경을 받지만, 그것은 타인들의 의견에 의존하는 것이다. 그러나 행복은 행복한 사람 자신에게 달린 활동이므로 명예에 행복이 존재할 수 없다.[23] 권력도 인간의 행복을 구성하는 본질적 요소가 될 수 없다. 행복은 완전한 좋음이다. 그런데 권력은 매우 불완전한 것이다. 토마스는 보에티우스의 말을 인용하여 권력의 불완전성을 예시한다. "당신은, 호위병에 둘러싸여 그를 두려워하는 사람들 앞에서 그들보다 자신이 더 겁먹고 있는 사람에게 권력이 있다고 보는가?"[24]

토마스는 부, 명예, 권력 같은 외적인 좋음에 행복이 존재할 수 없는 이유를 최고선에 해당하는 행복의 특징에 비추어 종합적으로 제시한다. 첫째, 인간의 최고선인 행복은 어떤 악과도 섞이지 않는다. 그러나 위에서 언급된 외적인 좋음, 즉 부와 권력 같은 것은 선한 사람과 악한 사람에게

---

22. *ST*, I-II, q.2, a.1, resp.
23. *ST*, I-II, q.2, a.2, resp.
24. *ST*, I-II, q.2, a.4, sc. 여기서 토마스가 인용하는 보에티우스의 글 출처:『철학의 위안』III, 6.

서 발견될 수 있다. 둘째, 아리스토텔레스에 따르면 행복은 그 자체로 충분한 좋음을 본질적인 특징으로 가진다. 따라서 인간이 행복을 소유하면, 다른 어떤 좋음도 필요하지 않게 된다. 그런데 위에서 언급된 외적인 좋음인 부와 권력 등을 가지더라도 많은 다른 좋음, 예컨대 지혜와 신체의 건강 등이 결핍될 수 있다. 셋째, 행복은 완전한 좋음이므로 누구에게도 악의 원인이 될 수 없다. 그런데 위에서 언급한 외적인 좋음의 경우에는 그렇지 않다. 전도서 5장 12절에 따르면 부를 보존하는 것이 자주 소유주의 불행으로 귀결되기 때문이다.[25] 넷째, 인간은 인간의 본성에 내재하는 원리에 의해 행복으로 인도되어야 한다. 그런데 위에서 언급한 선은 외적 원인의 결과이고 매우 자주 행운(fortuna)으로부터 기인한다. 이 때문에 저 좋음들은 '행운의 좋음'(bona fortunae)이라고 불린다. 그러므로 이런 좋음들은 어떤 방식으로도 그 자체가 목적인 행복의 본질을 구성할 수 없다는 것이 명백하다.[26]

이렇게 토마스는 외적인 좋음에 행복의 본질이 존재하지 않음을 논증한 후 건강과 같은 신체의 좋음 안에도 행복이 존재하지 않음을 보여준다. 물론 그는 신체의 좋음이 앞에서 열거한 외적인 좋음보다는 선호되지만, 영혼의 좋음이 신체의 좋음보다 선호되는 것이 합리적이라고 주장한다.[27] 인간 존재는 영혼과 신체로 구성되어 있다. 그런데 신체의 좋음은 영혼에 의존하지만, 영혼은 비신체적인 것이고 자존하는 것으로서 신체에 의존하지 않는다.[28] 따라서 신체의 좋음은 그 자체를 위해 추구되는 인간의 궁

---

25. 여기 사용된 장과 절 구분은 토마스 아퀴나스가 읽은 불가타 성경에 따른 것이다. 그러나 히브리 성경으로는 전도서 5장 13절에 해당한다.
26. *ST*, I-II, q.2, a.4, resp.
27. *ST*, I-II, q.2, a.5, ad1.
28. *ST*, I, q.75, a.2, resp. in fine, "Relinquitur igitur animam humanam, quae dicitur intellectus vel mens, esse aliquid incorporeum et subsistens."

극적인 목적인 행복이 될 수 없다.[29]

그러면 행복은 영혼의 좋음에 있는가? 아리스토텔레스는 이 질문에 긍정적으로 대답했다. "행복은 가장 완전한 탁월성에 따르는 영혼의 활동이다."[30] 하지만 토마스는 인간이 얻기를 욕구하는 대상 자체와 그것의 소유를 구분해서 답변한다. 전자에 관한 한, 즉 인간의 욕구를 완전히 만족시킬 수 있는 궁극적 목적이 될 수 있는 대상은 어떤 유한한 혹은 창조된 좋음이 아니다. 따라서 영혼의 좋음도 육체의 좋음과 마찬가지로 인간의 궁극적 목적이 될 수 없다. 그러나 인간이 자신의 욕구를 완전히 만족시킬 수 있는 대상을 얻을 수 있는 것은 영혼을 통해서이다. 이 측면에서는 행복이 인간의 영혼의 좋음에 속한다고 토마스는 대답한다.[31]

그렇다면 토마스는 행복이 그 안에 존재하는 대상이 무엇이라고 보았을까? 그는 이 질문에 대한 답을 『신학대전』 제2부 제1편 제3문을 구성하는 8개 절에서 제시한다.

5.2. 행복의 본질을 구성하는 것

토마스는 인간 행복의 본질을 설명할 때도 아리스토텔레스의 『니코마코스 윤리학』을 광범위하게 참조한다. 먼저 그는 아리스토텔레스의 행복 정의를 인용한다. "행복은 완전한 덕에 따른 활동이다."[32] 아리스토텔레스와 마찬가지로, 그도 인간의 행복은 어떤 활동에 있으며, 인간의 활동 중 최선의 활동이라고 말한다. "인간의 최선의 활동은 최선의 대상에 대한 최선의 능력의 활동이다. 최선의 능력은 지성이며, 지성의 최선의 대상은 신적 선인데, 이는 실천적 지성의 대상이 아니라 관조적 지성의 대상

---

29. *ST*, I-II, q.2, a.5, resp.
30. *EN*, 1098a17.
31. *ST*, I-II, q. 2, a. 7, resp.
32. *ST*, I-II, q. 3, a. 2, sc., "Sed contra est quod philosophus dicit, in I *Ethic.*, quod felicitas est operatio secundum virtutem perfectam."

이다."³³ 실천적 지성은 행동을 위한 것이고, 그 자체가 목적이 아니다. 따라서 행복은 관조적 지성, 달리 표현하면 이론적 지성이 신을 관조(觀照, contemplatio)하는 것에 일차적으로 존재한다.³⁴ 토마스는 이것을 다음과 같이 표현한다. "궁극적이고 완전한 행복은 신의 본질에 관한 관조 외에 다른 것에 있을 수 없다."³⁵ 그 이유를 그는 다음과 같이 설명한다. 인간은 본성적으로 앎을 추구한다. 인간이 신의 창조의 결과인 피조물을 알 때, 그 원인을 알고자 하는 자연적 욕구가 그에게 남는다. 그런데 인간은 욕구하고 추구해야 할 어떤 것이 남아 있는 한 완전하게 행복할 수 없다. 그러므로 완전한 행복을 위해서는 인간 지성이 모든 피조물의 제일원인, 즉 신의 본질을 인식하는 것이 요구된다.³⁶ 그러나 인간은 현세에서 신의 본질을 인식할 수 없다. 이것이 토마스가 아우구스티누스와 마찬가지로 인간이 현세에서 완전한 행복에 도달할 수 없다고 주장한 주된 이유다. 이 점을 자세히 살펴볼 차례이다.

5.3. 현세에서 완전한 행복이 불가능한 이유

토마스는 "인간이 현세에서 행복할 수 있는가?"라는 질문을 제기하고 이에 대해 부정적으로 답한다. 이를 뒷받침하기 위해 그는 욥기 14장 1절을

---

33. *ST*, I-II, q. 3, a. 5, c., "Optima autem operatio hominis est quae est optimae potentiae respectu optimi obiecti. Optima autem potentia est intellectus, cuius optimum obiectum est bonum divinum, quod quidem non est obiectum practici intellectus, sed speculativi." Cf. *EN*, 1177a21-22.
34. *ST*, I-II, q.3, a.5, c., "beatitudo magis consistit in operatione speculativi intellectus quam practici. Quod patet ex tribus. Primo quidem, ex hoc quod, si beatitudo hominis est operatio, oportet quod sit optima operatio hominis. Optima autem operatio hominis est quae est optimae potentiae respectu optimi obiecti. Optima autem potentia est intellectus, cuius optimum obiectum est bonum divinum, quod quidem non est obiectum practici intellectus, sed speculativi. Unde in tali operatione, scilicet in contemplatione divinorum, maxime consistit beatitudo."
35. *ST*, I-II, q.3, a.8, c., "perfecta beatitudo non potest esse nisi in visione divinae essentiae."
36. *ST*, I-II, q.3, a.8, c.

인용한다. "여인에게서 태어난 인간은, 짧은 시간을 살면서 많은 고통으로 가득 차 있다." 그런데 행복은 고통을 배제한다. 따라서 인간은 이 세상에서 행복할 수 없다. 물론 그는 인간이 현세에서 어느 정도 행복에 참여할 수 있다는 것을 인정한다. 그러나 "완전하고 참된 행복"(perfecta et vera beatitudo)은 현세에서 가능하지 않다고 말하며, 그 이유를 두 가지 측면에서 제시한다.

첫째 이유는 아리스토텔레스가 말한 행복의 조건인 완전성과 자족성[37]을 충족시키기 위해서는 모든 악의 부재와 모든 욕구의 충족이 요구되는데, 현세의 삶에서는 이것이 불가능하기 때문이다. 현세의 삶은 많은 악, 예컨대 지성의 영역에서는 무지, 욕구의 측면에서는 무질서한 정념, 육체 측면에서는 고통에 종속되어 있다. 이러한 악의 종류를 열거하면서 토마스는 아우구스티누스가 『신국론』 제19권에서 현세에서 인간이 겪는 비참함을 주의 깊게 묘사했음을 언급한다.[38] 히포의 주교는 언급된 책에서 현세 생활의 비참함을 자세히 열거하고, 현세에서 행복을 추구하는 철학자들을 비판한다. "그들은 기이한 허영심을 품고서 현세에서 행복하기를 원했고, 자신의 힘으로 행복해지기를 원했다."[39] 철학자들을 비판한 다음에 그는 다음과 같은 결론을 내린다. "사멸하는 현세에서 최고선이라는 목적을 누려야 한다고 생각해서는 안 된다."[40] 아우구스티누스의 주장을 토마스도 공유한다. 그는 인간이 현세에서 모든 악을 피하는 것은 불가능할 뿐만 아니라, 좋음에 대한 모든 욕구를 충족시킬 수 없다고 말한다. 현세에서의 모든 좋음은 일시적이어서 좋음이 지속되기를 바라는 인간의 자연적 욕구를 충족시킬 수 없기 때문이다.

---

37. Cf. *EN*, 1097a29.
38. *ST*, I-II, q. 5, a. 3, resp.
39. *De civitate Dei*, 19, 4, 1, BA 37, 63.
40. *De civitate Dei*, 19, 4, 5.

인간이 현세에서 완전한 행복을 누릴 수 없는 두 번째 이유는 완전한 행복은 신의 본질을 관조하는 것에 있는데, 인간의 지성은 현세에서 신의 본질의 관조에 이를 수 없기 때문이다.[41] 그 까닭을 토마스는 다음과 같이 말한다. "창조된 실체의 방식에 따른 모든 인식은 신의 본질 직관에 미치지 못한다. 신의 본질은 모든 창조된 실체를 무한히 초월하기 때문이다."[42]

이러한 두 가지 이유를 근거로 토마스는 인간이 현세에서 완전한 행복을 누리는 것은 불가능하고 "행복에 어느 정도 참여"(aliqualis beatitudinis participatio)하는 것만 가능하다고 말한다. 부분적으로 참여하는 행복은 완전하지 않다. 현세에서 가능한 것은 불완전한 행복임을 다시 한번 확인시켜주는 것이다.

5.4. 현세의 불완전한 행복: 아리스토텔레스의 행복 개념 해석

궁극적이고 완전한 행복은 신의 본질 직관에 있음을 위에서 확인했다. 그렇다면 현세에서 인간에게 가능한 불완전한 행복은 무엇에 존재할까? 『신학대전』 제2부 제1편 제3문 5절에서 토마스는 다음과 같이 말한다.

> 그러므로 미래의 삶에서 기대되는 궁극적이고 완전한 행복은 전적으로 관조에 있다. 그러나 이 세상에서 가질 수 있는 불완전한 행복은 첫째로 그리고 일차적으로 관조에 있고, 부차적으로 인간의 행위와 정념을 질서 지우는 실

---

41. *ST*, I-II, 5, 3, resp., "Secundo, si consideretur id in quo specialiter beatitudo consistit, scilicet visio divinae essentiae, quae non potest homini provenire in hac vita, ut in primo ostensum est. Ex quibus manifeste apparet quod non potest aliquis in hac vita veram et perfectam beatitudinem adipisci."
42. *ST*, I-II, q. 5 a. 5 resp., "Omnis autem cognitio quae est secundum modum substantiae creatae, deficit a visione divinae essentiae, quae in infinitum excedit omnem substantiam creatam."

천 지성의 활동에 있다. 『니코마코스 윤리학』 제10권에서 말해지듯이.[43]

인용문에서 토마스는 『니코마코스 윤리학』 제10권에 나오는 아리스토텔레스의 행복 이해를 인용하고, 자신이 말하는 불완전한 행복과 동일시한다. 그런데 아리스토텔레스는 과연 자신이 말하는 행복을 불완전한 행복이라고 보았는가? 『니코마코스 윤리학』에서 행복을 "불완전하다"라는 술어로 표현하는 것은 발견되지 않는다. 그러나 토마스는 이 책을 주해하면서 아리스토텔레스가 말한 행복의 기준, 궁극적 목적성, 자족성, 지속성을 충족하는 완전한 행복은 이 세상에서는 불가능하다고 말한다. 누구에게나 일어날 수 있는 불행의 영향과 현세의 삶에서는 지속성과 영속성이 존재하지 않는다는 점 등을 이유로 제시한다.[44] 따라서 토마스는 아리스토텔레스가 『니코마코스 윤리학』 제10권에서 말한 관조적 삶과 실천 이성을 통한 윤리적 삶은 '불완전한 행복'만을 제공할 수 있다고 주장한 것이다.

그뿐만 아니라 토마스는 아리스토텔레스가 스스로 현세에서 인간이 누릴 수 있는 행복의 불완전성을 인정한다고 해석한다. 그가 이렇게 해석한 근거는 아리스토텔레스가 『니코마코스 윤리학』 제1권 10장에서 인간이 살아있는 동안 행복하다고 말할 수 있는가, 아니면 사후에만 평가할 수 있는가라는 이른바 '솔론의 문제'(Solonic problem)에 대해 논의하면서 완전한 덕(virtus perfecta)에 따라 전 생애 동안 활동하는 사람들을 행복하다고 부를 수 있다고 말한 뒤, 곧바로 그들을 "인간으로서 행복하다"고 부를 것이라

---

43. *ST*, I-II. q.3, a.5, resp., "Et ideo ultima et perfecta beatitudo, quae expectatur in futura vita, tota consistit in contemplatione. Beatitudo autem imperfecta, qualis hic haberi potest, primo quidem et principaliter consistit in contemplatione, secundario vero in operatione practici intellectus ordinantis actiones et passiones humanas, ut dicitur in X *Ethic.*"
44. *Sententia libri Ethicorum*(이하 *In Ethic.*,), lib. 1, lect. 10.

는 단서를 붙인 점이다.[45] "인간으로서 행복하다"(beatos sicut homines)고 불리는 사람들에 대해 토마스는 다음과 같은 해석을 붙인다. "그들은 이 변화에 종속된 삶에서 완전한 행복을 가질 수 없기 때문이다. 그리고 자연의 욕구는 헛되지 않으므로, 완전한 행복은 인간에게 현세의 삶 이후로 유보되어 있다고 올바르게 평가될 수 있다."[46] 토마스는 "인간으로서 행복하다"라는 아리스토텔레스의 표현을 신에게 가능한 불변하고 절대적인 행복에 대비되는, 사멸하는 인간에게 가능한 불완전한 행복을 의미하는 것으로 해석함을 엿볼 수 있다.

위의 인용문에서 주목하는 두 번째 사항은 토마스가 『니코마코스 윤리학』 제10권에 나타나는 행복 개념을 불완전한 행복과 동일시하고, 현세에서의 불완전한 행복을 일차적으로는 관조에 그리고 이차적으로는 실천 지성의 활동에 있다고 주장한 점이다. 이 주장은 아리스토텔레스의 행복 개념을 둘러싸고 오랫동안 논쟁 되어 온 포괄적(inclusive) 해석과 지배적(dominant) 해석 가운데 전자를 지지함을 보여준다.[47] 포괄적 해석은 아리스토텔레스의 행복, 즉 '에우다이모니아'에 대한 설명이 이론 지성과 실천 이성의 활동을 모두 포함하는 것으로 본다. 반면에 지배적 해석에 따르면, "가장 완전한 덕"이 행복의 본질을 구성한다. 토마스는 행복이 일차적으로는 이론 지성의 관조에 있지만, 실천 지성의 행위와 정념이 질서 지워주는 활동, 즉 도덕적 덕도 이차적으로 행복을 구성하는 요소에 포함됨을 명시한다. 이 포괄적 해석이 의미하는 것은 토마스의 스승인 알베르투스의

---

45. *EN*, 1101a20-21.
46. *In Ethic.*, lib.1, lect. 16, "in hac vita mutabilitati subiecta non possunt perfectam beatitudinem habere. Et quia non est inane naturae desiderium, recte aestimari potest quod reservatur homini perfecta beatitudo post hanc vitam."
47. Jörn Müller(2013), p. 54. 현대에 와서는 W.F.R. Hardie(1965)가 아리스토텔레스가 단일한 궁극적 목적 개념 사이에서 흔들리는 것처럼 보인다고 주장하면서, 『니코마코스 윤리학』이 포괄적 행복관과 지배적 혹은 배타적 행복관 중 어느 입장을 옹호하는지에 대한 지속적인 논의를 촉발했다.

해석과 비교하면 더 분명히 드러난다.

알베르투스는 『니코마코스 윤리학』 제10권 주해에서 지배적 해석을 선호한다. 그는 모든 덕과 활동이 지향하는 단 하나의 최종적이고 단일한 목적이 있는데, 그것이 바로 관조를 통한 인간 지성의 충족이라고 본다. 이 해석에서는 실천 지성을 통한 도덕적 행위는 그 자체가 행복의 구성요소이기보다는 이론 지성을 최대한 실현하는 데 필요한 전제조건으로 격하된다. 토마스와 알베르투스의 아리스토텔레스 행복 개념 해석의 차이는 그들의 인간 이해와 무관하지 않다. 토마스는 인간을 몸과 영혼의 합성체로 이해하는 아리스토텔레스의 관점에, 반면에 알베르투스는 인간을 본질적으로 지성(intellect)과 동일시하는 신플라톤주의적 인간관에 더 영향을 받은 것으로 보인다.[48]

마지막으로 위의 인용문은 다음과 같은 질문을 불러일으킨다. 인용문에서 미래의 완전한 행복은 "전적으로 관조"에 있다고 말하고, 이 세상에서 가질 수 있는 불완전한 행복은 "첫째로 그리고 일차적으로 관조"에 있다고 말할 때, 완전한 행복을 구성하는 관조와 불완전한 행복을 구성하는 관조는 같은 것인가? 위의 인용문은 완전한 행복을 구성하는 관조와 불완전한 행복을 구성하는 관조의 의미에 대해 별다른 설명을 제공하지 않는다. 하지만 토마스는 이중적 행복을 다양한 텍스트에서 언급하면서, 텍스트의 맥락에 따라 조금씩 설명을 덧붙인다. 그중에 불완전한 행복을 구성하는 관조와 완전한 행복을 구성하는 관조의 의미에 대해 비교적 자세하게 설명하는 텍스트를 소개하면 다음과 같다.

---

48. 알베르투스와 토마스의 해석 비교는 다음 논문을 참조하였다. Jörn Müller(2013), pp. 56-61. 다만 알베르투스의 해석을 "배타주의적 해석"(Exclusivism)이라고 부르는 Müller의 용어를 "지배적"(Dominant) 해석이라는 용어로, 토마스의 해석을 "포괄주의적 해석(Inclusivist Interpretation)"이라고 부르는 그의 용어를 "포괄적 해석(Inclusive Interpretation)"이라는 용어로 대체했다.

인간의 행복은 이중적이다. 하나는 현세 안에 있는 것으로서 철학자가 말한 불완전한 행복이다. 그것은 지혜의 품성을 통해 분리된 실체를 관조하는 데 있다. 하지만 그것은 현세에서 가능한 바, 분리된 실체들의 본질은 알지 못하는 불완전한 것이다. 다른 하나는 본향(patria)에서 실현되는 완전한 것이다. 거기서는 하느님 자신 그리고 다른 분리된 실체들의 본질을 보게 될 것이다. 하지만 이 행복은 어떤 이론적 지식을 통해서가 아니라, 영광의 빛을 통해서 얻게 될 것이다.[49]

이 인용문에서 토마스가 '철학자'라고 지칭한 사람은 물론 아리스토텔레스이다. 그는 이 글에서도 아리스토텔레스가 말한 행복을 인간이 현세에서 도달할 수 있는 불완전한 행복이라고 부른다. 그는 이것을 본향, 즉 인간이 사후에 돌아가게 될 천국에서 누릴 완전한 행복과 구분한다. 현세에서 가능한 불완전한 행복을 구성하는 관조는 '지혜의 품성'(habitus sapientiae)을 통해 분리된 실체를 관조하는 것이지만, 그 본질까지는 보지 못한다. 여기서 분리된 실체란 신과 천사처럼 물질과 분리되어 존재하는 순수한 정신적 실체를 말한다. 지혜의 품성은 아리스토텔레스가 『니코마코스 윤리학』 제6권에서 언급한 이론 지성의 덕(virtus) 중에 정점에 있는 것이다. 따라서 지혜의 품성을 통한 이러한 관조는 비물질적 존재에 관한 이론적 지식(scientia speculativa)을 가지는 것을 의미한다.

반면에 천국에서 실현될 완전한 행복을 구성하는 관조는 하느님 자신과 여타 분리된 실체들의 본질을 보는 것이다. 그러나 이것은 인간의 지성

---

49. *In De Trin.*, pars 3 q. 6 a. 4 ad3, "Ad tertium dicendum quod duplex est felicitas hominis. Una imperfecta quae est in via, de qua loquitur philosophus, et haec consistit in contemplatione substantiarum separatarum per habitum sapientiae, imperfecta tamen et tali, qualis in via est possibilis, non ut sciatur ipsarum quiditas. Alia est perfecta in patria, in qua ipse Deus per essentiam videbitur et aliae substantiae separatae. Sed haec felicitas non erit per aliquam scientiam speculativam, sed per lumen gloriae."

의 힘을 통해서가 아니라, 하느님이 비추어주시는 영광의 빛(lumen gloriae)을 통해 비물질적인 실체를 인식하는 것이다.[50] 인간의 이중적 행복을 말하는 또 다른 텍스트에서 불완전한 행복은 "인간 본성에 비례하는 것으로, 인간이 자신의 본성 원리들을 통해 도달할 수 있다"라고 말하고, 완전한 행복은 "인간의 본성을 초월하는 행복으로, 인간이 오직 신적 능력에 의해서만, 신성에의 어떤 참여에 따라 도달할 수 있다"[51]라고 말한다. 그러니까 토마스에 따르면 미래의 완전한 행복을 구성하는 관조는 인간의 능력을 초월하는 것이다. 반면에 현세에서 인간에게 가능한 관조는 인간의 이론 지성의 덕에 해당하는 지혜를 통해 비물질적인 실체의 '존재'에 관해 가지는 이론적 지식이다. 하지만 현세에서 인간은 이론적 지식을 통해 분리된 실체의 '본질'을 알 수는 없다. 따라서 현세에서 인간은 분리된 실체인 신의 본질 직관에 존재하는 완전한 행복에 도달하지 못한다.

5.5. 현세의 완전한 행복 가능성을 말하는 철학자들의 주장 비판

토마스는 아리스토텔레스를 주해한 철학자들이 자신과 다르게 궁극적 목적, 즉 완전한 행복이 현세에서 인간에게 가능하다고 주장한 것을 발견한다. 그는 『니코마코스 윤리학 주해』에서 이런 철학자들의 아리스토텔레스 행복 개념에 대한 해석을 간결하게 언급하고 비판한다. "이로부터 분명해지는 것은, 아리스토텔레스가 궁극적인 인간의 행복을 제6권에서 다룬

---

50. *In De Trin.*, pars 3 q. 6 a. 4 ad3, "Ad tertium dicendum quod duplex est felicitas hominis. Una imperfecta quae est in via, de qua loquitur philosophus, et haec consistit in contemplatione substantiarum separatarum per habitum sapientiae, imperfecta tamen et tali, qualis in via est possibilis, non ut sciatur ipsarum quiditas. Alia est perfecta in patria, in qua ipse Deus per essentiam videbitur et aliae substantiae separatae. Sed haec felicitas non erit per aliquam scientiam speculativam, sed per lumen gloriae."
51. *ST*, I-II, q.62, a.1, resp., "Una quidem proportionata humanae naturae, ad quam scilicet homo pervenire potest per principia suae naturae. Alia autem est beatitudo naturam hominis excedens, ad quam homo sola divina virtute pervenire potest, secundum quandam divinitatis participationem; …."

지혜(sapientia)의 활동에 둔 것이지, 어떤 이들이 가공한 것처럼 능동 지성과의 연결(continuatione ad intelligentiam agentem)에 둔 것이 아니라는 점이다."[52] 여기서 토마스는 아리스토텔레스가 말한 행복을 능동 지성과의 연결이라고 해석한 철학자들을 "어떤 이들"(quidam)이라고 부르며, 그들의 해석은 아리스토텔레스의 텍스트에서 이탈한 그들의 가공품이라고 비판한다.

이 철학자들의 주장에 대한 자세한 검토는 『대이교도대전』 제3권 41장에서 48장까지 이어진다. 토마스는 철학자들의 주장을 다음과 같이 요약한다. "알렉산드로스와 아베로에스는 인간의 궁극적 행복이 이론적 지식을 통한 인간의 인식에 있는 것이 아니라, 분리된 실체와의 연결을 통해 존재한다고 주장했으며, 이것이 이 세상에서 인간에게 가능하다고 믿었다."[53] 이 내용은 토마스가 『대이교도대전』 제3권 41장부터 48장까지 여덟 개의 장에서 인간의 궁극적 목적, 완전한 행복인 신의 본질, 철학자들이 사용한 용어로는 분리된 실체의 본질을 관조하는 것이 현세에서 가능한가라는 문제를 집중적으로 탐구하고, 그 가능성을 주장한 아프로디시아스의 알렉산드로스(Alexander of Aphrodisias)와 아베로에스의 주장을 요약한 것이다. 41장에서 토마스는 아베로에스의 『영혼론 대주해』(III, com. 36)에 나오는 인간의 궁극적 목적은 현세에서 분리된 실체의 인식에 있다는 주장을 검토한다. 토마스는 이런 아베로에스의 주장이 지탱될 수 없다고 비판한다. 그의 비판 논거를 단순화시켜 말하면 다음 두 가지로 요약될 수 있다. 첫째, 능동 지성은 분리된 실체가 아니라, 인간 영혼의 일부이

---

52. *In Ethic.*, lib. 10, lect. 13., "Ex quo patet, quod ultimam felicitatem humanam ponit Aristoteles in operatione sapientiae, de qua supra in sexto determinavit, non autem in continuatione ad intelligentiam agentem, ut quidam fingunt."
53. *ScG*, III, c.48, "Alexander et Averroes posuerunt ultimam hominis felicitatem non esse in cognitione humana, quae est per scientias speculativas, sed per continuationem cum substantia separata, quam esse credebant possibilem homini in hac vita."

다.[54] 여기서 가능 지성이 영혼이 모든 것이 되는 것을 가능하게 하는 원리라면, 능동 지성은 영혼이 모든 것을 하게 하는 것을 가능하게 하는 원리를 의미한다.[55] 둘째, 능동 지성이 아베로에스의 말처럼 분리된 실체라면, 그 실체는 우리에게 연결되지 않을 것이다.[56]

토마스는 인간과 능동 지성의 연결에 관한 아베로에스의 주장은 그의 발명품(confictum)이라고 반복해서 주장하고,[57] 이 아랍 주석가의 아리스토텔레스 해석은 아리스토텔레스의 입장과 다르다는 것을 강조한다. 즉 아리스토텔레스는 능동 지성과의 연결에 인간의 행복이 있다고 보지 않았고, 지적인 덕 중에서 가장 탁월한 덕인 지혜가 신적인 것을 관조하는 데 있다고 보았기 때문에, 인간은 신과 같은 완전한 행복에는 도달하지 못하고 인간으로서의 행복에 도달한다고 보았다는 것이다.[58]

아리스토텔레스와 같은 인식론적 입장을 가진 토마스에 따르면, 인간의 모든 지식은 감각적 지각과 그로부터 생성된 심상(phantasmata)에서 비롯되기 때문에 현세에서 인간은 분리된 실체들에 관한 직관적 지식을 가질 수 없다. 토마스는 설사 아베로에스가 말한 것처럼, 인간이 능동 지성과 연결되어 비물질적 실체의 본질을 직관할 수 있다는 것을 인정하더라도, 이것은 지적으로 뛰어난 소수에게만 가능할 것이고, 보편적인 행복이 될 수 없다고 말한다. 또한 비록 소수의 지적인 엘리트가 그런 직관을 할 수 있다 하더라도 그들 역시 현세에서 겪는 모든 비참함과 죽음에 대한 공

---

54. *In Ethic.*, lib. 10, lect. 10, "Quidam enim posuerunt intellectum humanum esse aliquid sempiternum et separatum. Et secundum hoc ipse intellectus esset quiddam divinum. Dicimus enim res divinas esse, quae sunt sempiternae et separatae. Alii vero intellectum partem animae posuerunt, sicut Aristoteles."
55. *ST*, I, q.79, a.4.
56. 인간과 능동 지성의 연결에 대한 아베로에스의 복잡한 논증과 그의 논증에 대한 토마스의 비판에 대한 자세한 내용은 다음 논문을 참고하라. 이상섭(2011), 311-337쪽.
57. *ScG*, III, c.44, in fine; *ST*, I, q.88, a.1, resp., etc.
58. *ScG*, III, c.48, n.14.

포에서 벗어날 수는 없다.

『대이교도대전』 제3권 48장에서 토마스는 인간이 현세에서 분리된 실체의 본질을 인식할 수 있고 따라서 완전한 행복이 가능하다고 본 아프로디시아스의 알렉산드로스와 아베로에스에 대한 비판을 마무리하면서, 다음과 같이 덧붙인다. "이로써 그들의 뛰어난 재능이 여기저기서 얼마나 큰 곤경을 겪었는지가 충분히 드러난다. 만약 우리가 앞서 제시된 증명들에 따라, 인간이 현세의 삶 이후에 참된 행복에 도달할 수 있다고 설정하면, 우리는 이러한 곤경들로부터 해방될 것이다."[59] 이 인용문에 나오는 토마스의 주장, 즉 저 위대한 철학자들은 현세에서 인간이 도달할 수 없는 행복을 추구하다가 곤경을 겪었고, 이 곤경으로부터 해방되는 길은 참된 행복이 현세 이후에 도달할 수 있다는 것을 설정하는 것이라는 말은 토마스가 끊임없이 참조하고 인용한 신학자 아우구스티누스가 『신국론』에서 철학자들의 행복론을 검토하면서 한 말과 매우 유사하다.[60]

히포의 주교는 『신국론』 제19권에서 바로(Marcus Terentius Varro, 116-27 BCE)가 정리한 288가지 철학적 행복론을 검토하면서, 철학자들이 "놀라운 허영심으로 자기 스스로의 힘으로 행복해지기를 원했다"[61]고 비판한다. 그는 "이 세상의 그토록 많고 큰 악들로 인해 비참할 수밖에 없는 인간의 삶이 미래 세대[내세]에 대한 희망으로 행복하기를"[62]이라고 염원하면서, 내세에 있을 최종 행복(finalis beatitudo)을 믿지 않는 철학자들을 이렇

---

59. ScG, III, c.48, "In quo satis apparet quantam angustiam patiebantur hinc inde eorum praeclara ingenia. A quibus angustiis liberabimur si ponamus, secundum probationes praemissas, hominem ad veram felicitatem post hanc vitam pervenire posse…."
60. ScG, III, c.48, "A quibus angustiis liberabimur si ponamus, secundum probationes praemissas, hominem ad veram felicitatem post hanc vitam pervenire posse, anima hominis immortali existente in quo statu anima intelliget per modum quo intelligunt substantiae separatae, sicut in secundo huius operis ostensum est."
61. De civitate Dei, XIX, 4, 1, "a se ipsis beatificari mira vanitate voluerunt."
62. De civitate Dei, XIX, 4, 4, "vita humana, quae tot et tantis huius saeculi malis esse cogitur misera, spe futuri saeculi sit beata."

게 비판한다. "이 철학자들은 이 행복을 보지 못하므로 믿기를 원하지 않아서, 여기서 스스로 가장 거짓된 행복을 만들어내려고 노력한다. 교만할수록 더욱 거짓된 덕으로 말이다."[63]

이처럼 토마스와 그가 끊임없이 인용하는 신학자 아우구스티누스는 현세에서 완전한 행복이 가능하다고 보는 철학자들의 지적 허영심과 교만을 비판하고, 철학자들은 미래의 완전한 행복에 대한 믿음과 희망을 통해서 허영심에서 비롯된 곤경으로부터 해방될 수 있다고 주장한다.

5.6. 현세의 불완전한 행복과 내세의 완전한 행복 사이에는 연속성이 있는가

1270-1275년 사이에 파리대학 교양학부의 지도적 철학자였던 보에티우스 다치아(Boethius of Dacia)는 현세의 행복과 내세의 행복 사이에 연속성이 있다고 명시적으로 주장한다. 그가 쓴 『최고선에 관하여』(*De summo bono*, 1270년경)는 13세기 라틴 아베로에스주의 행복론의 모델 텍스트로 알려져 왔다.[64] 이 책에서 보에티우스는 다음과 같이 말한다. "현세의 삶에서 인간에게 가능하다고 우리가 이성을 통해 아는 행복에 있어서 더 완전한 사람일수록, 우리가 믿음을 통해 미래의 삶에서 기대하는 행복에 더 가까이 있다."[65] 과연 보에티우스의 말처럼 현세에서 지성의 활동을 더 완전하게 행한 사람이 내세에 신의 은총으로 얻게 될 행복에 더 가까이 있다고 볼 수 있을까? 만약 그렇다면 지성의 활동을 더 완전하게 행한 사람이 내세에 신의 은혜를 받을 준비가 더 잘 되어 있다고 말해야 할 것이다. 과

---

63. *De civitate Dei*, XIX, 4, 4, "Quam beatitudinem isti philosophi, quoniam non videntes nolunt credere, hic sibi conantur falsissimam fabricare, quanto superbiore, tanto mendaciore virtute."
64. 손은실, 「보에티우스 다치아의 『최고선에 관하여』 - 13세기의 신학적 행복론과 철학적 행복론의 충돌?」, 『철학사상』 41(2011), p.307.
65. Boethius de Dacia, *De summo bono*, 372, 75-78, "Qui enim perfectior est in beatitudine, quam in hac vita homini possibile esse per rationem scimus, ipse propinquior est beatitudini quam in vita futura per fidem expectamus."

연 신의 은총을 통해 얻게 될 내세의 행복과 인간이 지혜의 품성을 통한 관조에서 얻는 행복 사이에 연속성이 있다고 볼 수 있을까?

필자가 아는 한, 지성의 관조에서 얻는 현세의 불완전한 행복과 신이 비추어주는 영광의 빛을 통한 신의 본질 직관에 존재하는 내세의 완전한 행복 사이에 연속성이 있다고 토마스가 명시적으로 주장한 텍스트는 발견되지 않는다. 그렇지만 "은총은 자연을 폐기하지 않고 완성한다"는 토마스의 신학 공리에 내포된 자연과 은총의 관계에 비추어보면, 신이 내세에 인간에게 비추어줄 초자연적 영광의 빛은 신이 인간에게 현세에서 부여한 자연적 지적 능력을 완성하는 것으로 이해될 수 있다. 물론 이것이 곧바로 보에티우스가 말하는 것처럼 둘 사이에 직접적인 비례 관계가 있다는 것을 의미하지는 않는다. 그러나 인간은 신적 진리에 관한 관조를 통해 미래에 신의 은총을 받을 준비를 조금은 할 수 있지 않을까? 이 질문에 관해 제대로 답하기 위해서는 이 글에서 분석하지 못한 토마스의 성서 주해들에 관한 연구가 필요하다.

6. 결론: 토마스 아퀴나스 행복론의 시사점

앞서 살펴본 바와 같이, 토마스의 이중적 행복론은 13세기 지성사의 맥락에서 형성된 신앙의 지혜와 철학적 이상의 독창적 종합의 산물이었다. 중세 신학자들의 주된 권위였던 아우구스티누스는 악으로 가득한 현세에서 인간은 비참할 수밖에 없다고 진단하였다. 토마스는 아우구스티누스 신학에 깊은 영향을 받았지만, 동시에 당대 중세대학에서 활발히 연구되던 아리스토텔레스의 철학적 윤리학과 행복론을 열린 자세로 수용하였다. 아리스토텔레스에 따르면 행복은 "가장 탁월한 덕에 따른 활동", 즉 인간의 가장 탁월한 덕인 이론적 지성을 통해—더 구체적으로는 지혜(sapientia)를 통해—가장 고귀한 대상을 관조하는 데 있다. 이 두 사상가의 행복 이해를 깊이 연구한 토마스는 이들의 통찰을 창조적으로 종합하여 이중적 행복론을 전개하였다.

토마스의 이중적 행복론은 현세에서 인간은 행복할 수 없으며 오직 미래의 희망을 통해서만 행복할 수 있다고 주장하는 아우구스티누스의 신학적 관점과 인간은 현세에서 신적인 것에 대한 관조를 통해 행복에 도달할 수 있다고 말하는 아리스토텔레스의 철학적 관점을 절묘하게 조화시킨 것이다. 토마스는 철학자의 행복 개념을 현세에서 가능한 '불완전한 행복'으로, 아우구스티누스가 제시한 미래의 행복을 '완전한 행복'으로 각각 규정하였다. 완전한 행복은 신적 본질의 직관에 있으며, 이는 "영생은 곧 유일하신 참 하느님과 그가 보내신 예수 그리스도를 아는 것"[66]이라는 성서의 가르침에 그 근거를 둔다. 신에 대한 인식, 토마스의 용어로 표현하면 신의 본질 직관이야말로 인간이 미래에 누릴 완전한 행복이다.

앞서 논의한 바와 같이, 토마스의 행복론은 당대 파리대학에서 유행하던 아리스토텔레스의 철학적 행복 개념을 이성적 탐구를 통해 철저히 해석하고, 신학적 관점에서 비판적으로 수용하는 과정에서 정교화되었다. 그는 아베로에스와 고대 소요학파 철학자들의 아리스토텔레스 해석을 면밀히 검토한 결과, 이들이 현세에서 비물질적 실체의 본질을 인식할 수 있다고 주장하며 현세에서의 완전한 행복 가능성을 긍정하는 것을 발견하고, 철학자들의 지적 야심을 날카롭게 비판하였다. 토마스에 따르면, 철학자들은 현세에서 불가능한 것을 추구하다가 곤경에 빠졌으며, 오직 내세의 행복에 대한 믿음을 통해서만 이러한 곤경에서 해방될 수 있다.

토마스의 행복론은 궁극적으로 신이 인간의 최종 목적이라는 중세 그리스도교 세계관을 토대로 하고 있다. "신에게 동화되는 것이 모든 것의

---

66. 요한복음 17장 3절.

궁극적 목적이다"[67]라는 그의 명제는 최고선이며 최고의 정의와 자비를 지니신 신을 닮는 것이 인간을 포함한 모든 존재의 궁극적 지향점임을 의미한다. 인간의 궁극적 목적에 대한 이러한 이해는 인간을 자기 초월의 길로 인도하는 신앙의 지혜를 담고 있다.

현대 세계 인구의 약 3분의 1이 그리스도인임에도 불구하고, 현대의 과학적 세계관의 영향으로 비물질적 실체인 신에 대해 무관심한 이들이 많다. 하지만 무신론적 세계관을 지닌 현대인들에게도 인간의 궁극적 목적에 대한 토마스의 사유는 의미 있는 통찰을 제공한다. 인간의 자기 초월을 지향하는 행복 추구는 종교적 신념을 떠나서도 인간다운 삶과 진정으로 가치 있는 삶이란 무엇인지에 대한 근본적 성찰로 우리를 이끌기 때문이다. 이런 의미에서 토마스의 행복론은 주관적이고 물질적 욕구의 충족에 매몰된 현대인의 행복 개념을 비추어볼 수 있는 '오래된 새 거울'이라 할 수 있을 것이다.

참고문헌

김율, 『행복과 자유: 서양 중세 윤리학 연구』, 길, 2025.
박기순·송유레, 『덕의 귀환』, 서울대학교출판문화원, 2017.
손은실, 「보에티우스 다치아의 『최고선에 관하여』-13세기의 신학적 행복론과 철학적 행복론의 충돌?」, 『철학사상』 41(2011), 307-345쪽.
_____, 「인간은 과연 현세에서 행복할 수 있는가?-철학자들의 '번민'(angustia)과 토마스 아퀴나스의 답변」, 『장신논단』 48(2016), 37-57쪽.
아리스토텔레스, 『니코마코스 윤리학』, 김재홍 외 역, 길, 2017.
이상섭, 「도미니코회 내의 아베로에스 행복론의 비판과 수용-토마스 아퀴나스의 아베로에스 비판과 이에 대한 디트리히의 재비판을 중심으로」, 『서양고

---

67. *ScG*, III, c.20, "assimilari ad Deum est ultimus omnium finis."

전학연구』 45(2011), 311-337쪽.

이영환, 「아리스토텔레스 행복관에 대한 몇 가지 오해에 대한 해명: 아리스토텔레스와 칸트 윤리학의 온당한 비교를 위하여」, 『인간 · 환경 · 미래』 14(2015), 67-98쪽.

칸트, 임마누엘, 『실천이성비판』, 백종현 역, 아카넷, 2019.

Aertsen, J.A., "Aquinas's philosophy in its historical setting", in *The Cambridge Companion to Aquinas*, eds. N. Kretzmann & E. Stump, Cambridge: Cambridge University Press, 1993.

Annas, J., "Should Virtue Make You Happy?", in *Apeiron* 35,4(2002), pp.1-20.

Augustinus, *De Civitate Dei*, Paris: Desclée de Brouwer, 1960.

Boethius de Dacia, De summo bono, in *Boethii Daci opera: topica-opuscula*, vol. VI pars II, Hauniae: [Det Danske Sprog- og Litteraturselskab] : Gad, 1976.

Celano, A. J., "The 《FINIS HOMINIS》 in the thirteenth century commentaries on Arisototle's Nicomachean Ethics", in *Archives d'histoire doctrinale et littéraire du Moyen-âge* 53(1986), pp.23-53.

Kenny, A., "Aquinas on Aristotelian Happiness" in *Aquinas's Moral Theory. Essays in Honor of Norman Kretzmann*, eds. S. MacDonald & E. Stump, Ithaca, N.Y.: Cornell University Press, 1999.

Kraut, R., *Aristotle on the Human Good*, Princeton, N.J.: Princeton University Press, 1989.

MacDonald, S. & Stump, E.(eds.), *Aquinas's Moral Theory. Essays in Honor of Norman Kretzmann*, Ithaca, N.Y.: Cornell University Press, 1999.

Müller, J., "Duplex beatitudo: Aristotle's legacy and Aquinas's conception of human happiness", in *Aquinas and the Nicomachean Ethics*, eds. T. Hoffmann et al., Cambridge: Cambridge University Press, 2013, pp.52-71.

Steel, C., "Medieval Philosophy: an Impossible Project? Thomas Aquinas and the 'Averroistic' Ideal of Happiness", in *Was ist Philosophie im Mittelalter?*, eds. J. Aertsen & A. Speer, Berlin; New York: W. de Gruyter, 1998, pp.152-174.

Sumner, W. "Happiness Now and Then", in *Apeiron* 35(2002), pp.21-40.

Wieland, G., "Happiness: the perfection of man", in *The Cambridge History of later Medieval philosophy*, eds. N. Kretzmann et al., Cambridge[Cambridgeshire]; New York: Cambridge University Press, c1982, pp.673-686.

13. 덕과 악덕

임경헌 | 경북대학교

1. 토마스 윤리학의 일반적 특징

토마스 아퀴나스는 13세기 스콜라철학 시기에 활동했다. 그가 '이 시기'에 활동했다는 사실은 중요한 의미를 갖는다. 왜냐하면 당시 서유럽에서는 12세기 말에서 13세기 초까지 진행된 소위 '아리스토텔레스 재발견'으로 인해 아리스토텔레스의 거의 모든 저작이 라틴어로 번역되었을 뿐만 아니라, 그에 대한 주요 아랍 주해서들 또한 번역·소개되었기 때문이다. 토마스는 스승 알베르투스 마뉴스를 따라 아리스토텔레스의 철학을 적극적으로 수용했기 때문에 그에게 있어 아리스토텔레스의 영향은 지대하다. 그리고 이는 토마스 윤리학[1]에 있어서도 예외가 아니다. 우리는 토마스 윤리학의 주요 주제들(덕, 행복 등)에서 아리스토텔레스의 주요 개념들과 가르침들을 확인할 수 있다. 그럼에도 불구하고 토마스 윤리학에는 아우구스티누스와 페트루스 롬바르두스 등을 통해 전해진 교부적 전통과 그리스도교적 가르침이 여전히 굵은 줄기를 형성하고 있다. 예를 들어 토

---

1. 토마스의 윤리학은 일반적으로 『신학대전』 제2부를 의미한다. 토마스 윤리학과 덕론에 대해서는 다음을 참조: 서병창(2016); 채이병(2007); 이재룡(2020); 켄트(2021); 핑케어스(2023).

마스 윤리학에서 우리는 실정법의 원천이 되는 자연법과 영원법, 본성적 행복과 초본성적 행복(목적) 등이 서로 구분되면서도 조화를 이루고 있음을 확인할 수 있다. 이런 특징은 토마스의 덕론(theory of virtue)에서도 마찬가지여서 그의 덕론에서도 우리는 아리스토텔레스적인 획득된 덕과 비아리스토텔레스적인 주입된 덕의 구분과 종합을 확인할 수 있다.

이렇듯 토마스는 크게 보면 그리스-로마 전통, 성서와 교부적 전통, 그리고 나아가 아랍 전통까지 수용했고, 그것을 자신만의 고유한 관점에서 체계적으로 종합했다. 같은 맥락에서 그는 다양한 전통들을 포괄하여 하나의 정교한 윤리학(ethica), 도덕학(scientia moralis), 혹은 도덕철학(philosophia moralis)도[2] 확립했다. 토마스 윤리학의 이러한 종합적 성격 덕분에 그의 윤리학은 오늘날 아리스토텔레스 전통의 덕 중심 윤리학(virtue-centered ethics)과 공리주의 및 의무론 전통의 규칙 중심 윤리학(rule-centered ethics)의 대립과 한계를 극복하는 데 일조할 수 있는 흥미로운 대안으로 주목받고 있다.[3]

그렇다면 토마스 윤리학의 다양한 배경과 주제, 그리고 맥락 전체를 체계적으로 이해할 수 있도록 도와주는 핵심 키워드는 무엇일까? 토마스는 도대체 무엇을 밝히기 위해 그의 윤리학에 해당하는 『신학대전』 제2부를 제1편과 제2편으로 나눠가며 그것에 『신학대전』의 가장 많은 분량을 할애하고 있는가? 필자가 보기에 이 질문에 대한 대답을 고민할 때 우리가 명확히 이해해야 할 점은 토마스의 윤리학이 한마디로 '목적론적 윤리학'으로 이해될 수 있다는 점이다. 이것이 함축하는 바는 도덕과 관련된 모든 개념의 의미와 역할, 탐구 체계와 구조 등은 인간의 궁극적 목적인 행복의 달성과 관련되어 가장 잘 설명되고 이해될 수 있다는 말이다. 이는 아래에서 보게 되겠지만, 그의 덕론에 대한 이해에서도 예외는 아니다.

---

2. 용어에 대해 *In Anal. Post.* I, lect.44; I. q.1, a.6, ad3 참조.
3. Murphy(2025), §.1.3 참조.

2. 토마스 윤리학의 구조 내에서 덕론의 위치

토마스 덕론은 그의 윤리학을 구성하는 주요 내용 중 일부분에 해당한다. 우리는 토마스 윤리학의 주요 구조를 살펴보고, 그 가운데 덕론의 위치를 확인함으로써, 덕에 관한 토마스의 기본적 관점을 이해할 수 있을 것이다.

1) 윤리학적 탐구에서 토마스는 가장 먼저 인간적 행위[4]의 궁극 목적, 즉 행복(beatitudo)이 무엇인지 제시한다(I-II, qq.1-5). 그리고 이후의 모든 윤리학적 논의는 인간이 어떻게 이러한 목적에 도달 혹은 이탈할 수 있는지에 관한 것들로 이해된다. 왜냐하면 목적으로 질서 지어지는 것들은 목적에서 얻어지기 때문이다(I-II, q.1, prol.). 토마스에 따르면 인간의 행복은 신의 본질을 보는 데 있다(I-II, q.3, a.8).

2) 삶의 목적이 규정된 후, 토마스는 인간에게만 '고유한 행위' 자체의 본질과 조건(I-II, qq.6-21)을 다룬다. 왜냐하면 행복에 이르기 위해서는 필연적으로 어떤 행위(actus)를 통해야 하기 때문이다(I-II, q.6, prol.). 이어서 동물과 인간에게 '공통된 행위'에 속하는 영혼의 정념들(passiones)에 대해 고찰한다(I-II, qq.22-48). 이런 고찰에서 분명히 알아야 할 점 중 하나는 정념들은 올바른 이성의 판단과 의지의 선택에 따를 때 도덕적 선을 달성할 수 있다는 점이다(I-II, q.21, a.2, ad2 참조).

3) 이성과 의지에 의해 발생하는 행위와 정념을 다룬 후, 토마스는 인간적 행위를 좀 더 세밀하게 탐구하기 위해 그 원리들(principia)에 대해 고찰한다. 원리는 크게 내적 원리와 외적 원리로 구분된다. 전자는 능력(poten-

---

[4] 토마스에게는 인간의 행위(actio hominis)와 인간적 행위(actio humana)가 구분된다. 전자는 예를 들어 대사작용이나 심장운동처럼 인간이 관여할 수 없는 행위다. 후자는 숙고된 의지로부터(ex voluntate deliberata) 이루어지는 행위로서 인간이 자신의 이성과 의지로 자유롭게 판단 및 선택할 수 있는 행위다(I-II, q.1, a.1, c 참조). 토마스는 인간적 행위를 도덕적 행위(actus moralis)라 칭하기도 한다(I-II, q.1, a.3, c).

tia)⁵과 그것에 형성된 성질의 일종인 습성(habitus)이다. 우선 습성 자체에 대해 논한 후(I-II, qq.49-54) 선한 습성과 악한 습성에 대한 논의로 넘어가는데, 바로 이 선한 습성에 관한 논의가 '덕'에 관한 논의에 해당한다(I-II, qq.55-67). 왜냐하면 덕이란 선을 산출하는 습성, 즉 선한 습성(bonus habitus)이기 때문이다.⁶ 이러한 덕에 관한 논의는 덕 자체에 관한 것(덕의 정의, 주체, 원인 등), 덕의 구분에 관한 것(획득된 덕과 주입된 덕, 지성적 덕과 도덕적 덕, 4가지 추요덕과 다른 덕들 등), 중용과 덕의 관계, 덕들의 연결 등에 관한 내용으로 구성된다. 그런데 토마스는 이러한 덕론에 이어서 성령의 선물들(donum Spiritus Sancti), (복음적) 참행복들(beatitudines evangelicae), 그리고 성령의 열매들(fructus)에 관한 논의를 덧붙인다(I-II, qq.68-70). 특히 선물은 신에 의해 창조된 습성으로 이해될 수 있다(I-II, q.68, a.3).⁷

4) 내적 원리인 능력의 완성(perfectio)에 해당하는 덕을 다룬 후, 토마스는 죄(peccatum)와 악덕(악습, vitium)에 대해 논한다(I-II, qq.71-89). 인간은 이성과 의지 능력을 사용해 마땅한(debitus) 최종 목적인 신에게 가까이 갈 수도 있고 멀어질 수도 있다. 죄란 인간이 마땅히 추구해야 할 최고선을 추구하는 것이 아니라 일시적이고 변화하는 다른 선들을 선택하고 추구함으로써 목적론적 무질서에 빠지고 그 결과 신에게서 멀어짐을 의미한다(I-II, q.71, a.1; q.84, a.1). 이렇듯 죄는 마땅한 목적에서 벗어난 행위를 의미하는데, 바로 그렇기 때문에 그것은 악 중에서도 도덕적 악(malum morale)으로 불리고, 이 도덕적 악이 다른 말로 악덕(악습)이라 칭해진다.⁸

---

5. 영혼의 능력에 대해서는 I, q.77 sqq. 참조
6. "Unde virtus humana, quae est habitus operativus, est bonus habitus, et boni operativus"(I-II, q.55, a.3, c).
7. 몬딘(2020), 324쪽 참조.
8. De malo, q.7, a.3, c, "peccatum …importet actum malum moraliter"; De malo, q.1, a.3, c, "Manifestum est enim quod delectabile secundum sensum movet voluntatem adulteri et afficit eam ad delectandum tali delectatione quae excludit ordinem rationis et legis divinae; quod est malum morale."; cf. II-II, q.34, a.5 obj.3, "vitium est malum morale"; cf. 몬딘

토마스에 따르면 덕에 대립되는 악덕은 가변적 선을 향한 욕구에서 생겨난다(I-II, q.84, a.4, ad1). 따라서 악덕은 궁극 목적을 향한 이성의 질서에 반대되는 것을 행하도록 습성화된 악한 습성(habitus malus, I-II, q.78, a.3, sc.)이다.

5) 행위의 내적 원리에 대해 논한 후, 토마스는 외적 원리에 대해 설명한다. 그에 따르면 행위의 외적 원리는 법(I-II, qq.90-108)과 은총(I-II, qq.109-114)이다. 법에 관한 논의는 일견 덕론과 직접적인 관련이 없는 것으로 보일 수 있으나, 실상은 그렇지 않다. 특히 자연법론은 지성적 덕인 현명(prudentia)과 밀접한 관련이 있는데, 왜냐하면 자연법은 곧 실천이성의 제일원리들로 이해되기 때문이다(I-II, q.94, a.2, c,2). 실천이성이 마땅한 목적을 달성할 올바른 수단을 판단할 때, 자연법은 그 도덕 추론의 원리들을 제공한다. 법론에서 영원법은 자연법의 원천으로, 그리고 실정법은 자연법의 구체화로 이해될 수 있다. 그리고 구체적 실정법은 현명이 도덕적 덕에 해당하는 판단을 내릴 때 중요한 규칙들로 작용한다. 여기에 덧붙여 토마스는 신법(lex divina), 즉 구약성서의 옛 법(lex vetus)과 신약성서의 새 법(lex nova)에 대해서도 논한다. 왜냐하면 인간 이성의 한계 때문에 우리는 궁극적 목적에 이르는 길을 올바르게 파악하지 못하기 때문이다. 법론에 이어 토마스는 행위의 외적 원리로서 은총의 필요성을 강조한다. 왜냐하면 인간의 궁극 목적은 인간 본성의 한도를 넘어서기 때문에(I-II, q.109, a.5), 은총의 도움(예: 주입된 덕, 선물 등) 없이는 인간이 행복에 도달하지 못하기 때문이다.

6) 『신학대전』 제2부 제2편은 주로 제2부 제1편에서 논의된 덕들에 대한 세부적 탐구로 구성된다. 크게 보면 그것은 본성적 목적에 관련된 덕을 분석하는 부분(II-II, qq.45-79; 101-170)과 초본성적 목적에 관련된 덕과 은

(2020), 429쪽.

총에 의해 가능한 삶의 형태를 논하는 부분(II-II, qq.1-44; 80-100; 171-189)으로 구분된다. 특히 『신학대전』 제2부 제2편은 아리스토텔레스는 물론 토마스 이전 그 누구에게서도 볼 수 없는 덕에 대한 아주 치밀하고 정치한 논의들로 구성되어 과연 토마스 윤리학의 백미(白眉)라고 할 수 있다. 왜냐하면 행위는 개별적인 것이기 때문에 도덕적 논의는 더 구체적일수록 더 유익하기 때문이다(II-II, prol.).

3. 본성적 목적과 초본성적 목적

위에서 보았듯이 토마스의 덕론에는 다소 복잡한 내용들이 중첩되어 있다. 그럼에도 우리는 '목적' 개념을 통해 토마스 덕론 전체를 하나로 꿸 수 있을 것이다.[9] 왜냐하면 앞서 말했듯이, 목적론적 윤리학에서는 모든 윤리적 탐구와 개념들이 목적 달성을 위한 수단 혹은 방법으로 서로 관련되어 있기 때문이다. 토마스에 따르면 모든 인간적 행위는 목적 때문에 행해진다(I-II, q.1, a.1). 그리고 목적 지향적인 인간의 삶에는 반드시 궁극 목적이 존재하고, 인간이 무엇을 욕구하든 거기에는 필연적으로 이 궁극 목적에 대한 욕구가 전제된다. 왜냐하면 모든 활동은 어떤 완성(목적)을 향하기 때문에, 각 활동의 첫 시작은 최종적으로 그 활동이 달성하고자 하는 목적으로 향해야 하기 때문이다(I-II, q.1, a.6, c; q.5, a.4, ad2). 그리고 인간적 삶의 궁극 목적이 행복이라 칭해지는 한(I-II, q.1, prol.), 인간의 모든 행위는 행복 때문에 발생한다.[10]

그렇다면 인간의 행복, 즉 최고선(summum bonum)은 구체적으로 무엇인

---

9. 토마스 덕론 전체를 하나로 꿰는 키워드를 무엇으로 잡을지에 대해서는 다양한 견해가 가능하다. 다음 문헌들 참조: Porter(2012); Pinsent(2012), O'Brien(2003).
10. 물론 인간이 행위할 때 항상 궁극 목적에 대해 생각해야 하는 것은 아니다. 그러나 토마스에 따르면 궁극 목적을 향한 의지의 제1지향의 힘은, 비록 어떤 사람이 그 궁극 목적에 대해 현실적으로 생각하지 않을지라도, 그의 행위 안에 존속한다(I-II, q.1, a.6, ad3).

가? 토마스에 따르면 행복은 욕구(특히 의지)를 전적으로 쉬게 하는 완전한 선이다(I-II, q.5, a.8, c). 즉 아직 욕구되어야 할 것이 남아 있거나 더 바랄 것이 남아 있다면, 인간은 행복에 도달한 것이 아니다(I-II, q.2, a.8, c). 그렇다면 구체적으로 무엇이 인간을 이러한 행복으로 인도할 수 있는가? 토마스에 따르면 우리는 이 세상에서 발견할 수 있는 어떤 선에서도 이런 의미의 행복에 도달할 수 없다. 왜냐하면 그런 창조된 선(예: 음식, 명예, 지식, 권력 등)은 그것이 무엇이든 욕구를 부분적으로만 만족시켜주는 부분적 선에 불과하기 때문이다. 결국 인간의 완전한 행복은 인간의 욕구 전체를 완성되는 방식으로 채워줄 수 있는 보편적 선(bonum universale)에 있을 수밖에 없고, 이는 달리 말해 오직 선 자체인 신 안에서만(I-II, q.2, a.8, c) 혹은 신과의 합일을 통해(per unionem ad Deum)서만(I-II, q.3, a.8, c) 인간이 행복해질 수 있다는 것이다. 좀 더 구체적으로 말해 행복은 인간의 고유한 능력 중 하나이자 사물의 본질을 그 대상으로 하는 지성이 지혜(sapientia)라는 지성적 덕을 달성하여 만물의 제일원인인 신의 본질을 파악하는 데 있는 것이다. 따라서 인간의 삶 전체는 이성이 이 마땅한 목적을 달성하기 위해 영혼의 다른 능력들을 적절히 통제하고 인도할 때 가장 좋은 삶이 된다. 이는 곧 덕에 따른 삶을 의미한다. 따라서 인간에게 행복은 덕에 따른 삶이자(I-II, q.5, a.5, c; a.6, c), 유덕한 행위들에 대한 포상이다(I-II, q.5, a.7, c).

그렇다면 인간은 이러한 행복에 도달할 수 있는가? 토마스에 따르면 인간은 이 세상의 삶에서 완전하고 참된 행복을 갖는 것은 불가능하고 단지 행복의 어떤 분유(participatio)를 갖는 것만 가능하다(I-II, q.5, a.3). 왜 그런가? 행복은 모든 갈망(desiderium)을 충족시켜야 하나, 현세의 삶은 많은 악에 노출되어 있기 때문이다. 예를 들어 지성의 측면에서는 무지, 욕구의 측면에서는 무질서한 정감(affectio), 육체의 측면에서는 다양한 고통 등이 그것이다. 마찬가지로 인간은 본성적으로 자신이 가진 선이 지속되기를 원하는데, 이 현세의 선들은 모두 덧없는 것들(transitoria)이며, 우리가 본성적으로 갈망하는 이 생명조차도 지나가 버리기 때문이다(transeat). 또한 인간의 지성은 그 한계 때문에 스스로의 힘으로 지혜의 덕을 달성하여 신의 본질을 보는 완전한 행복, 즉 관상적 행복(felicitas contemplativa)을 실현할 수 없다. 따라서 이 세상에서 달성할 수 있는 행복은 불완전한 행복(beatitudo imperfecta, I-II, q.5, a.5, c)이다. 이 불완전한 행복은 우리가 관상적 행복을 추구하는 과정에서 획득할 수 있는 덕들에 따른 삶이다(I-II, q.5, a.4, c). 토마스에 따르면 이러한 불완전한 행복이 활동적 행복(felicitas activa)이자 아리스토텔레스가 말한 행복이다(I-II, q.5, a.4, c).

그에 반해 완전한 행복은 신의 본질을 보는 데 있다. 그것은 인간이, 본성적으로 바라는 것이기는 하되, 자신의 본성을 넘어서는 것, 즉 초본성적 목적이다(I-II, q.5, a.5, c; q.109, a.5). 따라서 인간은 외부의 도움 없이는 그것에 도달할 수 없다(I-II, q.5, a.5, ad2). 그리고 그 외부적 도움이 바로 은총, 주입된 덕, 성령의 선물 등에 관한 논의가 위치하는 맥락이다(I-II, q.5, a.6, c). 이는 달리 말해 인간의 행위가 성령의 초자연적 빛의 도움으로 영원법에 의해 규제됨을 의미한다(II-II, q.8, a.3, ad3). 이상의 논의에서 우리는 인간의 행복을 덕에 따른 활동으로 이해하되, 그것을 본성적 행복과 초본성적 행복으로 구분했다.[11] 그리고 바로 이 구분된 두 목적의 관점을 가지고 우리는 아래에서 덕론의 다양한 내용들에 대한 체계적인 이해를 시도하고자 한다.

4. 덕과 악덕, 그리고 도덕적 선

인간의 행복이 불완전한 행복과 완전한 행복으로 구분될 수 있다고 하더라도, 토마스에게 있어서 행복 자체는 덕에 따른 영혼의 활동으로 이해된

---

11. 토마스의 행복 개념에 관해서는 김율(2025) 참조.

다(I-II, q.3, a.2). 그렇다면 덕이란 도대체 무엇인가? 이 질문에 대해 토마스는 아리스토텔레스의 견해를 수용한다. 즉 덕은 행위가 선을 산출하도록 해주는 선한 습성(bonus habitus)이다(I-II, q.55, a.3, c). 덕은 인간적 행위에 관련되는 영혼의 능력들이 습관적으로 선을 추구하고 실행할 수 있는 어떤 최선의 질적 상태(qualitas)에 있음을 의미한다.[12] 그리고 그러한 덕에 따라 행위할 때 인간은 가장 좋은 삶, 즉 행복한 삶을 살게 되는 것이다. 바로 이런 맥락에서 우리는 철학자들이 왜 덕을 누구도 악용할 수 없는 최대의 선(bonum maximum),[13] 능력의 극단(ultimum potentiae),[14] 능력의 완성(perfectio potentiae, I-II, q.66, a.3, c), 올바르게 살도록 해주는 기술(ars recte vivendi)[15] 등으로 표현하는지 이해할 수 있게 된다.

그렇다면 덕은 인간으로 하여금 어떤 선을 산출하도록 만들어주나? 덕은 그 소유자를 선하게 만들고 그의 행업을 선하게 만든다고 하는데(I-II, q.56, a.2, c), 그 선이란 어떤 선인가? 인간은 본성에서 비롯된 여러 선을 파악하고 그것을 목적론적으로 추구하며 살아간다. 그러나 본성에서 비롯된 여러 선들(재물, 명예, 권력, 쾌락, 덕 등) 중 구체적으로 어떤 것을 목적으로 삼고, 어떤 것을 수단으로 삼을지는 각자의 자유로운 판단과 선택에 달려 있다. 그런데 아무 선이나 목적으로 선택한다고 해서 인간이 행복에 도달할 수 있는 것은 아니다. 토마스는 다양한 자연적 선들 중에서 인간이 선택해야만 할 마땅한 목적(finis debitus, I-II, q.102, a.1, c)이 있다고 주장한다. 그것은 곧 인간에게만 있는 고유한 기능인 이성 능력이 그 능력

---

12. 덕은 10범주 중 질(qualitas)의 범주에 속한다. 즉 인간적 덕은 덕의 주체인 정신(I-II, q.55, a.4, ad3)이 달성할 수 있는 어떤 '좋은 성질'로 정의된다. 여기서 성질은 덕의 유이고, 선성은 그 종차이다. 만약 덕의 유를 최근 유로 이해하면 덕은 '좋은 습성'으로 이해된다. 왜냐하면 습성은 정신이 달성할 수 있는 질의 일종이기 때문이다(I-II, q.55, a.4, c 참조).
13. 아우구스티누스, 『자유의지론』, II, c.18(cf. I-II, q.66, a.1 obj.2).
14. 아리스토텔레스, 『천체론』, I, c.2, 281a11(cf. I-II, q.66, a.1 obj.2).
15. 아우구스티누스, 『신국론』, IV, c.21(cf. I-II, q.58, a.2 obj.1).

의 탁월성을 달성하고, 그 탁월성에 따라 활동하는 삶이다(I-II, q.55, a.2, c & ad2). 좀 더 구체적으로 말해 삶의 마땅한 목적은 사변이성이 자신이 달성할 수 있는 탁월성 중 지혜라는 탁월성을 달성하여 진리 자체, 즉 만물의 제일 원인인 신의 본질을 관상하는 것이다. 왜냐하면 오직 그것만이 인간이 이성 능력으로 인해 갖게 된 알고자 하는 욕구를 완전히 채워줄 수 있기 때문이다. 바로 이 지혜라는 덕의 활동이 관상이다. 관상 활동이 마땅한 최종 목적이라면, 영혼의 능력들을 포함해 다른 모든 것들은 그것을 달성하기 위한 수단으로 적절히 평가되고 질서 지어져야 할 것이다(I-II, q.55, a.2, ad1 참조). 그리고 이것을 담당하는 것이 실천이성의 덕인 현명이다. 이 현명의 올바른 판단에 영혼의 비이성적 및 이성적 욕구 능력들이 따를 때 도덕적 덕들(용기, 절제, 정의 등)이 달성된다. 결국 덕과 덕행을 통해 달성되는 선은 마땅한 목적에 이바지하는 선, 즉 도덕적 선이고, 인간에게 있어서 행복한 삶은 곧 도덕적으로 선한 삶이라는 결론이 나온다.

그렇다면 악덕은 무엇인가? 우리말로 악습(惡習)이라고도 번역되는 악덕은 여러 면에서 덕에 반대되는 개념이다. 덕이 본성에 부합하는 완전한 상태라면, 악덕은 본성에 부합하는 상태를 갖추지 못한 상태, 즉 본성의 완전성에 어떤 결핍을 갖고 있는 상태를 의미한다(I-II, q.71, a.1, c). 인간의 본성에 일치되는 상태란 다름이 아니라 마땅한 목적을 위한 (올바른) 이성의 질서(ordo rationis)에 따르는 것을 의미하고, 그 반대는 본성에 반하는 것이다. 따라서 악덕은 올바른 목적을 향한 이성의 질서에 반대된다는 점에서 인간의 본성에 반대된다(I-II, q.71, a.2, c). 그리고 바로 그렇기 때문에 덕행은 도덕적 선을 낳지만, 악덕은 도덕적 악을 낳는다.[16] 또한 덕이 영혼 능력의 좋은 습성을 의미한다면, 악덕은 그것의 나쁜 습성(habitus vitiosus)을 의미한다(I-II, q.55, a.4, c). 습성으로서의 덕과 악덕은 가능태와

---

16. 각주 8을 참조.

현실태의 중간 상태(즉 제1현실태)를 의미하기 때문에(I-II, q.71, a.3, c), 덕과 악덕의 목적은 제2현실태인 작용 혹은 활동(operatio) 자체이다. 그러나 중간 상태에 있는 덕과 악덕은 중요한 차이점을 갖는다. 덕은 습성이되 좋은 습성인 한에서 항상(semper) 선에 해당하는 활동을 향한다. 그에 반해 악덕은 나쁜 습성이기 때문에 항상 악으로 기울어진다(I-II, q.55, a.4, c). 이 말을 뒤집어보면 하나의 능력은 습관적으로 '언제나' 선 혹은 악을 행하는 덕과 악덕이라는 습성의 양극단에 관계할 수 있다. 그러나 능력은 또한 그러한 양극단 사이에서 완전히 선하지도 않고 완전히 악하지도 않은 상태, 즉 때로는 선할 수도 있고 때로는 악할 수도 있는 상태에 있을 수 있다(I-II, q.55, a.4, c). 아마도 대부분의 사람은 제2의 본성과 같이 확고히 굳어진 습성(I-II, q.56, a.5, c)인 덕과 악덕의 양극단 사이에 위치할 것으로 생각된다.[17]

5. 덕의 구분: 획득된 덕

5.1. 덕의 종류

덕은 인간적 행위에 관여하는 영혼 능력의 완성이다. 따라서 덕이 달성되면 인간은 가장 좋은 활동, 즉 행복한 삶에 도달할 수 있다. 그러나 영혼의 능력들은 여럿이고, 인간의 행복도 본성적 행복과 초본성적 행복으로 구분된다. 따라서 우리는 덕도 여럿으로 구분될 수 있음을 짐작할 수 있다. 덕의 종류에는 무엇이 있고, 어떻게 구분되는가? 그러한 덕들은 최종적으로 본성적 및 초본성적 목적과 어떻게 관련되어 있는가?

영혼의 능력: 인간은 어떤 종류의 덕을 달성할 수 있는가? 덕의 종류와 구분을 이해하기 위해서는 우선 덕의 주체인 영혼 능력 자체를 구분할 필

---

17. 악과 죄종에 대해서는 이상섭(2021) 참조.

요가 있다. 토마스는 인간적 행위에 관련된 능력을 크게 파악력과 욕구력으로 구분한다. 파악력은 다시 감각적 파악력과 이성적 파악력으로 나눠진다. 그리고 두 파악력 '안에는' 욕구 능력이 존재하는데(II-II, q.58, a.4, c), 감각적 파악력 안에는 비이성적 욕구[즉 욕정적 욕구(appetitus concupiscibilis)와 분노적 욕구(appetitus irascibilis)]가, 이성적 파악력 안에는 이성적 욕구(즉 의지, voluntas)가 존재한다. 파악 능력 안에 욕구 능력이 존재하는 이유는, 감각이나 이성으로 어떤 것을 좋고 추구되어야 할 것으로 파악하거나 혹은 나쁘고 회피되어야 할 대상으로 파악하면, 목적론적 관점에서 볼 때,[18] 그것을 실제로 추구하거나 회피할 능력이 있어야만 하기 때문이다. 이러한 능력들 중에서 덕을 달성할 수 있는 능력은 이성(지성)[19]과 의지, 감각적 욕구들이다. 감각적 파악 능력은 덕을 달성할 수 없는데, 왜냐하면 예를 들어 외적 감각 능력(오감)은 수동적 능력이기 때문에 올바른 이성의 질서에 따라 어떤 대상을 선택적으로 보거나 판단하지 못하기 때문이다(I-II, q.56, a.5, c).

사변이성의 지성적 덕: 따라서 영혼의 능력들 중에서 덕의 주체가 될 수 있는 것은 이성, 의지, 비이성적 욕구인 욕정적 욕구와 분노적 욕구이다. 먼저 이성 능력을 살펴보자. 토마스에 따르면 인간의 이성은 다양한 지성적 덕을 달성할 수 있다. 지성 능력은 사변이성과 실천이성으로 구분된다. 전자의 완성은 진리의 인식과 고찰에 있다(I-II, q.57, a.2, c). 그런데 사변이성이 탐구하는 진리는 두 방식으로 알려질 수 있다. 하나는 즉각적으로(statim) 모든 인간에게 알려지는 것들인데, 예를 들어 사변이성과 실

---

18. 욕구 능력이 없다면, 쾌와 고, 선과 악을 파악하는 인지 능력은 헛된 일을 할 것이다. 그러나 창조주인 신의 행위 안에는 헛된 것이 아무것도 없다(I, q.98, a.2, sc.).
19. 토마스에게서 이성(ratio)과 지성(intellectus)은 구분 없이 사용될 수 있다. 이 경우 그것은 인간의 고유하고 특수한 인식능력을 의미한다. 그러나 그 명칭은 작용에 따라 구분될 수 있는데, 이 경우 지성은 제일원리들에 대한 직관적 인식을 의미하고, 이성은 추론적인 탐구와 논증의 작용을 의미한다(II-II, q.49, a.5, ad3 참조).

천이성의 제일원리들(prima principia)이 거기에 해당한다. 바로 이러한 진리들을 추론 없이 직관적으로 파악하는 지성적 덕이 있기 마련인데, 그것이 곧 원리들의 습성(habitus principiorum)으로도 불리는 이해(intellectus)이다(I-II, q.57, a.2, c). 백지상태(tabula rasa)에 있던 지성이 이해의 덕에 의해 제일원리들을 오류 없이 파악하면, 지성은 이제 추론적 탐구의 출발점들(starting-points)을 갖추게 된다. 추론을 통해 인간은 진리에 도달할 수 있는데, 이는 다시 두 가지로 구분될 수 있다. 하나는 특정 부류의 대상에 대한 진리이고, 다른 하나는 모든 인간 인식의 제일원인인 신에 대한 진리 인식이다. 전자는 학문(scientia)이라는 지성적 덕에서 완성되고, 후자는 지혜(sapientia)의 덕에 의해 완성된다. 결국 사변이성이 달성할 수 있는 지성적 덕은 이해, 학문, 지혜이다. 그런데 이 중에서 지혜와 그것의 활동인 관상은 사변이성 혹은 이성 능력 자체가 달성해야 할 최종 목적이다. 왜냐하면 이해는 사유의 제일원리들을 제공하는 데 그치고, 학문은 특정 종류의 대상에 대한 진리를 파악할 수는 있으나, 만물의 제일원인에 대해서는 파악하지 못하기 때문이다. 즉 두 덕을 달성하더라도 우리는 여전히 대상에 대해 '완전히' 아는 것이 아니어서, 예를 들어 그것이 왜 존재하는지, 궁극적으로 무엇을 위해 존재하는지 모를 수 있다. 반면 지혜는 최고의 원인인 신을 고찰하기 때문에, 만약 그것이 완성된다면, 모든 것에 대해 완전하고 보편적인 판단에 이를 수 있고 모든 것들을 적절하게 판단하고 질서 짓는 것이 가능하게 된다(I-II, q.57, a.2; q.66, a.5).

실천이성의 지성적 덕: 지혜의 덕과 그에 따른 활동이 삶의 궁극적 목적이라면 다른 모든 덕들은 그것의 달성에 이바지하는 것으로 이해되어야 한다.[20] 사변이성의 덕을 보더라도 우리는 이해를 통해 제일원리를 파

---

20. 다양한 덕들 안에 목적론적 질서가 발견될 수 있음에 대해서는 다음을 참조: *ST*, I-II, q.68, a.7, c; I-II, q.57, a.4, c; I-II, q.57, a.2, ad1.

악한 후, 자연적이고 감각적인 대상들에 대한 학문적 인식을 연마하여, 최종적으로 가장 추상적인 원리들과 제일원인을 다루는 형이상학적 탁월성, 즉 지혜에 도달하게 된다. 그렇다면 실천이성이 달성할 수 있는 덕들도 이러한 목적론적 관점에서 이해될 수 있을까? 실천이성이 달성할 수 있는 덕은 현명(prudentia)과 기예(ars)이다. 현명의 핵심 과업은 삶 전체와 관련하여(ad totam vitam) 마땅한 최종 목적에 도달할 올바른 수단과 방법을 판단하는 것이다(I-II, q.57, a.4, ad3). 즉 현명 개념 안에는 올바른 목적 개념이 이미 전제된다(I-II, q.57, a.4, c). 우리는 기예 또한 이러한 목적론적 맥락에서 이해할 수 있다. 물론 현명과 기예는 비록 실천이성의 덕이지만, 몇 가지 점에서 차이가 존재한다. 예를 들어 현명은 그 개념 안에 올바른 삶의 목적이 전제되지만, 기예는 전혀 그렇지 않다. 탁월한 의사는 건강을 잘 회복시킬 수 있어야 할 뿐만 아니라, 필요시 무고한 사람의 건강을 해칠 방법을 정확히 알고 실행할 수 있어야 한다(I-II, q.57, a.3, ad1 참조). 그럼에도 여기서 한 가지 근본적인 질문을 던질 수 있다. 우리는 도대체 왜 기예의 덕을 추구해야 하나? 우리는 기예를 통해 무엇을, 왜, 잘 제작하려고 하나? 기예 개념 자체에는 기예의 행위가 궁극적으로 추구해야 할 목적이 포함되지 않는다. 그러나 토마스는 우리가 기예를 선용(bene uti)할 수 있다고 말한다. 즉 기예를 가진 자가 선의지(bona voluntas)를 가지고 있어서 인간이 마땅히 추구해야 할 목적을 추구한다면, 그것을 통해 기예는 마땅한 목적에 이바지할 수 있는 것이다(I-II, q.57, a.2, ad2). 즉 선한 의지를 가지고 올바른 삶의 목적을 추구하는 사람은 그 목적 달성에 필요하고 유용한 것들을 만들기 위해 기예를 필요로 할 것이다. 예를 들어 우리는 농업 기술, 유전자 기술 등을 통해 좀 더 많은 식량을 안정적으로 확보할 수 있고, 그것은 한 공동체 구성원들의 행복 달성에 이바지할 수 있다. 이런 맥락에서 우리는 기예에 종사하는 사람들에 대한 도덕 혹은 가치관 교육이 왜 필요한지도 이해할 수 있게 된다. 기예 자체는 목적을 고민하지 않기 때문이다.

도덕적 덕: 위에서 언급했듯이 인간의 이성 능력은 다양한 덕들을 달성할 수 있다. 덕이 여럿이지만, 행복의 관점에서 보면 그것들은 모두 지혜의 덕에 따른 관상 활동이라는 최종 목적에 이바지하고 있거나 이바지하도록 인도되어야만 한다. 그러나 우리가 이성적 판단을 통해 행복이 지혜에 있다는 사실을 안다고 해서, 그것이 우리 삶에서 실질적 목적이 되는가? 토마스에 따르면 그렇지 않다. 왜냐하면 삶의 마땅한 목적이 무엇인지는 파악력인 이성이 판단하지만, 그것을 실제로 달성해야 할 선으로 욕구하는 것은 욕구 능력의 몫이기 때문이다. 바로 이 지점에 욕구 능력의 덕을 의미하는 용어인 도덕적 덕(virtus moralis)의 의미와 역할이 있다고 하겠다. 이 도덕적 덕의 중요성은 특히 현명과의 관계에서 잘 드러난다. 위에서 보았듯이 현명은 삶 전체에 행복이라는 목적 달성을 위한 질서를 부여한다. 따라서 현명에서 가장 기초적이면서 중요한 것 중 하나는 행위자가 자신의 삶에서 마땅한 것을 최종 목적으로 욕구하는 것이다. 그리고 바로 그것을 담당하는 것이 올바르게 습성화된 욕구 능력, 즉 도덕적 덕이다(I-II, q.58, a.5, c). 욕구 능력, 그중에서도 이성으로 파악된 선을 목적으로 추구할 수 있는 의지가 마땅한 것을 최종 목적으로 추구하면, 바로 그렇게 욕구된 목적이 현명에 올바른 도덕 원리로 기능하게 된다. 그리고 그것으로부터 출발하여 현명은 올바른 수단을 이끌어낸다. 따라서 현명은 기예와 달리, 욕구를 완성시키는 도덕적 덕을 요구한다(I-II, q.58, a.5, ad2). 같은 맥락에서 우리는 왜 토마스가 아리스토텔레스를 인용하며 "각자가 어떤 사람이냐에 따라 목적 또한 각자에게 그렇게 드러나는 것"이라 말하는지도 이해할 수 있다. 왜냐하면 욕구력의 습성화된 상태가 곧 한 사람의 성격을 형성하기 때문이다.[21] 따라서 유덕한 성품의 사람은 덕의 목적에

---

21. 욕구력의 상태가 한 사람이 어떤 사람인지, 즉 그 사람의 성격 혹은 품성(mos, ἦθος)이 어

관하여 올바르게 판단한다고도 말할 수 있다(I-II, q.58, a.5, c).

그렇다면 욕구력은 어떤 덕을 달성하여 완성되는가? 위에서 보았듯이 욕구는 셋으로 구분될 수 있기 때문에, 도덕적 덕 또한 셋으로 구분된다. 욕구에는 의지, 욕정적 욕구, 그리고 분노적 욕구가 있다. 이들 각각은 정의(iustitia), 절제(temperantia), 용기(fortitudo)라는 덕을 달성한다(I-II, q.61, a.2, c). 이 중에서 이성이 판단한 선을 대상으로 삼고 실제로 추구할 수 있는 욕구는 의지밖에 없기 때문에 올바른 의지는 현명과 행복 달성에서 결정적으로 중요한 역할을 한다. 그러나 다른 두 비이성적 욕구의 덕도 행복 달성에 마찬가지로 중요한데, 왜냐하면 이성의 판단을 따르려는 의지와 비이성적 욕구력의 관계는 주인과 노예의 관계처럼 명령하고 복종하는 관계에 있는 것이 아니라 서로 정치적 관계에 있기 때문이다.[22] 즉 비이성적 욕구들은, 만약 그것들이 올바른 이성과 의지의 명령에 습관적으로 따르도록 훈련되지 않았다면, 언제든 영혼의 상위 부분(superior pars, I, q.81, a.3, c)에 복종하지 않을 수 있다.[23] 비이성적 욕구가 이성과 의지에 복종하지 않는다는 말은 구체적으로 두 가지를 의미한다. 하나는 그것들이 사태를 이성적 관점에서 올바르게 이해하지 못해 무질서한 정념에 휩싸인다는 것이다. 다른 하나는 그것들이 상위 욕구(appetitus superior)인 의지의 명령에서 벗어나게 되어 이성이 판단한 올바른 것을 실행하지 못한

편지를 나타내는 이유는 무엇보다 욕구력의 활동에 말하자면 감정적 태도가 동반되기 때문일 것이다. 감각적 욕구의 운동은 신체적 변화를 항상 동반하는 정념들(passiones)을 의미한다(I-II, q.22, a.3, c). 이성적 욕구의 운동도 사랑이나 기쁨과 같은 작용을 한다. 그러나 그것은, 의지가 신체가 아니라 이성 안에 자리 잡고 있는 한 정념이 아니다. 오히려 그것은 의지의 단순한 활동(simplex actus voluntatis)으로 이해된다. 비록 의지의 활동이 인간의 언어적 습관 때문에 정념처럼 이해되지만, 엄격히 말해 그것은 정념이 아니라 정감(affectio)이다. 그럼에도 불구하고 비이성적 욕구와 이성적 욕구는 서로에게 영향을 줄 수 있기 때문에, 인간에게서 의지의 정감에 의해 신체적 변화를 동반하는 정념이 수반될 수 있고, 그 역도 가능하다(I-II, q.17, a.7; q.9, a.2 참조).

22. *ST*, I-II, q.17, a.7, c; I, q.81, a.3.
23. 토마스의 욕구와 정념 개념에 대해서는 이진남(2009) 참조.

다는 것이다.[24] 예를 들어 절제가 없으면 정념이 이성에 반대되는 것을 향해 추동하게 되고, 용기가 없으면 위험이나 노고에 대한 두려움 때문에 이성이 명하는 것을 실행하지 못한다(I-II, q.61, a.2, c). 결국 도덕적 덕은, 그것을 통해 실제로 마땅한 목적을 추구하게 된다는 점에서, 인간이 행복에 도달하는 데 있어 매우 중요한 역할을 한다고 볼 수 있다. 이상에서 보듯이 인간의 영혼이 달성할 수 있는 덕들은 다양하나, 그럼에도 그 모든 덕은 지혜의 덕에 따른 활동이라는 궁극 목적에 이바지한다는 점에서 어떤 공통점을 가진다고 말할 수 있다.

5.2. 중용

계속해서 우리는 획득된 덕의 주요 특징들도 목적론적 관점에서 일관되게 읽어낼 수 있다. 토마스에 따르면 모든 획득된 덕에 적용되는 어떤 공통적 특징이 있는데, 그것은 그것들이 모두 중용(medium)에서 성립된다는 점이다. 우선 도덕적 덕은 현명에 의해 파악된 중용에서 성립하는데(I-II, q.64, a.1, c), 중용이란 기본적으로 지나침과 모자람 사이의 중간을 의미한다. 예를 들어 용기는 두려운 정념의 지나침인 비겁과 담대한 정념의 지나침인 대담(무모)의 중간에 위치한다. 이는 어떤 사람이 중용에 해당하는 마땅한 정도의 두려움과 담대함을 가지고 이성적 선의 방해물을 제거할 수 있는 상태에 있음을 의미한다(II-II, q.129, a.7, ad2). 물론 여기서 말하는 중간은 단순히 양적 중간값이 아니라 상황, 사람, 목적, 대상 등에 따라 마땅한 중간이 달라지는 합리적 적정선, 즉 이성의 중용(medium rationis)을 의미한다.[25] 그렇다면 다양한 상황에서 무엇이 적절한 중용인지를 판단하

---

24. *ST*, I, q.81, a.3, c; I-II, q.59, a.5, ad1 참조.
25. 같은 도덕적 덕이라 하더라도 절제와 용기의 중용은 정의의 중용과 차이점을 가진다. 전자의 중용은 이성이 규정한 적절한 내적 정념들 안에서 성립한다. 그러나 정의의 중용은 이성이 규정한 중용과 사물들 사이에서 성립하는 중용, 즉 각자가 마땅한 몫을 실제로 가지는 것과 일치되어야 한다(I-II, q.64, a.2, c).

는 궁극적 기준은 무엇일까? 예를 들어 우리는 어떤 것에 대해 어느 정도 분노 혹은 욕망해야 적절한지를 어떻게 아는가? 무엇을 어느 정도 분배해야 적절한지를 어떻게 아는가? 이 질문과 관련하여 우리는 토마스가 도덕적 덕은 올바른 이성(recta ratio)과 합치되는 중용에서 성립된다(I-II, q.64, a.2, c)고 한 말에 주목할 필요가 있다. 여기서 올바른 이성은 현명과 다른 것이 아니다(I-II, q.56, a.3, c). 그런데 위에서 보았듯이 현명에 전제되는 제일원리는 마땅한 궁극 목적인 신에 대한 인식이다. 결국 중용이 현명의 올바른 판단에 따른 것이라면, 도덕적 덕의 중용을 판단하는 궁극적 기준은 어떤 것이 마땅한 최종 목적의 달성에 어느 만큼 필요한지를 묻는 것이다.

그런데 더 나아가 토마스는 아리스토텔레스와 달리, 중용을 지성적 덕에도 분명히 적용시킨다. 사변이성의 덕은 중용에서 성립하는데, 왜냐하면 진리의 척도는 사물에 있기 때문이다. 사변이성의 판단이 사물 자체와 일치하면 중용이 달성되고, 사물에 없는 것을 있다고 판단하면 지나침이며 그 반대는 부족함으로 이해된다(I-II, q.64, a.3, c). 이러한 지성적 덕들 또한 궁극 목적과 밀접히 관련되어 있다. 지성적 덕의 경우, 예를 들어 지혜가 달성해야 할 중용은 신의 본질을 가감 없이 정확히 아는 것이다. 다른 모든 지성적 덕이 달성해야 하는 중용(특정 유에 대한 진리)은 궁극 목적인 지혜가 인도하는 제일원리의 빛 아래에서 그 진리성이 올바르게 판단될 수 있을 것이다.[26]

5.3. 획득 방법과 덕의 연결

행복은 덕에 따른 활동이다. 만약 덕이 여럿이라면, 행복은 최고의 덕인 지혜에 따른 활동에 있다. 따라서 인간은 그러한 덕을 달성하기 위해 노력

---

26. *ST*, I-II, q.57, a.2, ad1, "지혜는 …학문의 일종이다. 그러나 그것은 다른 학문들 모두에 대해 그 결론들뿐만 아니라 그 제일원리들까지도 판단한다는 점에서 다른 학문들을 능가하는 고유한 어떤 것을 지니고 있고, 따라서 학문보다 더 완전하게 덕의 근거를 지니고 있다."

해야 할 것이다. 그렇다면 우리는 어떻게 덕을 획득할 수 있는가? 토마스에 따르면 인간의 이성과 의지는 종적 본성에 따라 덕의 초기 단계를 향한 준비를 갖추고 있다. 사변이성과 실천이성에게는 (이해의 덕에 의해 직관적으로 파악되는) 원리들이 존재하는데, 그것들은 지성적 덕들과 도덕적 덕들의 씨앗들(seminalia)이다. 인간의 의지 안에도 이성에 합치되는 선을 향한 자연적 욕구(즉 덕을 향한 욕구)가 자연적으로 내재하고 있다. 또한 각 개인은 타고난 서로 다른 개인적 본성을 갖기 마련인데, 이에 따라서도 덕에 서로 다르게 준비되어 있을 수 있다. 즉 육체적 상태에 따라 특정 덕에 잘 준비되어 있거나 그렇지 못할 수 있다. 예를 들어 사람에 따라 학문, 용기, 절제 등에 대한 자연적 적성 혹은 자연적 덕(virtus naturalis, *In Ethic.*, X, lect. 14)을 가질 수 있다(I-II, q.63, a.1, c). 그러나 종적 혹은 개인적 본성 안에는 완전한 덕(virtus perfecta)이 존재하지는 않는다. 완전한 덕이 되기 위해서는 많은 조건들이 충족되어야 하겠지만, 예를 들어 행위자 스스로 현명의 올바른 판단과 그에 대한 의지의 올바른 선택을 통해 선한 행위를 실행해야 한다(I-II, q.65, a.4). 본성의 도움을 받아 덕을 향해 나아갈 수 있는 인간은 이제 완전한 지성적 덕과 도덕적 덕을 획득하기 위해 노력해야 할 것이다. 토마스에 따르면 두 덕은 그 획득 방법에서 차이가 있다. 도덕적 덕은 선한 행위를 반복해서 행함으로써 획득되는 반면(I-II, q.63, a.2), 지성적 덕은 대부분 가르침으로부터(ex doctrina) 생겨난다(*In Ethic.*, II, lect. 1).

덕에 대한 이상의 논의는 우리로 하여금 덕의 연결(connexio virtutum)에 대한 논의로 안내한다. 위에서 우리는 현명이 올바른 목적(원리)을 갖기 위해 도덕적 덕을 전제할 수밖에 없음을 확인했다. 마찬가지로 모든 도덕적 덕이 현명에 의해 파악된 중용을 선택하는 한, 도덕적 덕 또한 현명을 전제할 수밖에 없다. 토마스에 따르면 어떤 한 사람이 완전한 도덕적 덕을 달성했다면, 그에게 있어 도덕적 덕들은 서로 연결되어 있다(I-II, q.65, a.1, c). 이런 맥락에서 현명은 본질적으로는 지성적 덕이지만, 그 대상이 도덕적 덕들과 마찬가지로 행위 가능한 것들이기 때문에 때로 도덕적 덕들 가운데 거명되기도 한다(I-II, q.58, a.3, ad1). 그런데 덕에 관한 이상의 논의는 또한 우리로 하여금 '지성적 덕들의 연결' 가능성에 대해서도 사유하게 만든다. 위에서 보았듯이 제일원리들에 대한 이해의 덕이 없이는 학문의 덕뿐만 아니라, 현명의 덕도 달성될 수 없다(I-II, q.65, a.1, c). 더 나아가 현명이 달성되기 위해서는 마땅한 목적에 대한 올바른 판단이 필요한데, 이는 단지 이해와 도덕적 덕에 의해 설명될 수 없는 측면이 있기 때문에, 학문(윤리학)과 지혜의 덕과의 연결성까지도 보게 된다. 왜냐하면 현명은 목적 자체에 대해 숙고하지는 않기 때문이다(II-II, q.47, a.6, c).[27]

5.4. 추요덕과 칠죄종

이상의 논의에서 우리는 획득된 덕의 다양한 국면들을 살펴보았다. 이제 여기서 다시 덕론의 근본적인 문제로 돌아가야 한다. 우리가 덕을 획득하는 것도 상당히 어렵지만, 설령 덕을 획득했다고 하더라도 그것을 통해 궁극 목적인 행복에 도달할 수 있는가? 토마스에 따르면 관상적 삶은 초인간적인 삶이기 때문에, 비록 이 삶에서 그러한 삶에 부분적인 참여는 가능하더라도, 완전한 행복은 불가능하다. 이 세상에서 인간이 현실적으로 달성할 수 있는 최선의 삶은, 초인간적인 관상적 삶(superhumana vita contemplativa)도 아니고, 감각적 삶에 집착하는 짐승과 같은 쾌락적 삶(vita voluptuosa)도 아니다. 육체를 가지고 살아가는 이 삶에서 고유하게 인간적인 삶은 다름이 아니라 도덕적 덕들의 실천에 기반을 둔 활동적 삶(vita activa, quae consistit in exercitio virtutum moralium)이다. 그리고 그런 삶을 가능하게 하는 덕들은 우리 삶에 있어 주된 덕, 즉 추요덕(virtutes cardinales, 현명, 정의, 용기, 절제)이라 불린다. 왜냐하면 현세의 삶에서 인간 본성에

---

27. 지성적 덕의 연결에 관해서는 임경헌(2000) 참조.

비례하여 실현가능한 최선의 삶은, 문이 경첩(cardo)을 회전하듯, 주로 그러한 삶을 중심으로 돌아가기 때문이다. 바로 이것이 토마스가 여러 덕들 가운데 추요덕을 구분해서 논하는 이유이기도 하다(De virt. card., q.1, a.1, c 참조).

토마스에 따르면 각 추요덕은 도덕적 삶에서 주된 덕이기 때문에, 그것의 실현에 필요한 다양한 부분들 및 관련된 덕들을 포함한다(I-II, q.61, a.3, c). 즉 각 추요덕은 구성적 부분, 종속적 부분, 잠재적 부분 등을 포함한다(II-II, q.48, a.1, c; q.128, a.1 등). 그리고 위에서 보았듯이, 추요덕들 또한 상호의존적으로 존재하기 때문에 서로 연결되어 있다. 또한 덕들 중에 도덕적 삶을 가능하게 하는 추요덕이 있듯이, 악덕 중에는 다른 죄들의 원리가 되는 주된 것이 있는데 그것이 칠죄종(septem vitia capitalia)이라 칭해진다.[28]

이상에서 보듯이 이 세상적 삶의 행복은 결론적으로 (사변적 덕도 포괄하는)[29] 추요덕에 따른 삶이라 하겠다. 그리고 그 추요덕을 달성하는 것은 많은 경험과 배움, 오랜 반복적 행위 등을 필요로 하기 때문에 전혀 녹록지 않다. 설령 각고의 노력 끝에 추요덕을 달성했다고 하더라도, 토마스에 따르면 그것은 불완전한 행복에 불과하다. 다시 말해 인간은 어떤 노력을 해도 모든 욕구가 만족되어 더 이상 바랄 것이 없는 최상의 상태에 도달하지 못한다는 것이다. 그러나 위에서 보았듯이, 목적론적 관점에서 볼 때 전혀 달성될 수 없는 것을 바라는 욕구가 존재한다는 것은 헛된 일이기

---

28. *ST*, I-II, q.84, a.4, ad5; 몬딘(2020), 431쪽 참조. 칠죄종은 허영, 질투, 분노, 인색, 슬픔, 탐식, 색욕을 의미한다(I-II, q.84, a.4, prol.).
29. 단적인 현명은 인간 전체 삶의 공동 목적(finis communis toti vitae humanae), 즉 모두가 전체적으로 잘 사는 것을 위해(ad totum bene vivere) 숙고하기 때문에(II-II, q.47, a.2, ad1), 넓게 이해된 현명은 그 목적 달성을 위해 사변적 인식을 포함해 모든 인간적 인식을 사용할 수 있다(II-II, q.47, a.2, ad2). 거기에 사변이성의 덕들이 포함됨은 당연하다(II-II, q.48, a.1, c).

때문에 허용될 수 없다. 그렇다고 초본성적 욕구가 인간의 본성적 노력으로 채워질 수 있는 것도 아니다. 이 문제를 해결하기 위해 토마스는 행위의 외적 원리인 은총(gratia) 개념을 도입하여, 인간의 초본성적 목적이 달성될 가능성을 제시한다. 따라서 신의 은총에 의해 주어지는 모든 것은 초본성적 목적의 실현이라는 관점에서 가장 잘 이해될 수 있을 것이다.

6. 덕의 구분: 주입된 덕, 그리고 선물, 참행복, 열매

주입된 덕이 필요한 이유: 토마스에 따르면 인간의 이성과 의지는 신이 인간 본성의 원리이자 목적인 한, 자연적으로(naturaliter) 신(즉 진리 자체)을 향하도록 질서 지어져 있다. 단, 그것은 본성의 비례에 따라서(secundum tamen proportionem naturae) 그렇다(I-II, q.62, a.2, ad3). 즉 인간은, 만약 이성과 의지가 올바르다면, 획득된 덕을 통해 진리에 대한 관상을 목적으로 추구하는 것이 가능하다. 그러나 인간은, 이성과 의지 능력의 한계 때문에 그 목적에 도달하지 못하는 구조적 한계를 가지고 있다. 그리고 이것이 획득된 덕의 한계이다.

그러나 신이 헛된 일을 하지 않는 한(I, q.98, a.2, sc.), 인간의 자연적 본성의 일부인 초본성적 목적을 향한 욕구 또한 실현되어야 할 것이다. 그리고 그것은, 인간 본성을 넘어서는 목적인 한, 오직 행위의 외적 원리인 은총을 통해서만 가능하다. 즉 인간은 자연적 인식을 넘는 진리에 대해서는 자신의 자연적 빛을 보완할 새로운 은총의 빛(lumen gratiae)을 필요로 한다(I-II, q.109, a.1, c). 은총을 통해 신을 인식한다는 것은 인간의 정신이 육체적 감각에서 비롯된 판타스마(phantasma)에 의존함 없이 신의 본질을 본다는 것을 의미한다(I, q.12, a.11, ad2; q.84, a.7, c). 그리고 이성이 진리 자체를 파악하는 한, 본성상 선을 추구하는 의지 또한 그것을 궁극적 목적으로 확고히 추구할 수 있게 된다. 결국 은총에 의해 인간의 이성과 의지는 초본성적 탁월성(덕)에 도달하게 되는데, 이것이 은총에 의해 주입된 신학적 덕(virtutes infusae vel theologicae)이다. 획득된 지성적 덕들과 도덕적 덕들은 인간의 지성과 욕구를 인간 본성의 비례에 따라 완성시키지만, 신학적 덕들은 그것을 초자연적으로 완성시킨다(I-II, q.62, a.2, ad1).

신학적 덕과 주입된 추요덕: 신학적 덕은 구체적으로 이성에 주입되는 신앙(fides), 의지에 주입되는 희망(spes)과 참사랑(caritas)을 의미한다. 신앙의 대상은 보이지 않는 것들이다(I-II, q.62, a.3, ad2). 신앙을 통해 우리의 지성은 자연 이성으로는 알 수 없는 믿음의 대상, 즉 계시된 제1진리인 신 자체와 우리를 신으로 인도하는 것들에 대해 동의(assensus)하게 된다(II-II, q.1, a.1, c & ad1). 그리고 이때의 동의는 의지의 자발적인 선택을 통한 동의로, 의심이 전혀 없는 확실성을 동반한 동의이다(II-II, q.1, a.4, c). 믿음을 통해 지성이 계시된 내용을 진리로 동의하게 되면, 은총은 의지에게 희망을 주입하여 그 목적을 향하게 하고, 또한 참사랑을 주입하여 그 목적과 하나가 되도록 돕는다(I-II, q.62, a.3, ad3).

신학적 덕이 주입되면 인간은 초본성적 행복에 도달할 수 있는가? 토마스에 따르면 신학적 덕을 통해 지성과 의지는, 비록 우리가 이 세상에서 삶을 살지만, 초자연적 목적을 향해 질서 지어지게 된다(I-II, q.62, a.3, c). 그러나 그것은 어디까지나 우리 영혼을 직접적으로(immediate) 신 자신을 향해 정위되도록 하는 시작(inchoatio)으로만 충분할 뿐이다(I-II, q.63, a.3, ad2). 인간이 실제로 초자연적 목적으로 정향되기 위해서는 시작의 방식을 넘어 추가적인 다른 원리들을 통해 보완되어야 한다(I-II, q.63, a.3, ad3). 즉 영혼이 신 이외의 다른 것들에 대해서도 여전히 신을 향한 질서 안에서 온전하게 되기 위해서는 다른 주입된 덕들 또한 필요하다(I-II, q.63, a.3, ad2). 이런 맥락에서 은총은 우리에게 예를 들어 추요덕을 주입한다. 이 주입된 추요덕을 통해 우리는 이 세상의 삶을 살아가면서 구체적인 삶의 상황 속에서 초본성적 목적에 합당한 행위, 달리 말해 획득된 덕을 넘어서는 행위를 판단하고 행할 수 있게 된다. 예를 들어 우리는 원수를 사랑할 수 있게 되며(II-II, q.27, a.7), 순교를 용기의 가장 완전한 행위로 판단할 수도 있게 된다(II-II, q.124, a.3).[30]

선물들: 그렇다면 언급된 주입된 덕들에 의해 인간은 궁극 목적을 획득할 수 있는가? 그러나 갈 길은 아직 멀다. 인간은 이성의 판단에 의해 친본성적 목적(finis connaturalis)을 달성할 수 있다. 그러나 초본성적인 궁극 목적(finis ultimus supernaturalis)을 향한 질서를 확립하는 데 있어 이성은, 설령 신학적 덕이 주입되었다 하더라도 여전히 불완전하다(I-II, q.68, a.3, c). 왜냐하면 목적을 향한 모든 수단은 목적으로부터 나오는데, 예를 들어 신앙의 덕을 통해 신의 본질 자체를 명확히 볼 수 있는 것은 아니기 때문이다. 따라서 이 삶에서 초본성적인 궁극 목적으로 확고히 정향되기 위해서는 이성을 포함해 영혼 능력들에 (주입된 덕들 이외에) 어떤 추가적인 '습성들'이 주입되어야만 한다. 토마스에 따르면 그것이 바로 이사야서 11장 1-2절에 기초한 성령의 선물들(dona Spiritus Sancti)이고(I-II, q.68, a.2, c), 이것을 통해 인간은 성령의 고무(instructus)를 잘 따르도록 완성된다(I-II, q.68, a.3, c). 예를 들어 사변이성에는 신앙의 신비를 직관하는 통찰(깨달음, intellectus)과 신적인 일과 뜻에 대해 잘 판단하는 지혜(슬기, sapientia), 실천이성에는 선한 행위를 분별하는 식견(깨우침, consilium)과 피조물에 대한 신적 질서를 인식하는 지식(앎, scientia), 의지에는 다른 존재와의 관계에 관련되는 올바름인 공경(받듦, pietas), 분노적 욕구에는 고난 속에서도 선을 실현하는 용기(굳셈, fortitudo), 욕정적 욕구에는 쾌락에 대한 무질서로 인해 신을 거스르지 않게 하는 경외(두려워함, timor) 등이 선물로 주입된다(I-II, q.68, a.4, c). 이 선물들은, 그것이 '습성'인 한 때로 덕으로 불리

---

30. 모든 획득된 덕과 각 덕에 부분으로 종속되는 덕들 또한 주입될 수 있는지는 불분명하다. 그러나 핀센트는 적어도 추요덕에 종속되는 덕들은 또한 주입될 수 있다고 말한다. Pinsent(2012), p.288 참조.

기도 하지만, 공통적인 덕 개념을 능가하는 어떤 고귀한 성격을 가진다. 즉 그것을 통해 신에 의해 움직여지는 존재로 완성되기 때문에 신적인 덕들(divinae virtutes)로 불리는 것이 더 적절하다(I-II, q.68, a.1, ad1).[31]

(복음적) 참행복: 이상에서 보듯이 초본성적인 목적에 도달하기 위해서는 다양한 준비 단계들을 거쳐야 한다(I-II, q.5, a.6, ad1).[32] 따라서 획득된 덕, 주입된 신학적 덕과 주입된 추요덕, 성령의 선물들은 완전한 행복을 향한 단계들로 이해될 수 있다. 그리고 마지막에 주입되는 성령의 선물들에 따라 '작용'할 때 우리는 완전한 행업들(perfecta opera)에 도달하고(I-II, q.70, a.2, c), 이 세상에서 불완전하나마 이미(iam) 내세적 '참행복'에 참여하게 된다. 즉 참행복은 선물들의 작용들(operationes donnorum)로 이해된다(I-II, q.69, a.1). 그러나 우리는 완전하고 참된 참행복(perfecta et vera beatitudo)을 이 삶에서는 가질 수 없다(I-II, q.69, a.1, c; q.5, a.3, c). 토마스는 성서(마태 5,3-13)에 기초해서 참행복을 진복팔단(영적 가난, 온유, 희생, 정의, 자비, 순수한 마음, 평화를 위한 투신, 정의 또는 복음의 전파 때문에 받는 박해)으로 이해한다(I-II, q.69, a.3, c). 예를 들어 인간은 획득된 덕을 통해 외적인 선을 지나치게 사용하지 않게 되지만, 경외의 선물에 따른 작용을 통해 그 외적인 선으로부터 더 탁월한 방식으로 멀어지게 되어 그것들을 완전히 경멸하게 되기도 한다. 따라서 예를 들어 경외의 '선물의 작용'에 따른 삶의 참행복을 진복팔단에서는 "영으로 가난한 자는 행복하다"라고 표현하는 것이다(I-II, q.69, a.3, c).

열매: 이렇게 다양한 덕들의 단계를 거친 후, 마지막으로 주입되는 선물에 따라 작용하게 되면 인간은 이 삶에서 참행복을 부분적으로나마 맛볼

---

31. 토마스의 주입된 습성에 관련해서는 다음 글 참조: 이경재(2004); 손은실(2018); 박승찬(2025).
32. 덕의 목적론적 구조에 대해서는 예를 들어 다음 구절을 보라. "활동 생활 안에서의 참행복은 내세의 참행복을 지향하는 상태이다"(I-II, q.69, a.3, c).

수 있게 된다. 더 나아가 선물에 상응하는 참행복의 활동과 덕의 활동에는 그 결과로서 열매가 따라온다. 이 열매란 그러한 행위에 뒤따르는 어떤 궁극적인 즐거움(delectabile)을 의미한다(I-II, q.70, aa.1-2). 따라서 열매 개념의 본질에는 근본적으로 선의 향유(fruitio bonorum)가 포함된다(I-II, q.70, a.3, ad4). 갈라티아서 5장 22-23절에서는 12개의 성령의 열매가 열거되고 있지만, 사실 더 많은 혹은 더 적은 열매들이 열거될 수 있다. 왜냐하면 모든 선물과 덕의 행위들은 합당한 방식에 따라 이 열매들로 환원될 수 있기 때문이다(I-II, q.70. a.3, ad4). 그럼에도 모든 열매는 참사랑(caritas), 즐거움(gaudium), 그리고 평화(pax)라는 열매로 환원된다. 성령의 선물에 따른 행위에 따라오는 첫 번째 열매는 신을 사랑하는 데서 오는 즐거움인 참사랑이다. 그리고 신과의 일치에는 기쁨이 반드시 따라온다. 그리고 그 기쁨의 완성이 곧 평화를 누리는 즐거움이다. 이 평화의 열매를 누리는 자는 어떤 외적 방해로부터도 신을 향유하는 기쁨에서 벗어나지 않으며 내적인 욕망 또한 더 이상의 동요가 사라진 상태에 도달하게 된다(I-II, q.70, a.3, c).

7. 초본성적 목적이 토마스 덕론에 미친 영향

토마스 덕론은 아리스토텔레스의 덕론으로부터 많은 영향을 받았다. 특히 그것은 획득된 덕의 경우에 분명히 드러난다. 토마스 덕론에 나타난 초본성적 목적은 주입된 덕과 관련된 논의로 이끈다. 그러나 초본성적 목적은 주입된 덕에 관한 논의를 넘어 토마스 덕론 전체에 중요한 변화를 일으킨다. 이 변화의 내용과 의미는 그 중요성에 비춰볼 때 더 많이 연구될 필요가 있다. 예를 들어 주입된 덕은 중용 개념에 중요한 변화를 일으킨다. 신학적 덕은 중용에서 성립되지 않는다. 거기에는 지나침이 없으며, 오히려 최고선을 향해 나아갈수록 더 완성에 가까워진다. 왜 그런가? 목적에 도달하도록 도움을 주는 규칙(regula)과 척도(mensura)는 궁극적으로 목적으로부터 정당화된다. 그리고 중용은 그러한 규칙 또는 척도와 일치하는 데에서 성립된다. 그러나 신은 최종 목적 자체이기 때문에, 신학적 덕의 규칙과 척도는 신 자신이다(I-II, q.64, a.4, c). 따라서 예를 들어 신을 사랑하는 데 지나침이 있을 수 없다(II-II, q.27, a.6, c). 물론 신학적 덕에는 우유적으로 중용이 규정될 수 있다. 신이라는 규범의 관점에서 볼 때 참사랑에는 지나침이 없지만, 우리가 처한 상황의 관점에서 볼 때 참사랑의 중용과 양극단이 있을 수 있다(I-II, q.64, a.4, c). 예를 들어 일상적 의무(가족 부양, 직무 수행 등)를 저버리고 관상적 삶을 추구하거나 관상적 삶을 추구하면서 이웃에 대한 사랑의 실천이 없는 삶이 그 예가 될 수 있을 것이다.

그런데 초본성적 목적과 그에 관련된 주입된 습성들에 관한 논의는 사실 토마스 덕론에 (아리스토텔레스의 그것과 구분되는) 좀 더 근본적인 변화를 불러일으킨다. 수단이 목적으로부터 정당화된다면, 신이라는 최종 목적은 단지 신학적 덕에만 관련되는 기준인가? 그렇지 않다. 그것은 덕의 목적론적 구조를 고려할 때, 획득된 덕에도 근본적인 기준으로 작용해야 할 것이다. 토마스에 따르면 덕은 선을 지향하고 선은 본질적으로 목적이다. 따라서 목적은 선하고, 그 목적에 이바지하는 수단들도 선하다. 그런데 목적과 선은 둘로 구분된다. 하나는 참사랑을 통해 인도되는 신의 향유(Dei fruitio)라는 궁극 목적(선)이고, 다른 하나는 근접 혹은 개별적 목적(선)이다. 수단에 해당하는 개별적 선들 또한 둘로 구분될 수 있다. 하나는 인간을 참사랑에 의해 인도된 궁극적인 목적으로 이끄는 데 이바지하는 선이다. 이러한 개별적 선을 궁극 목적에 이바지하는 한에서 추구하면 참된 덕(virtus vera)이 달성된다(예: 아마도 용기의 가장 완전한 형태인 순교). 그러나 이러한 개별적 선을 완전하고 최종적인 선을 지향하는 데 사용하지 않고 그 자체로 목적으로 추구하면, 그것은 참된 덕이되 불완전한 덕(virtus vera, sed imperfecta)이 된다(예: 도시의 보존이나 그와 유사한 것을 목적으로 추구). 수단에 해당하는 개별적 선들 중 다른 하나는 인간을 궁극 목적으로부터 이

탈시키는 선으로서 말하자면 외견상 선(bonum apparens)을 의미한다. 이러한 선을 목적으로 추구하면 그 덕은 덕의 거짓된 유사품(falsa similitudo virtutis)에 불과하다(예: 탐욕스러운 사람들이 이익을 얻는 다양한 수단을 궁리하는 현명). 결국 참사랑 없이는 단적으로 참된 덕이 있을 수 없다(II-II, q.23, a.7, c). 여기에서 우리에게 중요한 것은 '참되지만 불완전한 덕'이다. 이는 맥락상 이 세상의 삶을 살아가면서 우리의 노력으로 획득할 수 있는 획득된 덕으로 이해되어야 할 것이다. 토마스는 획득된 덕과 그것이 달성하고자 하는 목적은, 만약 그것이 참사랑에 의해 궁극 목적으로 인도되지 않거나 궁극 목적에 의해 상대화되지 않으면, 참된 덕이기는 하지만 불완전하다고 보았다. 이는 예를 들어 도시의 보존, 국가의 정의, 이 삶 안에서의 시민적 평안과 번영 등이 그 자체로 목적으로 추구될 경우, 참된 덕이기는 하지만 여전히 불완전한 덕에 불과하다는 것이다. 이는 아리스토텔레스 덕론에 어떤 한계를 지적하는 것으로 이해될 수 있다. 수단이 목적이 되는 순간 질서는 붕괴되고 정치적 이익이나 국가주의적 관점에 의해 발생하는 폭력과 비도덕적 행태를 제어하기 어려워질 것이다.

비록 간단히 살펴보았지만, 초본성적 목적은 이렇듯 토마스 덕론에 근본적인 변화를 일으키는 것으로 보인다. 그것은 단순히 아리스토텔레스 덕론에 덧붙여진 내용이 아니라 토마스 덕론, 행복론, 그리고 구체적인 도덕 판단에 있어 결정적인 변화를 가져오는 것으로 보인다. 바로 이 지점에서 우리는 토마스 덕론에 미친 아우구스티누스 덕론의 근본적인 영향과 마주치게 된다. 아우구스티누스는 덕을 신을 향한 사랑의 질서의 정립으로 이해하고 있다.

피조물은 선한 것이기는 하지만 선하게 사랑할 수도 있고 악하게 사랑할 수도 있다. 질서가 준수되는 한 선하게 사랑하는 것이고, 질서가 무너지면 악하게 사랑하는 것이다. …내가 보기에, 덕성에 관한 정확하고 간결한 정의가 있

다면 그것은 [신을 향한] 사랑의 질서(ordo amoris)다.[33]

짧은 지면에 많은 설명을 하지는 못했지만, 앞으로 토마스 덕론이 가진 고유한 측면들을 조명하는 연구를 기약하며 글을 마치고자 한다.[34]

참고문헌

강상진, 「아리스토텔레스 덕론」, 『가톨릭철학』 9(2007), 11-39쪽.
_____, 「아우구스티누스와 고전적 덕론(德論)의 변형」, 『인간·환경·미래』 5(2010), 135-156쪽.
김율, 「행복이란 무엇인가」, 『행복과 자유: 서양 중세 윤리학 연구』, 길, 2025, 19-56쪽.
몬딘, 바티스타, 『성 토마스 개념사전』, 이재룡·안소근·윤주현 역, 한국성토마스연구소, 2020, 479-480쪽.
박승찬, 「토마스 아퀴나스 사상 안에 나타난 지식과 지혜의 구분」, 『가톨릭철학』 44(2025), 27-62쪽.
서병창, 『토마스 아퀴나스의 윤리학』, 누멘, 2016.
손은실, 「토마스 아퀴나스의 사랑론」, 『중세철학』 24(2018), 75-106쪽.
이경재, 「토마스 아퀴나스의 사랑 개념」, 『백석저널』 5(2004), 115-149쪽.
이상섭, 『악(惡)과 죄종(罪宗): 토마스 아퀴나스의 『악에 대한 토론문제집』 풀어 읽기』, 서강대학교출판부, 2021.
이재룡, 「'덕' 입문」, 『신학대전 23(I-II, 55-67): 덕』, 이재룡 역, 한국성토마스연구소, 2020, xl-lxxi쪽.
이진남, 「지성과의 화해-아리스토텔레스와 아퀴나스의 욕구 개념 토마스 아퀴

---

33. 아우구스티누스, 『신국론』 제15권 22장, 1639-1641. 고전적 덕론과 그것에 대한 아우구스티누스의 덕론이 가져온 변형에 대해서는 다음 글을 참조하라. 강상진(2010; 2007).
34. 이와 관련된 최근 연구에 대한 소개는 다음 글 참조: Porter(2012); Pinsent(2012).

나스의 덕론」, 『범한철학』 54(2009), 169-194쪽.

임경헌, 「현명과 다른 덕들의 연결에 관한 연구-토마스 아퀴나스의 덕론을 중심으로」, 『가톨릭철학』 39(2022), 141-174쪽.

채이병, 「성 토마스 아퀴나스의 덕론」, 『가톨릭철학』 9(2007), 44-75쪽.

켄트, B., 「습성과 덕(I-II, qq.49-70)」, 『아퀴나스의 윤리학』, 스테픈 포프(편), 이재룡 외 역, 한국성토마스연구소, 2021, 158-178쪽.

핑케어스, 세르베, 『정념과 덕』, 이재룡 역, 한국성토마스연구소, 2023.

Murphy, M., "The Natural Law Tradition in Ethics", in *Stanford Encyclopedia of Philosophy*(Summer 2025 Edition), eds. E. N. Zalta & U. Nodelman, 〈https://plato.stanford.edu/archives/sum2025/entries/natural-law-ethics/〉.

O'Brien, T.C., "Virtue" in *New Catholic Encyclopedia*(2nd Edition), vol.14, eds. Robert L. Fastiggi et al., 2003, pp.548-554.

Pinsent, A., "The Gifts and Fruits of the Holy Spirit", in *The Oxford Handbook of Aquinas*, eds, B. Davies & E. Stump, Oxford; New York: Oxford University Press, 2012, pp.475-490.

Porter, J., "Virtues and Vices", *The Oxford Handbook of Aquinas*, eds. B. Davies & E. Stump, Oxford; New York: Oxford University Press, 2012, pp.265-275.

14. 법

이진남 | 강원대학교

1. 토마스에게 법의 위치, 중요성, 역할

현대인들은 인터넷과 AI가 쏟아내는 엄청난 정보 때문에 스스로 옛사람들보다 훨씬 많은 것을 더 잘 안다고 생각하곤 한다. 그러나 정보의 양과 사고의 질은 차원이 다른 문제일 수 있다. 정의 개념의 전통이 없었던 우리나라 사람들이 흔히 정의를 올바름 혹은 의로움으로 착각하는 것처럼, 현대인들은 법을 자신의 사적 이익을 지켜주는 것 혹은 법 전문가들만의 세계로 생각하는 경향이 있다. 그래서 법을 최소한의 도덕이라고 생각하면서도 막상 법정 앞에서는 양심 따위는 거추장스러운 것으로 여기곤 한다.

  토마스 아퀴나스에게 법은 하나의 독립된 영역이 아니다. 법은 도덕의 원리 중 하나이고 신의 지혜와 의지인 동시에, 신의 모상으로서의 이성적 존재인 인간만이 파악하고 다룰 수 있는, 행복으로 안내하는 횃불이다. 세계 존재에 대한 기술적(記述的) 법칙인 동시에 인간 행위를 규정하는 규범적 법규이다. 법은 언제 어디서나 변하지 않는 보편적 규범일 수도 있지만 시대와 공동체에 따라 달라질 수 있는 약속일 수도 있다. 토마스의 법은 신의 명령인 동시에 인간 사회의 규약이고, 공동체에서 전해 내려오는 암묵적 도덕 규칙일 수도 있지만 국가 권력만이 제정할 수 있는 살아있는 실정법일 수도 있다.

토마스의 법이론에 대해 알아보기 전에 먼저 염두에 둬야 하는 것은, 그가 왜 법에 관심을 가졌는지, 왜 법에 대해 상당한 분량의 논고(tractatus)를 썼는지 하는 문제다. 전문 법학자가 아닌, 철학자이자 신학자인 그가 왜 법에 관해 관심을 가지고 『신학대전』의 상당한 분량을 법에 할애했는지 따져보아야 한다. 이런 문제의식을 가지고 접근하다 보면, 현대인들의 상식(?)과 상당히 다른 그의 법 개념, 여러 이질적인 요소들을 완벽하게 종합한 법 개념에 놀랄 수밖에 없을 것이다. 그리고 이를 통해 우리가 당연하다고 생각하는 법이라는 개념이 한쪽으로 치우친 면이 있다는 점 또한 발견하게 될 것이다.

토마스는 『신학대전』 제2부 제1편, 후반부에서 법을 다룬다. 인간 본성에 따라 도덕적 행위를 통해 행복의 근원인 신으로 돌아가는 여정이 제2부인데, 그중 제1편은 도덕의 전체 얼개를 제시하고 제2편은 도덕적 원리 중 내적 원리에 속하는 덕의 다양한 종류를 설명한다. 인간적 행위를 구성하는 원리에는 내적 원리(능력과 습성)와 외적 원리(법과 은총)가 있다. 제1편은 인간의 궁극 목적인 행복(제1-5문), 행복을 달성하게 하는 인간적 행위와 그 조건인 정념(제6-48문), 내적 원리인 덕(제49-89문), 외적 원리인 법(제90-108문)과 은총(제109-114문)으로 구성된다.[1] 즉 인생의 궁극 목적인 행복과 그 행복을 실현하는 행위, 그리고 그 행위를 이끄는 원리로 제1편이 이루어지는 것이다.

신의 창조물로서 인간은 신으로부터 부여받은 도덕적 원리들을 가지고 도덕적 행위를 하면서 행복으로 한걸음씩 다가간다. 이 도덕적 원리들 중에서 능력(potentia)과 덕(virtus)이라는 내적 원리들은 인간 내부에 선천적

---

1. 토마스는 내적 원리 중 능력(potentia)은 제1부 제77-89문에서 이미 다뤘기 때문에 제2부에서는 생략한다고 말한다. *ST*, I-II, q.49, Introd.

으로 부여되거나 후천적으로 습득하는 것이다. 이렇게 장착된 내적 원리로 인간은 도덕적 행위를 시작할 수 있다. 능력에는 생장, 감각, 욕구, 운동, 지성이 있다.[2] 덕은 습성 중에서 좋은 습성을 말하는 것이고, 여기에는 선천적으로 주어지는 대신덕과 후천적인 지성적 덕, 도덕적 덕이 있다. 인간은 이렇게 타고난 능력과 좋은 습성인 덕을 가지고 도덕적 생활을 하게 된다.

그런데 인간은 불완전한 존재일 뿐 아니라, 타락 이후 유혹에 더욱 취약해졌다. 그래서 신이 인간으로 하여금 그 내부에 갖추게 한 도덕의 내적 원리만으로는 도덕적 행위를 하기에 충분하지 못하다. 이에 신은 외부에서 인간을 도와주는데, 이것이 도덕의 외적 원리이다. 외적 원리에는 법(lex)과 은총(gratia)이 있는데, 법은 마치 등대와 같이 인간을 바른 방향으로 안내하고 은총은 지친 인간을 부축하여 행복으로 이끈다.

이런 구도에서 보면, 토마스에게 법이란 외부에서 인간의 도덕적 행위를 도와 행복으로 안내하는 장치라고 할 수 있다. 인간을 선하게 만드는 것은 법에 속하고,[3] 법의 목적은 인간을 유덕하게 하는 것이다.[4] 현대인의 관점에서 보면, 법이 도와주는 것은 실정법의 영역인 사회적·국가적 생활의 영역뿐 아니라 개인의 도덕적 생활, 나아가 신앙적 생활까지 아우르는 광범위한 영역에 걸쳐 있다고 할 수 있다. 따라서 토마스의 법은 도덕적·법률적·종교적 의미를 모두 포함한다고 보아야 한다. 또한 그의 법 개념은 규범적(prescriptive) 의미뿐 아니라 기술적(descriptive) 의미까지 가지고 있다. 그래서 토마스의 자연법(lex naturalis)은, 현대인들이 구분하는 자연법(natural law)과 자연법칙(law of nature) 모두를 포함하고 있다.

그런데 널리 알려진 바와 달리, 이렇게 광범위한 의미를 가진 토마스의

---

2. *ST*, I, q.78, a.1.
3. *ST*, I-II, q.92, a.1.
4. *ST*, II-II, q.122, a.1, ad1.

법 개념은, 놀랍게도 그의 윤리학 내에서 제한된 의미와 역할을 가지고 있다. 흔히 토마스의 윤리사상을 자연법 윤리(narural law ethics)라고 분류하곤 한다. 철학사에서나 고등학교 윤리교과서에도 토마스를 자연법 윤리학자로 소개하는 경향이 있다. 그러나 토마스에게 있어 자연법이란, 도덕의 외적 원리 중 하나인 법 중에서도 한 종류에 불과한 것이다. 그리고 그 비중과 중요성도 덕에 비하면 훨씬 작은 것이라고 보아야 한다. 그래서 토마스의 자연법 개념이 철학사에 있어서 탁월하고 중요한 위치를 차지한다고 하더라도 그를 법치 사상가로 보는 것은 오해의 소지가 있다. 토마스는 법과 덕을 모두 중요하게 여겼기 때문이다.

2. 법의 정의(定義)

법에 대한 토마스의 정의는 정교하면서도 균형감 있다고 할 수 있다. 그는 법을 '공동선을 위해 공동체를 책임지는 자에 의해 공포된 이성의 명령'이라고 정의한다.[5] 그런데 여기에는 법이라고 하면 우선적으로 떠오르는 정의(正義)도, 국가도, 권력도 언급되지 않는다. 흔히 자연법주의자로 불리는 토마스의 법 개념에 정의가 없다는 것은 기이하게 여겨질 수 있다. 왜냐하면 고전적 자연법에서 법이란 절대적 법가치인 정의와 동일시되기 때문이다.[6] 자연법주의와 거리를 두었던 라드부르흐조차도 법을 '법가치, 법이념에 봉사한다는 의미를 가진 현실'이라고 하면서도, 법의 이념을 정의라고 했기 때문이다.[7] 그렇다면 우리의 기대와 다르게 법을 정의한

---

5. *ST*, I-II, q.90, a.4, resp., "…quae nihil est aliud quam quaedam rationis ordinatio ad bonum commune, ab eo qui curam communitatis habet, promulgata."
6. 카우프만(2013), 120쪽.
7. 라드부르흐(1975), 62-63쪽. 라드부르흐는 이에 대한 근거로 『학설휘찬』(*Digesta*)의 다음 구절을 인용한다. "Est autem ius a iustitia, sicut a matre sua, ergo prius fuit iustitia quam ius."(법은 자신의 어머니인 정의에서 나온다. 따라서 정의는 법에 선행한다.)

토마스의 의도에는 어떤 뜻이 숨어 있을까?

토마스는 법이론을 시작하는 부분(제90문)에서 법의 본질에 대해 논의하면서 법의 정의를 내린다. 법의 이성적 본성, 법의 목적, 원인, 공포에 대해 네 절에 걸쳐 차례로 다루고 나서 마지막 부분(제4절)에서 법의 정의를 내리고 있는데, 그 정의의 내용은 이 네 절에서 논의한 결과를 모아 구성한 것이다. 이렇게 법의 정의를 구성하는 탐구 과정을 추적해 보기로 하자.

제1절에서 토마스는 '법은 이성적인가' 하는 질문을 하고, 법이란 어떤 행동을 하도록 계도하거나 하지 않도록 금지하는 행위의 규칙(regula)과 척도(mensura)라고 대답한다. 이렇게 행위에 대해 의무를 부여하는 것(obligare), 재고 규제하는 것은 목적으로 질서 짓는 것으로, 인간적 행위의 제일원리인 이성에 속한다고 설명한다. 법은 이렇게 인생의 궁극적 목적인 행복을 향해 가도록 이성이 명령하는 것이라고 할 수 있다.

여기서 재고 규제하는 이성의 명령은 존재와 당위, 이성과 의지와 관련된 깊은 의미를 가진다. 잰다(metior)는 것은 어떤 행동이 신이 만든 세계의 질서가 가지는 합리성에 부합하는지를 따지는 판단의 과정이다. 그리고 규제한다(regere)는 것은 판단의 결과에 따라 구체적 행동을 명령 혹은 금지하는 과정이다. 이 둘은 이론과 실천, 이성법(lex rationis)과 의지법(lex voluntatis)에 대응된다고 볼 수 있다. 즉 방향을 잡는 이성과 추진하는 힘을 부여하는 의지가 합쳐져서 이성의 명령이라는 효력 있는 법의 본성을 확보하게 되는 것이다. 이렇게 이성은 법의 형상인으로 설명된다.

제2절에서는 '법은 항상 공동선으로 질서 지어지는가'라고 질문하고, 불완전한 부분은 완전한 전체로 질서 지어져 있기 때문에 인간의 행복은 공동체의 행복을 향해야 한다고 대답한다. 즉 개인보다 전체가 더 완전하기 때문에, 개인적 행복에 앞서 우선적으로 공동체의 행복을 추구해야 한다는 것이다. 이러한 설명은 법의 목적인에 해당하는 것으로, 법이 공동체의 선을 지향해야 한다는 결론을 도출한다.

여기서 공동선(bonum commune)은 개인주의에 익숙한 현대인들에게 자칫 전체주의적 이데올로기와 관련된 것으로 오해될 수 있다. 또한 최대다수의 최대행복을 위해 소수의 희생에 눈감는 공리주의적 관점으로 비칠 수도 있다. 그러나 토마스에게 공동선은 개별선과 별개의 것이 아니라 개별선의 총합이고, 개별선을 질서 있게 추구할 때 실현되는 것이다.[8] 개인은 종적 본성을 통해 매개된 개별자이고 타자와의 관계를 통해 공동체 안에서 공동선에 참여함으로써 완성되는 존재이기 때문이다.[9]

제3절에서 토마스는 '누구의 이성이라도 법을 제정할 수 있는가'라는 질문을 하고, 법을 제정하는 것은 인민 전체나 전체 인민을 돌보는 사람만이 할 수 있는 것이라고 대답한다. 목적으로 질서 짓는 것은 그 목적이 고유하게 속하는 사람에게 관련되는 바 법은 공동선을 향한 질서와 관련되고, 그 질서는 전체 인민이나 인민 전체의 권력을 수행하는 사람에게 속하는 것이기 때문이다.

여기서 중요한 점은, 법이라는 것은 아무나 만들 수 있는 것이 아니라 공동체의 주인인 인민 혹은 인민의 대변자만 만들 수 있다는 것이다. 그래서 토마스는 법을 통치자가 피통치자와 함께 만드는 인민의 명령이라고 하는 전통을 따른다.[10] 또한 그는 법이 두 가지 방식으로 존재한다고 하면서, 통치자에게는 본질적으로(essentialiter) 존재하지만, 피통치자에게는 분유적으로(participative) 존재한다고 말한다.[11] 자연법의 경우, 그 제정자인 신에게는 본질적으로 존재하지만 분여(分與)받은 인간에게는 분유적

---

8. 하재홍(2023), 45-46쪽, 63-64쪽.
9. 이상섭(2014), 231-233쪽.
10. 토마스는 "법은 원로들이 평민들과 함께 어떤 것을 규정한 인민의 명령(Lex est constitutio populi, secundum quam maiores natu simul cum plebibus aliquid sanxerunt)"이라는 이시도루스의 『어원』(*Etymologia*)과 우르바누스의 『법령집』(*Decretum*)을 인용하면서 아무나 법을 만들 수 있는 것이 아니라고 주장한다.
11. *ST*, I-II, q.90, a.1, ad1; a.3, ad1.

으로 존재한다. 인정법의 경우 정체(政體)에 따라 다르지만, 통치자에게는 본질적으로 피통치자에게는 분유적으로 존재하게 된다. 이렇게 토마스는 법의 작용인에 대해 설명하고 있다.

제4절에서 토마스는 '공포(公布)는 법의 본성에 속하는가'라는 질문을 던지고, 법이 구속력을 갖기 위해서는 그 법을 따르는 피통치자에게 알려져야 하는데, 그 과정은 규칙과 척도라는 방식으로 적용되는 공포에 의해 이루어진다고 대답한다. 법을 지켜야 할 피통치자에게 공포되어 받아들여지지 않으면 그 법은 구속력을 갖지 못한다. 따라서 공포는 법이 반드시 갖춰야 할 필수 요건이 된다. 사실 법이라는 말 자체도 어원상 공포의 과정과 밀접하게 관련된다. 토마스는 통치자가 쓴 법을 피통치자가 읽는(legere) 과정이기 때문에 법(lex)이 되었다고 설명한다.[12] 명령과 입법이 다른 점은, 명령이 지정된 특정인에게 무엇을 하라고 지시하는 반면, 법은 수행 주체를 정하지 않는다는 점에 있다.[13]

공포는 통치자의 이성적 명령이 피통치자의 의지로 받아들여지는 과정으로, 법의 질료인과 관련된다. 법을 제정하고 공포하는 과정은 분유이자 체화의 과정이다. 통치자의 마음속에 형상으로 존재하던 법의 이념이 제정되고 공포되어 피통치자의 마음속에 받아들여지면 법이라는 작품(opus legis)이 실현된다.[14] 나무판에 조각 작품을 새기면 그 나무판이 조각 작품의 질료인이 되는 것처럼, 피통치자의 마음속에 법이 새겨지면 그 마음은 법의 질료인이 된다.[15] 공포는 입법자의 이성과 의지가 피통치자의 이성

---

12. 토마스는 "법"(lex)이라는 말이 "읽다"(legere)라는 말에서 나왔다는 이시도루스의 말을 인용한다. *ST*, I-II, q.90, a.4, ad3.
13. Grant(2006), p.323.
14. 토마스는 자연법이 모든 인간의 마음속에 새겨져 있다는 로마서 2장 15절을 인용하는데, 여기서는 '법이라는 작품이 자기들 마음속에 새겨져 있다(opus legis scriptum in cordibus suis)'고 표현된다.
15. 헨리(R.J. Henle)는 제90문의 각 절을 법의 사원인으로 분석하고 있다. 그런데 제1, 2, 3절을 각각 법의 형상인, 목적인, 작용인으로 설명하면서도, 제4절의 공포는 작용인과 형

과 의지로 동화되는 과정이다. 따라서 공포에는 참여, 공개, 권력이라는 개념들이 같이 들어가 있고, 무엇이 정당한 법인지 판단하고 받아들이는 피통치자의 자발적 동의 과정이 담기게 된다.[16]

3. 법의 체계와 종류

토마스는 제90문에서 법의 본질을 설명하고 법의 정의를 내린 후, 제91문에서 법 일반에 대해 논하면서 법의 종류에 대해 설명한다. 세상은 우주의 통치자인 신의 섭리에 의해 다스려지고 사물을 다스리는 이성은 법의 본성을 가지기 때문에 신의 이성의 명령인 영원법(lex aeterna)이 모든 존재자를 재고 규제한다. 그런데 이성적 피조물인 인간은 신의 이성을 분유하도록 태어났기 때문에 영원법을 나눠 가지고 다른 피조물들보다 더 뛰어난 방식으로 신을 따를 수 있다. 이렇게 영원법이 인간에게 분여된 것이 자연법(lex naturalis)이다. 인간은 영원법이라는 신의 빛이 각인된 자연법을 가지고 선과 악을 구분할 수 있다. 이 자연법이라는 개념에는 법적·도덕적 의미의 규범뿐 아니라 자연법칙까지 포함된다.

영원법과 자연법은 근원적이기는 하지만 그 자체로 바로 인간의 행위를 지도하는 데 쓰기는 어렵다. 즉 인간의 관점에서는 구체성과 접근성이 아쉽다는 문제가 있다. 그래서 이 법들을 구체적인 실정법(lex positiva)으로 만들 필요가 있다. 이러한 실정법에는 두 가지 종류가 있다. 첫째로 자명한 자연법의 원리로부터 각 국가의 개별적 사례에 맞는 규정들을 만들어낸 것이 인정법(lex humana)이다. 자연법은 보편적이어서 언제 어디서나 똑같지만 인정법은 나라마다 지역마다 다른 개별적인 법이다. 둘째, 신이

상인으로 분석한다. 그러면서 법의 질료인은 공동체 혹은 공동체 안의 인간 행위로 보고 있다. Aquinas(1993), p.45.
16. Baily(1941), pp.1064-1068.

직접 만들어 인간에게 부여한 신법(lex divina)이 있다. 인간은 본성적 능력을 넘어서 영원한 지복으로 인도되어야 하고, 우유적이고 개별적인 문제에 대해서는 그 판단력이 불확실하며, 인정법만으로는 외적인 행위뿐 아니라 내적 행위까지 확실하게 통제할 수 없고, 모든 죄를 완벽하게 방지할 수 없기 때문에 신적 능력에 의해 직접 만들어진 법이 주어져야 한다. 이것이 바로 신법이다. 그런데 신법은 그리스도 이전과 이후에 따라 그 완전성이 달라진다. 구약의 율법은 옛 법(lex vetus)으로 불완전하나, 그리스도 이후에는 이를 완성한 새 법(lex nova)이 주어졌다. 이렇게 요약한 토마스의 법체계는 다음과 같이 그려볼 수 있다.[17]

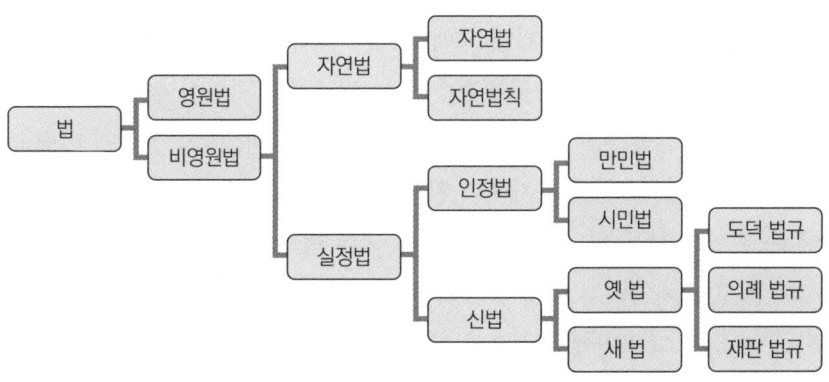

이러한 토마스의 법체계에서 모든 법[18]은 궁극적으로 신의 지혜인 영원법에서 나왔고, 영원법을 따르는 한에 있어 효력을 가진다. 영원법이 아닌 법은 자연법과 실정법으로 나눠지는데, 자연법은 영원법이 인간의 마음에 심어진 것으로 실체적으로 영원법과 동일하다. 즉 내용상 영원법과 다

---

17. McNabb(1955), p.12 참조. 이러한 토마스의 법체계는 제91문에 나오는 법의 종류와 제95문 제4절의 인정법의 분류, 제99문의 옛 법의 종류를 참고로 재구성한 것이다.
18. 토마스는 비영원법이라는 말을 사용하지 않았다. 그러나 영원법에 근거하면서도 영원법이 아닌 다른 모든 법을 지칭하는 집합명사로 비영원법이라는 말을 사용하기도 한다.

르지 않다는 것이다. 그런데 인간은 이 추상적인 자연법만으로는 도덕적 삶을 안내받을 수 없다. 그래서 신은 인간으로 하여금 인정법과 신법이라는 구체적인 법을 가지게 했다. 인정법은 인간이 자연법에 근거하여 만들어낸 것으로 국가라는 공동체를 통해 지상에서의 행복(felicitas)을 추구하도록 안내한다. 그러나 인간이 정확한 판단력을 갖춰 마음을 다스리고 죄를 박멸하여 영원한 지복(beatitudo)을 향해 정진하도록 하기 위해, 신은 직접 신법을 만들어 부여한다. 그리스도 이전에는 모세를 통해 다소 형식적인 율법이라는 옛 법을 제정해주었지만, 그리스도의 대속 이후에는 완벽한 새 법을 주었다. 그러나 옛 법과 새 법은 신을 사랑하고 이웃을 사랑하라는 점에서 내용상 다르지 않다.

이제 이러한 각 종류의 법에 대해 하나씩 살펴보기로 하자. 우선 영원법은 제93문에서 설명된다. 영원법은 모든 피조물을 마땅한 목적으로 이끄는 행위와 운동을 지도하는 원형이자 신의 이성이다. 마치 장인의 머릿속에 있는 설계도처럼 신의 지혜의 원형에 따라 모든 것이 창조되었기 때문에, 영원법은 모든 법의 궁극적 기반이 되는 법의 본성을 가진다. 신은 우주의 최고 통치자이기 때문에 그의 통치 원리인 영원법은 모든 법의 근원이다. 따라서 영원법에서 나오지 않거나 영원법에 맞지 않는 법은 정의롭지도 합법적이지도 않다. 영원법은 신적 통치의 원리이고 신이 할 수 있는 것이기 때문에, 우유적인 것과 필연적인 것 모두를 포함한다. 그러나 본성적으로 우유적인 비이성적 피조물들은 인간의 지배가 아니라 신의 지배를 받기 때문에 영원법 아래 있다. 반면에 인간은 운동뿐 아니라 인식에 있어서도 영원법 아래에 있다. 천국에 있는 성인이 아닌 한 인간은 영원법의 본질을 직접 알 수는 없지만, 그 분유인 자연법의 일반원리까지는 어느 정도 알 수 있다. 그러나 필연적인 것, 영원한 것은 신의 본성과 본질에 속하는 것으로 영원법 아래 있는 것이 아니라 영원법 자체이다.

토마스는 제94문에서 자연법은 이성을 통해 구성되는 것이기 때문에 습성이 아니라 습성을 갖게 하는 원리라고 말한다. 사변이성에 있어서 제일원리가 존재자인 것처럼, 실천이성에 있어 제일원리는 선이라는 개념에 기초하는 바 일차적 계명은 '선은 행하고 추구해야 하고 악은 피해야 한다'이다. 여기서 자연적 성향의 질서에 따라 존재의 보존, 생식과 양육, 진리 추구와 사회생활 같은 계명들이 나오고, 다시 이것들에서 더 구체적인 계명들이 도출된다. 이어 토마스는 덕과 법의 관계에 대해 설명한다. 덕에 따라 행동하는 것은 자신의 본성에 따르는 것이고 이는 바로 이성에 따르는 것이기 때문에, 모든 유덕한 행위들은 자연법에서 나온다는 것이다. 토마스는 자연법의 보편성에 대해 설명하면서 자연법은 모두에게 같은 것이라고 말한다. 그러나 필연적인 것을 다루는 사변이성과 달리 실천이성은 우유적인 것을 다루기 때문에, 비록 일반적 원리에 있어서는 모두에게 똑같지만 거기서 도출되는 고유한 결론에 있어서는 같은 것도 아니고 똑같이 알려지지도 않는다. 따라서 원리가 되는 일차적 계명에 있어서 자연법은 인간의 마음에서 지워질 수 없지만, 결론에 가까운 이차적 계명들에서는 나쁜 확신이나 비뚤어진 습관 때문에 지워질 수 있다. 이렇게 토마스는 자연법의 일반성과 특수성을 양립시키고 있다. 또한 그는 자연법의 개정에 대해서도 유연한 입장을 취하는데, 부가의 방식으로는 자연법이 개정될 수 없지만, 차감의 방식에 있어서는 이차적 계명에 한해 개정될 수 있다고 주장한다.

   이어 제95문에서 토마스는 인정법에 대해 설명한다. 인간은 덕으로 향하는 본성이 있지만 완전하지 않아 유혹에 빠지기 때문에, 처벌에 대한 두려움을 통해 강제로 덕으로 인도할 필요가 있고, 따라서 인정법이 필요하고 유익하다. 이러한 인정법은 정의로워야 하는데, 정의라는 것은 이성의 규칙을 따르는 것이고 그 규칙 중 제일 규칙은 자연법이기 때문에, 인정법은 자연법에서 나와야 한다는 결론이 나온다. 토마스는 인정법이 신법과 자연법이라는 상위의 법에 맞아야 하고 인간의 유익이라는 목적에 부합해야 한다고 주장한다. 또한 인정법은 자연법에서 도출되는 방식에 따라 만민법, 시민법으로도 분류될 수 있고, 공동선을 위해 일하는 사람들, 국가의 정체, 입법자 등에 따라 다양한 방식으로 분류될 수 있다.

로마법 전통의 영향을 자연법과 인정법에 대한 설명에 반영한 토마스는 신법에 대한 설명으로 구약과 신약, 그리고 이에 대한 당시의 신학적 해석들을 반영한다. 신과 이스라엘 백성 사이의 계약 성격을 띤 옛 법은 제98-105문에서 논의된다. 옛 법은 창조를 통해 인간에게 부여된 자연법과 그리스도가 선물한 은총의 법인 새 법 사이인 구약의 시대에 유다 민족들을 포상과 형벌을 통해 지도한 법이다. 옛 법에는 덕으로 인도하는 도덕 규정, 신에 대한 경배를 규정한 예식 규정, 인간 상호 간 정의에 관한 사법 규정이라는 세 종류가 있다. 이는 각각 행복을 위한 덕스러운 행위, 신에 대한 사랑, 이웃에 대한 사랑에 해당한다. 토마스는 도덕 규정은 선한 도덕을 다루기 때문에 이성에 부합한다는 차원에서 자연법과 덕의 행위들에 관한 것이고 십계명의 규정들로 환원된다고 말한다. 예식 규정들은 그리스도와 그 이후 새로운 시대의 진리를 형상화하고 예표하는 것이지만 예표적 원인 외에 문자적 원인도 가진다. 토마스는 현대인들의 입장에서는 다소 고리타분하고 이해가 되지 않는 까다롭고 복잡한 예식 규정들이 가지는 의미들을 해설하고 정당화한다. 사법 규정들은 도덕의 한계를 극복하고 정의와 공평의 원리에 따라 인간 사회의 바른 질서를 강제하기 위해 부여된 형상적 규정으로, 예식 규정과 같이 그리스도의 내림(來臨)으로 종지(終止)되었다. 사법 규정에는 네 가지 범주가 있는데, 정치와 관련해서는 왕정, 귀족적, 민주정이 혼합된 형태가 바람직하고, 인민들의 공법, 사법, 소유와 관련하여 사유와 공유, 거래에 대한 규정들이 있으며, 외국인과 집안 구성원들과 관련한 규정들이 적절하게 있다고 설명한다.

토마스는 제106-108문에서 새 법에 대해 논의한다. 자연법은 태어날 때부터 인간의 본성에 주어지지만(indita), 새 법은 은총의 선물을 통해 본성에 부가되기(superadditum) 때문에 성령의 은총 그 자체이다. 그리스도 이전의 옛 법은 외적·강제적인 두려움과 예속의 법이지만 그리스도에 의해 주어진 새 법은 내적이고 자유로운 자유의 법이다. 그리스도가 율법을 폐하는 것이 아니라 완성하겠다고 하면서 새 법을 준 것처럼, 새 법은 신과 이웃을 사랑하라는 것이 그 내용이다. 그런 새 법의 내용은 옛 법의 핵심인 십계명과 다르지 않고 그 핵심이기 때문에 옛 법의 완성이라고 말할 수 있다. 새 법은 외적 행위나 내적 행위 모두에 적절한 지침을 주고 권고들을 추가하여 인간으로 하여금 내적 충동에 의해 자발적으로 계명들을 지키도록 도와준다.

4. 법의 효력, 적용, 개정

앞에서 설명한 바와 같이 토마스의 법 개념은 이성법과 의지법이라는 두 가지 측면이 조화롭게 공존하는 체계이다. 공동선이라는 목적을 위해 내린 이성의 명령이라는 점에서는 이성을, 공동체를 책임지는 자가 공포라는 구체적 과정을 통해 구체화시켰다는 점에서는 의지를 구현한 것이 그의 법 개념이다. 여기서 이성은 법이 가지는 정의라는 합리성과 이상적 성격을, 의지는 법이 담보하는 권력이라는 구체성과 현실적 성격을 보여준다.

  토마스의 법 개념이 가지는 이러한 이중적 성격은 그 이전의 서구 사상에 있어 대립해온 두 가지 법 개념을 종합한 것으로 평가할 수 있다. 그는 소포클레스의 「안티고네」에서 크레온과 안티고네가 논쟁한 국가의 포고령과 신들의 변함없는 불문율 사이의 대립,[19] 플라톤의 『국가』에서 강한 자의 이익이라는 트라시마코스의 정의관과 각자에게 제 몫을 주는 것이라는 소크라테스의 정의관 사이의 대립에 있어 어느 한쪽만 선택하지 않

---

19. Sophocles(2010), pp.440-470.

는다. 그는 정치적 정의를 둘로 나누고, 자연적 정의는 언제 어디서나 변함없는 보편적인 정의인 반면, 법적 정의는 구체적인 시간과 장소, 상황에 따라 달리 될 수 있는 정의라고 하면서 이 둘이 양립한다는 점을 강조한 아리스토텔레스의 노선[20]을 따른다. 그래서 그는 정의(正義)를 정의(定義)하면서 '각자에게 제 몫을 주려는'이라는 전통적인 문구 외에 '한결같고 확고한 의지'(constans et perpetua voluntas)를 추가한다.[21] 마땅한 목적을 위해 알면서 선택하고 행해야 하기 때문에 아리스토텔레스의 품성상태(hexis) 대신 의지라는 말을 추가한 것이다.

이렇게 자연법적 전통과 실정법적 측면을 종합한 토마스의 법 개념은, 법의 효력에 대한 그의 설명에서도 잘 볼 수 있다. 그에게 있어 법은 정의로워야 한다는 이상뿐 아니라 실질적 구속력을 가져야 한다는 현실성, 이 두 조건을 모두 만족하는 개념이다. 그는 덕은 사람을 선하게 만드는 것이고 법은 피지배자들을 덕으로 인도하는 것이기 때문에 법의 효력이 인간을 선하게 만든다고 논증한다.[22] 그런데 법이 인도하는 인간적 행위는 선한 행위, 악한 행위, 선하지도 악하지도 않은 행위로 나눠지는데, 이 각각에 대해 규정·명령(1), 금지(2), 허용(3)하고, 이에 더해 악한 행위를 막기 위해 처벌(4)하는 네 가지 법의 행위가 나온다고 설명한다. 이렇게 토마스의 법 개념은 합리성이라는 자연법적 특성뿐 아니라, 행위와 효력이라는 구체적인 실정법적 특성 또한 가지고 있다.

이러한 법 개념의 양면성은 법 일반과 관련한 분석뿐 아니라 인정법의 효력에 대한 그의 설명에서도 잘 나타난다. 그는 법의 목적이 공동선에 있기 때문에 인정법도 모두에게 공통적으로 주어져야 한다고 주장한 면에

---

20. Aristotle, *EN*, V, vii.
21. *ST*, II-II, q.58, a.1, resp.
22. *ST*, I-II, q.92, a.1, resp.

서는 법의 일반성을 강조한다.[23] 그러나 법은 인간적 행위의 규칙과 척도인데 척도는 같은 유(類)에 의해 재어져야 하기 때문에 법도 피통치자의 조건에 맞춰 주어져야 하고, 따라서 모든 악덕을 다 억제하는 것은 아니라고 주장하는 점에서는 법의 특수성을 인정하고 있다.[24] 또한 그는 법이란 모든 덕에 규칙을 부여하는 것이라고 하면서도, 인정법은 공동선에 직접 질서 지어지는 경우에만 직접적으로 규칙을 부여한다고 하는 점에서 법 일반과 인정법의 현실적 차이를 인정한다.

이렇게 법의 실정성을 인정하면서도, 토마스는 인간이 만든 법의 한계를 인정한다. 그는 인정법은 정의로울 수도, 불의할 수도 있다고 하면서 정의로울 수 있는 기준을 세 가지로 제시한다. 공동선이라는 목적에 충실하거나 제정자가 자신의 권력을 넘어서지 않거나 비례의 평등에 부합할 때 정의로운 법이 된다는 것이다. 반면에 인정법이 정의롭지 못한 경우는 크게 두 가지로 나눠진다. 첫째, 우상숭배와 같이 신적 선에 반하거나 통치자의 탐욕과 명예를 위해 만들어지면 불의하다. 둘째, 공동선이 아니라 통치자의 탐욕과 명예를 위해 만들어지거나 제정자의 권력을 넘어서거나 부담을 불공평하게 부여하는 것과 같이 인간적 선에 반하는 경우에도 불의하다. 법의 목적인, 작용인, 형상인에 어긋나기 때문에 이미 법이 아니라는 것이다. 토마스는 정의롭지 않은 것은 법이 아니라는 아우구스티누스의 말을 인용하면서, 이러한 법은 법이라기보다는 폭력(violentia)이라고 말한다.[25]

토마스는 모든 사람이 인정법 아래 있는가 하는 문제를 다루면서 법 개념의 양면성을 보여준다. 그는 법 개념의 의미를 인간적 행위의 규칙이라는 점과 강제력을 가진다는 점으로 설명하고, 인간은 이 두 가지 의미로

---

23. *ST*, I-II, q.96, a.1.
24. *ST*, I-II, q.96, a.2.
25. *ST*, I-II, q.96, a.4, resp.

법의 지배를 받는다고 말한다. 형상인적 측면에서 규칙(regula)은 모든 자를 지배한다. 그러나 지배권 밖에 있거나 더 상위의 법에 의해 다스려지는 경우에는 그 법의 지배에 얽매이지 않는다. 작용인적 측면에서 강제력(vis coactiva)은 어떤 자만을 지배한다. 이러한 관점에서 선한 자의 의지는 법과 조화되기 때문에 법의 지배를 받지 않지만, 악한 자의 의지는 법과 조화되지 못하기 때문에 법 아래 있다는 것이다.[26] 법 개념을 이중적으로 파악하고 적용하는 방식은 군주가 자신이 만든 법으로부터 예외가 될 수 있는가 하는 문제에서도 보인다. 토마스는 군주가 법의 강제력과 관련해서는 법으로부터 예외가 될 수 있지만, 법의 지도력과 관련해서는 예외가 될 수 없다고 말한다. 군주는 강제력에 의해서가 아니라 자발적으로 자신의 법을 따라야 한다는 것이다.[27]

자연법주의와 법실증주의 사이에서 줄타기하는 듯한 토마스의 입장은 법 적용의 융통성과 관련한 설명에서 그 백미를 보여준다. 그는 법의 지배를 받는 자들이 법의 문구에서 벗어나서 행동할 수 있는가 하는 문제에 대해 긍정적으로 대답하면서, 법을 너무 엄격하게 해석해서 법의 목적인 유익을 거슬러 가혹함에 이르게 되면 곤란하다고 말한다. 인간 공통의 복리라는 목적에서 벗어나면 법의 효력은 물론 법의 본성까지 잃게 되고, 그 법은 결국 구속력을 갖지 못한다는 것이다. 인정법은 모든 개별적인 경우를 다 헤아릴 수 없기 때문에 입법가 자신의 의도를 공통의 유익에 맞춰 대부분의 경우에 따라 만들어진다. 따라서 적군에 쫓겨 성문으로 도망쳐 오는 시민들을 구하기 위해, 성문을 굳게 닫아야 한다는 현행법을 지키는 것이 오히려 해로운 경우, 법의 문구에 반하여 성문을 열어야 한다. 그러나 이처럼 위급할 때가 아니라면 법으로부터 면제를 결정하는 것은 권력

---

26. *ST*, I-II, q.96, a.5, resp.
27. *ST*, I-II, q.96, a.5, ad3.

자의 고유 권한이라고 말한다.[28] 이 점에서 토마스는 법의 안정성을 지키면서도 유사시에 법의 적용에서 예외를 인정함으로써 엄격한 법실증주의적 폐단을 극복하는 방법을 제시하고 있다.

법의 안정성과 법 적용의 융통성 사이의 조화와 균형을 추구하는 것은, 이와 관련된 딜레마를 극복해야 하므로 까다로운 문제가 된다. 한편으로 법의 여신이 눈을 감고 있는 것은 누구에게나 공정해야 하기 때문이고, 상황과 사람에 따라 다른 판결을 하게 되면 법의 권위와 지위가 흔들리게 되어 아무도 법을 따르려 하지 않게 된다. 다른 한편으로 법의 권위와 안정성을 지키기 위해 법조문을 그대로 적용하고 어떠한 예외도 인정하지 않게 되면, 법을 잘 아는 법전문가들은 법을 이용해서 각종 비리를 저지르거나 은폐하는 작업을 하고 법을 잘 모르는 사람들은 법을 공포의 대상으로 혐오하게 된다. 사실 어떤 법체계도 모든 것을 전부 규정할 수는 없기 때문에 법체계 안에는 항상 융통성의 여지가 존재할 수밖에 없다. 죄형법정주의를 내세워 아무리 강하게 법의 엄격함을 주장해도, 기소독점주의나 기소편의주의로 인해 법의 적용 여부와 범위에 있어 자의적 판단의 여지가 있기 때문이다.

중요한 것은 법의 엄격함이나 융통성 사이에서 중용을 지키는 것이다. 그런데 문제는 어떻게 지키느냐 하는 것이다. 토마스는 재판에서의 판단 혹은 판결이 정의로운 행위가 되기 위해서는 정의의 경향(inclinatio iusitiae), 통치자의 권위(auctoritas praesidens), 현명이라는 올바른 이성(recta ratio prudentiae) 같은 세 가지 조건이 모두 충족되어야 한다고 주장하면서 그 기준들을 제시한다.[29] 또한 그는 재판이 언제나 성문법(lex scripta)에 따라 판결

---

28. *ST*, I-II, q.96, a.6, resp.
29. *ST*, II-II, q.60, a.2, resp. 토마스는 정의라는 올바름에 위배될 때는 왜곡 혹은 불의한 판결이 되고, 자신에게 권한이 없는 것에 대해 판결을 하면 월권 재판이 되며, 이성의 확실성이 결여되면 의심스럽거나 무분별한 판결이 된다고 말한다.

되어야 한다고 하면서도, 올바르게 제정된 법이라고 하더라도 그 법을 따르게 되면 자연법에 위배될 때는 법의 문구(littera legis)를 따르지 말고 입법자의 의도 속에 있던 근원적 공정성(aequaetas, epiekeia)을 따라야 한다고 말한다.[30] 입법자는 일반적인 경우에 맞춰 법을 만들기 때문에, 어떤 때는 그 법을 준수하는 것이 정의의 균등함과 공동선에 어긋나는 경우가 있다. 이 경우 법을 따르는 것이 악이 되기 때문에 법조문의 자구를 넘어서 정의의 의미와 공동의 유익을 따르는 것이 공정성이라는 덕에 해당한다.[31] 이렇게 판단하는 것은 법 자체를 판단하는 것이 아니라 특정 경우를 판단하기 때문에[32] 법을 부정하는 것이 아니다. 또한 공정성은 정의의 종속적 부분으로서, 법적 정의보다 우선하는 인간적 행위의 상위 규범이다.[33]

정의로운 판결을 내리기 위해 재판관은 굳어 있는 성문법의 문구에만 집착하지 말고 법의 정신과 해당 법의 입법 취지, 그리고 해당 사례의 구체적 상황을 종합적으로 고려해야 한다. 이러한 사고의 과정은 다음과 같이 실천적 삼단논법으로 정식화할 수 있다.[34]

대전제: X는 옳은(혹은 그른) 행위이다.　　　(양지, synderesis)
소전제: 이 행위는 X에 해당한다.　　　　　(실천이성, practical reason)
결　론: 이 행위는 행해져야(금지되어야) 한다.　(양심, conscientia)

실천적 삼단논법의 대전제는 양지의 기능으로, 해당 사건과 관련된 행

---

30. *ST*, II-II, q.60, a.5, ad2.
31. *ST*, II-II, q.120, a.1, resp.
32. *ST*, II-II, q.120, a.1, ad2.
33. *ST*, II-II, q.120, a.2, resp.
34. 이러한 정식화는 오코너의 설명을 따른다. O'Connor(1967), p.43. 오코너는 여기서 무지가 죄의 원인이 된다는 점을 설명하는 가운데 실천적 삼단논법을 제시한 토마스의 설명을 정리하고 있다. *ST*, I-II, q.76, a.1, resp.

위가 옳은 것인지 그른 것인지 하는 문제에 대한 보편적 판단을 한다. 소전제에서는 이 사례가 대전제의 행위에 해당하는지에 대해 개별적 판단을 한다. 결론에서는 해당 행위에 대해 명령, 금지, 허용 같은 실천적 판결을 하게 된다. 재판에서는 대전제에 성문법의 해당 조문이 참고될 것이다. 여기서 대전제는 자연법과 실정법의 계명이라는 보편적 명령에 해당하는 정의의 경향성으로 법의 안정성을 확보하게 해준다. 반면 소전제는 법조문을 구체적 사례에 적용하는 실천이성의 판단과 관련되는데, 이것이 바로 현명이라는 올바른 이성을 말한다. 여기서 현명이 법 조문의 적용 여부와 관련하여 근원적 공정성을 따라 판단하게 되면, 법의 엄격함과 융통성 사이에서 중용을 지킬 수 있게 된다.

5. 도전과 과제: 자연주의적 오류와 법실증주의

토마스의 자연법 개념과 사상은 그 이전의 다양한 철학적 전통을 정교하게 분석하고 종합한 결과였다. 이는 법의 핵심이 정의로움에 있는지 권력의 의지에 있는지에 대한 풀리지 않는 수수께끼에 대한 해법이었다. 법의 본질에 대한 크레온과 안티고네의 논쟁에서부터 정의에 대한 트라시마코스와 소크라테스의 논쟁은, 우리가 바로 확인할 수 있는 법과 정의에 대한 서로 다른 전통의 대표적인 기록이지만, 사실 호메로스, 헤시오도스, 소크라테스 이전 철학자들로부터 훨씬 많은 언급들을 찾아볼 수 있다. 흔히 고중세의 대세는 자연법주의라고 생각하지만, 사실 그렇게 단순한 것만은 아니었다. 정치적 정의를 자연적 정의와 법적 정의로 구분하는 아리스토텔레스에게서 자연법과 실정법의 대립에 대한 그의 생각을 읽을 수 있고, 자연법주의자들로만 여겨지는 스토아철학자들도 로마의 정교한 실정법 체계에 눈을 감지 않았다는 사실을 인정해야 한다.

토마스의 자연법은 단순히 도덕과 법을 분리하지 않은 채, 정의로운 법에 집착하여 현실을 무시하고 이상적 측면만을 강조한 것이 아니었다. 그의 자연법 개념은 본성, 이성, 의지라는 세 요소로 구성되고 이 각각은 상이한 철학적 전통의 영향을 받고 있다.[35] 첫째, 인간이 신의 창조에 의해 목적론적 지향성이라는 본성을 갖추고 태어났다는 사실에서 아리스토텔레스적 형이상학의 영향을 읽을 수 있다. 둘째, 신으로부터 부여받은 자연의 빛인 이성은 신의 지혜인 영원법과 실체적으로 동일한 인식론적 조건으로, 스토아 자연법 전통의 직접적 영향을 받았다. 셋째, 신의 모상(imago Dei)으로 창조된 인간은 우주의 입법자인 신의 의지로부터 위임받은 바에 따라 법을 만들고 따르는 의지를 가지는데, 이는 성서적 전통의 영향을 받고 있다. 이렇게 토마스의 자연법 개념은 형이상학적 기반 위에서 인식론적·실천적 영역까지 담보하고 있고, 이성법(lex rationis)으로서의 자연법적 전통과 의지법(lex vonuntatis)으로서의 실정법적 전통 모두를 아우르는 이론을 만들어내고 있다.

그런데 19세기 말부터 종교와 철학이 분리되고 형이상학을 거부하며 실증적·과학적 합리성만을 지고의 가치로 여기는 근대적 사유 방식이 일반화되면서 토마스주의 자연법 사상에 두 가지 도전이 대두되었다. 첫째는 법실증주의(legal positivism)로, 법과 도덕을 분리하고 법이 반드시 정의로워야 한다는 명제를 거부한다. 법실증주의는 18세기 말 벤담(Jeremy Bentham)과 오스틴(John Austin) 같은 고전적 법실증주의자들에 의해 시작되었지만, 코헨(Hermann Cohen), 빈델반트(Wilhelm Windelband) 같은 신칸트학파와 후설(Edmund Husserl), 프레게(Friedrich Frege) 등의 반심리학주의적 태도와 콩트의 실증주의, 전기 비트겐슈타인과 무어의 영향을 받은 켈젠(Hans Kelsen)에 의해 본격화되었다. 그 후 일상언어학파의 영향을 받은 하트(H.L.A. Hart)에 의해 풍부해지고 영미권 법학에 많은 영향을 미치게

---

35. 이진남(2004), 93-117쪽.

되었다.[36]

　법실증주의는 20세기 전반에 세계 법학계 전체를 장악했을 뿐 아니라, 현실 정치에도 지대한 영향력을 행사했다. 법과 정의를 분리하고 법을 도덕으로부터 해방시킴으로써 정의롭지 못한 권력을 정당화하거나 적어도 외면하는 데 기여했다. 그리하여 나치 권력에 부역하는 등 부작용을 빚게 되었고, 제2차 세계대전 이후 자연법 사상의 불이 다시 살아나는 반작용도 일어났다. 그러나 아직도 세계 법학계의 대세는 법실증주의이다. 특히 우리나라의 경우, 로스쿨 도입 이후 법철학에 대한 관심이 급속히 사라지고 학부 법학과와 법학 대학원의 학문적 역량이 퇴조하면서, 법실증주의는 아무런 반성 없이 디폴트로 자리매김하고 있다.

　법실증주의는 법을 정치에 종속시키는 결과를 초래했다. 원래 법이 옳은지 정의로운지는 따질 필요도 따질 수도 없다고 주장하기 때문이다. 그래서 어떤 내용이든지 일단 정해지면 무조건 따라야 한다고 말한다. 정치적 힘에 의해 결정된 것을 따르고 시행하는 것이 법의 역할이 되고, 결국 법은 정치의 시녀로 전락하게 된다. 이렇게 법실증주의는 정의의 수호자라는 사회적 역할을 방기하고 사적 이익에 봉사하는 법기술자를 양산하기 때문에 위험하다.

　토마스주의 자연법 사상에 대한 두 번째 도전은 자연주의적 오류(naturalistic fallacy)이다. 흄에 의해 처음 제기되고 무어(G.E. Moore)가 정식화한 자연주의적 오류는 존재와 당위, 사실과 가치를 엄격하게 분리할 것을 요구한다. 자연주의적 오류는 20세기 윤리학과 법학에 지대한 영향을 미쳤다. 그리하여 토마스주의 자연법 사상가들 사이에서도 자기검열의 광풍이 불어 법과 자연법에 대한 논의의 장에서 신과 형이상학을 거세하는 사태가 벌어졌다. 그 결과 기존의 유신론적 자연법 이론이라는 토마스에 대

---

36. 권경휘(2022).

한 전통적 이해 대신, 신자연법주의와 환원주의 자연법주의라는 새로운 물결이 유행하게 되었다.

신자연법주의(New Natural Law Theory)는 피니스(John Finnis)와 그리제이(Germain Grisez)가 이끄는 흐름으로, 칸트와 같이 형이상학과 윤리학을 분리한다. 자연법의 기반으로서의 신과 인간 본성을 부정하고 직관에 의해 파악하는 통약불가능한 기본선들(basic goods)에 기초해서 자연법 사상을 구성한다.[37] 환원주의 자연법주의(Reductivist Natural Law Theory)는 비이치(Henry Veatch)와 리스카(Anthony Lisska)가 제안한 것으로, 아리스토텔레스의 목적론적 형이상학의 기반인 역동적 존재 개념에서 출발하지만 자연법의 논의에 신의 자리를 내어주지 않는다.[38]

그런데 자연주의적 오류에 대한 이러한 대응은 지나치게 소극적이다. 신자연법주의는 자연주의적 오류를 피할 궁리만 찾았고, 환원주의는 아리스토텔레스에만 의존했다. 그 결과 토마스 자연법주의의 핵심인 신, 영원법은 실종되고 무신론적 사상으로 전락했다. 칸트와 아리스토텔레스의 옷을 입은 자연법주의는 자연법 사상일 수는 있지만 토마스주의 자연법 사상이라고 할 수는 없다. 당트레(A.P. d'Entrèves), 오코너(D.J. O'Connor), 자파(Harry Jaffa) 등이 지키고 있는 유신론적 자연법 이론의 전통이라는 진영에서는 토마스의 정신을 지킬 필요가 있다. 법학과 윤리학의 영역에서 신학적 개념과 논의를 배제하는 현대적 분위기에 제동을 걸 필요가 있다. 학문적 논의의 장에서 신을 배제하는 것은 신이 없다고 가정하는 것과 다르지 않다. 신이 없다고 가정하는 것은 신이 있다고 가정하는 것과 마찬가지로 하나의 가정일 뿐이다.

---

37. 신자연법주의는 존재와 당위를 구분하는 것을 받아들이기 때문에 법실증주의와도 통하는 면이 있다. 최봉철은 피니스의 토마스 해석이 기존 해석에 비해 법실증주의에 가깝다고 본다. 최봉철(2010), 209-242쪽.
38. 이진남(2007), 137-162쪽

이제 토마스주의 자연법은 이렇게 근대적 흐름에 대해 소극적으로 대응하는 것을 넘어 토마스 철학의 풍부함과 그 전통에서 나온 자신의 장점을 발굴하고 발산할 필요가 있다. 『신학대전』 제2부 제1편에 있는 법에 대한 논고와 제2편에 있는 정의, 불의와 현명에 대한 논의를 연결하여 응용윤리, 법적 현안에 대한 문제를 해결하는 데 사용해야 한다. 규범윤리 차원의 논의뿐 아니라 각종 응용윤리의 문제들에 자연법 윤리를 사용해야 한다.[39] 또한 우생학의 트라우마를 극복하고 20세기 후반부터 전방위적으로 영역을 넓히고 있는 진화생물학에 대응해야 한다. 정의와 친애를 도덕의 기원으로 규정하고 윤리학의 판도를 바꾸고 있는 진화윤리학과 자연법 윤리를 연결하는 작업이 필요하다.[40]

참고문헌

권경휘, 『현대 법실증주의 연구』, 박영사, 2022.
라드브루흐, 구스타프, 『법철학』, 최종고 역, 삼영사, 1975.
소포클레스, 『소포클레스 비극 전집』, 천병희 역, 숲, 2010.
아리스토텔레스, 『니코마코스 윤리학』, 김재홍 외 역, 길, 2011.
워딩턴, 새라, 『형평법』, 임동진 역, 소화, 2009.
이상섭, 「토마스 아퀴나스에게서 개별선, 공동선, 최고선의 관계와 형이상학적 근거」, 『철학연구』 철학연구회, 130(2014), 219-246쪽.
이진남, 「아퀴나스 자연법 이론의 세 요소」, 『중세철학』, 10(2004), 93-117쪽.
_____, 「토마스주의 유신론적 자연법 윤리에 대한 변호」, 『가톨릭철학』 8(2006), 228-259쪽.

---

39. 사실 자연법 윤리가 공리주의, 의무론, 덕윤리에 필적하는 윤리이론으로 대우받지 못하는 현실은 응용윤리적 문제들에 대한 참여가 적었기 때문이라고 생각한다. 자연법 윤리의 적용 가능성을 잘 보여주는 작품으로는 다음이 있다. O'Keefe(1987).
40. 이에 대한 연구로는 다음을 참조하라. Pienaar(2020), pp.275-289.

_____, 「아퀴나스에 있어서 법으로부터의 예외」, 『철학연구』 31(2006), 고려대 철학연구소, 131-158쪽.

_____, 「토마스주의 자연법윤리에서 신자연법주의와 환원주의 자연법주의」, 『철학연구』 33(2007), 고려대 철학연구소, 137-162쪽.

_____, 「법과 공동선: 아퀴나스의 법 개념을 중심으로」, 『가톨릭철학』 28(2017), 97-122쪽.

최봉철, 「최근 법실증주의의 전개와 자연법론과의 관계」, 『법철학연구』 13,3 (2010), 209-242쪽.

카우프만, 아르투어, 『법철학』, 김영환 역, 나남, 2013.

하재홍, 「법의 목적과 공동선」, 『서울법학』 31,2(2023), 서울시립대 법학연구소, 39-79쪽.

Aquinas, Thomas, *The Treatise on Law: Being Summa Theologiae, I-II, QQ.90 through 97*, ed. with Introduction, Latin Text, Translation, and Commentary by R.J. Henle, Notre Dame: University of Notre Dame Press, 1993.

Baily, G., "The Promulgation of Law," in *The American Political Science Review* 35,6(1941), pp.1059-1084.

d'Entrèves, A.P., *Natural Law: An Introduction to Legal Philosophy*, New Brunswick: Transaction Publishers, 1999.

Finnis, J., *Natural Law and Natural Rights*, Oxford: Clarendon, 1993.

Fried, C., "Natural Law and the Concept of Justice," in *Ethics* 74,4(1964), pp.237-254.

George, R.P., *In Defense of Natural Law*, Oxford: Oxford University Press, 1999.

Grant, C., "Promulgation of Law," in *International Journal of Law in Context* 2,3(2006), pp.321-329.

Hittinger, R., *A Critique of the New Natural Law Theory*, Notre Dame: University of Notre Dame Press, 1987.

Kelsen, H., *What is Justice? Justice, Law, and Politics in the Mirror of Science*, Berkeley; Los Angeles; London: University of California Press, 1971.

Lisska, A.J., *Aquinas's Theory of Natural Law. An Analytic Reconstruction*, Oxford: Clarendon Press, 1997.

McNabb, V., "St. Thomas Aquinas and Law," in *The Aquinas Society of London Aquinas Paper No. 24*, Oxford: Blackfriars, 1955, pp.1-18.

O'Connor, D.J., *Aquinas and Natural Law*, London: Macmillan, 1967.

O'Keefe, M.D., *Known from the Things that are: Fundamental Theory of the Moral Life*, Houston, Tex.: Center for Thomistic Studies, 1987.

Payer, P.J., "Prudence and the Principles of Natural Law: A Medieval Development", in *Speculum* 54,1(1979), pp.55-70.

Pienaar, S., "Aquinas, Darwin and Natural Law: Teleology and Immutability of Species", in *New Blackfriars*, 2020, pp.275-289.

Pieper, J., *The Four Cardinal Virtues*, Notre Dame: Notre Dame University Press, 1966.

Porter, J., *Natural & Divine Law: Reclaiming the Tradition for Christian Ethics*, Ottawa; Novalis; Grand Rapids: Eerdmans, 1999.

Rhonheimer, M., *Natural Law and Practical Reason: A Thomist View of Moral Autonomy*, trans. G. Malsbary, New York: Fordham University Press, 2000.

Simon, Y.R., *The Tradition of Natural Law*, ed. V. Kuic, New York: Fordham University Press, 1992.

Veatch, H.B., *Swimming Against the Current in Contemporary Philosophy: Occasional Essays and Papers*, Washington D.C.: The Catholic University of America Press, 1990.

찾아보기

| 사항 |

가능 세계 219
가능(수동) 지성 200, 295-298, 305, 351
가능태(가능성) 65, 66, 80, 91, 96, 97, 98, 99, 100, 107, 108, 126, 130, 131, 137, 138, 159, 160, 167, 171, 175, 194, 195, 196, 200, 201, 202, 206, 210, 215, 218-221, 222, 225, 228, 229, 230, 239, 240, 241, 242, 243, 244, 245, 246, 251, 257, 259, 260, 264, 265, 266, 269, 271, 274, 275, 277, 278, 293, 279, 284, 285, 286, 288, 300, 302, 305, 316, 349, 350, 355, 368, 378, 380
가지상(species intelligibilis) 296, 297, 299, 300, 302, 305
감각상(species sensibilis) 290, 295, 296, 297, 298, 299, 302
경향 56, 119, 121, 149, 311, 312, 319, 325, 334, 389, 392, 405
계시를 통한 인식 120-123
공동선 392, 393, 394, 400, 401, 402, 403, 406
공통 감각 293, 294, 305
공포 392, 393, 395, 396, 405
과거 사실의 변경 불가능성 255, 260
관조 67, 72, 86, 342, 344, 346, 347, 348, 349, 350, 351, 354, 355
긍정의 길 133, 135, 136, 137
기억력 295, 296, 298, 299, 305

내면의 원천 55-57
논리학 26, 50, 67, 68, 69, 71, 73, 176, 283, 331
능동인 43, 93, 97, 100, 180, 241, 243, 244, 245, 246, 254

능동 지성 295-298, 303, 305, 350, 351

다의성 138-142
단순성 91, 95, 96-100, 110, 113, 126, 128, 144, 209, 210
덕 146, 148, 330, 341, 345, 346, 347, 348, 349, 351, 353, 359-388, 390, 391, 392, 399,
    400, 402, 403, 406
    주입된 덕 360, 362, 363, 366, 380-384
    획득된 덕 360, 362, 369-380, 381, 382, 383, 384, 385, 386
도구적 원인자 237, 247, 248, 259
도덕적 선 259, 261, 361, 366-369

목적
    본성적 목적 363, 364-366, 369, 382
    초본성적 목적 363, 364-366, 369, 380, 381, 382, 383, 384-387
    최종 목적 71, 72, 86, 87, 121, 322, 325, 355, 362, 368, 371, 372, 373, 376, 385
목적론적 윤리학 360, 364
목적인 44, 103, 207, 241, 244, 246, 259, 317, 395, 403
무한성 104-105, 126, 128, 209
무화(無化) 221, 222, 226
문자적 의미 35, 36

법 26, 363, 389-413
변화 69, 85, 107, 136, 215, 216-227, 228, 239, 240, 241, 242, 243, 244, 246, 247, 248,
    259, 260, 264, 271, 384, 385, 386
    실체적 변화 222-224, 226, 227-234, 237, 239, 242-247, 259
    우유적 변화 222-224, 226, 227, 228
본질 40, 66, 68, 86, 88, 95, 97, 98, 99, 100, 101, 103, 104, 106, 107, 108, 110, 112,
    114, 115, 116, 123, 125, 126, 131, 132, 133, 142, 144, 147, 153-184, 190, 195,
    196, 198, 209, 226, 227, 230, 239, 249, 252, 254, 275, 278, 279, 288, 289, 291,
    302, 303, 304, 305, 310, 329, 338, 339, 340, 341, 342, 344, 346, 348, 349, 350,
    351, 352, 353, 354, 355, 361, 365, 366, 368, 376, 380, 382, 384, 393, 396, 398, 407
부정신학 94, 96, 131, 135
부정의 길 94-96, 133, 135-137, 147, 190
분리작용 79

분유 198, 209, 365, 394, 395, 396, 398
불변성 107-109, 126, 209

사물 29, 30, 35, 36, 54, 66, 67, 68, 69, 70, 78, 80, 82, 85, 88, 94, 103, 105, 111, 112, 123, 124, 125, 126, 127, 129, 131, 133, 137, 138, 139, 142, 145, 146, 149, 150, 161, 162, 163, 164, 165, 166, 167, 168, 173, 175, 192, 193-197, 198, 201, 202, 203, 204, 208, 209, 210, 211, 223, 233, 247, 253, 255, 260, 263, 265, 290, 301, 302, 303, 312, 314, 317, 335, 365, 375, 376, 296
사용 27, 28, 138-143, 144, 145, 151, 320
4원인설 240, 244, 247
새 법 363, 397, 398, 400, 401
선(善) 43, 51, 54, 55, 88, 93, 102, 103, 110, 112, 144, 192, 193, 200-206, 207, 209, 211, 253, 309, 310, 311, 312, 313, 317, 319, 321, 322, 325, 326, 335, 338, 340, 341, 362, 363, 365, 367, 368, 369, 370, 373, 374, 375, 377, 380, 382, 383, 384, 385, 386, 393, 396, 399, 403
선물 363, 366, 380-384, 400
선성(善性) 95, 96, 103, 109, 126, 206, 209, 260, 326, 367
선차적-내지-후차적-의미지시 139, 142-143
선택 42, 255, 256, 257, 258, 310, 319, 320, 321, 322, 361, 367, 377, 381
섭리 48, 49, 56, 88, 91, 217, 237-262, 335, 396
성경의 무류성 29, 32
숙고력 295
스콜라학(스콜라철학) 23, 24-28, 28-34, 119, 185, 225, 310, 321, 359
습성 78-81, 304, 305, 321, 362, 363, 367, 368, 369, 371, 382, 383, 385, 390, 391, 399
신법 363, 397, 399, 400
신에 관한 명칭(신 명칭) 138-143, 144-148
신에 대한 진술 132-138, 144, 149, 207
신의 본질 직관 344, 349, 354, 355
신의 속성 91, 92, 94-96, 97, 98, 110, 114, 115, 126, 191
신의 존재 83, 91, 92-94, 95, 96, 99, 100, 102, 114, 116, 119, 122, 123-129, 131, 137, 150, 166
(신의) 형언 불가능성 137, 147
신 존재 증명 92, 94, 111, 123-125, 126, 148, 181
실정법 360, 363, 391, 396, 397, 402, 407, 408

실천철학 69, 70, 71
실체 49, 80, 81, 83, 84, 88, 115, 150, 162, 164, 168, 169, 170, 171, 216, 217, 222, 223, 224, 225, 226, 227-234, 237, 239, 240, 241, 242, 243, 244, 245, 246, 247, 248, 249, 259, 263, 264, 265, 267, 268, 269, 272, 273, 275, 276, 277, 278, 279, 280, 288, 289, 309, 336, 344, 348, 349, 350, 351, 355, 356
실행 256, 324, 325, 326

악덕 362, 363, 366-369, 379, 403
영원법 360, 363, 396, 397, 398, 408
영원성 47, 107-109, 112, 114, 126, 128, 146, 209, 255, 336
영원의 지식 254, 255, 260
옛 법 363, 397, 398, 400, 401
완전성 50, 93, 94, 95, 100, 101, 102, 103, 104, 107, 108, 110, 111, 112, 115, 116, 124, 126, 127, 128, 131, 143, 145, 146, 147, 148, 173, 194, 195, 196, 204, 205, 209, 211, 212, 253, 297, 311, 312, 313, 343, 368
외적 감각 55, 289-293, 294, 295, 305, 370
우유 51, 84, 99, 103, 106, 116, 222, 223
원리적 원인자 237, 238, 247, 248
위격 75, 114, 115, 116, 146
유비 88, 101, 102, 138, 139, 140, 141, 142, 143, 144, 150, 151, 171, 210, 297
의지 67, 91, 108, 238, 250, 252, 253, 256, 257, 258, 260, 261, 309-327, 361, 362, 364, 365, 370, 372, 373, 374, 377, 380, 381, 382, 389, 393, 395, 396, 401, 402, 404, 407, 408
의지법 393, 401, 408
이성법 393, 401, 408
인식론 50, 174, 283, 284, 287, 288, 299, 305, 306
인식분석 88
인정법 395, 396, 397, 398, 399, 400, 402, 403, 404
일성(一性) 101, 109-113, 199, 210, 288
일의성 138-142

자연법 56, 360, 363, 391, 392, 394, 395, 396, 397, 398, 399, 400, 402, 406, 407, 408, 409, 410, 411
자연적 작용 238, 239-251, 251-259

자연철학 50, 69, 71, 74, 82, 331
자유의지 238, 251, 252, 253, 257, 258, 260, 261, 321
저자의 의도 35, 41, 42
정의(正義) 392, 402
제일철학 74, 80
제1원인자 238, 248, 260
제2원인자 244, 248, 252, 253, 255, 256, 258, 259, 260, 261
존재(esse) 50, 69, 72, 75, 79, 80, 83, 84, 88, 91, 92, 93, 94, 95, 96, 97, 98, 99, 100, 101, 102, 103, 104, 106, 107, 108, 109, 110, 111, 112, 113, 114, 115, 116, 119, 122, 124, 125, 127, 131, 137, 143, 146, 147, 149, 150, 153-184, 185-214, 217, 219, 221, 226, 227, 231, 241, 247, 248, 249, 251, 258, 259, 260, 264, 275, 278, 297, 302, 303, 304, 309, 314, 315, 340, 348, 349, 356, 382, 383, 389, 391, 393, 394, 399, 409, 410
존재자(ens) 50, 69, 71, 82, 83, 84, 88, 89, 95, 97, 98, 106, 109, 110, 153-183, 185-214, 215, 217, 220, 224, 225, 227, 228, 229, 232, 233, 237, 238, 247, 248, 249, 250, 252, 255, 258, 259, 260, 266, 267, 269, 273, 274, 309, 310-311, 312, 313, 314, 315, 322, 324, 329, 396, 399
　관념적 존재자(ens rationis) 172, 173, 174, 177, 178, 179, 181, 188
　공통존재자(ens commune) 80, 82, 83, 84, 87, 191, 192, 206-211
　자연의 존재자(ens naturae) 188, 190, 191, 249
존중하는 해석 40
종별화 325
지성 27, 65, 66, 70, 71, 75, 77, 78-81, 82, 87, 88, 94, 104, 122, 123, 124, 129, 130, 132, 134, 143, 150, 155, 157, 173, 179, 181, 182, 186, 188, 190, 200, 201, 202, 203, 209, 252, 254, 270, 271, 272, 273, 274, 277, 278, 280, 285, 286, 288, 289, 293, 295-301, 302, 303, 304, 305, 309-327, 341, 342, 343, 344, 345, 346, 347, 348, 349, 353, 354, 365, 366, 370, 371, 381, 391
지향 294, 295, 296, 305, 312, 317, 319, 320
질료 69, 79, 80, 81, 82, 84, 95, 97, 99, 100, 101, 104, 107, 110, 111, 112, 123, 162, 164, 166, 167, 180, 198, 215, 216, 217, 218, 219, 220, 221, 222, 223, 224, 225, 226, 227, 228, 229, 230, 231, 232, 234, 239, 240, 241, 242, 243, 244, 245, 246, 264, 265, 266, 267, 270, 271, 272, 273, 274, 275, 278, 279, 286, 289, 311, 313
　제일 질료 104, 216, 228, 229-230, 231, 264, 269, 270, 275, 276, 277, 278, 279
　제이 질료 228

질료형상론 215-235, 264, 265, 269, 270, 274, 275, 278, 279, 280, 286, 289
　　보편적 질료형상론 224-227, 232

참(verum) 91, 188, 189, 190, 192, 193, 200-206, 207, 208, 219, 301
창조 102, 106, 108, 109, 112, 221, 222, 244, 251, 252, 342, 400, 408
초월범주(초월주) 110, 185, 186, 189-192, 192-206, 206-211, 212
초월의 길 133, 137, 138, 356
추상작용 79, 299, 305

통치 238, 251-259, 260, 261, 398

판단 46, 47, 53, 55, 68, 77, 248, 251, 283, 285, 288, 295, 310, 320, 323, 324, 361, 363,
　　367, 368, 370, 371, 373, 376, 377, 378, 382, 386, 393, 407
편재성 105-107, 209
평가력 294, 295, 305
표상력 294, 295, 296, 305
필연성 113, 238, 248-251, 275, 276, 279

하나 109, 110, 111, 112, 113, 116, 139, 140, 141, 190, 193, 197-200, 206, 207, 209,
　　210, 211, 232, 233, 253, 273
해석학 36, 41
행복 71, 76, 87, 315, 319, 322, 325, 329-358, 359, 360, 361, 36, 363, 364, 365, 366,
　　367, 368, 369, 372, 373, 374, 375, 376, 378, 379, 381, 383, 389, 390, 391, 393,
　　398, 400
　　불완전한 행복 337, 344-349, 353-354, 366, 379
　　완전한 행복 330, 337, 342-344, 345, 346, 347, 348, 349-353, 353-354, 355, 365,
　　　366, 378, 383
　　참행복 49, 50, 362, 380-384
행복론 315, 330, 331, 333-335, 336, 337, 352, 353, 354, 355, 356, 386
　　신학적 행복론 333, 334, 337-354
　　이중적 행복론 330, 331, 337-354
　　철학적 행복론 333, 334, 337-354
행복주의 윤리학 329-331
향유 320, 384, 385

현실태 80, 96, 99, 102, 107, 154, 183, 194, 195, 196, 204, 218-221, 222, 225, 227, 228, 229, 230, 231, 245, 265, 266, 267, 269, 270, 273, 278, 279, 280, 298, 300, 302, 303, 304, 305, 369

형상 36, 79, 82, 91, 95, 97, 99, 104, 106, 107, 110, 111, 112, 114, 132, 145, 146, 154, 160, 162, 167, 169, 170, 194, 198, 202, 215-235, 239, 240, 241, 242, 243, 244, 245, 246, 259, 264, 265, 266, 267, 269, 270-274, 275, 276, 277, 278, 279, 280, 286, 289, 290, 292, 309, 312, 314, 315, 317, 395

    실체적 형상 227, 228, 229, 230, 231, 232, 233, 243, 244, 245, 246, 263-267, 269, 270, 271, 273, 274, 275, 276, 277, 278, 279, 280

    우유적 형상 110, 227, 228, 230, 231

형이상학 50, 67, 68, 69, 71, 74, 75, 79, 80, 81, 82, 83, 84, 86, 87, 88, 89, 93, 101, 102, 124, 127, 137, 141, 143, 154, 176, 179, 181, 186, 187, 189, 190, 191, 197, 207, 225, 226, 230, 234, 249, 278, 283, 372, 408, 409, 410

회의주의 285, 286, 287, 288, 292

| 인명 |

그레고리우스(Gregorius) 38, 321

다마스케누스(Damascenu) 135
데모크리투스(Democritus) 47
디오니시우스(Dionysius) 41, 43, 44, 134

라드브루흐, 구스타프(Gustav Radbruch) 392
롬바르두스, 페트루스(Petrus Lombardus) 33, 38, 46, 359

마이모니데스, 모세(Moses Maimonides) 48, 75
매킨타이어, 알래스데어(Alasdair MacIntyre) 330
몬딘, 바티스타(Battista Mondin) 24, 25, 38, 43, 44, 45, 50, 51, 57, 137, 143, 145, 151, 253, 261, 362, 259, 379, 389

바로, 마르쿠스 테렌티우스(Marcus Terentius Varro) 352
벤담, 제레미(Jeremy Bentham) 330, 408
보나벤투라(Bonaventura) 321

보에티우스 다치아(Boethius of Dacia) 353, 354
보에티우스(Boethius) 26, 38, 44, 64, 72, 115, 116, 161, 332, 339
비트겐슈타인, 루트비히(Ludwig Wittgenstein) 408

소크라테스(Socrates) 47, 48, 52, 97, 110, 199, 291, 295, 296, 297, 298, 299, 300, 301, 303, 401, 407
소포클레스(Sophocles) 401, 411
시제 브라방(Siger de Brabant) 285, 332
심플리키우스(Simplicius) 47

아리스토텔레스(Aristoteles) 25, 26, 27, 32, 38, 41, 42, 47, 48, 49, 50, 51, 52, 53, 56, 66, 67, 68, 70, 71, 72, 73, 75, 78, 81, 82, 83, 86, 87, 88, 93, 100, 107, 109, 110, 112, 114, 116, 123, 125, 133, 139, 181, 187, 189, 194, 215, 216, 233, 234, 239, 240, 247, 264, 265, 266, 267, 268, 270, 271, 272, 273, 274, 275, 278, 279, 280, 288, 297, 302, 303, 305, 329, 330, 331, 332, 333, 334, 335, 336, 337, 338, 340, 341, 343, 344, 345, 346, 347, 348, 349, 350, 351, 354, 355, 359, 360, 364, 366, 367, 373, 376, 384, 385, 386, 402, 407, 408, 410
아베로에스(Averroes) 48, 49, 81, 330, 332, 333, 350, 351, 532, 355
아비첸나(Avicenna=Ibn Sin) 27, 48, 49, 81, 83, 157
아우구스티누스(Augustinus) 25, 32, 38, 40, 41, 42, 46, 50, 56, 64, 65, 106, 113, 301, 302, 303, 305, 321, 331, 332, 333, 337, 338, 342, 343, 352, 353, 354, 355, 386, 387, 403
안셀무스(Anselmus) 92, 181, 321
알렉산드로스, 아프로디시아스의(Alexander of Aphrodisias) 47, 49, 350, 352
알베르투스 마뉴스(Albertus Magnus) 28, 32, 321, 346, 347, 359
암브로시아스터(Ambrosiaster) 52
암브로시우스(Ambrosius) 38
앤스컴, 엘리자베스(Elizabeth Anscombe) 330
엠페도클레스(Empedocles) 47
오리게네스(Oregenes Adamantius) 38, 48, 321
요아킴, 피오레의(Joachim of Fiore) 130
위-디오니시우스(Pseudo-Dionysius) 38, 43, 50, 71, 133, 134
이븐 가비롤, 솔로몬(Solomon Ibn Gabirol, 아비체브론) 48, 225

질송, 에티엔(Étienne Gilson) 48, 52, 112, 181

칸트, 임마누엘(Immanuel Kant) 329, 330, 410
크리소스토무스(Chrysostom) 38, 42, 43

탕피에, 에티엔(Étienne Tempier) 332

파르메니데스(Parmenides) 101, 215
프레게, 프리드리히(Friedrich Frege) 408
플라톤(Plato) 42, 47, 48, 112, 180, 199, 291, 295, 296, 298, 299, 300, 303, 401

헤라클레이토스(Heraclitus) 47
헤시오도스(Hesiodos) 47, 407
후설, 에드문트(Edmund Husserl) 408
흄, 데이비드(David Hume) 409

집필자 소개

김율

서울대학교 미학과에서 학사와 석사를 마치고 뮌헨 예수회 철학대학을 거쳐 레겐스부르크대학교에서 박사학위를 받았다. 여러 대학에서 7년간 시간강사로 일했으며, 현재 대구가톨릭대학교 교수로 재직 중이다. 『서양고대미학사강의』, 『중세의 아름다움』, 『행복과 자유』 등의 저서가 있으며, 『신학대전 제13권 하느님의 모상으로 창조된 인간』, 『대이교도대전 3-1권』, 『사랑과 책임』 등 10권의 역서가 있다. 토마스 아퀴나스를 비롯한 서양 고중세철학 분야에서 국내외 학술지와 연구서에 50여 편의 논문 및 북챕터를 발표하며 연구에 매진하고 있다.

박규희

인천 가톨릭대학교 신학과를 졸업하고 독일 프리드리히 실러 예나 대학교에서 고대철학으로 석사, 동대학교에서 중세철학으로 박사를 마쳤다. 이후 독일 쾰른대학교의 중세철학연구소(Thomas-Institut)에서 박사후연구원(Averroes-Scholarship 선발연구원), 가톨릭대학교 성의교정 인문사회의학연구소 연구교원으로 활동했다. 현재 경희대학교 HK+통합의료인문학연구단 연구교수이며, 후기고대와 아랍, 그리고 라틴 중세에 이르는 철학사를 연구하고 있다.

박승찬

가톨릭대학교 철학과 교수이며 한국중세철학회장, 한국가톨릭철학회장 및 김수환추기경연구소장을 역임했다. 저서로는 『알수록 재미있는 그리스도교 이야기』, 『아우구스티누스에게 삶의 길을 묻다』, 『중세의 재발견』, 『서양 중세의 아리스토텔레스 수용사』, 『신 앞에 선 인간』, 『토마스 아퀴나스』, 『철학자의 눈으로 본 십자군 전쟁』 등이 있고, 토마스 아퀴나스의 『신학요강』, 『존재자와 본질』, 『대이교도대전 II』 등을 라틴어 원문으로부터 번역했다.

서병창

연세대학교에서 토마스 아퀴나스로 박사학위를 하였고, 이후 가톨릭대학교, 서강대학교, 전북대학교 등에서 서양중세철학, 형이상학, 논리학 등을 강의하였다. 학위 후 토마스 아퀴나스 형이상학뿐 아니라 윤리학, 인식론에 관한 여러 논문을 썼다. 그리고 『아퀴나스』, 『삶에 대한 근본 질문』을 번역하였고, 『신 안에서 자립적인 인간』, 『토마스 아퀴나스 윤리학』을 저술했다.

손은실

서울대학교 인문대학 종교학과 교수로, 기독교 분야를 담당하고 있다. 서울대학교에서 불어불문학(철학 부전공)을 전공한 뒤, 파리 제4대학(소르본)에서 종교사 및 종교인류학 박사학위를, 파리 가톨릭대학교에서 신학 박사학위를 취득하였다. 연세대학교 연구교수와 장로회신학대학교 조교수를 역임했으며, 주요 연구 분야는 토마스 아퀴나스의 신학과 철학이다. 대표 저서로는 *Miséricorde n'est pas défaut de justice*(Paris: Cerf, 2018)가 있으며, 국내외 학술지에 토마스 아퀴나스 사상에 관한 논문을 다수 발표하였다.

이상섭

독일 보훔쿰대학교에서 토마스 아퀴나스 연구로 철학박사 학위를 취득했고, 현재 서강대학교 철학과 교수이다. 최근 저·역서로 『악과 죄종』, 『신학대전 제36권 지혜와 현명』, 논문으로 「철학적 신론과 신학적 신론의 연속성」, 「하나의 철학체계로서 신학대전에 대한 연구」, "Individualität und Über-bzw. Interindividualität des moralischen Übels bei Thomas von Aquin" 등이 있다.

이재경

연세대학교 철학과를 졸업하고 캐나다 토론토대학교에서 박사학위를 받았다. 지금은 연세대학교 철학과 교수로 있다. 저서로는 『토마스 아퀴나스와 13세기 심리철학』이 있고, 아베로에스의 『결정적 논고』 등 번역서가 있다. 최근 논문으로 「부활, 분리된 영혼 그리고 동일성 문제: 토마스 아퀴나스의 경우」, 「토마스 아퀴나스의 기적과 마법, 그리고 자연의 신비로운 작용」(공저) 등이 있다.

이재룡

서울대교구 소속 사제(1982). 로마 우르바노대학 철학박사(1993). 가톨릭대학교 철학교수 역임. 2016년 '한국성토마스연구소'를 창립하고, 성 토마스의 방대한 걸작 『신학대전』 대역본(對譯本) 완간 13년(2019-2031) 프로젝트 추진에 매진하고 있다. 성 토마스의 『신학대전』 및 관련 연구서와 입문서 등 50여 권을 번역 출간하였고, 서양 고전 연구의 기반이 되는 획기적인 라틴어 사전인 『라-한사전』을 편찬하였으며, 가톨릭학술상 번역상과 본상(2021 & 2023) 수상하였다.

이진남

동덕여대와 숙명여대 교양대학에서 일했고 지금은 강원대학교 철학과 교수로 재직 중이다. 미국 세인트 토마스대학교에서 토마스 아퀴나스의 윤리학, 법철학, 종교철학으로 철학박사를 받았으며 중세철학, 철학실천, 교양교육, 행복론과 관련한 연구를 하고 있다. 토마스 아퀴나스의 『신학대전 제28권 법』을 번역했고, 대표 저서로 『종교철학』, 『나는 긍정심리학을 긍정할 수 없다』 등이 있다.

임경헌

가톨릭대학교에서 철학을 공부한 후, 독일 프라이부르크대학교에서 서양고전학을 연구했다. 이후 쾰른대학교에서 철학과 서양고전학(라틴어, 희랍어)으로 박사학위를 받았다. 현재 경북대학교 윤리교육과 교수로 재직 중이며, 한국중세철학회 편집위원장을 맡고 있다. 토마스 아퀴나스의 『신학대전 제42권 용기』(2024)를 번역했고, 『성 토마스 소사전』(2025)을 공동으로 편찬했다. 현재 토마스 아퀴나스의 윤리학을 집중적으로 연구하며 그 현대적 적용을 모색하고 있다.

정현석

연세대학교 철학과에서 학사와 석사 학위를 취득했으며 프랑스 소르본대학교에서 13세기 스콜라 영혼론을 다룬 학위 논문으로 박사학위를 취득했다. 연세대학교와 가톨릭대학교에서 박사후연수과정을 마치고 가톨릭대학교 성심교정에서 연구교수로 재직했으며, 현재 가톨릭대학교 의과대학 인문사회의학과에서 연구교수로 일하고 있다. 13세기 스콜라철학의 인간학과 형이상학, 중세 의학에서 생명발생론(embryology)에 대한 연구를 수행하며 다수의 논문과 저서 및 번역서를 발표한 바 있다.

조동원

서울대학교 물리학과를 졸업한 뒤 가톨릭대학교 신학대학에서 학사와 석사 과정을 마쳤다. 2013년 사제로 서품받고 연희동 성당에서 사목을 하다가, 2014년 로마 그레고리오대학교에 입학하여 교의신학으로 석사(S.T.L.)와 박사(S.T.D.) 학위를 취득하고, 2020년부터 가톨릭대학교 신학대학에서 교의신학 교수로 재직 중이다. 주요 연구논문으로는 「하느님 은총에 대한 인간 본성의 개방성-토마스 아퀴나스의 순종적 가능태 개념을 중심으로」, 「육화의 이유에 대한 논쟁-토마스 아퀴나스와 둔스 스코투스를 중심으로」 외 다수가 있다.

최필립

연세대학교 철학과에서 학사와 석사 학위를 받고, 2020년 콜로라도대학교 철학과에서 박사학위를 받았다. 2021년부터 2022년까지 퍼듀대학교에서 박사후과정, 그리고 2022년부터 2025년까지 가톨릭 루뱅대학교에서 박사후과정을 밟았다. 현재 인하대학교, 연세대학교 미래캠퍼스에서 강의하고 있다. 주요 연구분야는 서양 중세/근대 철학이며, 이 시기의 인식론, 형이상학, 윤리학을 주로 연구하고 있다.

토마스 아퀴나스의 신학대전

- **제22권**(I-II, qq.49–54), 『습성』, 이재룡 옮김, 2020, lviii-234쪽, 15,000원.
- **제23권**(I-II, qq.55–67), 『덕』, 이재룡 옮김, 2020, lxxvi-558쪽, 40,000원.
- **제24권**(I-II, qq.68–70), 『성령의 선물』, 채이병 옮김, 2020, liv-152쪽, 15,000원.
- **제25권**(I-II, qq.71–80), 『죄』, 안소근 옮김, 2020, I-452쪽, 35,000원.
- **제26권**(I-II, qq.81–85), 『원죄』, 정현석 옮김, 2021, lii-191쪽, 20,000원.
- **제27권**(I-II, qq.86–89), 『죄의 결과』, 윤주현 옮김, 2021, xlviii-164쪽, 15,000원.
- **제29권**(I-II, qq.98–105) 『옛 법』, 이경상 옮김, 2021, 40,000원, lxiv-608쪽, 40,000원.
- **제30권**(I-II, qq.106–114), 『새 법과 은총』, 이재룡 옮김, 2021, lxxviii-570쪽, 40,000원.
- **제31권**(II-II, qq.1–7), 『신앙』, 박승찬 옮김, 2022, cxiv-412쪽, 40,000원.
- **제32권**(II-II, qq.8–16), 『신앙(II)』, 박승찬 옮김, 2022, xlix-366쪽, 32,000원.
- **제33권**(II-II, qq.17–22), 『희망』, 이재룡 옮김, 2022, lviii-266쪽, 20,000원.
- **제34권**(II-II, qq.23–33), 『참사랑』, 안소근 옮김, 2022, lvi-604쪽, 40,000원.
- **제35권**(II-II, qq.34–44), 『참사랑(II)』, 안소근 옮김, 2022, lii-322쪽, 20,000원.
- **제36권**(II-II, qq.45–56), 『지혜와 현명』, 이상섭 옮김, 2023, lxxiv-410쪽, 35,000원.
- **제37권**(II-II, qq.57–62), 『정의』, 이재룡 옮김, 2023, lxiv-307쪽, 18,000원.
- **제38권**(II-II, qq.63–79), 『불의』, 박동호 옮김, 2023, lix-544쪽, 40,000원.
- **제39권**(II-II, qq.80–91), 『종교와 경신』, 윤주현 옮김, 2023, lxxxvii-548쪽, 40,000원.
- **제40권**(II-II, qq.92–100), 『종교와 경신(II)』, 윤주현 옮김, 2024, lxxxvii-332쪽, 30,000원.
- **제41권**(II-II, qq.101–122), 『사회적 덕』, 김성수 옮김, 2024, lxv-620쪽, 40,000원.
- **제42권**(II-II, qq.123–140), 『용기』, 임경헌 옮김, 2024, lxii-466쪽, 37,000원.
- **제43권**(II-II, qq.141–154), 『절제』, 이재룡 옮김, 2024, lxxv-548쪽, 40,000원.
- **제44권**(II-II, qq.155–170), 『절제(II)』, 이재룡 옮김, 근간.
- **제45권**(II-II, qq.171–178), 『예언과 은사』, 안소근 옮김, 2025, I-302쪽, 25,000원.
- **제46권**(ST II-II, 179–182), 『활동과 관상』, 안소근 옮김, 2025, xliv-154쪽, 15,000원

※ **제1권**(하느님의 존재: I, 1–12, 1985)부터 **제21권**(두려움과 분노: I-II, 40–48, 2020)까지, 그리고 **제28권**(법: I-II, 90–97)은 바오로딸에서 출간.

사전류

- **성 토마스 개념사전**
  바티스타 몬딘, 이재룡·안소근·윤주현 옮김, 2020, 2단 882쪽, 75,000원.
- **아퀴나스의 윤리학**
  스테픈 포프(편), 이재룡·김도형·안소근·윤주현 옮김, 2021, 2단 668쪽, 70,000원.
- **교부학 사전**
  지그마르 되프·빌헬름 게어링스(편), 하성수·노성기·최원오 옮김, 2022, 2단 1283쪽, 110,000원.
- **라-한사전**
  이재룡 책임편찬, 2022, 2단 2102쪽, 200,000원.

토미즘소책

01. **안락의자용 토마스 아퀴나스**
    티모시 레닉 지음, 이재룡 옮김, 2019, 191쪽, 15,000원.
02. **성 토마스의 지혜와 사랑**
    에티엔 질송 지음, 이재룡 엮음, 2022, 206쪽, 17,000원.
03. **정념과 덕**
    세르베 핑케어스 지음, 이재룡 옮김, 2023, 240쪽, 17,000원.
04. **성 토마스의 침묵**
    요셉 피퍼 지음, 이재룡 옮김, 2023, 176쪽, 15,000원.
05. **성 토마스의 윤리철학**
    랄프 매키너니 지음, 이재룡·김성수 옮김, 2023, 239쪽, 18,000원.
06. **아퀴나스의 신학대전**
    장 피에르 토렐 지음, 이재룡 옮김, 2024, 218쪽, 16,000원.
07. **성 토마스와 신학**
    마리 도미니크 슈뉘 지음, 이재룡·권영파 옮김, 2024, 284쪽, 18,000원.
08. **20세기 성 토마스 연구자들**
    이재룡 엮음, 2025, 604쪽, 32,000원.
09. **토미즘의 이모저모 엿보기**
    이재룡 지음, 2025, 434쪽, 24,000원.

성 토마스 탄생 800주년 기념총서

801. 성 토마스 소사전
박승찬 · 이재룡 · 임경헌(편), 2025, 640쪽, 40,000원.

802. 토마스 아퀴나스의 철학
한국성토마스연구소 엮음, 2025, 428쪽, 32,000원

800. 토미즘: 성 토마스 철학 입문
É. Gilson, *Le Thomisme*, Paris, Vrin, [6a 1965/Dixieme tirage 2020] pp.454.

800. 한국의 성 토마스 연구 어제와 오늘
이재룡 · 임경헌

800. 성 토마스의 신학
R. van Nieuwenhove et al.(eds.) *The Theology of Thomas Aquinas*, Notre Dame, 2005, pp.472.

800. 그리스도교 윤리학의 원천
S. Pinckaers, OP, *Le sources de la morale chretienne*, Paris, Cerf, [1985/5a 2012] pp.489.

800. 성 토마스 연구 입문
M.-D. Chenu, OP, *Introduction a l'etude de saint Thomas d'Aquin*, Paris, Vrin,, 1950, pp.386.

800. 성 토마스 법철학
R. Pizzorni, OP, *La filosofia del diritto secondo S. Tommaso d'Aquino*, Bologna, ESD, 2003, 4a ed., pp.839.

800. 삼위일체론 주해[대역]
St. Thomas, *Super Boetium De Trinitate*, Torino, Marietti, 1954, in *Opusc. Theol.* II, pp.313-389.

800. 요한복음서 주해[대역]
St. Thomas, *Lectura super Ioannem*, Bologna, ESD, 2019, pp.1431+1663.